新型城镇化战略下
建设用地再开发政策的理论与实践

唐健
王庆日
谭荣
著

中国社会科学出版社

图书在版编目(CIP)数据

新型城镇化战略下建设用地再开发政策的理论与实践／唐健，
王庆日，谭荣著．—北京：中国社会科学出版社，2016.6
ISBN 978 - 7 - 5161 - 8439 - 4

Ⅰ.①新…　Ⅱ.①唐…②王…③谭…　Ⅲ.①城市建设 -
土地利用 - 研究 - 中国　Ⅳ.①F299.232

中国版本图书馆 CIP 数据核字 (2016) 第 138250 号

出 版 人	赵剑英
责任编辑	曲弘梅
责任校对	邓雨婷
责任印制	戴　宽

出　　版	中国社会科学出版社
社　　址	北京鼓楼西大街甲 158 号
邮　　编	100720
网　　址	http://www.csspw.cn
发 行 部	010 - 84083685
门 市 部	010 - 84029450
经　　销	新华书店及其他书店

印刷装订	北京君升印刷有限公司
版　　次	2016 年 6 月第 1 版
印　　次	2016 年 6 月第 1 次印刷

开　　本	710×1000　1/16
印　　张	23
插　　页	2
字　　数	378 千字
定　　价	86.00 元

凡购买中国社会科学出版社图书，如有质量问题请与本社营销中心联系调换
电话：010 - 84083683

目　　录

第一章

新型城镇化与建设用地再开发:问题与反思

改革开放三十多年来，土地作为一种生产要素支撑着中国经济的快速增长。然而，当前我国的土地利用既面临着日益突出的"双保"矛盾（保护耕地和保障经济增长的土地供给），又出现了城乡内部土地低效利用的现象。因此，如何提高城乡内部存量建设用地的利用效率，即所谓的"盘活存量"，将是统筹城乡发展，积极稳妥推进新型城镇化的必由之路。

一 新型城镇化的背景

2012 年党的十八大要求坚持走中国特色新型工业化、信息化、城镇化、农业现代化道路，促进四化的同步发展。2013 年党的"十八届三中全会"提出，完善城镇化健康发展体制机制，坚持走中国特色新型城镇化道路，促进城镇化和新农村建设协调推进。同年，中央城镇化工作会议强调，要积极稳妥推进城镇化，大力提高城镇土地利用效率，推进以人为核心的城镇化，着力提高城镇化质量。2014 公布的《国家新型城镇化规划》则明确了未来城镇化的发展路径、主要目标和战略任务。可见，新型城镇化的内涵日渐系统完整。它立足于我国经济社会发展的崭新阶段，既包含土地的城镇化，也包含人的城镇化，还强调了人与土地、城市和农村的协调发展。

（一）新型城镇化的新内涵

党的十八大以来，"新型城镇化"已经成为我国经济社会发展的关键词。显然，新城镇化是相对于传统城镇化而言的，它势必要解决传统城镇化中暴露出的诸多问题。比如，农业转移人口难以市民化、资源利用粗放、城市管理模式陈旧、治理能力滞后以及城乡差距依然显著等。因此，"新型城镇化"概念的提出是对我国城镇化思路和策略的一次更新换代。

1. 经济新常态下的城镇化

当前，我国经济正在向形态更高级、分工更复杂、结构更合理的阶段演化，经济发展进入新常态，正从高速增长转向中高速增长，经济发展方式正从规模速度型粗放增长转向质量效率型集约增长，经济结构正从增量扩能为主转向调整存量、做优增量并存的深度调整，经济发展动力正从传统增长点转向新的增长点。认识新常态，适应新常态，引领新常态，是当前和今后一个时期我国经济发展的大逻辑①。

新型城镇化正是在经济发展步入新常态的大环境下进行的。因此，新常态的经济发展新阶段自然对城镇化提出了新的要求。也就是，推进城镇化健康发展是优化经济发展空间格局的重要内容，要有历史耐心，不要急于求成②。为了适应经济发展方式转变和经济结构调整优化的新常态，新型城镇化必然要走内涵式和集约型发展道路，着力优化城镇空间布局结构，深入挖掘存量建设用地潜力，大力提高土地资源特别是存量用地资源的配置效率。

2. 人口的城镇化

大量农业转移人口难以融入城市社会，市民化进程滞后是传统城镇化的一大弊端。据测算，2011 年全国农业转移人口市民化程度仅有 40% 左右③。当前，农民工已成为我国产业工人的主体，受城乡分割的户籍制度影响，被统计为城镇人口的 2.34 亿农民工及其随迁家属，未能在教育、就业、医疗、养老、保障性住房等方面享受城镇居民的基本公共服务，产城融合不紧密，产业集聚与人口集聚不同步，城镇化滞后于工业化。

究其原因，就是城乡二元结构导致的城乡居民的资源禀赋和人的权利的不平等。农民工来自于农村，其人力资本的质量和竞争力自始低于城市居民。面对不确定性较强的城市劳动力市场环境，农民工等农业转移人口的应变能力本来就较弱，加之他们无法与城市居民同等享受城市的社会保障和公共服务，致使这部分人口往往无力获得安稳的城市生活。此外，农

---

① 参见《中央经济工作会议》，http://www.gov.cn/xinwen/2014 - 12/11/content_2789754.htm。

② 同上。

③ 中国社会科学院：《城市蓝皮书（2013）》，社会科学文献出版社 2013 年版。

村留守儿童、妇女和老人问题日益凸显引发的"后顾之忧"也阻碍了农业转移人口市民化的进程。

对此,新型城镇化强调以人为本,有序推进农业转移人口市民化。其主要任务是解决已经转移到城镇就业的农业人口落户问题,努力提高农民工融入城镇的能力。要全面放开建制镇和小城市落户限制,有序放开中等城市落户限制,合理确定大城市落户条件,严格控制特大城市人口规模。还要统筹推进户籍制度改革与基本公共服务均等化,通过实施差别化的落户政策,把有能力、有意愿、长期在城镇务工经商的农民工及其家属逐步转为城镇居民。通过实施居住证制度,使在城镇就业居住但未落户的城镇常住人口能够享受相应的城镇基本公共服务。显然,2014年国务院印发的《关于进一步推进户籍制度改革的意见》正是我国推进人口城镇化的现实举措。

3. 资源节约型和环境友好型的城镇化

目前,我国的建设用地增速较快、粗放利用的阶段性特征还很明显。城镇用地增长较快,村庄用地不降反升;许多地方普遍存在建设用地结构失衡、利用粗放、效率低等问题①。而且,由于东中西部城镇化进程的不平衡,还会诱致污染的集聚(hot - spot),比如京津冀、长江三角洲、珠江三角洲三大城市群,以2.8%的国土面积集聚了18%的人口。进而,对城镇环境的承载力和城市生态的可持续发展形成了巨大压力。

因此,新型城镇化强调要按照严守底线、调整结构、深化改革的思路,严控增量,盘活存量,优化结构,提升效率,切实提高城镇建设用地集约化程度。按照促进生产空间集约高效、生活空间宜居适度、生态空间山清水秀的总体要求,形成生产、生活、生态空间的合理结构。还要优化城镇化布局和形态,促进大中小城市和小城镇协调发展。科学设置开发强度,尽快把每个城市特别是特大城市开发边界划定,把城市放在大自然中,把绿水青山保留给城市居民,让居民望得见山、看得见水、记得住乡愁②。换而言之,就是要推进绿色发展、循环发展、低碳发展,要节约集约利用水、土地、能源等资源,强化生态修复和环境治理,推进绿色城市的建设,推动形成绿色低碳的生产生活方式和城市建设运营管理模式,尽

① 参见《第二次全国土地调查:人多地少基本国情不变》,http://www.mlr.gov.cn/xwdt/ mtsy/people/201312/t20131231_1298980.htm。

② 参见《中央城镇化工作会议》,http://www.gov.cn/ldhd/2013 - 12/14/content_ 2547880.htm。

可能地减少对自然的干扰，尽可能地降低对环境的损害。

4. 城乡一体化发展的城镇化

一方面，城镇化给农村带来一些新的矛盾与问题。例如，相当多的农村劳动力在城镇就业，作为劳动输出地的农村出现了空心村和老龄化。这不仅导致从事农业生产的劳动力短缺，影响国家粮食安全；还造成城镇化过程中城市和农村建设用地"双增加"。再如，城镇在地域上的扩张需要国家征收农民集体的土地。农民难以分享征地后的增值收益以及增值收益在农民内部的分配不均，都会引致农民与政府、城乡之间、农村内部的矛盾冲突，从而威胁社会稳定。另外，一些位于城乡接合部的农民为了分享更多的城镇化收益而从事集体建设用地流转、"小产权房"交易，催生了土地交易的"灰色市场"和"黑色市场"。另一方面，传统的城镇化无力有效统筹城乡发展。工业化、城镇化带来的社会财富的整体增加并未很好地惠及广大农村和农民。城乡差距依旧显著，农村和农民尚无机会充分积累能够实现其后发展的财富，也尚未找到可行的发展道路。

上述问题都表明，传统的城镇化受制于城乡二元结构的制度缺陷，缺乏合理的利益共享机制以便让城市和农村得以分享城镇化的成果，推动城乡一体化发展。故而，新型城镇化强调制度创新，形成有利于城镇化健康发展的体制机制。要统筹推进人、地、钱等重点领域和关键环节的改革，逐步破除城乡二元结构及城市内部的二元结构。特别是要将维护农民合法权益作为以人为本推进城镇化的出发点和落脚点，慎重稳妥推进农村土地制度改革，同时深化城市的土地使用制度改革。通过改革创新来释放城镇化的发展潜力，建立公平合理的利益共享机制，让城乡居民共享改革发展的"红利"，形成城乡一体化发展的新格局。

（二）存量建设用地政策改革创新：推进新型城镇化的新工具

2014 年 3 月正式发布的《国家新型城镇化规划》全面阐述了新型城镇化对土地利用的新要求，明确提出要健全节约集约用地制度，按照管住总量、严控增量、盘活存量的原则，创新土地管理制度，优化土地利用结构，提高土地利用效率，合理满足城镇化用地需求[①]。总结起来，包括以

---

① 参见《国家新型城镇化规划》，http://www.gov.cn/zhengce/2014 – 03/16/content _ 2640075. htm。

下几个方面内容:

第一,改革供地指标分配模式。严格执行城市用地分类与规划建设用地标准,实行增量供给与存量挖潜相结合的供地政策,提高城镇建设使用存量用地比例。适度增加集约用地程度高、发展潜力大、吸纳人口多的卫星城、中小城市和县城建设用地供给。适当控制工业用地,优先安排和增加住宅用地,合理安排生态用地,保护城郊菜地和水田,统筹安排基础设施和公共服务设施用地。

第二,深化征地制度改革,改变对土地财政的过度依赖,保护农民利益。缩小征地范围,规范征地程序,完善对被征地农民合理、规范、多元化保障机制。建立兼顾国家、集体、个人的土地增值收益分配机制,合理提高个人收益,保障被征地农民长远发展生计。健全征地补偿争议协调裁决制度。

第三,以深化城乡存量建设用地制度改革带动城乡一体化发展。要建立健全规划统筹、政府引导、市场运作、公众参与、利益共享的低效用地再开发激励约束机制,推进老城区、旧厂房、城中村的改造和保护性开发。加强农村土地综合整治,健全运行机制,规范推进城乡建设用地增减挂钩。保障农户宅基地用益物权,改革完善农村宅基地制度,在试点基础上慎重稳妥推进农民住房财产权抵押、担保、转让。在符合规划和用途管制的前提下,允许农村集体经营性建设用地出让、租赁、入股,实行与国有土地同等入市、同权同价。

事实上,许多地方早已开始探索提高城乡存量建设用地利用效率、促进土地增值收益共享和城乡一体化发展的新路径。这些地方性实践走在了国家规划的前面。比如,围绕提高宅基地利用效率,探索宅基地退出机制的嘉兴"两分两换"、成都"拆院并院"、天津宅基地换房等。再如,基于国家城乡建设用地"增减挂钩"政策开展的重庆"地票交易"、成都郫县"一揽子"流转等。还有,广东、江西、浙江等地以城镇的低效存量建设用地为对象进行的"三旧改造"、"退二进三"等。

上述政策试验既有利于盘活存量建设用地,提高土地利用效率,促进城乡土地资源配置的空间优化和节约集约利用;还有利于解决农民进城的住房和社会保障问题,促进农业转移人口市民化;更有利于构建利益共享机制,统筹城乡发展,让全体人民共享新型城镇化的成果。总之,地方实践也在一定程度上表明,存量建设用地的政策创新可以提高城镇化的发展质量，完全能成为助推新型城镇化的新工具。

二　存量建设用地的利用低效问题

存量建设用地的政策创新是推进新型城镇化的新工具。但是，如何界定"存量建设用地"？如何判断存量建设用地是否"利用低效"？这是我们创新存量建设用地管理方式、推动存量建设用地再开发的前提。同时，分析存量建设用地低效利用的现状，做到"心中有数"可以提高政策创新的针对性和有效性。

（一）"存量建设用地"与"利用低效"：界定与辨析

根据第二次全国土地调查的土地利用分类标准，建设用地共包括八大类，即商服用地、工矿仓储用地、住宅用地、公共管理与公共服务用地、特殊用地、交通运输用地、水域及水利设施用地和其他土地。然而，该分类标准并未明确存量建设用地的内涵。但在研究中，许多学者都将"存量建设用地"与"利用低效"这两个概念结合在一起理解。他们在界定了"存量建设用地"的基础上进一步阐释了"利用低效"的内涵。

所谓存量建设用地，广义上是指城乡建设中已经被占用或使用的土地；狭义上是指城乡建设用地范围内已取得土地使用权但闲置、未利用的土地或利用得不充分、不合理、产出低的土地。大体包括：一是以划拨或招标、拍卖方式取得土地使用权后未利用的闲置土地和临时用地（如倒闭的工矿企业、路场用地以及部分军事、党政机关用地等）；二是由于历史原因，土地产权不明晰的建设用地；三是农村集体经营性建设用地；四是城镇规划范围内未改造的"城中村"或棚户区土地①。

其中，城镇存量建设用地可以分为闲置、空闲和批而未供的土地三类②。国土资源部出台的《闲置土地处置办法》进一步明确了闲置土地的概念，即本办法所称闲置土地，是指国有建设用地使用权人超过国有建设用地使用权有偿使用合同或者划拨决定书约定、规定的动工开发日期满一

---

① 王权典、陈利根：《存量土地整理再开发的调控与规制》，《中州学刊》2014 年第 1 期。

② 严金明、王晨：《基于城乡统筹发展的土地管理制度改革创新模式评析与政策选择》，《中国软科学》2011 年第 7 期。

年未动工开发的国有建设用地;已动工开发但开发建设用地面积占应动工
开发建设用地总面积不足三分之一或者已投资额占总投资额不足百分之
二十五,中止开发建设满一年的国有建设用地,也可以认定为闲置土地①。
空闲地主要包括无主地,废弃地,因单位撤销、迁移和破产等原因停止使
用的土地。批而未供土地是指依法已经国务院或省级人民政府批准土地征
用或农地转用,而未供应出去的土地②。可见,若按照上述划分标准,城
镇存量建设用地一般是低效利用的。

　　当然,也有学者专门提出了"利用低效"的判断标准。汪勋杰和郭
贯成认为,"利用低效"是指在资源利用充分程度、能源消耗强度、污染
排放强度、财富创造能力等方面达不到既定的行业最低标准的一种利用状
态③。曹建海认为,低效利用的土地表现为投入少,土地使用强度低,建
筑密度和容积率低。值得注意的是,国家对城镇土地的低效利用提出了判
断标准④。根据国土资源部《开展城镇低效用地再开发试点指导意见》,
城镇低效用地是指城镇中布局散乱、利用粗放、用途不合理的存量建设用
地。主要包括:国家产业政策规定的禁止类、淘汰类产业用地;不符合安
全生产和环保要求的用地;"退二进三"产业用地;布局散乱、设施落
后,规划确定改造的城镇、厂矿和城中村等⑤。

　　综上所述,广义的存量建设用地应当是指已经被占用或使用的城乡
建设用地(即商服用地、工矿仓储用地、住宅用地、公共管理与公共服
务用地、特殊用地、交通运输用地、水域及水利设施用地和其他土地)。
它们既包括集约利用的土地,也包括低效利用的土地。而狭义的存量建
设用地就特指那些低效利用的建设用地。这部分土地经济效益低下,不
符合国家的政策法规(比如属于《开展城镇低效用地再开发试点指导
意见》中所指的低效用地或《闲置土地处置办法》所指的闲置土地

---

　　① 《闲置土地处置办法》,http://baike.baidu.com/view/1631294.htm? fr = aladdin。

　　② 林坚、杨有强、苗春蕾:《中国城镇存量用地资源空间分异特征探析》,《中国土地科
学》2008 年第 1 期。

　　③ 汪勋杰、郭贯成:《产业用地低效退出的理论分析与机制设计》,《财贸研究》2013 年第
5 期。

　　④ 曹建海:《我国土地节约集约利用的基本思路》,《中国土地》2005 年第 10 期。

　　⑤ 参见《开展城镇低效用地再开发试点指导意见》,http://www.mlr.gov.cn/xwdt/jrxw/
201304/t20130415_ 1202897. htm。

等），节约集约利用程度低，违背了"最高最佳利用"的土地利用原则。"三旧"地块（即旧厂房、旧城镇和旧村庄）、"一户多宅"等正是利用低效的城乡存量建设用地的代表。而本书后续章节所提及的"存量（建设）用地"或"低效用地"如果没有特别说明，就是指那些利用低效的存量建设用地。

（二）存量建设用地利用低效的现状

前文已经提到，我国的建设用地呈现出过度扩张、低效利用的局面。1996—2012 年，全国建设用地年均增加 724 万亩，其中城镇建设用地年均增加 357 万亩；2010—2012 年，全国建设用地年均增加 953 万亩，其中城镇建设用地年均增加 515 万亩[①]。一些城市"摊大饼"式扩张，过分追求宽马路、大广场，新城新区、开发区和工业园区占地过大，建成区人口密度偏低。一些地方过度依赖土地出让收入和土地抵押融资推进城镇建设，加剧了土地粗放利用。另外，农村土地的非市场化配置和退出机制缺乏也同样导致了农村集体建设用地的粗放利用。比如"空心村"、"一户多宅"、建筑物闲置废弃等现象屡见不鲜。而且，在城镇化的大背景下，农村人口减少 1.33 亿人，农村居民点用地却增加了 3045 万亩[②]。

总的来看，我国存量建设用地的"利用低效"可以归纳成三种类型：第一种类型是各种或大或小城市的大广场、宽马路，超豪华的政府办公大楼；第二种类型是工业园区用地的不集约不节约，各种级别的开发区、工业园区大量由政府以各种优厚条件招商引资请来的企业占用大面积土地，有的占而不用造成土地浪费；第三种类型是农村宅基地用地的不集约、不节约，各地超标的农民盖房，占用大量土地，尤其在一些明星村，一般将为农民盖别墅作为提高农民福利的方式，也显示出土地的不集约不节约利用[③]。

---

① 参见《国家新型城镇化规划》，http：//www.gov.cn/zhengce/2014 - 03/16/content_2640075.htm。

② 同上。

③ 刘守英：《集体土地资本化与农村城市化——北京市郑各庄村调查》，《北京大学学报》2008 年第 6 期。

三　存量用地低效利用的原因

我国城乡存量建设用地的利用低效是多种因素共同作用的结果。它不仅受到土地管理模式的影响，也是我国特定的制度环境和社会传统的产物。

（一）土地利用者和管理者的现实选择

目前，我国新增建设用地代价偏低，进而导致存量用地再开发的动机不足。一方面，为了促进当地经济发展，作为土地管理者的地方政府以成本价甚至低于成本价向企业供应建设用地，诱使企业多占地，导致了大量利用低效的存量建设用地。比如，有的开发区开而不发，土地闲置①。另一方面，作为土地利用者的企业计划扩大生产规模之时，由于用地成本相对较低，会倾向于增加土地要素的投入，进行粗放式的生产规模扩张而不是选择一条提高土地利用效率和资金或技术密集型的扩张路径。

新增建设用地土地有偿使用费征收标准偏低且多年不变是造成我国新增建设用地成本偏低的又一原因。现行新增建设用地土地有偿使用费征收标准是参考 20 世纪 90 年代末划拨和出让土地价格确定的。开征新增费以来，国家仅在 2006 年对新增费的费率进行过一次调整，此后只对部分地区的征收等别进行过微调，导致新增费征收标准与地价上涨变化情况衔接不够，削弱了新增费遏制地方政府扩张新增建设用地的作用②。

此外，虽然我国有耕地"占补平衡"的政策要求，但是耕地占用成本偏低。这是因为许多地方为了招商引资，往往会减免外来投资者所需缴纳的耕地开垦费和补充耕地的责任。并且，我国的耕地占用税标准也一直偏低。根据我国《耕地占用税暂行条例》规定，耕地占用税最高为每平方米 50 元，如果占用了基本农田，则在规定的当地适用税额的基础上提

---

① 冯广京、蒋仁开、张冰松等:《新型城镇化建设需要进一步完善土地调控政策——"我国城镇化中土地宏观调控方向研讨会"综述》,《中国土地科学》2013 年第 7 期。

② 杨剑、曹海欣、赵芳:《新增费"体检"报告——聚焦新增建设用地土地有偿使用费的差别化管理》,《中国土地》2013 年第 6 期。

高 50% 后缴纳①。但是，以上海为例，2011 年耕地占用税平均税额为 45 元/平方米，占综合地价的 1.48%，占商业、住宅、工业用地地价的 0.79%、0.99%、6.90%。这些都驱使用地者多占地而非挖潜存量建设用地以提高存量土地集约度②。

（二）现行土地政策和管理模式的必然结果

第一，当前我国的土地资源配置仍受制于政府的指令性计划。由于计划者的有限理性和不完全信息，难免会出现决策失误。其后果就是各地存量建设用地的粗放和低效利用。例如，每年中央都会根据经济社会发展需要和地方的实际申请情况来分配年度的土地利用计划指标。一些地方则会利用自身的信息优势，隐藏真实的用地需求信息，以便争取到更多的计划指标用于城市建设和地方经济发展。以此种方式"骗取"的额外指标就为地方政府大量以地招商引资、粗放利用土地等提供了有利条件。再者，依靠指令性计划配置资源限制了土地资源的自由流动，进而难以实现资源优化配置，造成土地低效利用长期存在。可见，行政计划配置的土地管理制度是土地利用效率低的重要原因③。

第二，我国的征地制度使地方政府有很强的农地非农化冲动，不断扩大城镇建设用地规模，引致了存量建设用地数量持续增加和土地利用效率低下。现行的征地制度基本排除了市场和其他利益主体在农地非农化中的作用，政府成为唯一的需求者。拥有强大征收权的政府不仅可以决定被征收土地的价格，还可以同时决定征收的数量和规模。依据《土地管理法》，作为供给者的村集体和农民一般不能对抗政府的征收权，他们拥有的仅仅是与政府就补偿问题进行协商谈判的权利。然而，法律确定的政府给村集体和农民的补偿只是按照被征收土地原用途年均产值的若干倍（一般为被征收前三年平均年产值的 15 倍到 30 倍）的标准，而不是按照该土地未来所具有的城市国有建设用地价值为基础进行补偿。可以说，在这一制度框架下，政府取得了优势地位，农民无法获得公平的补偿价格，

① 参见《中华人民共和国耕地占用税暂行条例》，http://www.gov.cn/zwgk/2007-12/06/content_826778.htm。

② 胡必坚：《耕地占用"实化"与耕地保护"虚化"——以耕地占用税制度变迁为视角》，《现代经济探讨》2013 年第 9 期。

③ 郑振源、黄晓宇：《集约用地呼唤土地资源市场配置》，《中国土地科学》2011 年第 4 期。

地方政府征地的名义成本相对低廉。并且，现行的征收制度无法正确反映级差地租，也无法将土地的生态与社会保障价值内化，给开发商等用地者与地方政府留下了过大的自由裁量空间，拉大了征地价格与其市场价值的偏差，加剧了土地浪费①。

第三，土地使用制度的有偏激励。对城镇国有土地而言，我国实行行政划拨方式与有偿使用（土地出让）并存的土地使用制度。行政划拨方式下，用地者的土地使用成本较低，资源浪费现象突出。在工业用地出让方面，许多地方无序竞争，竞相以低价供地的方式来招商引资，致使用地企业大量"圈地"，形成不少低效用地。在住宅和商业用地出让方面，各地基本遵循了"价高者得"的市场竞争准则，但也为地方政府创造了大量的、独立于传统财政预算的、且可自行支配的"土地财政"收入。反过来，在"土地财政"的经济激励下，各地又大量卖地，最终引致建设用地的无序扩张。对农村集体建设用地而言，基本参照城镇国有土地的划拨管理方式进行行政管理，同样造成农村集体建设用地的低成本扩张和低效利用。

第四，我国土地利用规划是一种自上而下的指标规划，注重指标的数量变化而忽视具体的空间区位，不能有效地控制城乡建设用地的规模和边界，也就无力促进土地的集约节约利用。再者，虽然中国的土地利用规划名义上有法律效力，但因为政府自身的随意修改、规划信息透明度低以及公众很少有参与规划和监督实施的机会，导致规划约束力和权威性不强，进而无力约束粗放利用土地甚至是浪费土地资源的行为。"图上画画，墙上挂挂"的说法就形象地表达了当前土地利用规划的尴尬处境。以《土地利用总体规划（1997—2010）》为例，该规划实施不过两年，耕地保有量和建设用地总量控制的指标就被全面突破；1999—2006 年建设占用耕地的面积超过土地利用计划指标的 24.3%②。

第五，用地监督和督察机制的约束能力有限。一方面，地方政府不会因为土地利用没有实现最佳收益而被问责，也不会因为没有顾及未来土地

---

① 李闽、姜海:《建设用地集约利用的理论与政策研究》,《中国土地科学》2008 年第 2 期。

② 郑振源、黄晓宇:《集约用地呼唤土地资源市场配置》,《中国土地科学》2011 年第 4 期。

利用的效益和后代人的利益而承担相应的责任①。另一方面，违反国家法律的地方性土地政策能够得以实施、违反产业用地控制标准的项目得以建设、不符合国家产业政策和用地政策项目能够通过审批等不合法的现象，都是缺乏监督和控制的表现②。

（三）制度环境的局限

在土地公有制的产权结构下，地方政府只关注以地招商引资促进短期的经济发展，忽视了土地合理利用和存量优化带来的长期效益。它也造成了地方政府对中央政府的道德风险，地方政府有行使国家土地所有权和征收农村集体土地等权力，却缺乏相应的责任，加之上下级信息不对称和监督成本的存在，即便中央政府一再要求节约集约用地，地方政府采取"上有政策，下有对策"的机会主义方法，依旧扩大建设用地规模，而不会选择投入更多的资金和时间去挖潜存量用地潜力。类似地，农村模糊的集体土地产权让农民只有使用土地的权利却缺乏明晰的责任，也诱致农民以粗放的方式利用土地。"一户多宅"、"空心村"等现象普遍。这种共有的产权还造成了所谓"公地的悲剧"，不论是地方政府、村集体、农民还是企业等其他用地者都只热衷于追求自身利益最大化，而忽视了粗放、低效利用土地可能给经济、社会和生态发展全局带来的危机。

前述的自上而下的指令性计划配置土地资源的模式则源于层级制的行政体制。层级制的行政体制的固有弊端势必会影响土地资源的配置效率，一是上下级之间的信息不对称。拥有决策权的上级和中央政府无法获得下级和地方完整全面的信息。因而，决策出现偏误、用地指标分配失当、规划部分脱离实际的现象在所难免。并且，即使上级恰好合乎实际地做出了决策，同样是因为信息的不对称，上级也难以有效地监控下级准确无误地执行决策；二是我国的行政层级较为繁杂，增大了计划指令和信息上传下达的成本和周期。所以，计划赶不上变化的情况时有发生，这些弊病直接或间接地引致存量用地低效利用。另外，层级制所内置的行政控制抑制了制度的激励作用，使得地方在一定程度上缺乏提高存量用地利用效率的积

---

① 谭荣：《中国土地安全评论》，北京金城出版社、社科文献出版社 2014 年版。

② 陈利根、龙开胜：《我国土地资源高效配置的政策阻碍及改革建议》，《南京农业大学学报》2012 年第 3 期。

极性和主动性。

最后，我国的司法体系缺乏独立性和威慑力，难以遏制低效利用和浪费土地资源的行为。虽然我国《土地管理法》规定十分珍惜、合理利用土地和切实保护耕地是我国的基本国策。但是，一些比较特殊的用地项目或随意批准设立的开发区、工业园区的违法主体是当地政府，为了照顾"影响"、维护"稳定"、"发展本地经济"，明知违法也不敢查处。而且，这些用地项目，投资额较大、占地面积大，但这类违法用地受到查处时，难免因为地方保护主义、经济上的短期行为和利益驱动而受到行政干预，有时给予经济制裁，有时"绕道走，放一马"①。这既无法为土地督察等遏制存量用地低效利用的活动提供强有力的司法保障，也降低了司法本身对低效利用存量土地行为的威慑力。

（四）传统用地习惯与观念的内在驱动

长期以来，一些地方政府倾心于形象工程建设。而靠近交通要道、城市外围的新区最具形象工程效益。因此，每届政府都想方设法开辟一个新区②。不仅如此，还有些地方热衷于超标准建设豪华办公用房。这些豪华办公用房的共同特征就是占地面积大，土地利用效率低。很明显，"开发区热"、建设豪华办公用房等行为的后果之一就是存量建设用地的低效利用。

再如，在过去计划经济体制下，传统的城镇土地使用制度是无偿、无期限、无流动的土地划拨使用制度。虽然目前已经进行了有偿、有期限、能流动的土地使用制度改革，但对于以行政划拨方式取得土地使用权的土地使用者而言，容易安于现状，集约用地意识的培养还需要一个相当长的时间过程③。在农村，类行政划拨的宅基地福利分配导致的资源浪费积习与农村居民分散、独立式的居住传统相结合导致了农村存量建设用地功能布局混乱，旧宅基地占地多等现象普遍存在。另外，由于公平竞争、遵守市场规则的意识薄弱，开发商、企业等市场主体习惯采用"寻租"的方式低价取得用地来攫取超额利润。而土地实际价格与市场价格产生巨大差

---

① 林少波：《浅谈土地执法监察难现象、原因及对策》，《广东土地科学》2006 第 3 期。

② 陈美球、吴次芳：《我国小城镇土地利用问题剖析及其对策探讨》，《中国农村经济》2002年第 4 期。

③ 陈莹、张安录：《城市更新过程中的土地集约利用研究——以武汉市为例》，《广东土地科学》2005 年第 5 期。

额和丰厚利润反过来就驱使用地者蓄意"囤地圈地","圈而不建"、"圈大建小"①。

四　存量用地低效利用的影响

在我国面对资源环境、经济发展和社会公平等刚性约束条件下，存量用地的低效利用状态不仅让土地资源的可持续利用面临严峻考验，也成为土地收益分配合理化的制约因素，还加大了经济、社会、生态协调发展的压力。

（一）土地资源可持续利用的瓶颈

首先，有两组数据值得我们关注。据预测，2030 年我国人口将增加到 16 亿，基础设施建设和城市发展等还需占用至少 7500 万亩耕地，届时全国人均耕地还将继续减少，耕地保护压力不减反增，建设用地需求依旧旺盛。同时，早在 2002 年对 12 个城市的调查数据就显示，城市建成区内空闲地占建成区面积已经超过了 17%，造成了大量土地资源闲置，导致土地低效利用②。可见，在耕地资源稀缺、建设用地供需矛盾日益尖锐的大环境下，低效利用的存量建设用地无疑是一种资源浪费，直接威胁到了土地资源的可持续利用。

另外，我国实行耕地"占补平衡"制度，即把耕地转变为建设用地的同时，还必须相应地补充耕地，确保耕地总量的动态平衡。然而，给定后备耕地资源不足的现实条件，一些地方只能违背"宜农则农"的土地科学利用原则，通过"围湖造田"、"毁林开荒"、"坡地开垦"等"涸泽而渔"的方式满足耕地"占补平衡"的要求。这不仅导致新增耕地质量欠佳，而且还破坏了林地、草地等环境价值高的边际土地，造成区域性的生态环境退化③。从而，加剧土地资源不可持续利用的风险。可见，如果

---

① 徐勇、张海明、杨仕勇：《山东省闲置低效用地成因分析及对策建议》，《山东国土资源》2014 年第 5 期。

② 郭志仪、隆宗佐：《对我国城市土地低效利用的经济学反思》，《学术论坛》2008 年第 3 期。

③ Tan R., Wang R., Sedlin T., "Land – Development Offset Policies in the Quest for Sustainability：What Can China Learn from Germany?", *Sustainability*, 2014, 6：3400—3430.

存量建设用地能够得到节约集约使用而非使之处于低效甚至是闲置的状态，就可以抑制新增建设用地和开垦耕地的过剩需求，有利于实现土地资源的可持续利用。

(二) 土地收益分配合理化的短板

在现阶段，存量用地的低效利用显然不能满足经济社会发展对建设用地的需求。对此，许多地方的惯常做法就是通过新增建设用地而非提高存量用地的利用效率以适应经济发展的要求。然而，仅仅关注新增用地则会进一步导致城乡土地收益分配失衡。这是因为，我国的土地增值收益分配深受城乡二元的土地用地管制模式影响。土地，包括建设用地在内，被人为划分为城市国有土地和农村集体土地。建设需要占用到农村集体土地（即新增建设用地）时，必须通过政府征收的方式将集体所有转变为国有后才能使用。这就极大地限制了农村土地的权益，导致了国有和集体所有两种产权的土地在市场价值上的差异，使得农民难以分享非农化后的土地增值收益。而地方政府在土地征收、新增用地的同时，也实现了财富从农村向城市的转移。可以说，城市化是继工业化之后又一个重大的发展动力，地方政府具有强烈的城市化冲动，然而这种城市化更多的是土地城市化即城市扩张，土地要素被重估，直接造就了地方政府的"土地财政"，满足了地方政府的财政激励需求①。

换而言之，地方政府先进行土地征收实现农地非农化，然后采取有偿出让新增用地的方式获取数量可观的"土地财政"收入用于城市发展。据测算，自 1987 年年底实行土地有偿使用制度开始至 2011 年年底，在全国累计共收取土地出让金大约 11.3 万亿元。而在土地收益分配中，政府得到 60%—70%，村级集体组织只得到 25%—30%，农民得到的少于10%②。不仅如此，现行的"土地财政"模式虽然让地方政府收益颇丰，而作为国有土地产权代表的中央政府（国务院）却收益甚微。并且，一些地方还"寅吃卯粮"，过度推动农地非农化、超额出让土地，占用了下届政府的指标、资源，攫取"未来"的土地收益，却把风险留给后来者，

---

① 李永乐、吴群:《中国式分权与城市扩张:基于公地悲剧的解释》,《南京农业大学学报》2013 年第 1 期。

② 唐健、谭荣:《农村集体建设用地价值"释放"的新思路——基于成都和无锡农村集体建设用地流转模式的比较》,《华中农业大学学报》2013 年第 3 期。

产生了土地收益分配代际间的不公平①。

当然，也有一些地方已经意识到了通过低效用地再开发不仅能缓解日趋紧张的土地供求矛盾，还能释放存量用地的潜在价值，获取增值收益。因此，这些地方也开始积极推动低效用地再开发。但是，由政府主导的低效用地再开发模式却形成了政府、市场和土地拥有者之间收益分配失衡的格局。以"三旧"改造为例，传统政府征地拆迁再开发模式产生的巨大土地增值收益，成为政府的土地出让收入和开发商的开发利润②。被改造地块的业主仅能依照法律规定获取房屋和土地的相应补偿，无缘分享改造产生的土地增值收益③。在现行政府主导的农村集体建设用地流转模式中，土地流转的主体是政府。政府不是通过市场交易购得土地，而仍是以征地方式变农村集体土地为城市国有土地，从而占有了农地转用增值的主要部分。这无疑仍是在一定程度上对农民土地权益的侵害④。

由此可见，存量用地低效利用本身是制约土地收益分配合理化的因素。并且，由于低效存量用地的再开发会产生土地增值收益，倘若这部分增值收益分配不均同样会阻碍土地收益分配的合理化进程。

（三）经济、社会、生态协调发展的重压

党的十八大和十八届三中全会明确了实现经济、社会和生态协调发展的具体要求。在经济发展方面，要加快转变经济发展方式，把推动发展的立足点转到提高质量和效益上来，增强发展的平衡性、协调性、可持续性，推动经济更有效率、更加公平、更可持续发展。在社会发展方面，要加大统筹城乡发展力度，增强农村发展活力，保障农民公平分享土地增值收益，逐步缩小城乡差距，促进城乡共同繁荣和一体化发展。在生态保护方面，要大力推进生态文明建设，建设资源节约型、环境友好型社会，全面促进资源节约；健全国土空间开发、资源节约利用、生态环境保护的体制机制，必须珍惜每一寸国土，优化国土空间开发格局，从严合理供给城市建设用地，提高城市土地利用率，健全能源、水、土地节约集约使用制

---

① 黄小虎：《新土改：政府不再经营土地》，《经济导刊》2013 年 Z4 版。
② 姜仁荣：《城市土地二次开发问题研究》，《中国土地》2012 年第 11 期。
③ 唐健：《城镇低效用地再开发政策分析》，《中国土地》2013 年第 7 期。
④ 蔡继明：《农村集体建设用地流转的主体和利益分配——重庆市和成都市农村集体建设用地流转的政治经济学分析》，《学习论坛》2010 年第 7 期。

度等;推动形成人与自然和谐发展现代化建设新格局。

　　然而,存量用地低效利用恰恰加大了经济、社会、生态协调发展的压力。首先,存量用地低效利用行为本身就集中体现了传统的粗放型经济发展模式。它依靠大规模土地开发和以地招商引资来拉动经济增长,偏离了土地节约集约利用的内涵式发展道路,与保持经济持续健康发展的要求背道而驰。再者,诚如前文所述,存量用地低效利用在一定程度上造成土地收益在城乡、代际和各利益主体间分配失衡,成为土地收益分配合理化的制约因素。因而不利于农民公平分享土地增值收益,也不利于缩小城乡差距和城乡一体化发展。

　　最后,存量用地低效利用还是土地资源浪费的一种表现,对资源节约利用以及资源节约型和环境友好型社会建设都会产生负面影响。而且,正如前文所揭示的,土地资源的低效利用引致了一系列生态环境问题。城乡建设用地的"两头扩张"必然导致耕地数量下降,不仅威胁国家粮食安全,还造成生态退化。同时,为了保证耕地数量不降低,湿地、滩涂、林地等边际土地会被开垦成耕地。而这将牺牲上述边际土地的生态价值,造成生态的"二次破坏"。可以说,存量用地低效利用状况的长期存在势必会降低土地资源利用的可持续性,破坏生态环境,有悖于人与自然和谐发展的生态文明建设目标。

五　存量用地低效利用的现实应对

　　为了应对"双保"压力(保护耕地和保障经济增长的土地供给),也为了推动新型城镇化和转变经济发展方式,从中央到地方都在积极探索低效存量用地再开发的新路径,相继出台了一系列促进存量用地再开发的政策措施。

(一)盘活存量:国家用地战略重点的转移

　　早在 2008 年国务院就印发了《关于促进节约集约用地的通知》(以下简称《通知》)。该《通知》指出,要严格执行闲置土地处置政策,积极引导使用未利用地和废弃地,鼓励开发区提高土地利用效率。充分发挥市场配置土地资源基础性作用,健全节约集约用地长效机制。强化农村土地管理,稳步推进农村集体建设用地节约集约利用,鼓励提高农村建设用地的利用效率。要在坚持尊重农民意愿、保障农民权益的原则下，依法盘活利用农村集体建设用地。对村民自愿腾退宅基地或符合宅基地申请条件购买空闲住宅的，当地政府可给予奖励或补助①。

2014 年发布的《国家新型城镇化规划》突出强调了盘活存量的用地原则，提出要实行集约节约用地制度，提高土地利用效率，合理满足城镇化用地需求。一方面，要建立健全城镇低效用地再开发激励约束机制，盘活利用现有城镇存量建设用地，建立存量建设用地退出激励机制，发挥政府土地储备对盘活城镇低效用地的作用。并且，完善土地租赁、转让、抵押二级市场。另一方面，要保障农户宅基地用益物权，在试点基础上慎重稳妥推进农民住房财产权抵押、担保、转让。在符合规划和用途管制前提下，允许农村集体经营性建设用地出让、租赁、入股，实行与国有土地同等入市、同权同价。还要建立农村产权流转交易市场，推动农村产权流转交易公开、公正、规范运行②。

国土资源部 2014 年 9 月发布的《关于推进土地节约集约利用的指导意见》（以下简称《意见》）明确提出了土地存量挖潜和综合整治取得明显进展、土地节约集约利用制度更加完善、机制更加健全的主要改革目标。围绕上述目标，《意见》提出，着力盘活存量建设用地，着力释放存量建设用地空间，提高存量建设用地在土地供应总量中的比重。鼓励划拨土地盘活利用，按照促进流转、鼓励利用的原则，进一步细化原划拨土地利用政策，加快推进原划拨土地入市交易和开发利用，提高土地要素市场周转率和利用效率。大力推进城镇低效用地再开发，规范有序推进城镇更新和用地再开发，提升城镇用地人口、产业承载能力。结合城市棚户区改造，建立合理利益分配机制，采取协商收回、收购储备等方式，推进"旧城镇"改造；依法办理相关手续，鼓励"旧工厂"改造和产业升级；充分尊重权利人意愿，鼓励采取自主开发、联合开发、收购开发等模式，分类推动"城中村"改造。强化开发区用地内涵挖潜，推动开发区存量建设用地盘活利用，鼓励对现有工业用地追加投资、转型改造，提高土地利用强度。因地制宜盘活农村建设用地，统筹运用土地整治、城乡建设用

---

① 参见《国务院关于促进节约集约用地的通知》，http：//www.gov.cn/zwgk/2008 - 01/07/content_ 851750.htm。

② 参见《国家新型城镇化规划》，http：//www.gov.cn/zhengce/2014 - 03/16/content_ 2640075.htm。

地增减挂钩等政策手段,整合涉地资金和项目,推进田、水、路、林、村综合整治,促进农村低效和空闲土地盘活利用,改善农村生产生活条件和农村人居环境①。

(二) 盘活低效存量建设用地的地方性试验

近年来,有一些地方结合国家鼓励存量用地再开发的政策,制定了实施细则,开展存量用地再开发的试点工作;还有一些地方发扬首创精神,大胆先行先试,其存量用地的政策创新已经走在了国家的前面。这些具有多样性的地方试点和实践为中央政府在全国层面的制度供给积累了宝贵的经验。

1. 三旧改造

三旧改造的主要对象是旧城镇、旧厂房、旧村庄。其中包括:城市市区"退二进三"产业用地;城乡规划确定不再作为工业用途的厂房(厂区)用地;国家产业政策规定的禁止类、淘汰类产业的原厂房用地;不符合安全生产和环保要求的厂房用地;布局散乱、条件落后,规划确定改造的城镇和村庄等。三旧改造的直接目的就在于盘活存量土地,挖掘现有建设用地潜力,促进土地的高效、集约利用。开展三旧改造的项目,必须符合城市土地利用总体规划、城乡总体规划,纳入三旧改造总体规划、年度计划,并且通过市(县)人民政府批准。

广东是三旧改造的"发源地"。经过十多年的实践,广东省珠三角地区的三旧改造出现了一些明显变化。一是强调连片成片改造,即对三旧改造的单个项目及其地块进行规模上的要求,强调改造项目与周围其他规划项目的配合一致,以免出现重复建设。二是强调综合性开发,即以一个改造类型为主,还可以容纳其他内容的改造项目。比如,旧厂改造里面还可以有一些旧村改造的内容或旧城改造的元素等。三是强调实体产业的升级,即借助于三旧改造政策的机会,大力发展高端制造业和生产性服务业,从而促进城市产业的转型升级。

整体而言,三旧改造以提高存量建设用地利用效率为中心,拓展了存量建设用地再开发的外延。它不仅关注土地的集约节约利用,还注重人居

---

① 参见《国土资源部关于推进土地节约集约利用的指导意见》,http://www.mlr.gov.cn/zwgk/zytz/201409/t20140926_1331065.htm。

环境改善、产业的转型升级和城乡统筹。进而，既盘活了存量土地，还改善了民生，也带动了社会投资，促进了经济发展，提高了存量建设用地再开发的综合效益。以广州为例，2010 年和 2011 年批复作为住宅用途的三旧用地面积分别是当年一级市场成交住宅用地面积的 2.7 倍和 2.6 倍。2010 年至 2012 年通过三旧改造改善居住条件的直接受惠市民超过 4.2 万户，约 12 万人；并且，三旧改造项目拉动社会资产投资约 2500 亿元，相当于这三年固定资产投资总额的 25%[①]。

　　然而，不可忽视的是三旧改造还面临着不少棘手的问题。比如，在旧城镇改造中，拆迁补偿和安置往往是改造能否顺利进行的关键，直接影响改造的经济和社会效益。在旧村改造中利益分配的矛盾则表现得更为复杂。以收取房租为生的村民，已经通过目前的土地利用方式获得了土地增值的利益，并将获得的利益视为世代耕种集体土地的必然结果。如果通过再开发使这部分利益丧失或减少，必然影响村民现有的生活水平和未来的保障，引发村民的抵触情绪，甚至产生社会性问题[②]。

　　2. 土地整备或收储

　　土地整备或收储是指综合运用多种措施，通过实施土地归并、收购、置换、入股等方式进行权属调整及分割，并对调整后的土地以规划为依据实施整体征地拆迁、储备、出让等后续使用管理的过程。地方政府在其中扮演着重要角色，往往主导着土地整备或收储的全过程。广东、浙江等地是通过土地整备或者土地收储来实施低效建设用地再开发的典型。

　　土地整备或收储既优化了土地资源空间配置，让城市闲散低效用地得到了节约集约利用，使土地的产能得到了更好的提升；也美化了城市环境、改善了城市面貌，使低效用地的脏、乱、差能与时俱进地得到改变。这些都实现了存量建设用地再开发的既定目标。不仅如此，土地整备或收储还明晰了土地产权，解决了不少历史遗留问题。清晰界定且合法的产权提升了权利所指向的土地资产的价值，激励原土地使用者参与存量建设用地再开发，也促使新土地使用者主动提高土地的集约度。

　　当然，土地整备或者收储也面临着两大主要限制因素。一是权属调整

---

　　① 赖寿华、吴军：《速度与效益：新型城市化背景下广州"三旧"改造政策探讨》，《规划师》2013 年第 5 期。

　　② 谢青、苏振锋、岳亮：《基于土地增值的城中村改造利益分配研究》，《宁夏社会科学》2006 年第 5 期。

和征地拆迁。在对权属分散、复杂的区域进行土地整备或收储过程中，极易陷入"反公地悲剧"和"囚徒困境"。也就说由于存在着很多权利所有者，为最大化自身利益，每个当事人都相互设置障碍，增加了执行的难度与成本，严重地还会引发社会冲突。二是资金支持。土地整备或者收储需要大量资金以满足回购土地、征地和拆迁补偿等的需要。因此，仅由政府一家垄断的土地整备或收储常常会遭遇资金"瓶颈"。

3. 集体建设用地流转

长久以来，由于我国政策法规的限制，即任何建设必须使用国有土地的规定以及城市市区土地必须征为国有，农村的集体建设用地始终无法"名正言顺"地入市流转。经济社会的不断发展和工业化、城镇化的快速推进导致了对建设用地的需求急剧增加。而农村的存量集体建设用地从本质上看同国有建设用地一样，也是一种生产要素，同样能满足用地者开发建设的需求。这就催生了集体建设用地流转的"隐性市场"。农民和村集体开始自发地以出让、转让、出租、转租、抵押、联营、作价入股等方式来盘活农村的存量建设用地。

或许是为了回应民间对集体建设用地流转制度的需求，国土资源部从1995年起先后选择了苏州、芜湖、湖州等集体建设用地流转比较活跃的城市进行了试点，安徽、广东、成都、重庆等地也相继出台了针对集体建设用地流转管理办法。党的"十八届三中全会"明确提出，在符合规划和用途管制前提下，允许农村集体经营性建设用地出让、租赁、入股，实行与国有土地同等入市、同权同价。近年来，江苏宜兴的年租制、湖北沙洋的"招、拍、挂"出让制以及四川郫县的集农村建设用地权属流转和指标交易与土地综合整治、产业发展为一体的"一揽子"流转模式等成为集体建设用地流转的地方典型案例[1]。

很明显，集体建设用地流转显化了农村存量建设用地的价值，是盘活存量集体建设用地的重要途径。它对于盘活一些城市建成区、开发区和工业园区的存量集体建设用地具有直接作用，有利于提高集体建设用地的集约利用水平，提高土地利用的效率和效益。更进一步，集体建设用地流转还有利于打破政府完全垄断土地出让和城乡土地市场二元割裂局面，为市

---

① 唐健、王庆日、谭荣:《新型城镇化战略下农村土地政策改革试验》，中国社会科学出版社2014年版。

场价格机制优化配置土地资源创造条件。这既有助于从根源上扭转存量建设用地利用低效的局势，也符合新型城镇化的要求。

不过，集体建设用地流转在实施过程中仍产生了部分矛盾和问题。有些地方由政府强制推进集体建设用地流转。但是，由于政府要对流转的规模、流转的价格、流转的收益分配等进行决策，并且决策也可能出现失误（效率和公平上都存在），加之政府在执行过程中也有相应成本产生，此类模式最终造成流转的成本过高，流转的绩效有限。还有些地方在通过流转集体建设用地来盘活存量和显化集体建设用地价值的同时，并没有与农村发展相结合。一方面，村集体得到的土地收益较低；另一方面，村集体仅仅是得到了土地收益，而后续的土地利用就与村集体没有关系了，是用地者自身的行为，村集体没有参与①。

4. 农村宅基地退出

当前，农村宅基地是农村低效利用的存量建设用地的一大来源。据调查有8.9%的农户有两处或两处以上的宅基地。在我国工业化、城市化的加速发展过程中，有2亿—3亿农民从农村转向城市就业、居住，使得全国2亿亩农村宅基地中有10%—15%处于闲置状态②。因此，许多地方都围绕宅基地退出出台了多种多样的政策措施。天津的"宅基地换房"、嘉兴的"两分两换"、成都的"双放弃"等都是其中具有代表性的宅基地退出机制。

简而言之，所谓"宅基地换房"是指在国家现行政策框架内，在坚持自愿原则的前提下，农民以其宅基地，按照规定的置换标准换取小城镇中的一套住宅，迁入小城镇居住。"两分两换"就是把农民的宅基地和承包地分开、搬迁和土地流转分开，以宅基地置换城镇房产，以土地承包经营权置换社会保障。"双放弃"是指因农民同时放弃土地承包权和宅基地使用权后可以参加城镇社会保险并获得就业机会。

很明显，宅基地退出是农村存量建设用地再开发的主要途径之一。它通过让农民集中居住或给予他们享受城镇社保、住房的机会，激励以非农收入为主要生活来源的农民市民化，腾退出多余的宅基地。并以此为契

① 唐健、王庆日、谭荣：《新型城镇化战略下农村土地政策改革试验》，中国社会科学出版社2014年版。

② 马爱慧、张安录：《统筹城乡发展中农村宅基地退出机制分析——以湖北省鄂州市为例》，《广东土地科学》2013年第6期。

机，配套开展土地综合整治、新农村建设项目，完善农村供水、供电、供气、排污、有线电视、宽带网络等基础设施。这不但改变了农村集体建设用地分散、粗放的低效利用状态，还改善了农户生产生活环境和质量。此外，"两分两换"、"双放弃"等与城镇社保和住房相联系的宅基地退出机制还有更深远的意义。它利用城镇住宅、户口、社保与有条件、有意愿参加宅基地退出的农户的宅基地、承包地进行置换，在一定程度上降低了农村人口向城市转移的门槛。换言之，它集中解决了农民举家进城所必须要解决的城镇住房、老人社保、子女教育等问题，为农民举家入城提供了新途径，有利于农业转移人口市民化，最终实现以人为核心的城镇化。

但是，我们也应当看到宅基地退出的潜在风险与挑战。有实地调研结果表明：农民对"两分两换"最不满意的是房产的估价问题，占受访者的74.2%。多数农民认为政府的置换标准偏低，特别是和建设拆迁标准相比差距比较大①。也有学者提出，天津的"宅基地换房"、嘉兴的"两分两换"、成都等城市推进的"三个集中"，无论是宅基地拆迁补偿水平，还是集中居住标准，大体上还是由地方政府部门主导制定。虽然各地在出台的政策上也一再强调要充分尊重农民意愿，但实际操作中却往往难以实现②。

5. 城乡建设用地"增减挂钩"与各类指标交易

城乡建设用地"增减挂钩"是指依据土地利用总体规划，在城市近郊区将若干拟整理复垦为耕地的农村建设用地地块（即拆旧地块）和拟用于城镇建设的地块（即建新地块）等面积共同组成建新拆旧项目区，通过建新拆旧和土地整理复垦等措施，既增加了一定面积的土地用于城镇建设用地，又保证项目区内耕地有效面积的增加和耕地质量的提高，实现了节约集约利用建设用地，城乡用地布局更合理的目标。

总体而言，"增减挂钩"不仅盘活了农村存量建设用地并拓展了城镇建设用地空间，有利于土地的规模经营，还可有效整合农村土地资源，改变既往村庄结构分散、居民点呈现"多、散、乱"的局面，有利于优化土地结构，提高土地利用集约度。各地的实践成效也较为显著。譬如，江

---

① 方芳、周国胜：《农村土地使用制度创新实践的思考——以浙江省嘉兴市"两分两换"为例》，《农业经济问题》2011年第4期。

② 陶然、汪晖：《中国尚未完成之转型中的土地制度改革：挑战与出路》，《国际经济评论》2010年第2期。

苏华西村提出"多占天少占地"、"向空中地下要土地"的农田整理模式；无锡把农民拆迁安置房建成多层公寓式农民住宅小区。深圳对 2000 多个旧村实行改造，向中心村镇集聚，杜绝零星建房，改造后变成多高（层）楼群，居住小区既美观实用，又与自然和谐，可用地面积倍增，土地利用率大幅提高①。

在城乡建用地"增减挂钩"政策基础上衍生出的各类指标交易模式则充分了发挥市场配置资源的优势。以重庆"地票交易"为例，其基本内容就是通过将农村集体建设用地复垦整理为耕地，并经严格验收符合要求后，方可产生城乡建设用地"增减挂钩"指标。这些挂钩指标通过公开市场交易实现了在全市范围内的流转。重庆的"地票交易"显化了存量建设用地的价值。因为"地票交易"的实质是土地发展权的交易，而农村的存量建设用地代表的是一种土地开发的权利。存量建设用地被复垦为耕地其土地发展权就被放弃。"地票"在城市近郊落地，该地块的土地发展权就得到实现。可见，基于"增减挂钩"的各类指标交易以土地发展权交易的形式为存量建设用地的再开发和集约利用提供了经济激励。

可是，城乡建设用地"增减挂钩"政策在实际操作中同样遭遇了亟待解决的难题。有些地方政府把周转指标主要用于中心城区建设，脱离了"增减挂钩"的本意，即推进城乡统筹发展。另一些城郊项目区的实施，实际上是城市扩张的过程。而且，项目的建立表面上看是内部化了城市扩展的外部性。但是项目的目标实质是增加城镇建设用地指标，减少农村建设用地数量。目标导向有利于城镇，不利于农村发展。建设用地指标的使用和分配中存在的城乡二元差异导致土地增值收益并未真正惠及"三农"而城市扩张的外部性却影响了农村发展②。如此一来，非但没有让农民和农村得到太多以"增减挂钩"推动的低效用地再开发带来的收益，甚至还拉大了城乡差距。

（三）小结：政府的力量、市场的力量和社会的力量

当前，"让市场在资源配置中起决定性作用"和"更好发挥政府作

---

① 王权典、吴次芳：《城乡统筹视阈中建设用地增减挂钩"土地新政"之法治检讨》，《社会科学战线》2013 年第 5 期。

② 王权典、陈利根：《存量土地整理再开发的调控与规制》，《中州学刊》2014 年第 1 期。

用"已经成为我国深化改革的重要价值取向。国家层面的存量建设用地再开发政策也不止一次地提及"建立健全政府引导、市场运作、公众参与的低效用地再开发机制"。可见，政府、市场和社会这三方面的力量并不是相互否定的关系，而是互相补充、优化组合的关系。但是，从现有的再开发政策试验来看，依旧是以政府主导的存量用地再开发模式为主，未能科学合理地处理好政府、市场和社会的关系，尚未充分发挥市场和社会各利益主体（如农民、企业等）的主观能动性，暴露出了一些明显缺陷。

例如，在地方政府主导的土地整备、收储或三旧改造过程中，政府与企业、居民户等土地原使用者往往在补偿安置问题上难以达成共识，加之强制拆迁的公权力受到了限制，政府只能同"钉子户"进行漫长的协商谈判或违背公平补偿原则，向他们大量让利。进而，降低了政府的公信力，拖延了工程进度，提高了再开发的成本，加大了收益分配的不平等。又如，在政府主导的宅基地退出过程中，增值收益分配并没有以农民或村集体为主。也就是说，宅基地退出虽然提高了农村存量建设用地的利用效率，但是农民所获得利益相对较少。最后，诸如集体建设用地流转、城乡建设用地"增减挂钩"等原本可以实现盘活存量用地和促进城乡一体化发展的政策创新，由于政府过于强势、农民和市场相对被动等政策设计的偏差，难以实现双赢甚至是多赢的预期目标。

其实，读者不难发现，除了分析当前中国存量建设用地政策改革的几项重要改革实践之外，采用何种方式来实施相应的政策也是本书的一个重要的研究问题。也就是，如何发挥政府的力量、市场的力量和社会的力量？因为，如果能恰到好处地运用这三者的力量，汇聚成推动改革的合力，就可以有效地降低各类存量建设用地政策创新的成本，产生更突出的政策绩效。本书在后续的分析论述过程中将深入揭示其内在联系。这里就先不赘述了。

六　新型城镇化战略对存量建设用地再开发政策的要求

前文提及，存量建设用地的政策创新可以成为推动新型城镇化的新工具。根据新型城镇化的新内涵，结合存量建设用地利用低效的现状、成因、影响，以及现有存量用地再开发政策的缺陷，我们可以提炼新型城镇化战略下存量建设用地再开发政策的主要目标和具体要求。

（一）存量建设用地再开发政策的主要目标

虽然同为低效用地再开发，但是城镇和农村存量建设用地再开发的主要目标存在一定的差异。进而，对城乡存量用地再开发的政策设计和具体实施提出了不尽相同的要求。因此，理清城镇与农村存量用地再开发的主要目标是我们后续解析再开发政策的必然要求。

1. 城镇存量建设用地再开发的主要目标

城镇存量建设用地再开发的首要目标是提高城镇存量土地的利用效率，优化土地资源的空间配置。通过存量用地的再开发，一方面，应能够提高土地利用的集约度，增加单位面积土地的产出量和价值；另一方面，要有利于加快存量建设用地所承载的产业的转型升级，推动经济发展方式转变。因此，以"退二进三"、"腾笼换鸟"等为导向的存量建设用地再开发既应当致力于改变城镇存量用地的物理形态，实现土地由低效粗放利用向高效集约利用的转变；也应当着力引进具有高附加值、低污染的新产业，从而达到提质增效的目标。此外，城镇存量用地再开发还意味着盘活存量建设用地资源，挖掘存量土地的潜力，扭转城镇"摊大饼"扩张的趋势，推动城镇化由外延扩张向内涵式发展转变，实现资源节约型和环境友好型的城镇化。

城镇存量用地再开发也应当实现改善城市环境，提高居住生活品质的目标。尤其是"三旧改造"、"棚户区改造"等再开发政策，在关注再开发经济效益的同时，还应当注重再开发的社会和生态效益。新型城镇化是以人为本的城镇化，城镇存量用地再开发是改善民生的重要举措。因此，城镇存量用地再开发理应改变传统的城镇居住区脏、乱、差的面貌，通过统筹规划、优化设计等，改善城市居民的居住生活条件。并且，以再开发为契机完善城市的基础设施和其他公共服务配套设施，提升城市的生活品质。

最后，城镇存量建设用地再开发还应当让全体利益主共享再开发带来的增值收益。政府、居民、企业等是再开发的重要利益相关者。再开发引致了存量建设用地的价值增值。而这部分增值收益的分配往往是利益主体关注的焦点。收益分配问题处理不好，就会引发矛盾冲突，让再开发的绩效大打折扣。再者，这种增值收益的实现是全体利益主体共同努力、相互配合的结果。因此，城镇存量用地的再开发应当着力建立兼顾国家、集体和个人的土地增值收益共享机制,让再开发的"红利"惠及广大民众。

2. 农村存量建设用地再开发的主要目标

农村存量建设用地再开发的核心目标是让农民和农村分享存量用地再开发的增值收益,奠定农村后发发展的基础,促进城乡一体化发展。具体来看,农村存量建设用地再开发应重点关注三个相互联系的问题。

首先,农村存量用地再开发在提高土地利用效率的同时,还应当为农村发展积累资金。同城镇一样,农村的存量用地再开发也改变了农村土地低效利用的现状,有利于"释放"存量集体建设用地的潜在价值。例如,以集体建设用地流转、城乡建设用地"增减挂钩"为主要形式的农村存量用地再开发就能显化集体建设用地的经济价值,产生数量可观的土地增值收益。如果在此类增值收益的分配上能够以农民和村集体为主,向农村倾斜,并且通过有形的土地空间配置优化和无形的土地指标交易来完成城市向农村的财富转移。那么,就可以为农村的后发发展积累原始资金,从而奠定城乡一体化发展的物质基础。

其次,促进农业转移人口市民化。这是以宅基地退出、农村土地综合整治等为主要形式的集体存量用地再开发政策的重要目标。它们不仅仅要改善农村宅基地分散、粗放利用的布局结构,完善农村的基础设施,提高农民的居住和生活水平。更重要的是,应当通过"换房"、"换社保"等政策措施扫清农业转移人口市民化的障碍,免除其市民化的后顾之忧,最终让农村居民享有与城镇居民同等的基本公共服务,顺利在城镇"落户"。进一步来看,不论是农村基础设施的完善还是城乡基本公共服务的均等化都离不开资金支持。而这些资金恰恰可以也应当来源于盘活农村存量用地所产生的增值收益。就此而言,促进农业转移人口市民化体现着让农民和农村共享再开发所产生的土地增值收益的效果。

最后,增强农民和农村自主选择发展道路的能力,促进农村的持续健康发展。借助存量集体建设用地再开发,让农民分享更多的土地增值收益,进而提高农民整体的收入水平。随着农民和农村的收入递增,就充实了农村的资本积累。此时,社会资本也会被吸引到农村,进而吸引更多的劳动力、技术和产品等进入农村,带动农村经济社会发展。在这种背景下,农民和农村也就有更大的空间和机会去自主选择具有地方特色的发展道路。可以说,农村的存量用地再开发不但要让农民在获得资本之后可以发挥自己的主观能动性来参与市场竞争,而且,还要以多样化的再开发模式来带动当前农村发展的管理模式从政府主导真正向市场化配置和农民自组织转变。从而，让自然和社会经济条件千差万别的广大农村地区能够建立起符合当地实际的发展模式，让农村的后发发展更加健康、可持续。最终，逐步缩小城乡差距，形成新型城镇化浪潮下的城乡一体化发展新格局。

（二）存量建设用地再开发的政策取向

基于上述既定的改革目标，我们可以进一步总结出新型城镇化战略对存量建设用地再开发政策的五大具体要求。而这五大具体要求也指明了存量用地再开发政策的未来走向。

1. 提高存量建设用地的利用效率，实现土地资源的节约集约利用

走资源节约型和环境友好型的城镇化之路是新型城镇化的一大特征。而土地资源又是城镇化的物质载体。新型城镇化战略提出了有关资源节约和环境友好的具体要求：严格控制新增城镇建设用地规模，提高城镇建设使用存量用地的比例；优化城镇布局形态，按照促进生产空间集约高效、生活空间宜居适度、生态空间山清水秀的总体要求，形成生产、生活、生态空间的合理结构；切实保护耕地、园地、菜地等农业空间，划定生态红线等。因而，通过存量建设用地再开发来提高存量建设用地的利用效率，实现土地资源的节约集约利用是新型城镇化战略对存量建设用地再开发政策的首要要求。这实际上也是存量建设用地再开发应当发挥的最直接作用。

城镇存量建设用地再开发直接改变了存量土地闲置、低效利用或布局散乱、环境脏乱差的状态。一方面，它减少了城镇建设占用农用地或生态用地的需要，有利于保护耕地和生态环境，也控制了城镇建设用地的总体规模；另一方面，它改善了市容市貌和人居环境，优化了城镇的空间结构。农村存量建设用地再开发既改变了集体建设用地长期以来的粗放利用状态，改善了农村的生产生活环境；还依托城乡建设用地"增减挂钩"和宅基地退出等政策将节余的建设用地复垦整理为耕地，进而达到了保护耕地和生态环境的效果。这些都有益于满足新型城镇化提出的资源节约和环境友好的要求。

2. 构建兼顾国家、集体和个人的存量建设用地再开发的利益共享机制

城镇化是我国经济社会发展所必然要经历的过程。中央城镇化工作会

议提出，新型城镇化将有利于促进社会公平和共同富裕①。可见，让全体人民共享城镇化的发展成果应当是新型城镇化战略的重要内涵。而具体到对存量建设用地再开发政策的要求上，就是要构建兼顾国家、集体和个人的存量建设用地再开发的利益共享机制。存量建设用地的再开发是建设用地价值的"二次释放"。如何分配由再开发带来的各种经济利益和非经济利益必然成为各利益相关者关注的焦点。同时，存量建设用地再开发还常常涉及土地权属的重新调整。权利结构的变化也就意味着利益的再分配。此外，在城乡二元的政府管制框架下形成的存量建设用地利益分配的既定格局还会对再开发后的利益分配产生限定效应。

可见，存量建设用地再开发既涉及增值收益的分配和利益的再分配，又受到城乡二元的政府管制下形成的利益分配总框架的制约。存量建设用地再开发的利益分配问题一旦无法妥善解决，就会影响到再开发活动的进行，加大再开发的成本，阻碍政策绩效的提升。严重的，还会引发社会矛盾冲突，不利于新型城镇化的顺利推进。因此，建立起存量建设用地再开发的利益共享机制，增强各行为主体的利益一致性的确是在运用建设用地再开发政策来推动新型城镇化的过程中所亟待解决的重大理论和现实命题。

3. 以存量建设用地再开发带动农业转移人口市民化

新型城镇化是以人为核心的城镇化。推动农业转移人口市民化是新型城镇化的必然要求。因此，存量建设用地再开发应当发挥带动农业转移人口市民化的作用。从实际情况上看，存量建设用地再开发也确实能够发挥这样的作用。譬如，各地围绕宅基地退出开展的政策试验，如"宅基地换房"、"两分两换"、"双放弃"等，都在推进农村低效用地再开发的同时促进了农业转移人口市民化。

农村的存量建设用地再开发一方面通过水、电、道路、网络等基础设施的城镇化和集中居住、农民新村等居住环境的城镇化，从物质生活条件和生活方式上促进了农业转移人口市民化；另一方面通过提供与城镇同等的社会保障、实现城乡公共服务的均等化等，从根本上解决了农业转移人口市民化的后顾之忧，还起到激励农民积极参与再开发的作用。而城镇存

---

① 参见《中央城镇化工作会议》，http://www.gov.cn/ldhd/2013 - 12/14/content_2547880.htm。

量用地再开发则为已经在城市生活工作的农业转移人口提供了更大的承载空间。比如，再开发所节余的土地用于保障房建设可能减轻农业转移人口的住房压力；旧城改造、棚户区和城中村改造等改善了他们在城镇的居住环境等。这都有助于农业转移人口尽快融入"城市"。故而，带动农业转移人口市民化应当成为存量建设用地再开发政策设计所必须要考虑的一个重点问题。

4. 以存量建设用地再开发促进城乡一体化发展

新型城镇化并不意味着忽略农村的发展或者以牺牲农村的发展条件和机会为代价来促进城市发展。相反，新型城镇化要求在提供城乡基础设施一体化和公共服务均等化的条件下，促进城乡产业的协调发展，让农村获得后发展的条件和机遇，进而促进城乡一体化发展。不论是对农村还是对城市而言，存量土地都是城乡建设的必需品，也是联系城乡的重要纽带。通过存量建设用地再开发，可以盘活城乡存量土地，优化土地资源在城乡间的配置结构，进而带动劳动力、资本等与土地密切相关的其他生产要素在城乡间的流动和优化配置，最终形成城乡一体化发展的新格局。因而，促进城乡一体化发展是新型城镇化战略对存量建设用地再开发政策的必然要求。

当前，部分基于城乡建设用地"增减挂钩"的存量建设用地再开发政策已经显示出了其促进城乡一体化发展的功效。其一，它进一步对城乡建设用地的空间配置进行优化，实现土地经济价值上的收益改善。其二，它通过让农民分享再开发的土地增值收益，提高了农民收入，增加了农村的资本积累，也让农村后发展有了很好的基础。其三，它让农民在获得资本之后可以发挥自己的主观能动性来参与市场竞争，让农村和农民有机会来主动主导自己的发展。可见，如何发挥城乡建设用地的纽带作用？如何通过体制机制创新破除城乡二元结构，让农民更多分享再开发带来的增值收益，进而掌握农村发展的主动权？这些都是在以存量建设用地再开发促进城乡一体化发展时值得关注的问题。

5. 处理好政府、市场和社会三者之间的关系，探索形成具有中国特色和地方特点的存量建设用地再开发模式

中央城镇化工作会议强调，推进新型城镇化，既要坚持使市场在资源配置中起决定性作用，又要更好发挥政府在创造制度环境、编制发展规划、建设基础设施、提供公共服务、加强社会治理等方面的职能；中央制定大政方针、确定城镇化总体规划和战略布局，地方则从实际出发，贯彻落实总体规划，制定相应规划，创造性开展建设和管理工作①。由此可见，存量建设用地再开发既然是推进新型城镇化的工具，那么处理好政府、市场和社会三者之间的关系，探索形成具有中国特色和地方特点的存量建设用地再开发模式，自然是新型城镇化战略对存量建设用地再开发政策提出的重大要求。

　　事实上，从各地多元化的存量建设用地再开发实践可以看出，在不同的情境下，政府、市场和社会扮演着不同的角色，发挥着轻重各异的作用，进而构成了具有地方色彩的存量建设用地再开发模式，产生了不同的政策绩效。从理论上看，人的多样性、社会的多样性和具体管理对象的多样性造成了制度的多样性，即没有一种制度设计是放之四海而皆准的（not－one－size－fits－all）②。从具有多样性的存量建设用地开发模式中，我们可以抽象出它们成功或失败的共同和个别的经验教训，形成存量建设用地再开发政策设计的一般原则和特例，为存量建设用地再开发的改革创新提供借鉴，也为中国特色的新型城镇化提供理论和实践支持。

七　研究目标与全书的安排

　　本章系统讨论了存量建设用地的政策创新能够成为推动新型城镇化的政策工具的背景，界定了存量建设用地利用低效的内涵和外延。在此基础上，进一步分析了存量建设用地低效利用的原因和影响。最后，阐述了存量建设用地政策创新所应当关注的重点问题以及新型城镇化战略对存量建设用地再开发政策的要求。一言以蔽之，在新型城镇化的大背景下，存量建设用地再开发政策的理论与实践引人瞩目。

（一）全书的研究目标

　　在新型城镇化的战略背景下，存量建设用地的再开发不仅能够提高土地的利用效率，实现土地资源的优化配置，还具有产生并分配土地增值收

---

　　① 参见《中央城镇化工作会议》，http：//www. gov. cn/ldhd/2013－12/14/content＿2547880. htm。

　　② Ostrom E., *Understanding Institutional Diversity*, Princeton：Princeton University Press, 2005.

益，推动农业转移人口市民化和统筹城乡发展的功效。但问题是并非所有的存量建设用地再开发政策都能取得上述"一举多得"的效果。各地存量建设用地再开发的尝试也表明，不同再开发模式会产生不同的成本、收益分配结果和绩效。所以，值得关注的问题就是：第一，哪些因素影响了存量建设用地再开发的模式选择？第二，不同模式的成本如何？更进一步，为什么这一模式会产生这样的成本？第三，不同模式的绩效如何？而模式设计的差异又怎样造成绩效的差异？上述问题的答案实际上就是各地的政策试验对我国存量建设用地再开发的经验与启示。它们是新型城镇化战略下存量建设用地政策改革创新的宝贵经验，对于推动新型城镇化有着重要的借鉴意义。然而，想要获得上述问题的答案离不开一个统一的分析框架。基于此，再对各地具有代表性的案例进行深入分析。

因此，本书的第一个目标就是要建立一个理论分析框架。这个分析框架可以用于后续每一章中的存量建设用地再开发政策的分析，重点是政策在绩效和实施成本方面的评价。存量建设用地的增值收益，作为一种公共物品，并不是自发提供的。其潜在价值显化的本身需要投入成本。就此而言，政府如何通过再开发来尽可能多地实现存量建设用地的潜在价值？政府又怎样才能分配好、利用好这些被"释放"的潜在价值并以此来推动新型城镇化系列目标的实现？这可能是在新型城镇化战略下建设用地再开发政策所必须解决的理论和现实问题。

本书的第二个目标就是在所建立的理论分析框架的基础上，对所选择的具有政府主导、市场参与和利益相关方自组织特征的存量建设用地再开发案例进行深入分析。重点关注这些案例的模式特征，深入剖析案例中影响存量建设用地再开发模式选择的因素，以及不同模式的成本和绩效。通过上述研究，不仅能为新型城镇化战略下存量建设用地再开发的政策改革提供经验借鉴和理论支持，也有利于从中找到政策评估和改进的适宜理论和方法。

以上就是本书所期望能够达到的在实践和理论上可能的贡献。

（二）全书的章节安排

全书的结构基本是依照研究目标和问题来设计的，共分 12 个章节。第一章是问题的提出。第二章是理论分析框架的介绍。第三章梳理了建设用地再开发的相关政策、法律和法规。第四章至第九章按照城镇存量用地和存量集体建设用地的划分，分别对政府主导、市场参与、利益相关方自组织的存量建设用地再开发模式进行介绍和对比，分析模式选择的影响因素、成本和绩效。第十章是对政府主导、市场参与、利益相关方自组织这三大治理结构进行总结性的对比分析，并提出我国存量建设用地再开发的经验与启示。第十一章是其他国家或地区关于存量建设用地再开发的经验与启示。最后一章是本书的研究结论和政策建议（如表 1 - 1）。

表 1 - 1　　　　　　　　　　全书的章节安排

章节	主要内容
第一章	问题的提出，包括问题的背景、研究问题综述、研究目标等
第二章	存量用地再开发政策选择的理论辨析，提供全书的理论分析框架
第三章	梳理建设用地再开发的相关法律，为后续研究奠定基础
第四章	辨析政府主导下城镇存量用地再开发模式选择逻辑、成本与绩效
第五章	辨析政府主导下存量集体建设用地再开发模式选择逻辑、成本与绩效
第六章	辨析市场参与的城镇存量用地再开发的模式选择逻辑、成本与绩效
第七章	辨析市场参与的存量集体建设用地再开发模式选择逻辑、成本与绩效
第八章	辨析利益相关自组织实施城镇存量用地再开发模式选择逻辑、成本与绩效
第九章	辨析利益相关自组织实施存量集体建设用地再开发模式选择逻辑、成本与绩效
第十章	政府主导、市场参与和利益相关方自组织模式的对比分析
第十一章	典型国家和地区存量建设用地再开发的经验借鉴与启示
第十二章	全书的研究结论，包括研究总结和政策建议

第二章

建设用地再开发的政策选择:理论辨析

　　建设用地再开发改变了存量用地低效利用的状态,提高了土地利用的集约度。其实质是一个存量用地的价值增值过程。就此,有几个问题值得关注。首先,如何才能尽可能多地"释放"存量用地的价值?其次,在建设用地再开发完成后,即存量用地实现了增值后,怎样分配这些增值收益?最后,建设用地再开发模式及其实际效果受到哪些因素的影响?上述几个问题就构成了本书理论分析框架的"主干"。

一　存量用地再开发中的公共物品问题

(一) 存量用地再开发的公共物品属性

　　土地资源的利用具有很强的外部性。建设用地再开发也不例外。存量用地低效和粗放利用面貌的改变会改善整个区域的环境,提升该地区的生产生活品质,进而促进周边土地资产升值。此时,当初拒绝参与再开发或拒绝为其投资的土地权益人就会不费成本地从中获益。这是由于技术的不可行性或成本过高,参与再开发的土地权益人基本无法制止其他利益相关者无偿分享再开发的增值收益。可见,存量用地再开发产生的外溢效应具有低排他性。而低排他性恰恰是公共物品的突出特征。

　　进一步地,现实中的各利益主体可能在初始阶段就会意识到存量用地再开发的公共物品属性。这样,就会有很多的人不愿意参与土地的再开发而都"搭便车"。因为土地的再开发是要花费成本的。长此以往,最坏的结果就是即使全体利益相关者都知道存量用地再开发能够带来增值收益,但大家却都选择"搭便车"而不愿为存量用地的再开发投资。那么,存量用地再开发原本可以带来的增值收益也就只能停留在理论上了。

换一个角度看，政府的建设用地再开发政策并不能直接显化存量用地的潜在价值。这是因为每宗存量用地都有具体的所有者或使用者。存量用地的再开发引致的土地用途转变、权属调整等涉及这些利益主体的权益变化和补偿等问题。所以，存量用地再开发也就离不开他们的参与和配合。土地所有者或使用者的不合作将阻碍存量用地再开发，引起利益主体间的冲突，土地的价值增值也就无从实现。尽管政府可以采取强制措施迫使全体土地所有者或使用者合作，但这可能会产生高额的执行成本，从而抵消部分甚至是全部的由再开发所产生的增值收益。简而言之，建设用地再开发需要以尽可能低的成本来整合分散的土地权利，以此实现价值增值的目标。否则，当实现再开发带来的土地增值收益的成本高于收益本身时，这种潜在的增值收益就会处于闲置状态（因为没有人愿意获取这种"赔本"的收益）；而当实现该收益的成本抵消了一大部分收益时，增值收益就处于一种低效利用的状态。

综上所述，存量用地再开发从本质上看是一个公共物品的供给与利用问题。它在实践过程中常常遭遇困境。简而言之，就是只要存在潜在"搭便车"的可能，大多数人都不愿意积极主动地承担自己应支付的成本，最终导致存量用地的价值增值这种公共物品供给不足甚至是零供给。从另一个角度看，由于诸多分散的土地产权人之间拒不合作或互设障碍产生了大量交易成本，再开发所实现的增值收益这种公共物品只能被低效利用甚至处于闲置状态。下面我们就将通过"公地悲剧"、"囚徒困境"、"集体行动的逻辑"和"反公地悲剧"这四个理论模型来具体分析公共物品供给与利用困境的理论含义与启示。

（二）公共物品供给与利用的困境：四个理论模型

1. 公地悲剧

英国学者哈丁首次提出了"公地悲剧"的概念①。假设有一片公共牧场可供牧民们自由放牧。对整片牧场而言，由于其生态承载力有限，存在一个最佳的放牧量。每个牧民每增加一只牛都会产生由全体牧民共同承担的社会成本，比如随着放牧数量增加，整个草场会变得"拥挤"起来，

---

① Hardin G., *The Tragedy of the Commons*, *Science*, 1968, 162: 1243—1248.

每只牛的生存空间都会被压缩；随着牛的数量超出草场的承载力，草场数量和质量就将逐渐下降。这些都会对牛的产奶量造成负面影响。但是，对每个放牧者而言，只要牛的产奶量大于养牛的成本，那么放牧者在牧场上每增加一只牛就是有利可图的，放牧者仅在利润为零的时候停止增加牧场上牛的数量。给定上述条件，每个放牧者都不会考虑放牧带来的社会成本。久而久之，草场上的放牧总量就会先逐渐逼近最佳的放牧量，然后超过最佳放牧量。一旦草场上牛的数量超过了最佳放牧量，每增加一只牛都会减少牛的产奶量。最终，该公共牧场就会因"超载"而成为不毛之地。这就是所谓的"公地悲剧"。

简而言之，"公地"作为一种公共物品具有低排他性的特征。在缺乏制度约束的情况下，每个放牧者的决策总是尽量可能地增加放牧量，直至放牧总量超过牧场的自然承载力。结果草场逐渐退化，而放牧者也无法继续在该公地上放牧和得到更多的收益。用经济学的视角看，就是个人在决策时只考虑个人的边际收益大于或等于个人的边际成本，而不考虑其行动给别人造成的损失和所带来的社会成本。而用哈丁的话来描述"公地悲剧"就是："每个人都被锁定入一个制度体系。这个体系诱使每个人都在资源有限的世界中无节制地增加他们所放养的牛的数量。在相信公地可以自由使用的社会中，每个追求个人利益最大化的人都奔向毁灭的终点。"

"公地悲剧"所揭示的公共物品供给的困境就是由于公共物品是由许多人共同使用的并且具有非排他性，各利益相关者就有很强的相互推卸责任和"搭便车"激励。部分利益相关者们不会为了公共物品的生产而支付成本。他们只企图从使用公共物品中获得利益。规避公共物品的供给责任能够增加这部分利益相关者的收入并降低成本。而这些必要的社会成本将被转移给他人或被转移至未来。当全体利益相关者都选择卸责或"搭便车"时，公共物品的供给就进入了"公地悲剧"的情境。

2. 囚徒困境

囚徒困境是另一个描述公共物品供给困境的理论模型。两个涉嫌共谋犯罪的嫌疑犯被捕后被警察关在相互隔离的牢房中。他们面临的选择是：坦白或者不坦白。依照规定，如果某个嫌疑犯坦白而另一个不坦白，则坦白者可获自由而拒不坦白者要被判10年监禁；如果二人都坦白，则二人都被判5年监禁；如果二人都不坦白，则二人都将被各判1年监禁。囚犯

的博弈策略选择及其收益可以用如表 2 - 1 矩阵表示:

表 2 - 1　　　　　　　　　　　　囚徒困境

囚犯乙的策略 ＼ 囚犯甲的策略	坦白	不坦白
坦白	- 5, - 5	0, - 10
不坦白	- 10, 0	- 1, - 1

给定这个选择矩阵,两个嫌疑犯决策的前提假设是:第一,博弈双方都知道博弈的规则及其结果;第二,博弈双方都是理性的,即他们只会选择能最大化个人利益的结果;第三,博弈双方不能沟通交流,也即双方信息极不对称和不能"串谋"。据此,具有个人理性的囚犯甲面临两种可能情况:一是若乙采取坦白的策略,此时如果他也坦白则要入狱 5 年,如果他不坦白则要入狱 10 年,相比之下,甲的决策就是以坦白来应对乙的坦白。二是若乙采取不坦白的策略,此时如果他也不坦白,此时他也要被判 1 年监禁,但如果他坦白的话,他将被释放,相比之下,甲的决策就是以坦白来应对乙的不坦白。因此,甲的最终结论就是无论乙采用何种策略,甲都以采取坦白策略为最大化自身利益的对策。所以,甲会采取坦白策略。上述分析也同样适用于囚犯乙的决策过程。

如此,具有个人理性的甲乙双方为了最大化自身利益都会同时选择坦白的策略。所以,博弈的最后结果就是两个囚犯都被判 5 年监禁。显然,这个结果并没有实现博弈双方最大化个人利益的预期。换而言之,两个囚徒都以最大化个人利益为决策目标时,就会出现合成谬误,进而无法实现最大利益甚至较大利益。可见,囚徒困境的隐喻就是个人理性有时会导致集体的非理性。

囚徒困境虽然阐述的是一种极端情况,但是它也从理论上解释了公共物品供给的困境。在囚徒困境的假设前提下,对于每个理性的个人而言,在公共物品供给的问题上也面临两种可能的情境。一是若他人拒不支付公共物品供给的费用,此时如果自己选择支付费用,自己承担的成本将上升,而如果自己也不支付费用,那么至少节约了自己的这部分成本。二是若他人选择支付公共物品供给的费用,此时如果自己选择不支付,那么不仅节约了自己的这部分成本,还可以分享公共物品所带来的收益。就此而言,每个理性的决策者都将选择不承担公共物品供给的成本,因为从表面上看此种策略能够最大化自身利益。而这种个人理性选择的后果就是公共物品供给不足甚至是供给量为零。

3. 集体行动的逻辑

"集体行动的逻辑"的概念是由美国学者奥尔森提出的①。其基本内涵就是："除非一个集团中人数很少，或者除非存在强制或其他某些特殊手段使个人按照他们共同的利益行事，有理性的、寻求自我利益的个人不会采取行动以实现他们共同的或集团的利益。"也就是说个人基于自己的私利，常常不会致力于集体的公共利益，个人的理性不会促进集体的公共利益。这是因为公共利益就是那种没有为它付出代价的人也能免费享用的利益。公共利益的非排他性决定了不管他是否对集体做出了贡献，他都能够享受由他人的努力而实现的利益。这就鼓励了集体成员在实现公共利益方面的"搭便车"行为。因而，集体是不可能自发地实现集体利益。

事实上，奥尔森阐释的"集体行动的逻辑"与"公地悲剧"和"囚徒困境"这两个模型稍有不同。有别于"公地悲剧"所揭示的个体理性导致的集体非理性结果，奥尔森强调的是即使存在共同利益，理性的个体也不会为实现共同利益采取合作性的集体行动。有别于"囚徒困境"的一次博弈，奥尔森阐述的是在重复博弈的情况下，个人理性与集体理性的矛盾所引致的集体非合作性结局。可以说，"集体行动的逻辑"从理论上演绎了更为"悲观"的公共物品供给的困境。因为公共物品的消费并不排斥不承担成本者的消费，即使个人不为公共物品的生产和供应承担任何成本也能为自己带来收益。在集体行动的逻辑下，个人的"搭便车"决策出于两点考虑：第一，个人有其他人供给集体物品的预期，自己采取不合作的态度，即"我不做总有人去做、我不管总有人去管、反正也少不了我的好处"的心理；第二，供给某些集体物品需要满足一定规模的资源条件，个人在公共物品供给中所付出的成本有时会显得微不足道，决策者便认为自己即使采取合作也不能影响集体物品的最终供给，所以决定不参与集体行动，即"有我没我影响不大"的心理。

同前面两个理论模型的结果一样，当每个理性的集体成员都选择尽可能地避免承担集体行动的成本，而试图分享由他人提供的公共物品带来的

---

① Olson M., *The Logic of Collective Action: Public Goods and the Theory of Groups*, Cambridge. MA: Harvard University Press, 1965.

集体收益时，也就催生了公共物品供给的困境。

4. 反公地悲剧

美国学者黑勒首次提出了"反公地悲剧"的命题①。1993 年，黑勒在莫斯科街头观察到了一种奇怪现象：商贩宁愿在街头搭建众多的售货摊来买卖商品，也不愿搬进大量空置的沿街店铺。通过调研，他发现，造成这一现象的根源在于转型中的俄罗斯政府没有把这些店铺的完整产权赋予某个权利所有者，而是肢解给了在计划经济时期利益相关的不同部门：6 个单位享有店铺的出售权、3 个单位有出租权、5 个单位有收取售款权、5 个单位有收租权、3 个单位有决定使用权、1 个单位拥有占有权。支离破碎的产权结构使得每个权利人在没有得到其中任何一个权利所有者的许可下，都无法单独使用或出租该店铺，从而出现了店铺资源难以利用和大量闲置的"反公地悲剧"现象②。

进一步来看，与"公地悲剧"所描述的非排他性和共同使用的"公地"情境不同，此时"公地"的产权因为被肢解分割给许多不同的所有者，显得支离破碎。为了达到某种目的（比如，获取更大份额的利益），每个产权所有者都利用他们掌握的排他性权利阻止其他人使用该资源或相互设置使用障碍。在这种情况下，没有人拥有有效的使用权，使用该资源所需要花费的成本很高或者已经超出了资源本身的价值，从而导致资源的闲置和使用不足，造成资源浪费。于是，就发生了所谓的"反公地悲剧"。

可见，"反公地悲剧"反映出了许多分散的产权所有者出于私利，利用排他性权利相互竞争、制约甚至是对抗冲突，产生了高额的用于整合零碎权利或者促成集体行动的交易费用。最终，导致任何一个产权所有者都必须为使用公共物品而支付高成本，出现公共物品利用不足或闲置的现象。

（三）反思公共物品问题：存量用地再开发的可能出路

公地悲剧、囚徒困境、集体行动的逻辑和反公地悲剧这四个理论模型

---

① Heller M A., "The Tragedy of Anti‐Commons：Property in the Transition from Marx to Markets", *Harvard Law Review*, 1998, 111 (3)：621—688.

② 高洁、张奋勤：《政府公共管理中的"反公地悲剧"与"大部制"改革》，《经济社会体制比较》2008 年第 6 期。

从不同角度共同揭示了两个相互联系的公共物品问题。从公共物品供给的角度看，任何时候，一个人只要不被排除在分享由他人努力所带来的利益之外，就没有动力为共同的利益做贡献，而只会选择做一个搭便车者。如果所有的参与人都选择搭便车，就不会产生集体利益。当然，有些人可能提供集体物品而另一些人选择搭便车，这会导致集体利益的供给达不到最优水平①。从公共物品利用的角度看，如果各利益主体相互竞争、冲突，提高了使用公共物品的成本，降低了公共物品产生的收益；那么，各利益主体就可能减少使用的数量或者直接选择不再使用此种公共物品。其后果就是公共物品的利用不足或闲置。反过来，这种不足和闲置又会抑制利益主体提供此种公共物品的动机，进而引致公共物品的供给不足或供给为零。

　　显然，存量用地再开发所实现的土地增值收益，包括经济收益和非经济收益是一种公共物品。因此，存量用地再开发同样会遇到公共物品的供给与利用问题。拒不合作的"钉子户"就是上述问题在存量用地再开发过程中的典型例证。存量建设用地再开发会产生"锁定效应"，即再开发的参与者已经为再开发的实施进行了大量的专用性投资，比如前期的规划、银行贷款、协商谈判费用、固定资产投资等。如果再开发项目不能顺利开展，这些参与者就将蒙受损失。因而，受到"锁定效应"影响的再开发参与者在和"钉子户"的博弈中就处于相对弱势。按照个人利益最大化的原则，"钉子户"一方面利用"锁定效应"给予他们的优势地位，以不合作为威胁或者阻碍再开发所需的地权整合，想方设法地攫取尽可能多的土地增值收益。另一方面他们又力图推卸承担存量用地再开发成本的责任。

　　这种个人理性与集体理性的矛盾、个人利益与集体利益的冲突表现在存量用地再开发上就是：再开发的增值收益分配出现了"公地悲剧"，即人人都试图无限制地获取收益；再开发的成本分担出现了"囚徒困境"，即人人都不愿意承担再开发的成本；最后就造成了"集体行动的逻辑"和"反公地悲剧"所预示的结果，即全体利益相关者都意识到建设用地再开发会增进他们的共同利益，但是或出于"搭便车"的机会主义动机，

　　① Ostrom E., *Governing the Commons：The Evolution of Institutions for Collective Action*. Cambridge, USA：Cambridge University Press, 1990.

或因为"钉子户"等现象的存在加大了分享增值收益的成本,理性的、寻求自我利益的个人宁可任由潜在的共同利益处于低效和闲置状态,也不会采取行动以实现他们的共同利益。存量用地的再开发也就毫无可能了。

但是,现实世界毕竟不同于理论的世界。换言之,公共物品供给和利用的困境是可以被突破的,存量用地再开发以及之后的土地增值收益的公平合理分配也是可以成功实现的。四个模型只不过是从理论角度提示了存量用地再开及其增值收益作为一种公共物品在供给和利用的过程中可能会遇到的一些制约其绩效提升的限制性因素。也即个人理性与集体理性的矛盾、个人利益与集体利益的冲突。现实中存量用地再开发的不同模式实际上就是在探索解决上述公共物品问题的出路。它们是一种多样化的尝试。其共同目的就在于处理好个人理性和集体理性的关系、协调好个人利益与集体利益,进而避免公共物品供给不足、利用低效和冲突。当然,不同的存量用地再开发模式背后也有其特殊的逻辑。

二　治理结构、制度环境、社会基础与存量用地再开发

存量用地再开发是一个提高土地利用效率,优化配置资源并创造土地增值收益的过程。同时,存量用地再开发还是一个重新调整存量用地的利益分配格局的过程。如同前文所揭示的,存量用地再开发所实现的土地增值收益是一种公共物品。不论这种公共物品的供给(成功实现存量用地再开发)还是它的利用(再开发后土地增值收益的分配)都不是一个自发的过程。政府、开发商、原来的用地者等再开发的利益相关者有着不同的利益诉求,存在不同程度的利益冲突。再者,外部环境、利益主体的行为及其交互作用也存在着不确定性。此时,我们就需要一种组织形式或者管理模式来推动存量用地再开发进程,比如,遵循市场价值规律和自由竞争准则的"看不见的手"、政府指令性计划的"看得见的手"或全体利益相关者的集体行动等。这也就是所谓的治理结构。治理结构的出现可以协调再开发中利益主体的行动,在一定程度上弥合他们的利益冲突,减少不确定性,最终形成一种秩序以实现存量用地再开发的既定目标并增进共同利益。

进一步来看,特定的存量用地再开发治理结构选择并非是毫无依据的。治理结构的建立与运转受到更深层次的因素影响。也就是所谓的制度环境。制度环境主要包括了产权制度、政治制度、司法制度以及各级行政

机构间的权力分配等行政制度。具体到存量用地开发方面，制度环境主要表现为土地国家所有制和集体所有制等土地产权制度、土地法律和土地司法制度以及土地行政体制（如各级土地行政管理部门的职权划分）等。制度环境中的一种或几种制度可能会节约特定治理结构的运行成本，优化治理结构的运行效果，进而提高存量用地再开发的绩效。但是，制度环境中的另一部分制度也有可能成为特定治理结构和存量用地再开发绩效提升的制约条件。制度环境为治理结构的选择划定了基本框架和选择集，构成了治理结构得以建立、运转和发展变化的基石。

更进一步，表现为正式的、成文的规则的制度环境还会受到非正式规则的约束。制度环境是所谓的社会基础的产物。社会基础是一个社会的文化基因。主要包括了各种被社会成员内化的意识形态、价值观念、伦理道德、宗教信仰、风俗习惯等。从自由平等、民主法治、公平正义等现代民主制度的基本理念到尊老爱幼、文明礼让等日常的道德规范都是社会基础的具体体现。由此可见，社会基础不仅是制度环境赖以生存的"土壤"，也通过各种传统观念和道德准则等直接影响、约束个体的行为以及治理结构选择的集体决策。

回头来看，不同的治理结构有着不尽相同的成本与效能。其表现在存量用地再开发上就是：不同的组织或管理模式所引致的再开发成本大小、土地增值收益的高低以及利益分配结果皆不相同。很明显，如果特定的治理结构不能满足存量用地再开发的利益相关者的需要，这部分利益受损者或不满意者就会行动起来，力图变革当前的治理结构。同样地，治理结构的变化又会反作用于制度环境，而制度环境的变迁则会动摇社会基础，引发一个社会思想文化领域的新陈代谢。

整体而言，一方面，我们需要治理结构来组织、规范、协调利益主体的行为。治理结构的选择受到了制度环境的影响。而制度环境又根植于社会基础之中。另一方面，存量用地再开发所产生的资源配置与利益分配格局可能形成自下而上的反馈机制（feedback），反作用于治理结构、制度环境和社会基础。但是，制度环境的变迁一般需要数十年到上百年，社会基础的变化则需要上百年至上千年①。这是一个相当漫长的过程，较难把

---

① Williamson O. E., "The New Institutional Economics: Taking Stock, Looking Ahead", *Journal of Economic Literature*, 2000, 38: 595—613.

握和研究。因此，本章后续的内容将关注的重点放在以下三个方面，即治理结构的选择逻辑、制度环境对治理结构和存量用地再开发行为的影响以及社会基础对存量用地再开发行为、治理结构和制度环境的影响。

三　存量用地再开发的治理结构选择

存量土地的再开发具有公共物品的属性。为了突破公共物品供给与利用的困境，实践中出现了多样化的存量用地再开发的治理结构来调和个人理性与集体理性的矛盾，并增强个人与集体的利益一致性。从而，推进存量用地再开发，保证再开发后的土地增值收益等公共物品的供给充足，并且形成利益共享的格局。不难发现，这些治理结构的选择和替代遵循着它们自己的逻辑。

（一）存量用地再开发治理结构的简单例子

1. 自愿协商的模式

假设有两个土地权益人甲和乙。他们拥有 A、B 两块相邻的低效土地。根据存量用地再开发政策，甲和乙可以通过再开发提高利用效率和价值。但前提是只有两块土地进行连片开发，才能达到既定效果。甲和乙中的一个人想主动承担再开发的成本，当然也包括给对方的补偿，以便自己能获得再开发后的土地增值收益。理论上，只要其中一方能够得到合理的补偿，确保自己的利益不损失，那么就有可能实现存量土地再开发。

现在由甲和乙进行自愿协商。协商中，甲表示愿意按照 B 土地及地上房屋的当前价值支付给乙相应数量的补偿。然后由甲将两个地块进行重新开发建设。但是，甲的出价不一定能达成交易。因为，在一般情况下，乙不愿意接受当前价值的补偿，而让甲独占 A、B 两块存量用地再并发后的增值收益。此时，乙的受偿意愿和甲的支付意愿存在明显差异。很多情况下，乙会要求甲提高补偿。为了保证自己的利益最大化，乙甚至会成为所谓的"钉子户"。这样，自愿协商的模式就会存在很大的谈判和缔约成本。上述成本超出了甲的预期，造成了再开发无利可图后，甲就会放弃购买 B 土地，导致 A、B 两块土地潜在的增值收益无法实现。同理，如果由乙率先提议再开发也会面临着相同的困境。

2. 政府主导（或强制）模式

既然私人的自愿协商无法实现存量用地再开发，这时就可能需要政府的介入。从表面上看，政府具有强制性的公权力，可以通过土地征收的方式来解决"钉子户"的问题，迫使全体利益相关者进行合作。这样似乎已经突破了存量土地再开发所面临的困境。然而，实际上，政府公权力的行使也同样需要花费成本。行政执行的成本甚至会大于各利益主体在自愿协商中产生的讨价还价等费用。首先，政府要能够证明行使强制性公权力的合理性和合法性，比如是否符合公共利益。否则，即便政府强制实施了土地征收，也可能面临后续的诸如上访、司法诉讼、群体性事件等不利于社会稳定的纠纷。再者，社会稳定是政府目标函数中举足轻重的要素。社会失稳将成为政府强制再开发的重大代价。因此，为了维护社会稳定或者是节约行政成本，即使在土地征收的过程中，政府也会与"钉子户"谈判，向他们让利。从这个意义上看，政府强制性的公权力也未必能低成本地解决各利益主体的不合作问题。

此外，政府主导（或强制）的存量用地再开发，还存在再开发规模和补偿标准难以合理确定的决策问题。存量用地再开发超过了合适规模，无法达到提高土地利用集约度目标，就会造成新一轮的资源低效利用。政府主导（或强制）存量用地再开发的低效率是政府决策失误的表现。决策失误产生的资源浪费等一系列副作用自然就降低了政府强制再开发的绩效。同时，由于信息的不完全，政府的定价也可能有失公平。低效率和不公平，都会增加被强制者的反感和反抗。最后，由政府主导（或强制）进行存量用地再开发相当于让政府得以参与甚至主导了再开发后的利益分配。围绕利益分配展开的讨价还价或者纠纷也是政府干预所无法解决的难题。

3. 利益相关者的集体行动模式

自主协商和政府主导（或强制）模式都存在着潜在的低效率或困境时，还有第三种存量用地再开发的模式可供选择，即利益相关者的集体行动模式。它通过相关利益主体自发的合作来共同承担存量用地再开发的成本并分享相应的增值收益。

现实中，很多地方出现的土地整理置换的存量用地再开发模式（比如德国的分区整理、日本的土地整理和我国台湾地区的市地重划等）就是此类治理结构的写照。这些模式既非个体的自主协商也非政府主导或强制的再开发，而是各利益主体在充分沟通和协商后的集体行动。例如，区域中所有的利益主体共同成立一个代理机构来负责再开发的具体事宜。每个土地权益人将自己的土地以作价入股等方式投入给这个代理机构。该代理机构在再开发完后能够按照一定的规则（如每个权益人最初的投资比例）来分配后续的增值收益。一般来说，这种模式可以有效地激励利益相关者参与这个集体行动，让成本和收益得到公平的分担和分配。而且，代理机构一般是各利益主体充分沟通和协商的产物，符合多数同意的原则，体现了全体利益相关者的利益一致性。

然而，对各利益主体自身而言，这种模式不可避免地会受到"集体行动的逻辑"的影响。一是，集体行动涉及的成员的规模。规模越大，集体成员的偏好和利益的异质性也就越强，众口难调。因而，促成集体行动的难度也就越大。二是，集体行动涉及的成员的目标的一致性。成员的目标越一致，集体行动越容易实施。三是，集体行动本身的管理机制的适宜性。譬如，沟通协商的渠道是否畅通、集体行动的规则能否得到严格执行等。此外，各利益相关者之间是否建立了相互信任，是否有相互合作的社会基础等因素也影响到利益相关者的集体行动模式的绩效。

（二）市场制、层级制和自组织的特征

实质上，自愿协商模式、政府主导（或强制）模式以及利益相关者的集体行动模式分别对应着市场制、层级制和自组织三类治理结构。这三类治理结构的成本与效能不尽相同。

1. 市场制

自愿协商是一种市场制。价格机制是市场制的突出特征。市场通过要素相对价格的变化来传递供求关系和经济机会的信息。交易各方则据此"分散"而独立地做出决策，以适应市场环境的变化。这是一种自发的调适（Automatic Adaptation）。也就是，消费者和生产者独立对价格参数的变化做出反应，从而分别使自己的效用和利润最大化①。此外，市场有很强的激励效果，但它的内部控制能力却相对较弱。毕竟，平等自由的交易和竞争是市场制的基础。但是，过强经济激励有时也会成为市场制的弊病。自愿协商式的存量用地再开发中，受到激励的土地权益人为了获取尽可能多的利润份额而反复讨价还价，最终妨碍再开发的顺利进行。最后，

① Williamson O. E., "Comparative Economic Organization: The Analysis of Discrete Structural Alternatives", *Administrative Science Quarterly*, 1991, 36: 269—296.

市场制的争端解决方式也有别于其他治理结构。它一般依靠法庭秩序来解决交易全程的冲突和纠纷。

在现实中，市场制的运作是需要花费资源的。从交易对象和价格等市场信息的搜寻、商品数量和质量的度量到交易各方的讨价还价、签订合约再到合约的执行、监督等都产生交易费用。过高的交易费用往往会减少交易的数量和规模，阻碍交易的发生，最终"淘汰"市场制。这是因为选择市场制并以"价高者得"作为资源配置原则的初衷就是为了与没有市场相比，能够节约更多的交易费用，减少诸如"排队轮候"等其他资源配置规则所带来的租值耗散。

2. 层级制

很明显，政府主导（或强制）模式是一种层级制。自上而下的指令性计划机制是此类治理结构的突出特点。各利益主体被置于一个中央权威的统一管理之下。他们依照行政指令来进行决策并采取相应的行动。

与在市场制下自发地对经济环境变化做出反应不同，层级制中的利益主体是根据环境的变化有意识地共同进行调适。这是一种具有协调性质的调适（Cooperative Adaptation）。它避免了单个参与者分散独立行动可能出现的相互矛盾的行为，进而防止产生次优化的资源配置结果。层级制所诱致的利益主体间表面上的合作是由具有强制性的指令来维系的。与市场制相比，它削弱了激励能力，增强了内部控制能力，能够强制利益主体进行合作。但是，层级制也需要使用激励措施来诱使更多的合作，如层级内晋升的可靠预期等。另外，层级制主要依靠内部机制来解决纠纷。在政府主导（或强制）的存量用地再开发过程中，"信访"等争议解决渠道就是直接将纠纷诉诸更高一级的权威，再由上级的指令来化解矛盾冲突。

然而，层级制也有其自身的局限性和交易费用。一是，由于各行为主体是根据行政指令来行事，计划和指令本身的准确性直接影响到层级制运行的绩效。如此，计划的制订者和指令的发布者就要花费大量的资源来搜集相关信息。但是，受到人的有限理性、信息不完全以及管理对象和环境的异质性等条件约束，中央权威的决策失误几乎是不可避免的。而失误的决策则造成了资源配置的低效率，即决策失误的成本。二是，层级制的行政控制能力很强而激励能力却偏弱。这就降低了执行者的积极性和主动性，存在执行成本。而且，为了确保其控制能力，层级制需要大量的计划者、管理者和配套机构，进而产生了官僚成本。三是，由于上下级之间的信息不对称,上级一般较难监督下级执行上级决策的实际效果,从而产生了控制和监督成本。四是,集中式权威的"影响成本"。例如,领导者的过度干预;下级花费资源去影响上级的偏好和决策而不是去提高组织的生产能力,进而导致资源错配;与"影响"活动相关的信息扭曲带来的决策失误;调整组织结构和政策来控制"影响活动"和其他费用导致的效率损失等①。

3. 自组织

利益相关者的集体行动是一种自组织的治理结构。与市场制相比,在自组织机制下,各利益主体虽然可以独立地对环境变化做出反应;但是,受到集体行动规则的约束,他们必须考虑个人行为对集体利益的影响。因此,自组织削弱了个人片面追求利益最大化的激励,加强了对集体成员的内部控制,有利于利益主体的协调与合作。与层级制相比,自组织保留了行为主体的自决权,削弱了自上而下的指令性计划的强制力和权威性。就此而言,自组织有利于避免集体对个体行为的过度干预,还有利于调动每个参与者的积极性,促使他们在追求个人利益的同时也增进集体利益。并且,自组织还有助于精简官僚机构,节约官僚成本。

整体而言,自组织显示出了半强的激励能力和半强的控制能力。可以说,自组织是介于市场制和层级制之间的治理结构。但是,它并不是市场制和层级制的简单相加。自组织有其内在的运行规律与逻辑。或者更准确地说,自组织是政府治理和市场治理之外的"第三条道路"②。自组织具有一些共同特征③:清晰界定的边界;与地方实际相适应的成本提供和收益分配规则;集体选择的安排;必要的监督机制;分级制裁;低成本的冲突解决机制;政府等外部权威对自组织的认可;面对规模较大、结构较复杂的管理对象时,建立起层层嵌套的管理结构。

同样地,利益相关方的自组织本身也存在着成本。一是,自组织的自愿性。如果利益相关方都是自愿参加自组织的,就可以节约自组织建立的成本以及协商和执行的成本。二是,自组织的规模。集体成员的数量过多

---

① Furubotn E. G., Richter R., *Institutions and Economic Theory*: *The Contribution of the New Institutional Economics*, Univ. Of Michigan Press, Ann Arbor, Michgan, 2005.

② Ostrom E., "Beyond Markets and States: Polycentric Governance of Complex Economic Systems", *American Economic Review*, 2010, 100: 641—672.

③ Ostrom E., *Understanding Institutional Diversity*, Princeton: Princeton University Press, 2005.

会加大集体的异质性，促成集体行动的协商成本会明显上升。如果自组织的规模太小，集体成员的数量太少，每个成员分担的自组织成本将上升，会降低自组织的可能性。三是，自组织成员的目标和利益的一致性。如果集体成员的目标和利益的一致性越强，就可以节约相关的协商成本、实施成本和监督的成本。四是，自组织本身的管理机制。有效的协商机制和畅通的沟通渠道，不仅可以降低信息成本和集体成员之间的协商成本，而且还增进了利益主体之间的相互理解与信任；完善的规章制度可以增强自组织的制度可信度，达到成本节约的效果。还有就是监督制约和惩罚机制。必要的监督和惩罚有利于集体成员做出长期合作的可信承诺。这也有助于成本节约。而且，设计得当的监督机制还可以降低监督本身的成本。比如，让违规者在特定的时间和地点被最想阻止违规者的集体成员发现。除此之外，还有其他因素影响利益相关方自组织的成本①。例如，社群互惠合作、相互信任的传统，共同的道德和行为准则以及具有公认权威的自组织领导者等。

（三）治理结构引致的存量用地再开发的利益分配

选择了特定的存量用地再开发模式实际上也就基本确定了后续的利益分配。因为，特定的治理结构将引致特定的存量用地利益分配格局。

1. 政府主导存量用地再开发的利益分配

既然是由政府来主导存量用地再开发，实际上就赋予了政府垄断再开发全过程的权力。政府凭借其强制性的公权力，确定了存量用地再开发的规模，进而明确了再开发所能产生的增值收益总量的大致范围，以及最终能参与利益分配的主体的数量。政府还可以选择再开发的具体方式。不同的再开发方式产生的增值收益大小也不同。

以土地流转推动的农村存量用地再开发为例，出让、租赁、作价入股等不同的流转方式产生的增值收益大小也不同。另外，权能残缺的土地价值自然要低于权能完整的土地。给定这些条件，政府往往会选择以租赁等产生较低增值收益的方式进行流转，并且还会在农村存量用地的产权上施加限制性条件。这是因为农民和村集体作为土地权益人必然会从土地流转

---

① Ostrom E., "A General Framework for Analyzing Sustainability of Social - Ecological Systems", *Science*, 2009, 325: 419—422.

中分享一定比例的增值收益;而且农村存量用地的流转多少会冲击国有建设用地市场,减少政府的土地出让收入①。可见,政府对存量用地再开发方式的选择实际上就已经在进行有利于自身的利益分配了。类似地,政府对区位条件优越、有增值潜力的存量用地采取土地整备和收储等再开发模式也是出于利益分配的考虑。

　　在确定再开发的数量和方式之后,政府还可以进行定价。一方面,在存量用地再开发时常需要经历的征地拆迁等涉及权属调整和变更的环节中,政府有权确定补偿标准。而补偿标准的确定实际上就是在直接分配增值收益了。此时,政府倾向于确定较低的补偿标准,以便占取更大利益份额。另一方面,再开发后的存量用地需要引入企业等其他用地者。此时,政府在与潜在用地者进行交易的过程中,又可以通过定价来分配利益。政府可能会对潜在用地者特别是工业企业让利。因为,从长远看,地方工业化推进将促进经济发展,有助于提升政绩。可以说,政府又借此分享再开发的长期收益。

　　总体而言,政府在主导存量用地再开发的同时也主导了后续的利益分配。层级制自上而下的指令性计划机制赋予了政府主导存量用地再开发利益分配的先天优势。同时,其所具有的内部控制能力强制各利益主体接受政府决定的收益分配结果。而层级制解决利益纠纷的内部机制,即将纠纷诉诸更上一级权威(上级政府),并不能从根本上改变现有的利益分配结果。而且,运用了解决冲突的内部机制的其他利益相关者还要为之付出额外的交易费用。譬如,征地拆迁中,对补偿标准不满的部分被征地拆迁户虽然可以通过"上访"来获得更多的增值收益,但他们也为此付出不菲的成本。因而,利益相关者会采取一些机会主义行为来改变利益分配,如征地拆迁中常见的群体性的"抢种树"、"抢盖房屋"等。对此,拥有强制性权力的政府也经常束手无策,政府主导的模式随之陷入僵局。

　　2. 市场参与的存量用地再开发的利益分配

　　市场参与的存量用地再开发具有市场制的鲜明特征。从理论上看,其利益分配是各利益主体在价格机制引导下自由竞争的产物。利益主体按照个人利益最大化的原则,根据要素的相对价格变化,自发进行决策并采取

---

① 唐健、王庆日、谭荣:《新型城镇化战略下农村土地政策改革试验》,中国社会科学出版社 2014 年版。

行动。个人分散的决策结果汇聚起来就形成了市场参与模式下存量用地再开发的利益分配格局。

与政府主导的再开发类似，市场也可以对存量用地的再开发定数量、定方式和定价，进而分配再开发的增值收益。首先，单个或多个有意进行存量用地再开发的利益主体会在市场上相互搜寻潜在的合作伙伴。然后，有再开发意向的利益主体会进行协商谈判和讨价还价。这是市场制下再开发利益分配的关键环节。利益主体们将相互竞争和议价，最终确定再开发的方式、受影响的土地权益人的补偿标准等。当然，对再开发的方式和补偿标准不满的利益主体可能会采取不合作的态度甚至退出存量用地再开发项目。而其他利益主体则会达成协议、签订合约。显然，由于确定了补偿标准，再开发完成后的增值收益分配格局也就基本确定了。

在市场参与的存量用地再开发模式中，市场机制在利益分配方面的作用是提供了一套规则体系（如"价高者得"、"价格上升需求下降"等）以及一个自由竞争与交易的平台。各市场主体的资源禀赋和博弈能力影响他们分享存量用地再开发带来的土地增值收益的比例。例如，实力雄厚的开发商拥有比普通的拆迁户丰富得多的资源，进而在与拆迁户的市场竞争中占有一定优势。但是，随着再开发进程的深入，部分"钉子户"的博弈能力会显著增强。因为，此时开发商前期的专用性投资产生了"锁定效应"。如果"钉子户"拒不合作，开发商的前期投资可能就要"付诸东流"了。相应的，开发商也不得不向"钉子户"让利。此时，"钉子户"就可以占有更多的再开发利益份额。由此可见，市场参与的存量用地再开发未必会产生相对平衡的利益分配结果。

更进一步，市场制的强激励能力和薄弱的控制能力，让追求自身利益最大化的行为主体有了很强的成为"钉子户"、"搭便车"等机会主义行为动机。就像前文自愿协商模式的简单例子所揭示的那样，鉴于利益分配不平衡的预期，也为了争取更多的增值收益，土地权益人可能在最初的讨价还价阶段就陷入了"囚徒困境"，致使存量用地再开发无法开展，增值收益也就无从实现了。

3. 利益相关方自组织实施的存量用地再开发的利益分配

利益相关者的集体行动模式是土地权益人以自组织的形式进行的存量用地再开发。在自组织内部，为了增强利益一致性并促成集体行动，存量用地再开发的利益分配结果相对公平。对外，自组织增强了他们的整体博弈能力,有利于提高整个利益相关群体所分享的存量用地再开发的增值收益的比例。

利益相关方的自组织在建立伊始就确定了再开地块的规模边界和再开发的受益范围。同样地,也就明确了自主实施的再开发可能产生的增值收益的基本规模。而与前两种治理结构不同的是,自组织构建了存量用地再开发利益分配的协商机制。在协商机制下,集体成员的不同利益包括当前利益和长远利益以及未来利益的贴现等都能得到考虑。他们一样可以相互竞争和博弈。但是,集体行动的规则抑制了片面追求个人利益最大化的激励,防止出现拒不合作。自组织在利益相关方之间建立起的是一种长期的合作关系,集体协商机制也是长期存在的。它使得利益相关方可以根据现实情况和产生的新问题调整既定的利益分配格局。进而,有利于更好地协调个人利益与集体利益的关系,增强利益相关方的利益一致性。

另外,自组织中的监督与制裁机制有助于遏制存量用地再开发中常见的"钉子户"等机会主义行为。这样,不仅避免了个别利益主体用欺骗的手段自利,保障了其他遵守集体规则的利益主体的权益;还确保了利益分配格局的基本平衡,保证自组织的持续运转。由此,存量用地再开发的利益相关方形成了利益分配相对平衡的稳定预期。进而,自然愿意做出相互合作的策略选择,摆脱"囚徒困境"或"反公地悲剧"式的恶性循环,最终有力地推动存量用地再开发的进程。

从另一个角度看,利益相关方的自组织提升了那些原本处于弱势地位的土地权益人的博弈能力,有助于存量用地再开发利益分配的公平化。比如,农民和城市居民个人在与政府或开发商就存量用地再开发进行讨价还价时经常处于劣势。但是,如果农民和城市居民能够采取自组织的形式,以集体行动自主实施存量用地再开发,那么他们的整体地位和实力就会得到增强,尤其在涉及再开发的利益分配方面就会有更大的发言权。总体而言,自组织可以保障存量用地再开发的利益在集体内部的公平分配;也保证了在土地增值收益分配的全局中能以进行自组织的利益相关方为主,很可能促成"皆大欢喜"的利益分配局面。

(四) 存量用地再开发治理结构选择背后的逻辑

市场制、层级制和自组织三类治理结构有各自所适用的场合。从交易费用经济学的视角来看,对治理结构的选择是一种有差别的匹配。也就是说，要把具有特定属性的交易和具有不同成本与效能的治理结构进行匹配，以达到节约交易费用的目的。简单地讲，治理结构的选择是按照一定的标准在一系列备选的治理结构中进行筛选。常用的标准就是效率和公平。所谓的效率更多指的是经济投入产出比的提升。而交易费用的节约实际上就提高了过程效率。公平指的则是收益分配的公平。针对实际中的存量用地再开发项目，政府应当扮演何种角色、发挥何种作用，采用哪一种治理结构，就需要比较再开发的管理过程中成本大小和再开发后的收益分配结果以及是否以最小的成本实现了既定的目标。

对存量用地再开发而言，以下因素将影响再开发的治理结构选择：第一，存量用地再开发本身的特征。包括再开发的机会成本、潜在的风险或不确定性、再开发的专用性投资、再开发的频率和规模等。以资产专用性为例，若专用性程度较高，则可以采用具有层级制特征的治理结构来防范交易过程中的机会主义行为。从再开发的规模来看，规模适中选择自组织会更加合适。因为，规模过大，参与者异质性增强，目标和利益协调的难度就要上升；而规模过小，就存在自组织的固定成本过高超过了参与者承受能力的问题。第二，再开发主体的特征。例如，如果是个人实施的再开发，个人的资金实力和其他能力是否符合再开的基本要求；如果是政府主导的再开发，政府的执行力、公务人员的廉洁和正直程度以及他们对再开发的认识是否与政府的初衷一致等都是重要影响因素；如果是集体行动实施的再开发，集体的成员数量、目标和利益的可协调性、合作的意愿、协商机制是否存在等。第三，存量用地再开发的外部环境。包括自然、经济、社会、文化等。这些要素会影响到再开发过程中的交易费用、潜在风险以及再开发主体的具体行动，进而影响治理结构的选择。譬如，一个对以集权方式管理经济社会问题有路径依赖的地区可能会倾向于选择层级制的治理结构。再如，一个建立起了相互信任、声誉效应能发挥重要作用的社群可能更倾向于选择自组织来管理存量用地再开发。

当然，没有绝对最佳的治理结构。任何治理结构的选择都是在一定条件下和在不同绩效上的利弊权衡与取舍。也就是说，在某种情境下，治理结构甲可能比治理结构乙的成本更低、效能更高。但是，在另一种情境下，治理结构乙可能在成本和效能上都优于甲。或者说，对某类行为人而言，治理结构甲的绩效更高；而对另一类行为人而言，治理结构乙的绩效反而高于甲①。

　　总之,在现实中,治理结构的表现形式具有多样性。上述理论分析只是提供了一种分析思路。而要研究和解决现实中的问题,还必须从实际情况出发,具体问题具体分析。故而,本书后续章节都尝试用具体的案例比较来阐释各地存量用地再开发管理模式的选择逻辑和绩效。

四　存量用地再开发的制度环境

　　制度环境包括了产权制度、政治制度、行政制度、法律和司法制度等。它们一般表现为一系列正式的和成文的规则。制度环境对土地价格生成、收益分配和治理结构选择产生多重影响。并且,它还构成了存量用地再开发利益分配的基本框架。

(一) 制度环境的多重影响

1. 制度影响土地价格的形成

　　土地产权制度是影响土地价格特别是农地征收价格和工业用地价格生成的重要因素。在当前的农村土地产权结构下,农民无法实际享有、行使集体土地所有权,出现了集体土地所有权主体虚位或缺位的问题。在土地征收过程中,这种产权安排让所有权制约土地征收权的作用弱化,即真正的土地所有者的土地处分权和正当利益得不到保障和维护,导致土地征收价格严重偏离土地市场价格②。在工业地价形成方面,地方政府实际上行使着本行政区内的国有土地所有权主体的权力,同时又是本行政区内国有土地管理权的主体。故而,它可以很容易地绕开相关法律及中央政府的限制,先低成本、大规模征收农村集体土地,然后以划拨或协议的方式低价向工业用地者让渡土地使用权③。从而,满足当地工业化和经济发展的需求。

　　缺乏中立性的政府也在一定程度上影响甚至扭曲了土地价格的形成机

---

　　① Buitelaar E. , "A Transaction – Cost Analysis of the Land Development Process", *Urban Studies.* 2004 , 41 : 2539—2553.

　　② 曲福田、冯淑怡、诸培新等:《制度安排、价格机制与农地非农化研究》,《经济学》2004 年第 1 期。

　　③ 同上。

制。地方政府的目标是多重的，其中最重要的是经济增长和财政收入。政府可以凭借其在征地市场中的垄断地位，在压低土地征收价格的同时，高价出让住宅和商业用地，形成"低进高出"的趋利价格。地价的节节攀升给城市地方政府带来了巨额的土地出让收入。1992—2003 年，全国累计征收 1 万多亿元的土地出让金。2004 年开始"招、拍、挂"后，全国土地收入猛增。2006—2010 年，全国土地出让金迅速由 7000 亿元增长至2.7 万亿元，5 年间增长了 286%。土地出让金在地方财政收入中的比重不断增加，又反过来诱使地方政府助推城市地价上涨[1]。同时，为了招商引资，政府以低地价甚至零地价出让工业用地，为企业补贴成本促进企业发展，以便获取增值税、企业所得税等财政收入。

最后，现行的法律制度同样对土地价格形成产生了负面效应。我国的土地法律制度因受过去计划经济的束缚，长期以来存在对土地所有权人权利的忽视甚至否定，使得土地法律制度被定位为土地权力法而不是土地权利法[2]。在土地价格形成上的具体表现就是：我国《土地管理法》规定的土地征收补偿范围偏窄、补偿标准偏低，无法保障农民应得的经济利益，导致土地征收价格不合理。

2. 制度影响土地收益的分配格局

土地作为一种重要的生产要素，分配土地收益的关键之一在于其产权关系。在中国，土地产权制度决定着土地收益的分配关系。城乡二元的土地产权制度造成了集体土地与国有土地的价格的不同，进而导致了不同的土地产权主体在土地收益的分配上存在明显差距。

农村土地虽然属于集体所有，但是没有能够代表农村集体履行所有权功能的主体。即便是村集体在政府征收土地的过程中也处于被动的地位。由于缺少相应的、可实施的法律依据，农民事实上只有使用土地的权利，却没有权能完整的土地产权。在土地征收过程中，也就缺乏与地方政府就自身应得补偿进行谈判的法律保障。地方政府缺少有效的法律约束，也就

---

① 厉伟、姜玲：《城市地价、城市竞争力与房地产价格：由制度安排观察》，《改革》2012年第 12 期。

② 张杰、庞骏：《基于产权制度下的旧城土地调控与失效反思》，《规划师》2008 年第3 期。

增大了其在征地过程中的随意性①。从而，加剧了农民、村集体与政府在土地增值收益分配方面的不平等。

就城镇土地而言，在实际管理中地方政府一直代理行使着国有土地所有权，享有大量所有权收益，而中央政府在土地所有权上的地位被相对弱化。两者产权界定上的模糊，使得城市政府从实现自身利益最大化出发，在土地收益分配中与中央政府展开了长期的博弈。此类博弈为土地寻租提供了外部条件，造成土地收益大量流失，土地收益分配主体形成错位。比如，国有土地划拨使用权和有偿出让土地使用权"两权"的界限模糊不清，大量应该采取出让方式取得的土地转而通过划拨方式流入市场，从而使得国家土地收益大量流失②。

现有的行政制度也形塑了土地收益分配的格局。政府机构设置具有多层次性，下级政府的目标并不完全与上级的目标一致。地方土地管理部门不仅要听命于中央，同时还要考虑地方政府的利益。每一级别的政府机构都有各自相对独立的利益，导致了地方与中央在土地收益分配方面乱象丛生。法律规定的土地所有者代表——中央政府在与地方政府的收益分配竞争中并无优势，不得不采用征地审批、收益分配规则和处罚等行政管理权来代替土地所有权进行控制。在这种管理模式下，国有土地所有权被各级政府所瓜分。谁更具有主动或优势权力往往取决于不同利益集团力量的强弱。力量强大的集团将占有较大份额的土地收益。由于地方政府在信息、地域上的有利地位，至少直接掌握了土地的使用、处分和部分收益权，成为土地收益分配的"大赢家"③。

3. 制度影响治理结构的选择

制度环境是治理结构建立和有效运转的基石。不同的治理结构需要不同的配套制度的支撑。对市场制而言，市场交易的实质是不同权利的转移和交换。以商品买卖为例，消费者用货币的所有权换取厂商对商品的所有权。这种交换得以正常进行的前提就在于产权必须得到清晰的界定。然而，中国土地公有制的产权结构导致土地产权模糊，缺乏安全性，市场交

---

①　陈化亮:《我国集体土地收益分配制度的缺陷及重构思路》,《内蒙古财经大学学报》2013 年第 1 期。

②　谢建春、陆红生:《论城市土地收益分配制度创新》,《现代城市研究》2001 年第 5 期。

③　张杰、庞骏:《基于产权制度下的旧城土地调控与失效反思》,《规划师》2008 年第 3 期。

易存在较大风险和不确定性，也诱致了"搭便车"、"卸责"等机会主义行为。进而，增加了交易过程中的成本与冲突。同时，市场制的良性运行还需要独立的司法和中立的政府。司法和政府部门承担着界定和保护产权与确保合约履行的职责。当私人裁决无法解决市场交易的争端时，交易者就将诉诸法律，借助司法程序和政府权威来化解纠纷。此时，独立的司法和中立的政府就可以遵循公平与正义的原则，维护市场秩序和规则。否则，市场制的运行成本就会上升，而其过程效率则会大大降低。

对层级制而言，首先离不开一套精密的行政制度的支持。在此种行政制度下，上下级之间权责明晰、分工明确，信息和指令上传下达的渠道畅通。反之，权责模糊、分工不明会造成各级间的推诿扯皮；信息和指令传递的渠道不畅则会出现政令不行和欺上瞒下等情况。再者，由于上下级之间形成了委托—代理的关系，行政和司法制度的内外部监督以及必要的配套激励制度就显得尤为关键。通过"胡萝卜加大棒"的激励与制约监督机制，可以遏制代理人的"卸责"、"偷懒"等机会主义行为，防止出现"上有政策、下有对策"的困局。同样地，层级制也对政府的中立性提出了较高要求。各级政府应当保持正直性，不偏不倚地执行上级决策。

对自组织而言，共有的产权制度为该治理结构提供了展示其独特效能的平台。自组织正是产生于集体管理公共池塘资源的实践[1]。应当看到的是，外部权威的认可与支持是自组织能够长期存在并行之有效的重要条件。实际上，这同样对政府提出了中立性的要求，也对司法制度提出了独立性的要求。中立的政府能够以社会福利最大化而非政府或者特殊利益集团的福利最大化为出发点，来协调集体成员的矛盾冲突，引导他们通过自组织来管理公共池塘资源。独立的司法制度则进一步为自组织的规则与集体决策的实施提供了公正可靠的外部保障。

（二）制度环境引致的存量用地再开发的利益分配

制度界定了独立的经济行为者在现状中的选择集，界定了个体之间包括收益权在内的权利关系，也决定了哪些群体的利益能够得到保护[2]。因

① Ostrom E., *Governing the Commons：The Evolution of Institutions for Collective Action*, Cambridge, USA：Cambridge University Press, 1990.

② Bromley D. W., *Economic Interests and Institutions：The Conceptual Foundations of Public Policy*, Oxford：Basil Blackwell, 1989.

而，与存量用地再开发息息相关的基础性制度决定了再开发利益分配的基本格局。

前文提到，我国的土地产权制度具有城乡二元分割的鲜明特征。具体到存量用地上就是：存量用地被人为地划分成农村存量的集体建设用地和城镇存量的国有建设用地。这种初始的产权设置给再开发的收益分配带来的一大影响正是人们常说的"同地不同价"。也就是说，假设两块相邻的土地其他条件都基本相似，但就是因权属上的不同，即一块属于城市国有，一块属于农村集体所有，导致两块土地的市场价格存在显著的差别。国有土地价格会远远高于农村集体土地。就此而言，城镇存量用地的原使用者或者城镇存量用地再开发的参与者有机会获得相对较高的利益。当然，农村存量用地的再开发同样能够实现价值增值，比如集体建设用地流转、宅基地退出等。但是，农村土地产权受到了诸多限制，例如未经政府允许或政府征收改土地集体所有为国家所有之前，不能用于非农产业发展和非农生活使用，集体土地的排他权不能对抗政府的征收和征用等。政府借此可以顺理成章地参与农村存量用地再开发的利益分配。比如，一些地方在以土地流转的方式盘活农村存量用地时，政府仍然以征地方式把农村集体土地变为城市国有土地，从而占有了农地转用增值的主要部分。

从我国的行政制度来看，一方面，集权式的行政制度赋予政府参与再开发利益分配的优势地位。加之政府在存量用地再开发过程中并非扮演中立者的角色。相反，政府有着自己特殊的利益，如优化城市的布局结构，改善城市形象；获得一定的财政收入；招商引资，促进地方经济发展等。因此，政府有可能凭借强制性的公权力来稀释其他利益主体的收益权，构建有利于自身的收益分配格局。以土地收储式的存量用地再开发为例，政府会选择压低原业主的征地拆迁补偿标准，然后再以高价将土地出让给开发商，以便占有更大部分的增值收益。另一方面，行政层级安排的复杂性和职能安排的条块分割加大了不同层级政府之间的信息不对称，提高了中央监管和控制地方政府行为的难度。因此，与中央政府相比，作为存量用地再开发直接的参与者或者利益密切相关者的地方政府往往具有天然优势，有机会也有能力分享更多的存量用地再开发的利益。

从法律和司法制度来看，健全的法律体系和独立公正的司法制度是构建公平合理的存量用地再开发利益分配格局的重要保障。它们是实现存量用地再开发利益主体的合法权益和化解利益矛盾纠纷的有效途径。但在现实中，相关法律的不健全导致利益主体的利益难以得到保障。本章就多次提及，虽然法律规定农村的土地一般属于农民集体所有，除非法律法规有明确规定属于国家；但是法律却未对农民行使集体土地所有权的组织形式和程序做出具体规定，造成产权主体虚位。因而，集体建设用地再开发时，农民和村集体的收益权就很难得到法律保障。农户宅基地退出的补偿标准偏低以及农民"被上楼"现象等也说明了类似的问题①。另外，司法体系与行政体系关系密切、缺乏独立性也可能导致农民、企业等普通利益主体的合法利益无法得到有效维护。这些都会造成农民、企业以及其他存量用地使用者与政府相比，处于利益分配的弱势地位。但是，值得关注的是，党的"十八届四中全会"提出，全面推进依法治国，保证公正司法，推进法治社会建设。这一法律和司法制度的改革信号，或有助于逐渐改变现行制度环境塑造的存量用地再开发利益分配的框架。

五　存量用地再开发的社会基础

社会基础包括了被社会成员广泛接受的意识形态、价值观念、伦理道德、宗教信仰、风俗习惯等。它一般具有非正式、不成文、潜移默化的特征。社会基础对存量用地再开发的个体决策与行为、治理结构的选择以及相应的制度环境产生了深远影响。

（一）社会基础引致的个体行为

社会基础是引致个体行为的文化或心理动因。存量用地再开发的本质是公共物品供给与利用的问题。而作为一种非正式的规则和精神动力的社会基础凭借其对个体行为决策的深层影响成为破解存量用地再开发的公共物品困境的关键之一。具体而言，有以下几个方面值得关注：

第一，相互信任与合作的思想观念。在我国农村地区，从历史时期的"皇权不下县"的士绅和宗族治理到当代的农村村民自治可以看出，人们在很大程度上是通过集体协商达成合作来管理农村的公共资源与事务。从而，逐渐形成了相互信任与合作的思想观念。进一步地，这种人格化信任

---

① 谭明智：《严控与激励并存：土地增减挂钩的政策脉络及地方实施》，《中国社会科学》2014年7月。

是维系相互合作的纽带。"相信你能遵守规则,我也就会遵守规则"是传统农村社区公共资源利用中人们的普遍心理①。此种人格化信任不仅促成人们的合作,而且还能降低协调与监督等合作成本。因此,相互信任与合作的思想观念有可能促使农民在农村存量用地再开发过程中自愿地采取合作的策略,增进共同利益。而在我国城市地区,情况或许就不同了。城市是一个"陌生人社会",人与人之间既缺乏人格化的信任,也欠缺由成员相对固定的集体行动日积月累而成的互惠合作的思想观念。因而,在旧城改造等城镇存量用地再开发过程中,如果缺乏外部激励和约束机制,各个原业主并不会自觉地采取合作的行动。

第二,促成互惠合作的隐性约束。农村地区的互惠合作观念还有着其他社会基础的支持,比如充满道德伦理色彩的人际关系网络及其产生的声誉效应。人际网络是集体导向型的,网络上夹杂着厚重的道德伦理,每根网络都被一种道德要素维持着。对于亲戚、亲子和亲胞来说,相配的道德要素是孝悌;对于朋友来说,相配的道德要素是忠信②。具有浓厚道德色彩的人际关系网络生成了强大的声誉效应。违背上述道德规范、纯粹追求个人利益最大化的成员就会失去信誉、社会地位降低,从而难以在农村社区中立足。有针对中国农村共用土地资源治理的研究表明,社区非正式规范水平越高意味着其对群体内所有人积极行为的激励或"搭便车"行为的惩罚越强烈,进而社区成员参与农村共用土地资源治理集体行动的积极性越高③。可见,在这些非正式规则的约束下,个人会倾向于采取合作的行为,合理分享存量用地再开发带来的集体收益。在城市,频繁的人口流动和模糊的社群边界大大削弱了道德规范、声誉等的作用。除非有法律等正式的制度引导与制约,个体未必会选择相互合作和存量用地再开发的利益共享。

第二,土地伦理观念。在传统的农耕文化中,土地是民众赖以生存的物质基础。中国历来都是尊重土地的。在传统中国民众的心目中,天地具有至高无上和神圣的性质。在结婚仪式上,人们把拜天地放在拜高堂前面,足见人们对土地的重视和珍惜。土地庙信仰、历代帝王仍按照春祇秋

---

① 宋言奇:《社会资本与农村生态环境保护》,《人文杂志》2010 年 1 月。

② 同上。

③ 占小林、陈会广、陈利根:《社会资本对中国农村共用土地资源治理的影响研究》,《中国土地科学》2011 年第 4 期。

报的时间固定对于"社"的祭祀等也源于对土地的崇拜①。很明显，受到
上述土地伦理观念影响的行为主体在进行存量用地再开发时，往往会更加
关注再开发的社会和生态效益，促进人地和谐，而非仅仅局限于提高土地
利用的效率。另外，"宁念故乡一捻土，莫念他乡万两金"的民谚还表明
了人们难忘故乡和落叶归根之情。此种土地伦理观或许会降低个体参与集
体建设用地流转、宅基地退出等农村存量用地再开发的积极性。

（二）社会基础影响治理结构的选择

同样地，社会基础影响着治理结构的选择。它是治理结构的深层文化
和意识支柱。社会基础与治理结构相匹配，有利于节约特定治理结构的交
易费用并提升其绩效。

市场制讲求自由竞争、市场主体之间地位平等和等价交换。并且，市
场制还依靠外部正式的法律秩序来解决纠纷。因此，具有自由平等、公平
正义和民主法治观念的社会更易于以市场制的治理结构来组织和管理存量
用地再开发。自由平等有利于行为主体根据价格信号和自己的知识进行分
散、独立和自发的决策，在最大化自身利益的同时也不自觉地提高了社会
福利水平。公平正义和民主法治观念则是法律规范和市场规则发挥调节利
益冲突并维护市场主体合法权益功能的基础。相反，如果一个社会自由平
等、公平正义和民主法治理念欠缺，市场制在运行过程中或许会出现为获
取更多的土地增值收益而进行的"寻租"并且滋生"钉子户"等各种违
反市场规则和破坏市场秩序的行为。从而，引致额外的交易成本，造成社
会福利水平下降。

如果一个社会在长期的运转过程中已经习惯于依靠上级权威通过自上
而下的指令性计划来管理社会生活的方方面面，形成"大政府、小社会"
的公共管理传统；那么，选择层级制来组织存量用地再开发也就不足为奇
了。另外，如果一个社会具有较为鲜明的"差序格局"和较强的等级观
念也较为容易催生层级制的治理结构。所谓的"差序格局"用费孝通的
话来说就是"好像把一块石头丢在水面上所发生的一圈圈推出去的波纹，
每个人都是他社会影响所推出去的圈子的中心……人和人往来所构成的网

---

① 谭荣：《中国土地安全评论》，金城出版社、社会科学文献出版社 2014 年版。

络中的纲纪，就是一个差序，也就是伦"①。简而言之，"差序格局"蕴含的是血缘关系、礼治秩序（即利用传统的人际关系和伦理维持社会秩序）和长老统治的传统②。等级观念根植于"差序格局"之中。差等严明的纲纪或人伦强调的是纵向的、上下尊卑等级分明的一面。这种尊卑上下的差等先于个人而存在，并对个人产生强制性的约束力③。忠信、下级服从上级、令行禁止等常见的道德戒律正源于此。这些传统观念恰恰在一定程度有助于提高下级对上级的忠诚度和下级的执行力，化解层级制中常见的委托—代理问题。

自组织也需要与之相适应的社会基础。一个形成了相互信任与合作观念的社群就更有可能通过集体协商以自组织的方式进行存量用地再开发。这是因为长期的合作与信任以及与之相伴而生的道德和行为准则提高了自组织规则的可信度。就如前文所揭示的，在信任与合作的意识作用下，遵守规则已经成为集体成员的首选，进而降低了自组织的建立、执行和监督成本。一个具有互利互惠传统的社群也同样会形成自组织的治理结构。因集体收益的分配引发的纠纷甚至是对立冲突会大大降低集体成员进行自组织的可能性。而互利互惠的传统会引导集体成员运用集体理性，而不是个人效用最大化的个体理性来进行利益分配，从而推动建立利益共享的格局。这自然就增强了利益一致性，为自组织奠定基础。此外，领导者的影响力或者权威性也是自组织建立的重要社会基础。社群中公认的权威若能发挥其影响力，引导和协调其他成员的行动，也会达到节约自组织成本的效果④。

（三）社会基础支撑着制度环境

社会基础是制度形成的"土壤"。它支撑着制度环境的运行。产权制度的完善与明晰化一方面是权利所指向的资产价值提升的结果，另一方面则源于产权人权利意识的觉醒与提高。以农村土地为例，模糊性是农村土

① 费孝通:《乡土中国》，人民出版社 2008 年版。
② 阎云翔:《差序格局与中国文化的等级观》，《社会学研究》2006 年第 4 期。
③ 同上。
④ Ostrom E. , "A General Framework for Analyzing Sustainability of Social – Ecological Systems", *Science*, 2009, 325: 419—422.

地产权制度的基本特征①。而产权制度的模糊性是与农民普遍模糊的土地产权意识相联系的。来自湖南省三个农村社区的调查研究显示，仅有54.7%的村民知道自己承包的土地是村集体所有的，还有45.3%的村民不明白承包地所有权的归属情况②。还有来自江苏省的抽样调查数据也显示，34.93%的被调查者认为自己承包的土地所有权属于国家；21.88%的农民认为是自家的；22.45%的农民认为是村民小组的；而只有14.26%的被调查者认为承包的土地所有权属于集体③。可见，对农村土地所有权认知的模糊不清是农民产权意识薄弱的直接表现。然而，随着近年来土地价值的显化以及社会教育文化水平的提升，土地产权人的土地权利意识日益强化。政府征地拆迁难的现象就从一个侧面反映了当前全社会土地权利意识的变化。此种变化会产生完善现行产权制度的需求，因而也会在一定程度上对涉及土地权属变换的存量用地再开发产生影响。

一套行之有效的行政制度离不开中立、正直、忠诚、廉洁等行政美德的支持。行政的中立性和正直性要求强制性公权力的运用不能屈从于特殊集团的利益诉求，而应当一视同仁，严格依法办事，保障所有公民正当的合法权利不受损害，尽最大可能体现正当公平的利益分配尺度。行政忠诚在本质上是行政主体对其行政责任的认识。行政忠诚意味着公共行政人员的一种道德选择和道德承诺，意味着行政人员对个人利益或小团体利益的放弃。当前行政官员的群体腐败意味着他们对人民和国家的背叛，也表明他们缺乏基本的行政忠诚。行政的廉洁性要求权力运作主体要高度自制，在权力运行时不可以权谋私，而是要洁身自好、清正廉明④。在行政美德引导和规范下的行政制度对存量用地再开发的有益功效就是：政府转变职能，引导和协调再开发参与者行为，坚持公平原则推动存量用地再开发收益的合理分配。

独立的、公平正义的司法制度是以全社会浓厚的法治意识为基础的。

---

① Ho P. , *Institutions in Transition*：*Land Ownership*，*Property Rights*，*and Social Conflict in China*，New York：Oxford University Press，2005.

② 陈成文、鲁艳：《城市化进程中农民土地意识的变迁——来自湖南省三个社区的实证研究》，《农业经济问题》2006 年第 5 期。

③ 梁亚荣、张梦琳：《土地承包中农民权利意识的审视——基于江苏省的实证研究》，《中国农村观察》2007 年第 5 期。

④ 左高山、伍香：《论行政美德及其实现路径》，《伦理学研究》2013 年第 2 期。

司法独立不仅要求法官具有极高的法治意识,还要求社会全体公众具备较高的法治意识,能够相信法律,相信制度,信任法院,通过法律途径来维护正义。而司法的公平正义则要求司法者或者相关的公务人员树立正确的法律观念,改变"人治"的定式思维,从遵循程序正义和公正原则入手,依据法律理念把握立法精神,对法律成本收益进行效益判断,以确立最佳实施方案,避免出现执法或司法偏差①。对存量用地再开发来说,行为主体签订再开发合约的过程,签约的有关各方履行合约的情况以及最终利益共享格局的形成,既反映着再开发参与者的法治意识,还体现着法治意识的引导效果以及以法治意识为基础的司法制度的保障作用。

六 总结:全书的理论选择和分析框架

存量用地再开发所实现的土地增值收益是一种公共物品。因而,存量用地再开发是一个公共物品的供给和利用过程。但是,正如"公地悲剧"、"囚徒困境"、"集体行动的逻辑"和"反公地悲剧"四个理论模型所隐喻的那样,由于个人理性与集体理性、个人利益与集体利益的冲突,我们常常会陷入公共物品供给与利用的困境。存量用地的再开发自然也不例外。

对此,从理论上看,有三种公共物品供给的模式,即自愿协商、政府主导(或强制)和利益相关方的集体行动。它们分别对应着三种具有不同成本与效能的治理结构原型,也即市场制、层级制和自组织。在现实中,它们则有着多样化的表现形式。而且,同样是为了实施存量用地再开发,各地也确实选择了具有不同治理结构特征的管理模式,进而基本确定了再开发的利益分配结果和成本大小,最终引致了相异的存量建设用地政策绩效。

为了进一步剖析上述现象,我们构建了一个四层次的分析框架,即资源配置、治理结构、制度环境和社会基础②。这四个层次是相互联系、相互作用的。社会基础支撑着制度环境,制度环境约束着治理结构的选择,

① 杨瑾、董靖、周实:《我国公务员的法治观念及其构建》,《东北大学学报》2004 年第5 期。

② Williamson O. E., "The New Institutional Economics: Taking Stock, Looking Ahead", *Journal of Economic Literature*, 2000, 38: 595—613.

而特定的治理结构则产生了特定的资源配置结果，也即存量用地再开发的绩效。其中，我们关注的重点是存量用地再开发的治理结构选择问题。具体而言：第一，哪些因素影响着存量用地再开发这种公共物品供给政策的效果，包括再开发本身的特性、制度环境和社会基础层面的原因等；第二，针对这些因素，我们感兴趣的是什么样的管理模式可以让有利条件得到最充分的利用，同时也把不利因素的负面影响减少到最低限度，也就是分析不同模式的特征和优劣；第三，从上述分析中提炼总结出存量用地再开发的模式选择逻辑等具有借鉴意义的经验与启示，助推存量建设用地的政策创新。

回答上述问题的最有效和最简便的方法就是案例研究。因此，本书在后续的章节中就尝试针对每一种存量用地再开发的政策实践都采用案例比较的方法来判断管理模式上的优劣、制度环境的作用并且总结政策的收益分配、成本分担和绩效的内在联系。简而言之，案例的对比分析，对比的标准就是前文所提及的效率和公平，分析的因素就是影响成本收益的各类因素。

本书后面的第四章至第九章，分别研究政府主导、市场参与、利益相关方自组织实施的存量用地再开发实践。在每个大类的治理结构分析中，都选择了当前各地具有代表性的存量建设用地政策改革试验的案例，包括三旧改造、城市更新、土地整备和收储、企业家投资、城乡联建等。通过这些案例的对比分析，可以深入浅出地揭示管理的社会基础、制度环境、治理结构的成本与效能、利益主体的特点以及土地利用的本身特征等是怎样影响各种存量用地再开发的利益分配、成本与绩效的。

第三章

建设用地再开发的法规基础

　　建设用地再开发是一个复杂的过程。它涉及对产权的性质和保护的认识，产权的征收和补偿的过程，再开发土地的市场供应过程，土地规划的编制和实施，土地利用争端的协商和诉讼等方面，这些无一不与国家有关法律法规息息相关。作为基础性规则，相关法律法规影响到建设用地再开发的绩效。对全国层面的建设用地再开发现行法律法规进行全面系统的梳理，分析它们对建设用地再开发的影响是对建设用地再开发分析的基础。特别需要关注：现行的法律法规在哪些方面制约了城镇和集体建设用地再开发的进展；近年来各地在建设用地再开发管理立法方面的探索，分析这些探索产生了怎样的正面或者负面影响；总结地方探索的经验和教训，给出在全国层面完善建设用地再开发相关法律法规的建议。

一　建设用地再开发的相关法规梳理

（一）相关法规概述

　　作为我国的根本性大法，1982 年公布施行、2004 年最新修改的《中华人民共和国宪法》（以下简称《宪法》）在建设用地再开发方面的有关条款包括了第 10 条对土地产权的规定和第 13 条对公民私有财产权的规定。《宪法》确立了我国城市土地和集体土地的双轨制，从宏观层面对其所有权和使用权进行了规定，以及对土地征收和私有财产权的保护和征收做出了规定。

　　为了更好地指导社会经济活动，全国人大及其常务委员会又在宪法的基础上制定了一系列法律，与建设用地再开发有关的重要法律包括：

1986 年通过了《中华人民共和国土地管理法》（1988、2004 年修正，以下简称《土地管理法》）；1989 年通过了《中华人民共和国城市规划法》，2007 年通过了《中华人民共和国城乡规划法》（以下简称《城乡规划法》）并废止了《中华人民共和国城市规划法》；1994 年通过了《中华人民共和国城市房地产管理法》（2007 年修正，以下简称《城市房地产管理法》）；2007 年通过了《中华人民共和国物权法》（以下简称《物权法》）①。

为了使得全国人大及其常委会颁布实施的法律更有操作性以及解决新时期实践中出现的新问题，国务院、最高人民法院、国土资源部、住房和城乡建设部等又相应颁布实施了一系列条例规定、司法解释和政策文件，对相关法律进行了明确、补充和说明。

从根本大法《宪法》，到《物权法》、《土地管理法》、《城乡规划法》、《房地产管理法》等重要法律，再到条例规定、司法解释和政策文件，构成了我国管理建设用地再开发活动的基础性制度。下文将沿着《宪法》确立的土地双轨制，分别对集体建设用地再开发和城镇建设用地再开发的有关全国层面的现行法律法规进行梳理和评述。

（二）集体建设用地再开发的相关法规梳理

1. 集体土地用于建设的范围规定

《土地管理法》第 43 条规定，任何单位和个人进行建设，需要使用土地的，必须依法申请使用国有土地；但是，兴办乡镇企业和村民建设住宅经依法批准使用本集体经济组织农民集体所有的土地的，或者乡（镇）村公共设施和公益事业建设经依法批准使用农民集体所有的土地的除外。

2007 年，国务院对集体土地用于建设的范围进行了详细说明：乡镇企业、乡（镇）村公共设施和公益事业建设、农村村民住宅等三类乡（镇）村建设可以使用农民集体所有土地，但必须符合乡（镇）土地利用总体规划，纳入土地利用年度计划，并依法办理规划建设许可及农用地转用和建设项目用地审批手续②。对这三类用地的范围，法律和政策都有明

---

① 以上法律原文请参见中国政府网，http://www.gov.cn/flfg/fl.htm。

② 参见《国务院办公厅关于严格执行有关农村集体建设用地法律和政策的通知》相关条款，http://www.gov.cn/zwgk/2008-01/08/content_852399.htm。

确界定，如表 3 - 1 所示。

表 3 - 1　　　　　　　　　集体土地用于建设的范围规定

集体土地用于建设的范围	相关法律和政策对用地范围的说明
乡镇企业	农村集体经济组织使用乡（镇）土地利用总体规划确定的建设用地兴办企业或者与其他单位、个人以土地使用权入股、联营等形式共同举办企业的，可以使用集体建设用地。但不管是独资、入股还是联营，按照《中华人民共和国乡镇企业法》规定，乡镇企业必须是以农村集体经济组织或者农民投资为主，在乡镇举办的承担支援农业义务的企业。
乡（镇）村公共设施和公益事业建设	乡（镇）村公共设施、公益事业建设，需要使用土地的，经乡（镇）人民政府审核，向县级以上地方人民政府土地行政主管部门提出申请，由县级以上地方人民政府批准。
农村住宅	农村住宅用地只能分配给本村村民，农村村民一户只能拥有一处宅基地，其面积不得超过省、自治区、直辖市规定标准。

（改编自：《土地管理法》和《国务院办公厅关于严格执行有关农村集体建设用地法律和政策的通知》）

2. 集体建设用地的产权规定

（1）集体建设用地所有权的规定

《宪法》第 10 条规定，农村和城市郊区的土地，除由法律规定属于国家所有的以外，属于集体所有。《物权法》第 39 条和第 40 条规定，所有权人对自己的不动产或者动产，依法享有占有、使用、收益和处分的权利。所有权人有权在自己的不动产或者动产上设立用益物权和担保物权。

（2）集体建设用地使用权的规定

建设用地使用权和宅基地使用权属于用益物权，《物权法》第 151 条规定，集体所有的土地作为建设用地的，应当依照土地管理法等法律规定办理；第 153 条规定，宅基地使用权的取得、行使和转让，适用土地管理法等法律和国家有关规定。

《土地管理法》第 63 条规定，农民集体所有的土地的使用权不得出让、转让或者出租用于非农业建设；但是，符合土地利用总体规划并依法取得建设用地的企业，因破产、兼并等情形致使土地使用权依法发生转移的除外。

2004 年，国务院颁布文件强调，禁止城镇居民在农村购置宅基地，但在符合规划的前提下，村庄、集镇、建制镇中的农民集体所有建设用地使用权可以依法流转①。

2007 年，国务院又进一步指出，农村住宅用地只能分配给本村村民，城镇居民不得到农村购买宅基地、农民住宅或"小产权房"。单位和个人不得非法租用、占用农民集体所有土地搞房地产开发，农村村民出卖、出租住房后，再申请宅基地的，不予批准；严格控制农民集体所有建设用地使用权流转范围，符合土地利用总体规划并依法取得建设用地的企业发生破产、兼并等情形时，所涉及的农民集体所有建设用地使用权方可依法转移。其他农民集体所有建设用地使用权流转，必须是符合规划、依法取得的建设用地，并不得用于商品住宅开发②。

（3）集体建设用地担保权利的规定

《物权法》第 179 条规定，为担保债务的履行，债务人或者第三人不转移财产的占有，将该财产抵押给债权人的，债务人不履行到期债务或者发生当事人约定的实现抵押权的情形，债权人有权就该财产优先受偿。第 180 条规定，建筑物和其他土地附着物、建设用地使用权等可以抵押。第 183 条规定，乡镇、村企业的建设用地使用权不得单独抵押，以乡镇、村企业的厂房等建筑物抵押的，其占用范围内的建设用地使用权一并抵押。第 184 条规定，宅基地使用权、乡（镇）村公共设施和公益事业建设用地使用权不能抵押。

（4）增减挂钩的规定

2004 年，国务院首次提出，鼓励农村建设用地整理，城镇建设用地增加要与农村建设用地减少相挂钩。2005 年，国土资源部研究制定了增减挂钩试点工作的意见③，并于 2006 年在天津、浙江、江苏、安徽和山东等省开始了第一批试点。2008 年，国土资源部颁布实施《城乡建设用地增减挂钩试点管理办法》，进一步明确了增加挂钩的政策内涵，将若干拟整理复垦为耕地的农村建设用地地块（即拆旧地块）和拟用于城镇建设的地块（即建新地块）等面积共同组成建新拆旧项目区（以下简称项

---

① 参见《国务院关于深化改革严格土地管理的决定》相关条款，http：//www.gov.cn/zhengce/content/2008 - 03/28/content_ 2457. htm。

② 参见《国务院办公厅关于严格执行有关农村集体建设用地法律和政策的通知》相关条款，http：//www.gov.cn/zhengce/content/2008 - 03/28/content_ 2395. htm。

③ 参见《关于规范城镇建设用地增加与农村建设用地减少相挂钩试点工作的意见》相关条款，http：//xadc. mlr. gov. cn/zwgk/zcfg/201102/t20110225_ 819479. htm。

目区)，通过建新拆旧和土地整理复垦等措施，在保证项目区内各类土地面积平衡的基础上，最终实现增加耕地有效面积，提高耕地质量，节约集约利用建设用地，城乡用地布局更合理的目标①。2010 年，国务院发布通知，对增减挂钩政策实施的规范性提出了新要求，并完善了相应的保障措施②。

3. 集体建设用地的征收规定

(1) 征收的范围

《宪法》第 10 条规定，国家为了公共利益的需要，可以依照法律规定对土地实行征收或者征用并给予补偿。《宪法》第 13 条规定，国家为了公共利益的需要，可以依照法律规定对公民的私有财产实行征收或者征用并给予补偿。《物权法》第 42 条规定，为了公共利益的需要，依照法律规定的权限和程序可以征收集体所有的土地和单位、个人的房屋及其他不动产。

(2) 征收的程序

《土地管理法》第 45 条规定，征收集体建设用地，由省、自治区、直辖市人民政府批准，并报国务院备案；当土地面积超过 70 公顷时，要由国务院批准。第 46 条规定，依照法定程序批准后，由县级以上地方人民政府予以公告并组织实施。被征收土地的所有权人、使用权人应当在公告规定期限内，持土地权属证书到当地人民政府土地行政主管部门办理征地补偿登记。

1998 年由国务院颁布的《中华人民共和国土地管理法实施条例》(2011 年修正，以下简称《土地管理法实施条例》) 对征收程序进行了进一步说明，市、县人民政府土地行政主管部门根据经批准的征收土地方案，会同有关部门拟订征地补偿、安置方案，并将批准征地机关、批准文号、征收土地的用途、范围、面积以及征地补偿标准、农业人员安置办法和办理征地补偿的期限等，在被征收土地所在地的乡 (镇)、村予以公告，听取被征收土地的农村集体经济组织和农民的意见。征地补偿、安置方案报市、县人民政府批准后，由市、县人民政府土地行政主管部门组织

---

① 参见《城乡建设用地增减挂钩试点管理办法》相关条款，http://xadc.mlr.gov.cn/zwgk/zcfg/201102/t20110225_819479.htm。

② 参见《国务院关于严格规范城乡建设用地增减挂钩试点　切实做好农村土地整治工作的通知》相关条款，http://www.gov.cn/zhengce/content/2011-04/02/content_2377.htm。

实施①。

(3) 征收的补偿

《土地管理法》第 47 条规定，征收土地的，按照被征收土地的原用途给予补偿。征收耕地以外的其他土地，土地补偿费和安置补助费标准，由省、自治区、直辖市参照征收耕地的土地补偿费和安置补助费的标准规定，但总和不得超过土地被征收前三年平均年产值的三十倍。

《土地管理法实施条例》规定，征收土地的各项费用应当自征地补偿、安置方案批准之日起 3 个月内全额支付。土地补偿费归农村集体经济组织所有；地上附着物及青苗补偿费归地上附着物及青苗的所有者所有。征收土地的安置补助费必须专款专用，不得挪作他用。需要安置的人员由农村集体经济组织安置的，安置补助费支付给农村集体经济组织，由农村集体经济组织管理和使用；由其他单位安置的，安置补助费支付给安置单位；不需要统一安置的，安置补助费发放给被安置人员个人或者征得被安置人员同意后用于支付被安置人员的保险费用。

《物权法》第 42 条规定，应当依法足额支付土地补偿费、安置补助费、地上附着物和青苗的补偿费等费用，安排被征地农民的社会保障费用，保障被征地农民的生活，维护被征地农民的合法权益。征收单位、个人的房屋及其他不动产，应当依法给予拆迁补偿，维护被征收人的合法权益；征收个人住宅的，还应当保障被征收人的居住条件。

(4) 征收的争端解决

《土地管理法实施条例》第 25 条规定，对补偿标准有争议的，由县级以上地方人民政府协调；协调不成的，由批准征收土地的人民政府裁决。征地补偿、安置争议不影响征收土地方案的实施。第 45 条规定，违反土地管理法律、法规规定，阻挠国家建设征收土地的，由县级以上人民政府土地行政主管部门责令交出土地；拒不交出土地的，申请人民法院强制执行。

4. 集体建设用地再开发的相关法规小结

现行法律法规对集体建设用地再开发的相关规定可以小结如下：

第一，对集体建设用地使用范围的规定严格而清晰，仅有乡镇企业、

---

① 参见《中华人民共和国土地管理法实施条例》相关条款，http://www.gov.cn/gongbao/content/2011/content_1860861.htm。

农村公共设施和公益用地、农民住宅可以使用集体土地用于建设，其中乡镇企业必须是农村集体经济组织或者农民投资为主，在乡镇举办的承担支援农业义务的企业。

第二，仅有满足一定条件的乡镇企业用地的建设用地使用权可以直接流转，一种情况是因企业破产、兼并等情形，集体建设用地使用权可以依法发生转移；另一种情况是集体经济组织全资企业的建设用地（即农民集体所有建设用地使用权）在取得程序合法、符合规划的前提下可以流转，直接流转后仍属于集体建设用地，因此不得进行商品房开发等不符合集体建设用地使用范围的利用行为。

第三，允许集体建设用地通过城乡建设用地增减挂钩间接流转，在城乡建设用地总规模不增加的情况下，将集体建设用地减少节约的指标转移到城镇使用，这可以理解为土地发展权的转移。

第四，集体建设用地使用权均不能单独抵押，宅基地使用权、公共设施和公益事业建设用地使用权其上建筑物亦不得抵押；乡镇企业的厂房等建筑物可以抵押，抵押时其占用范围内的建设用地使用权一并抵押，这可以理解为抵押价值仅计算建筑物价值，不计算同为抵押物的土地使用权价值。

第五，集体建设用地的征收补偿仅确立了原则，即按照被征收土地的原用途给予补偿，同时保障被征地农民的居住和生活条件。《土地管理法》及《土地管理法实施条例》中有关征收补偿的条文大多是关于耕地，其他土地参照征收耕地的土地补偿费和安置补助费的标准规定，但集体建设用地的性质和价值与耕地难以比较。

第六，对补偿标准的争议不影响土地征收方案的实施。对补偿标准有争议的，由县级以上地方人民政府协调；协调不成的，由批准征收土地的人民政府裁决。征地补偿、安置争议不影响征收土地方案的实施。

（三）城镇建设用地再开发的相关法规梳理

1. 城镇建设用地的供地规定

（1）国有土地使用权有偿出让方式的规定

《土地管理法》第 2 条和第 8 条规定，城市市区的土地为国家所有，国家所有的土地使用权由国务院代表国家行使。国家依法实行国有土地有偿使用制度，国家在法律规定的范围内划拨国有土地使用权的除外。第 43 条规定，除了兴办乡镇企业、乡镇公共设施和公益事业建设和农民建房可以使用集体土地以外，任何单位和个人进行建设，需要使用土地的，必须依法申请使用国有土地。第54条规定，建设单位使用国有土地，应当以出让等有偿使用方式取得。但是，下列建设用地，经县级以上人民政府依法批准，可以以划拨方式取得：国家机关用地和军事用地；城市基础设施用地和公益事业用地；国家重点扶持的能源、交通、水利等基础设施用地；法律、行政法规规定的其他用地。第55条规定，以出让等有偿使用方式取得国有土地使用权的建设单位，按照国务院规定的标准和办法，缴纳土地使用权出让金等土地有偿使用费和其他费用后，方可使用土地。

1990年，国务院颁布实施了《中华人民共和国城镇国有土地使用权出让和转让暂行条例》，确立了我国有偿出让国有建设用地使用权的制度。该条例第12条规定，土地使用权出让最高年限按下列用途确定：居住用地七十年；工业用地五十年；教育、科技、文化、卫生、体育用地五十年；商业、旅游、娱乐用地四十年；综合或者其他用地五十年。第13条规定土地使用权出让方式包括了协议出让、招标出让和拍卖出让[①]。2002年，国土资源部首次规定了以挂牌方式出让国有建设用地使用权[②]。

（2）商业、旅游、娱乐和商品住宅等经营性用地必须招标、拍卖和挂牌出让

《城市房地产管理法》第13条规定，土地使用权出让，可以采取拍卖、招标或者双方协议的方式。商业、旅游、娱乐和豪华住宅用地，有条件的，必须采取拍卖、招标方式；没有条件，不能采取拍卖、招标方式的，可以采取双方协议的方式。采取双方协议方式出让土地使用权的出让金不得低于按国家规定所确定的最低价。

1999年，国土资源部发布通知，要求进一步依法推行招标、拍卖出让国有土地使用权，规定商业、旅游、娱乐和豪华住宅等经营性用地，有条件的，都必须招标、拍卖出让国有土地使用权。其中，属于下列情况之一的，必须拍卖出让：以获取最高出让金为主要目标，以出价最高为条件确定受让人的；对土地使用者资格没有特别限制，一般单位或个人均可能

---

① 参见《中华人民共和国城镇国有土地使用权出让和转让暂行条例》相关条款，http://www.mlr.gov.cn/zwgk/flfg/tdglflfg/200601/t20060119_72175.htm。

② 参见《招标拍卖挂牌出让国有土地使用权规定》相关条款，http://www.gov.cn/gongbao/content/2003/content_62586.htm。

有受让意向；土地用途无特别限制及要求。对不具备拍卖条件，但属于下列情况之一的，必须公开招标出让：除获取较高出让金外，还具有其他综合目标或特定的社会、公益建设条件；土地用途受严格限制，仅少数单位或个人可能有受让意向。对土地使用者有资格限制或特别要求的，可对符合条件的用地申请者进行邀请招标①。

1999 年，国务院办公厅发文再次强调了商业、旅游、娱乐和豪华住宅等经营性用地，原则上必须以招标、拍卖方式提供②。2001 年，国务院发文进一步规定，国有建设用地供应，除涉及国家安全和保密要求外，都必须向社会公开。商业性房地产开发用地和其他土地供应计划公布后同一地块有两个以上意向用地者的，都必须由市、县人民政府土地行政主管部门依法以招标、拍卖方式提供，国有土地使用权招标、拍卖必须公开进行。要严格限制协议用地范围。确实不能采用招标、拍卖方式的，方可采用协议方式。采用协议方式供地的，必须做到在地价评估基础上，集体审核确定协议价格，协议结果向社会公开③。

2002 年，国土资源部首次规定了以挂牌方式出让国有建设用地使用权，并且规定商业、旅游、娱乐和商品住宅等各类经营性用地，必须以招标、拍卖或者挂牌方式出让，前款规定以外用途的土地的供地计划公布后，同一宗地有两个以上意向用地者的，也应当采用招标、拍卖或者挂牌方式出让④。2004 年，国土资源部、监察部联合发文，要求在 2004 年 8月 31 日之后，不得再以历史遗留问题为由采用协议方式出让经营性土地使用权⑤。

（3）工业用地纳入经营性用地范围，原则上必须招标、拍卖和挂牌

---

① 参见《国土资源部关于进一步推行招标拍卖出让国有土地使用权的通知》相关条款，http：//www. mlr. gov. cn/zwgk/flfg/tdglflfg/200412/t20041227_ 63696. htm。

② 参见《国务院办公厅关于加强土地转让管理　严禁炒卖土地的通知》相关条款，http：//www. mlr. gov. cn/zwgk/flfg/tdglflfg/200412/t20041227_ 63701. htm。

③ 参见《国务院关于加强国有土地资产管理的通知》相关条款，http：//www. gov. cn/gongbao/content/2001/content_ 60846. htm。

④ 参见《招标拍卖挂牌出让国有土地使用权规定》相关条款，http：//www. gov. cn/gongbao/content/2003/content_ 62586. htm。

⑤ 参见《关于继续开展经营性土地使用权招标拍卖挂牌出让情况执法监察工作的通知》，http：//www. landchina. com/DesktopModule/BulletinMdl/BulContentView. aspx？BulID = 59854。

出让

2004 年,国务院就发文要求工业用地也要创造条件逐步实行招标、拍卖、挂牌出让①。2006 年,国务院进一步要求统一制订并公布各地工业用地出让最低价标准,工业用地必须采用招标拍卖挂牌方式出让,其出让价格不得低于公布的最低价标准②。2007 年,国土资源部再次明确工业、商业、旅游、娱乐和商品住宅等经营性用地以及同一宗地有两个以上意向用地者的,应当以招标、拍卖或者挂牌方式出让,工业用地包括仓储用地,但不包括采矿用地③。

此后,国土资源部和监察部又先后两次发文,进一步规范和落实工业用地出让制度,针对工业项目千差万别的情况,允许根据具体因素选择适宜的招标、拍卖和挂牌等出让方式,但仅有三类情况允许协议出让:一是由于城市规划调整、经济形势发生变化、企业转型等原因,土地使用权人已依法取得的国有划拨工业用地补办出让、国有承租工业用地补办出让,符合规划并经依法批准,可以采取协议方式;二是政府实施城市规划进行旧城区改建,需要搬迁的工业项目符合国家产业政策的,经市、县国土资源行政主管部门审核并报市、县人民政府批准,收回原国有土地使用权,以协议出让或租赁方式为原土地使用权人重新安排工业用地;三是采矿、采石、采砂、盐田等地面生产和尾矿堆放用地,鼓励采取租赁,也可以协议方式出让④。

2. 城镇建设用地的规划规定

城乡规划,包括城镇体系规划、城市规划、镇规划、乡规划和村庄规划。城市规划、镇规划分为总体规划和详细规划。详细规划分为控制性详细规划和修建性详细规划。与城镇建设用地再开发相关的规划主要是控制

---

① 参见《国务院关于深化改革严格土地管理的决定》相关条款,http://www.gov.cn/zhengce/content/2008-03/28/content_2457.htm。

② 参见《国务院关于加强土地调控有关问题的通知》相关条款,http://www.gov.cn/zwgk/2006-09/05/content_378186.htm。

③ 参见《招标拍卖挂牌出让国有土地使用权规定》相关条款,http://www.gov.cn/gongbao/content/2003/content_62586.htm。

④ 参见《国土资源部监察部关于落实工业用地招标拍卖挂牌出让制度有关问题的通知》,http://www.gov.cn/zwgk/2007-04/12/content_579830.htm;《国土资源部监察部关于进一步落实工业用地出让制度的通知》,http://www.gov.cn/zwgk/2009-08/12/content_1390140.htm。

性详细规划，相关的法律法规包括了对控制性详细规划的内容、编制、修改和实施等规定。

（1）控制性详细规划的内容

2005 年《城市规划编制办法》第 41 条规定，控制性详细规划应当包括确定规划范围内不同性质用地的界线，确定各地块建筑高度、建筑密度、容积率、绿地率等控制指标，确定公共设施配套要求、交通出入口方位、停车泊位、建筑后退红线距离等要求。第 42 条规定，控制性详细规划确定的各地块的主要用途、建筑密度、建筑高度、容积率、绿地率、基础设施和公共服务设施配套规定应当作为强制性内容①。

2010 年，住房和城乡建设部发布《城市、镇控制性详细规划编制审批办法》，第 10 条对控制性详细规划的内容进行了修正和完善，认为应当包括下列基本内容：土地使用性质及其兼容性等用地功能控制要求；容积率、建筑高度、建筑密度、绿地率等用地指标；基础设施、公共服务设施、公共安全设施的用地规模、范围及具体控制要求，地下管线控制要求；基础设施用地的控制界线（黄线）、各类绿地范围的控制界线（绿线）、历史文化街区和历史建筑的保护范围界线（紫线）、地表水体保护和控制的地域界线（蓝线）"四线"及控制要求②。

（2）控制性详细规划的编制和修改

《城乡规划法》第 19 条和第 20 条规定，城市人民政府城乡规划主管部门根据城市总体规划的要求，组织编制城市的控制性详细规划；镇人民政府根据镇总体规划的要求，组织编制镇的控制性详细规划，报上一级人民政府审批。第 26 条规定，城乡规划报送审批前，组织编制机关应当依法将城乡规划草案予以公告，并采取论证会、听证会或者其他方式征求专家和公众的意见。公告的时间不得少于三十日。组织编制机关应当充分考虑专家和公众的意见，并在报送审批的材料中附具意见采纳情况及理由。第 48 条规定，修改控制性详细规划的，组织编制机关应当对修改的必要性进行论证，征求规划地段内利害关系人的意见，并向原审批机关提出专题报告，经原审批机关同意后，方可编制修改方案。

---

① 参见《城市规划编制办法》，http：//www.mohurd.gov.cn/zcfg/jsbgz/200611/t20061101_159085.html。

② 参见《城市、镇控制性详细规划编制审批办法》，http：//www.mohurd.gov.cn/zcfg/jsb-gz/201101/t20110126_202200.html。

《城市、镇控制性详细规划编制审批办法》第 20 条对修改程序进行了进一步地明确，规定经批准后的控制性详细规划具有法定效力，任何单位和个人不得随意修改；确需修改的，应当按照下列程序进行：一是控制性详细规划组织编制机关应当组织对控制性详细规划修改的必要性进行专题论证；二是控制性详细规划组织编制机关应当采用多种方式征求规划地段内利害关系人的意见，必要时应当组织听证；三是控制性详细规划组织编制机关提出修改控制性详细规划的建议，并向原审批机关提出专题报告，经原审批机关同意后，方可组织编制修改方案；四是修改后应当按法定程序审查报批。报批材料中应当附具规划地段内利害关系人意见及处理结果。

另外，《城市、镇控制性详细规划编制审批办法》第 13 条规定，中心区、旧城改造地区、近期建设地区，以及拟进行土地储备或者土地出让的地区，应当优先编制控制性详细规划。

（3）控制性详细规划的实施

《城乡规划法》第 38 条和第 39 条规定，在城市、镇规划区内以出让方式提供国有土地使用权的，在国有土地使用权出让前，城市、县人民政府城乡规划主管部门应当依据控制性详细规划，提出出让地块的位置、使用性质、开发强度等规划条件，作为国有土地使用权出让合同的组成部分。未确定规划条件的地块，不得出让国有土地使用权。规划条件未纳入国有土地使用权出让合同的，该国有土地使用权出让合同无效。

在签订国有土地使用权出让合同后，建设单位应当持建设项目的批准、核准、备案文件和国有土地使用权出让合同，向城市、县人民政府城乡规划主管部门领取建设用地规划许可证。城市、县人民政府城乡规划主管部门不得在建设用地规划许可证中，擅自改变作为国有土地使用权出让合同组成部分的规划条件。

3. 城镇建设用地地上房屋征收的规定

（1）征收的范围

《宪法》、《物权法》、《城市房地产管理法》都规定了国家可以为了公共利益的需要，征收国有土地上房屋并同时收回土地使用权。2011 年，国务院废止了 2001 年颁布实施的《城市房屋拆迁管理条例》，颁布实施了新的《国有土地上房屋征收与补偿条例》。该条例第 2 条规定，为了保障国家安全、促进国民经济和社会发展等公共利益，有下列情形之一，确需征收房屋的，由市、县级人民政府做出房屋征收决定：国防和外交的需要；由政府组织实施的能源、交通、水利等基础设施建设的需要；由政府组织实施的科技、教育、文化、卫生、体育、环境和资源保护、防灾减灾、文物保护、社会福利、市政公用等公共事业的需要；由政府组织实施的保障性安居工程建设的需要；由政府依照城乡规划法有关规定组织实施的对危房集中、基础设施落后等地段进行旧城区改建的需要；法律、行政法规规定的其他公共利益的需要①。

（2）征收的程序

《国有土地上房屋征收与补偿条例》第 12 条规定，市、县级人民政府做出房屋征收决定前，应当按照有关规定进行社会稳定风险评估；房屋征收决定涉及被征收人数量较多的，应当经政府常务会议讨论决定。第 10 条规定，房屋征收部门拟定征收补偿方案，报市、县级人民政府。市、县级人民政府应当组织有关部门对征收补偿方案进行论证并予以公布，征求公众意见，征求意见期限不得少于 30 日。第 13 条规定，市、县级人民政府做出房屋征收决定后应当及时公告，公告应当载明征收补偿方案和行政复议、行政诉讼权利等事项，市、县级人民政府及房屋征收部门应当做好房屋征收与补偿的宣传、解释工作。

（3）征收的补偿

《国有土地上房屋征收与补偿条例》第 2 条规定，征收国有土地上单位、个人的房屋，应当对被征收房屋所有权人（以下称被征收人）给予公平补偿。第 17 条规定，做出房屋征收决定的市、县级人民政府对被征收人给予的补偿包括：被征收房屋价值的补偿；因征收房屋造成的搬迁、临时安置的补偿；因征收房屋造成的停产停业损失的补偿。市、县级人民政府应当制定补助和奖励办法，对被征收人给予补助和奖励。

第 19 条和第 20 条规定，对被征收房屋价值的补偿，不得低于房屋征收决定公告之日被征收房屋类似房地产的市场价格。被征收房屋的价值，由具有相应资质的房地产价格评估机构按照房屋征收评估办法评估确定。房地产价格评估机构由被征收人协商选定；协商不成的，通过多数决定、随机选定等方式确定，具体办法由省、自治区、直辖市制定。房地产价格

---

① 参见《国有土地上房屋征收与补偿条例》相关条款，http：//www.gov.cn/zhengce/content/2011 - 01/21/content_ 4621. htm。

评估机构应当独立、客观、公正地开展房屋征收评估工作，任何单位和个人不得干预。

第18条和第21条规定，被征收人可以选择货币补偿，也可以选择房屋产权调换。被征收人选择房屋产权调换的，市、县级人民政府应当提供用于产权调换的房屋，并与被征收人计算、结清被征收房屋价值与用于产权调换房屋价值的差价。因旧城区改建征收个人住宅，被征收人选择在改建地段进行房屋产权调换的，做出房屋征收决定的市、县级人民政府应当提供改建地段或者就近地段的房屋。征收个人住宅，被征收人符合住房保障条件的，做出房屋征收决定的市、县级人民政府应当优先给予住房保障。

第24条规定，市、县级人民政府做出房屋征收决定前，应当组织有关部门依法对征收范围内未经登记的建筑进行调查、认定和处理。对认定为合法建筑和未超过批准期限的临时建筑的，应当给予补偿；对认定为违法建筑和超过批准期限的临时建筑的，不予补偿。

（4）征收的争端解决

《国有土地上房屋征收与补偿条例》第11条规定，在征收补偿方案征求意见时，多数被征收人认为征收补偿方案不符合本条例规定的，市、县级人民政府应当组织由被征收人和公众代表参加的听证会，并根据听证会情况修改方案。

第19条规定，被征收人对评估确定的被征收房屋价值有异议的，可以向房地产价格评估机构申请复核评估。对复核结果有异议的，可以向房地产价格评估专家委员会申请鉴定。第26条规定，被征收人对补偿决定不服的，可以依法申请行政复议，也可以依法提起行政诉讼。

第27条和第28条规定，被征收人在法定期限内不申请行政复议或者不提起行政诉讼，在补偿决定规定的期限内又不搬迁的，由做出房屋征收决定的市、县级人民政府依法申请人民法院强制执行。任何单位和个人不得采取暴力、威胁或者违反规定中断供水、供热、供气、供电和道路通行等非法方式迫使被征收人搬迁。禁止建设单位参与搬迁活动。

2012年，最高人民法院规定，征收补偿决定存在下列情形之一的，人民法院应当裁定不准予强制执行：明显缺乏事实根据；明显缺乏法律、法规依据；明显不符合公平补偿原则，严重损害被执行人合法权益，或者使被执行人基本生活、生产经营条件没有保障；明显违反行政目的，严重损害公共利益；严重违反法定程序或者正当程序；超越职权；法律、法规、规章等规定的其他不宜强制执行的情形。另外，还规定人民法院裁定准予执行的，一般由做出征收补偿决定的市、县级人民政府组织实施，也可以由人民法院执行①。

4. 城镇建设用地再开发的相关法规小结

现行法律法规对城镇建设用地再开发的相关规定可以小结如下：

第一，各类经营性用地必须以招标、拍卖或者挂牌方式出让，包括工业、商业、旅游、娱乐和商品住宅等用地，其中工业用地包括仓储用地，但不包括采矿用地；其他用地有两个以上意向用地者的，也应当以招标、拍卖或者挂牌方式出让。

第二，城镇土地在出让之前就应完成控制性详细规划的编制，并纳入国有土地使用权出让合同，否则出让合同无效。控制性详细规划中有关土地利用性质、建筑密度、建筑高度、容积率、绿地率、基础设施和公共服务设施配套等规定是强制性内容，在土地出让之后不得修改，建设用地规划许可证的内容必须与出让合同中的规划条件保持一致。

第三，控制性详细规划报送审批前和修改前规定了公众参与程序，但并未对公众意见的响应提出具体要求。对第一次编制控制性详细规划，要求编制机关报送审批前予以公告征求意见，并在报送审批的材料中附具意见采纳情况及理由；对于修改已有控制性详细规划，要求修改前征求规划地段内利害关系人的意见，并在报批材料中附具体意见及处理结果。

第四，征收补偿标准是公平补偿，不低于被征收房屋的市场价值。被征收人选择评估机构对房屋价值进行评估，房屋征收部门拟定征收补偿方案中的补偿标准不得低于评估价格，除此之外并未规定房屋征收部门如何确定的最终补偿标准。

第五，被征收人拥有选择房屋产权调换的权利。被征收人选择房屋产权调换的，市、县级人民政府应当提供用于产权调换的房屋，并与被征收人计算、结清被征收房屋价值与用于产权调换房屋价值的差价。因旧城区改建征收个人住宅，被征收人选择在改建地段进行房屋产权调换的，做出房屋征收决定的市、县级人民政府应当提供改建地段或者就近地段的

① 参见《关于办理申请人民法院强制执行国有土地上房屋征收补偿决定案件若干问题的规定》相关条款，http：//www. court. gov. cn/fabu - xiangqing - 3866. html。

房屋。

第六，对征收决定和补偿有异议，被征收人可以通过复核、行政复议、行政诉讼解决。被征收人对评估确定的被征收房屋价值有异议的，可以向房地产价格评估机构申请复核评估。对复核结果有异议的，可以向房地产价格评估专家委员会申请鉴定。被征收人对补偿决定不服的，可以依法申请行政复议，也可以依法提起行政诉讼。

第七，除非由人民法院裁定准许强制执行，行政机关不得强迫被征收人搬迁。被征收人在法定期限内不申请行政复议或者不提起行政诉讼，在补偿决定规定的期限内又不搬迁的，由做出房屋征收决定的市、县级人民政府依法申请人民法院强制执行。人民法院依照有关规定进行裁决，裁定准予执行的，一般由做出征收补偿决定的市、县级人民政府组织强制实施，也可以由人民法院执行。

二　存量建设用地再开发的法规障碍分析

（一）从增量到存量：产权的转移或调整成为关键

建设用地再开发是与新开发相对而言的，后者指的是将土地从非建设用途转化为建设用途的开发过程，而前者则是已开发过土地的物质更替过程，如以高强度发展替代低强度发展，从工业用途转变为商业用途，等等。

不管是城镇还是农村，新增建设用地都主要依赖于农地非农化，以较小的代价将经济价值较低的农用地征收过来，在完成土地平整和配套设施建设后，根据规划的需要将其分配给土地使用者。相较于增量建设用地开发利用，存量建设用地再开发最大的不同在于它必须面对数量更多的既有产权人，并且他们拥有产权的单位经济价值更高，如何完成对这些产权的征收或调整，实现土地从现状到未来利用状态的转变成为存量建设用地再开发的关键①。

然而，产权的征收或调整在实践中往往面临下述难题：一是资金短缺，存量建设用地再开发大多需要对原有用地进行重新规划和用途转换，与新增建设用地相比，拆迁补偿、安置、建设成本较高，单个改造项目所

---

① 赵燕菁：《存量规划：理论与实践》，《北京规划建设》2014 年第 4 期。

需资金动辄几千万甚至几百亿，因此需要强有力的资金保障；二是补偿争议，除了对补偿标准的争议，对补偿方式的争议同样很大，比如产权人往往更愿意选择原地产权置换，既分享了增值收益，又不用承担搬离熟识区域的损失，但这一补偿方式在很多再开发项目中难以实现；三是产权复杂，存量建设用地分散在各土地使用权人手中，涉及的用地主体较多；存量建设用地再开发面对的权利关系较为复杂，其中既包括合法土地使用权的权益人，也包括历史形成、占用多年的没有合法用地手续的用地主体①；四是"钉子户"频现，小部分产权人不接受补偿条件拒不搬离的情况，这使得整个土地再开发项目功亏一篑②。

产权征收或调整缓解面临的困难和其他诸多难题使得建设用地再开发陷入困境。而这些难题出现和难以解决的背后，则是现行法律法规的缺失或不足。

（二）农村存量集体建设用地再开发的法规障碍分析

1. 集体建设用地直接流转的范围受到限制

集体建设用地流转的范围，是指在什么样的情况下、符合哪些条件的集体建设用地使用权可以流转。根据现行法律法规，集体建设用地使用权流转限于满足一定条件的乡镇企业用地：一种情况是因企业破产、兼并等情形，集体建设用地使用权可以依法发生转移；另一种情况是集体经济组织全资企业的建设用地（即农民集体所有建设用地使用权）在取得程序合法、符合规划的前提下可以流转。现行法律法规将集体建设用地的流转范围限制在很小的范围，极大地束缚了集体建设用地的价值，在各地就出现了大量自发流转的现象，流转比例在沿海发达地区甚至超过了50%。长期无法可依的混乱流转局面，一方面造成了大量历史遗留问题，另一方面提高了集体建设用地的经济价值和产权人的受偿诉求，这些都成为土地再开发难以实施的重要原因。

2. 集体建设用地的流转方式受到限制

当前，我国法律法规所允许的直接流转方式仅为土地使用权入股、联

---

① 张舟、谭荣、吴次芳等：《走出政府治理下土地二次开发的实践困境——以深圳市为例》，《中国土地科学》2012 年第 10 期。

② O'Flaherty B. ，"Land assembly and urban renewal"，*Regional Science and Urban Economics*，1994，24（3）：287—300.

营，以及依法取得建设用地的企业因破产、兼并等情形致使土地使用权依法发生转移。同样，如此严格的法律法规由于长期不符合经济社会发展的需要被全面突破，地方自发实践中出现了各种各样的流转方式，比如广东省允许集体建设用地使用权出让、出租、转让、转租和抵押；江苏昆山的富民合作社则在农民集体土地上建造厂房、楼房出租给企业使用，农民直接分享土地非农化增值收益；安徽省试点地区也允许农村集体建设用地使用权出让、租赁、作价出资（入股）、联营、转让、抵押等①。现行规则施加的不合理束缚，其后果就是地方自发实践的长期无序和混乱，使得产权和补偿问题进一步复杂化，成为当前集体建设用地再开发的重要障碍。

　　另外，为了规范隐性市场，国家出台了"增减挂钩"政策，允许集体建设用地通过指标的形式间接流转，这为土地流转提供了一条正规合法的渠道。但由于经济价值有限，目前主要是偏远农村的建设用地参与了间接流转，而经济价值较高的近郊集体建设用地目前仍然处于自发、无序和混乱的直接流转状态中②。

　　3. 集体建设用地流转的产权主体不明晰

　　我国现行法律法规规定，农民集体所有的土地依法属于村农民集体所有的，由村集体经济组织或者村民委员会经营、管理；已经分别属于村内两个以上农村集体经济组织的农民集体所有的，由村内各该农村集体经济组织或者村民小组经营、管理；已经属于乡（镇）农民集体所有的，由乡（镇）农村集体经济组织经营、管理。从立法条文看，集体所有土地的归属是很清晰的，以土地所有权的代表集体经济组织作为流转产权主体具有充分依据。但问题在于，乡（镇）、农村集体经济组织的代表并不明确，集体经济组织是一个虚置的概念。从全国各地的实践情况来看，农村集体建设用地流转的产权主体，在形式上可以多样化，可以是以村或村民小组为基础组成的股份合作公司，也可以是乡（镇）农工商总公司或村经济合作社，等等，因地因时而异，各不相同。目前，土地确权工作正在全国范围内开展，现行法律法规缺乏对产权主体的明确规定，加大了确权工作的开展难度，同样也使得建设用地再开发陷入困境。

---

　　①　文枫、鲁春阳、杨庆媛等：《农村集体建设用地流转研究进展》，《地理科学进展》2011年第9期。

　　②　华生：《城市化转型与土地陷阱》，东方出版社2013年版。

4. 集体建设用地流转与土地利用规划的冲突

我国现行法律法规规定，城市市区的土地属于国家所有。城市市区土地，是指城市及建制镇建成区的土地，而建成区则指的是城市行政区内实际已成片开发建设、市政公用设施和公共设施基本具备的地区。显然，由于城市在不断发展，建成区的范围也在不断扩大，因此建成区是一个动态概念。与此同时，规划区指的是城市、镇和村庄的建成区以及因城乡建设和发展需要，必须实行规划控制的区域。规划区的具体范围由有关人民政府在组织编制的城市总体规划、镇总体规划、乡规划和村庄规划中，根据城乡经济社会发展水平和统筹城乡发展的需要划定。这意味着，城镇规划区的范围要大于规划确定的城镇建设用地规模的范围，土地利用规划确定的城镇建设用地规模范围内并非全部为建成区，并且规划是分批次实施的，也就是说规划区内仍然有集体所有性质土地[1]。由于集体土地和国有土地的管理制度在各个方面都不相同，当两种性质的土地在同一个建设用地再开发项目中大量交错存在时，必定会给项目的实施带来更大的阻碍。

5. 缺乏对集体建设用地征收补偿和争议解决的规定

现行法律法规体系仍然聚焦于以农地非农化为代表的增量土地管理，对耕地等土地的征收补偿做出了具体规定，而对于集体建设用地，仅规定按照被征收土地的原用途给予补偿，同时保障被征地农民的居住和生活条件。由于缺乏相关规定，使得集体建设用地再开发的补偿协商成为一场紧张激烈的拉锯战，双方都试图尽可能多地占有增值收益，这无疑加大了集体建设用地在补偿协商环节的成本。另外，现行规定也缺乏对补偿争议解决的有关条文，因此"钉子户"问题频发。与此同时，当前规定对补偿标准的争议不影响土地征收方案的实施，过于强调政府公权力而忽视了产权人的合法权益，进而加大了项目实施的矛盾。

（三）城镇存量建设用地再开发的法规障碍分析

1. 城镇存量建设用地上房屋征收补偿规定的不完善

目前，关于城镇建设用地上房屋征收补偿的法律规范主要是《国有土地上房屋征收补偿条例》，其虽经过两次公开征求意见稿，借鉴吸收了国外

---

① 龙开胜：《农村集体建设用地流转：演变，机理与调控》，博士学位论文，南京农业大学，2009年。

和国内关于房屋征收制度的研究成果，在立法上取得了重大进步，使我国告别了房屋拆迁时代，进入了房屋征收时代，有利于规范政府公权力的行使，保障被征收人的合法私有财产权，实现和谐征收①。但自"新条例"实施以来，由征收补偿引发的争议不断，暴力冲突、"钉子户"频现，严重制约着再开发项目的顺利开展，这表明以"新条例"为核心形成的我国城镇建设用地土地上房屋征收补偿制度并不完善，依然存在很多问题。

第一，城镇建设用地上房屋征收补偿立法层次低。目前关于我国房屋征收补偿的主要法律规范零散地分布在"新条例"、最高人民法院的司法解释以及地方性法规中，但是根据《中华人民共和国立法法》（以下简称《立法法》）第8条的规定，"对非国有财产的征收，只能制定法律"，房屋作为普通公民的重要私有财产，当然不属于国有财产，对其征收应当制定法律。这里的法律，应当是由全国人民代表大会制定的基本法，国务院制定的行政法规或者其他位阶更低的法律规范不应包括在内。根据《宪法》第62条的规定，全国人民大会有权制定涉及公民基本权利的法律，财产权是公民的一项重要基本权利，理应得到法律的特别保护。"新条例"作为国务院制定的行政法规，法律位阶比较低，它并不是全国人民代表大会对涉及公民基本权利的基本法，也不属于全国人民代表大会授权国务院的立法范畴，这有违《立法法》的基本规定和相关精神，这就使得城镇建设用地上的房屋征收补偿缺乏较高层次的法律指导，具体的征收补偿工作难免面临法律缺失的困扰。

第二，城镇建设用地上房屋征收补偿相关法律规范存在冲突。"新条例"是目前关于房屋征收补偿的主要法律规范，但是除了与上文介绍的立法层次低，同《立法法》、《物权法》的相关规定存在一定程度的冲突外，还与其他相关规范国有土地房屋征收的法律规范有冲突。通过比较《物权法》第148条、《土地管理法》第58条第2款与《房地产管理法》第20条的相关规定，我们可以看出，无论是《物权法》，还是《土地管理法》、《房地产管理法》，都保护被征收人的土地使用权，并对土地使用权进行补偿。"新条例"也规定："房屋被依法征收的，国有土地使用权同时收回。"但其所规定的补偿范围却并未明确对相应土地使用权的补偿，只是规定按照"类似房屋的市场价值"进行补偿，没有明确对剩余

① 朱广新：《房屋征收补偿范围与标准的思考》，《法学》2011年第5期。

土地使用权的适当补偿。根据前文所述，国有土地上房屋征收的本质是对国有土地上房屋下的国有土地使用权的收回，但对国有土地使用权却不做出补偿，这直接违反了《物权法》、《土地管理法》、《房地产管理法》的相关规定。同时，法律虽然主张应当对土地使用权做出补偿，但是在具体的补偿的内容或标准上也不完全一致，在法律使用上就会带来一定的困难。"退还相应的出让金"、"根据土地使用者使用土地的实际年限和开发土地的实际情况给予相应的补偿"。两者并不是完全相同的，需要立法机关或者司法机关对此做出进一步的解释，以统一法律的适用，更好地指导司法实践，不至于因补偿协商的困境而影响到再开发项目的进展。

第三，城镇建设用地上房屋征收过程中司法强制力的运行规则明显缺位。司法强制力的运行规则仍不明确背后有两个原因，一是公共利益没有清晰的界定，二是强制执行方没有明确的规定。一方面，"新条例"对于"公共利益"缺乏明确界定，"新条例"第8条通过列举的方式首次对"公共利益"的内容做出了界定，尤其是第六项"法律、行政法规规定的其他公共利益的需要"，通过一个兜底性的条款，试图将"公共利益"所包含的内容全部囊括。这是立法的进步，政府的征收决定必须是为了公共利益的需要，如果不符合公共利益的需要，就不能进行征收。但是由于经济社会的发展，各种利益相互交织，商业利益不断扩展，加之人们思想认识的变化，公共利益的内容并不是一成不变的。由于我国目前并没有从法律层面上对公共利益做出界定，"新条例"作为国务院的行政法规，其法律位阶比较低，权威性不够，缺乏关于"公共利益"界定的法律依据。并且，"新条例"只是从实体上对公共利益做出了一定界定，并没有从程序上对其认定做出规定。因为现实情况复杂多样，法律规定所列明的事项并不能和现实的情况——对应，对号入座，所以这就需要从程序上对公共利益界定做出规定，以有效地限制公权力的行使，防止其滥用。程序正义是对实体正义的保障，只有程序正当，才能保证实体公正。"新条例"虽然对程序正当原则做出了规定，但是缺少界定公共利益的司法机制，使得我国的公共利益界定程序不够完善。而另一方面，"新条例"对于房屋征收的强制执行方没有明确规定，即使实现了裁决与执行的相互分离，但在实践中却出现了司法机关不愿意介入执行、行政机关不敢执行的情况，使得司法强制力沦为空谈，钉子户问题难以解决。

第四，城镇建设用地上房屋补偿制度具体规定不完善。补偿制度是我国房屋征收补偿制度的核心，只有给予被征收人公正合理的补偿，才能保证被征收人的合法权益。我国"新条例"确立了以公平补偿原则为核心的补偿制度，但是仍然存在一些问题：

（1）补偿的主体狭窄。"新条例"第 2 条明确规定了上房屋征收补偿的主体是"被征收房屋所有权人"，明确界定了政府与房屋所有权人的关系是征收关系，有利于保护被征收人的合法权益。但是对于房屋的承租人，因征收给其造成的损失，整个条例并没有涉及，一方面没有明确其法律地位，另一面也并没有说明如何对其进行法律保护。

（2）缺乏具体的补偿标准细则。房屋征收补偿标准是确定对被征收人进行补偿数额的依据，关系到被征收人的合法权益能否得到充分有效的保障。"新条例"规定："被征收房屋的价值，由具有相应资质的房地产价格评估机构按照房屋征收评估办法评估确定。"房屋征收补偿的标准最终是通过评估机构的评估报告来确定的，而不是按照"市场价值"确定的。加之缺乏对"类似房屋"、"市场价格"的明确界定，实践中对"类似房屋的市场价值"的理解十分宽泛，使得房地产价格评估机构拥有较大的自由裁量权，而其又缺乏相应的独立性，使得最终评估出来的被征收房屋的市场价格与市场交易过程中房屋的价格相差甚远，这就造成了补偿标准成为双方不断讨价还价的成果，加大了协商成本，使得坐地要价成为可能的策略性选择，也是钉子户问题出现的重要原因。补偿标准过低，房屋被征收方因利益受损而会通过各种渠道抵制再开发项目；补偿标准过高，又可能使得政府资金匮乏，造成再开发项目的进展迟滞，制定具体且具有可操作性的补偿细则成为推进存量建设用地再开发的当务之急。

2. 以"招拍挂"为核心的土地供应制度的限制

从 1990 年《城镇国有土地使用权出让和转让暂行条例》颁布到 2002 年这 12 年间，虽然法律确立出让为主要的供地方式，但实际上行政划拨才是当时最主要的供地方式，这使得出让金作为财政收入既随意性大，又损失不小。在国家的调控之下，2000 年之后通过出让供地的比例才有所上升，但仍以划拨为主，出让金收入规模还小得很。在出让土地中，协议出让方式占据着主导地位，无法实现对城镇土地资源的合理利用上述这种局面出现转机是在 2002 年。当年国土资源部发布了著名的"11 号令"，也就是《招标拍卖挂牌出让国有土地使用权规定》，规定中停止了当时主要采用的协议出让供地方式。在这种情况下，2003 年以后，招标、拍卖、挂牌出让供地方式才开始迅速发展，并成为我国当前经营性用地供应的最大供地方式，这也导致土地出让金收入规模开始逐年增长。由此，通过《划拨用地目录》、《关于发布实施〈全国工业用地出让最低价标准〉的通知》、《协议出让国有土地使用权规定》和《招标拍卖挂牌出让国有建设用地使用权规定》这四个国土资源部部令，完成了对城镇国有土地总体供给及出让方式的规范，也实现了土地出让金制度的深入调整①。但这一制度安排的直接后果是地方政府对于城市土地一级市场的垄断。表现在城镇存量建设用地的再开发上，就要求由原土地使用权人自行改造或与市场主体合作改造的，也必须采用"招拍挂"方式办理再次供地。这一方面使得市场机构和自组织参与积极性的大大降低，投入到再开发项目中的资金萎缩；另一方面即便是政府主导，原地安置也不容易实现。直接后果便是政府的财政压力会越来越大（因为市场主体无法参与或者缺乏参与意愿），也造成了补偿协商陷入困境（产权人所要求的补偿方式无法与政府达成一致），参与再开发项目的各类市场主体因而失去了足够的参与激励。

3. 城镇土地规划及其管理制度的不足

第一，土地规划的制定缺少公众参与。《土地管理法》明确授权我国政府土地行政主管部门有履行土地规划的职权，具体包括拟定、编制、决定和实施土地规划；关于体现公众参与性的听证程序时常流于形式，并没有严格规范的听证制度作为公众参与的必要保证。涉及的第三方往往处于被动地位，缺少相关法律的保障。因此制定出来的土地规划欠缺民意以及公众认同感，以至于在以后的规划实施中阻力重重。具体到存量建设用地再开发项目上来，公众对土地未来利用不能表达意见，这意味着产权人的合理补偿诉求可能因与规划不符合而无法实现，这无疑成为建设用地再开发的阻碍。

第二，行政主体的职权、职责缺乏法律规定。行政机关不仅仅需要依照法律的规定严格履行自己的职权，还应该切实遵守法定程序以保证职权行使的公正性。现行的相关土地法律法规对行政主体的职权规定不够细致，没有涉及经费保障、部门配合、信息共享等相关内容。在规划的实施

---

① 潘石、董经纬：《中国土地"招拍挂"制度变迁效应及改进方向》，《理论探讨》2013年第2期。

过程中，缺乏有效的监督机制，也未能综合运用土地管理的各类手段（如经济手段、行政手段、法律手段等），对于违反土地规划的主体责任亦没有切实有效的追究问责机制（这其中既包括对行政机关单位的追究问责，同样也包括对个人及其他组织的追究问责），从而导致土地违法现象没有得到及时、公正的处罚。土地规划的行政主体面对违法行为的不作为，导致土地规划没有得到科学合理的制定与履行。虽然目前已经启动了行政问责制，采取约谈地方土地违法主管领导的问责方式，但是这缺乏法律上的效力，在巨大的经济利益的驱动下，违法成本相对较小。缺乏对行政主体职权、职责的明确法律规定，城镇土地规划制度就无法得以有效运作与切实执行，存量建设用地再开发就可能会与城镇土地规划的要求相互背离。

第三，行政相对人的权利义务不明确。依据我国的土地性质，土地规划中行政相对人只享有土地使用权。我国现行的土地规划，既缺乏对行政相对人的发展权的保护规定，又缺乏生存权等切身利益的保障。当侵权事件发生时，申请行政复议的渠道并不通畅，各行政机关之间相互踢皮球，甚至连独立的法律诉讼途径因缺乏程序性保护而困难重重，有时甚至搞不清诉讼主体。我国现行的土地规划法律制度对被规划者所负担的义务的性质种类及责任明显缺位。比如土地资源的不可再生性、公共性、生态价值性等等要求土地的规划者负担一定的社会义务。当行政相对人的权利和义务陷入模棱两可的状态之时，具体的再开发项目就难以与城镇土地规划体系紧密对接起来。

4. 城镇违法用地处理规则的制约

第一，制度量化不足。我国违法用地行为屡禁不止，是因为惩治滞后，同时也与我国处罚力度不够，惩治量化标准不足有关①。我国《土地管理法》第 76 条规定了非法占用土地的归属"未经批准或者采取欺骗手段骗取批准，非法占用土地的，由县级以上人民政府土地行政主管部门责令退还非法占用的土地，对擅自将农用地改为建设用地违反土地利用总体规划的，限期拆除新建的建筑物和其他设施，将非法占用的土地恢复原状，对符合土地利用总体规划要求没有改变土地用途的，没收在非法占用的土地上新建的建筑物和其他设施，可以并处罚款"。而对于违法主体的

---

① 赵杭莉：《我国城市化过程中土地违法问题研究》，《人文杂志》2012 年第 1 期。

处罚规定："对非法占用土地单位的直接负责的主管人员和其他直接责任人员，依法给予行政处分；构成犯罪的，依法追究刑事责任。"虽然要求进行行政处分以及追究刑事责任，但对行为界定不够明确，量化更是无从谈起。因为当前我国并不存在一套完整的有关土地的法律；若条款中的法指的是《中华人民共和国刑法》（以下简称《刑法》），但《刑法》中对刑罚的量化依然不够清晰，在执法中容易造成对法律责任的规避。没有对城镇用地违法行为的有力惩处，各种违法用地行为必然会阻碍再开发项目的顺利推进。

第二，立法层次低。对土地违法行为定罪的时候，很多土地刑事违法行为的罪名与土地民事和行政违法行为的罪名描述基本一致，同一行为是否构成刑事犯罪，主要界限即"情节严重"与否。2000 年，最高人民法院发布《关于审理破坏土地资源刑事案件具体应用法律若干问题的解释》，对有关土地刑事责任进行了量化①。同年，监察部和国土资源部联合发布《关于违反土地管理规定行为行政处分暂行方法》，对土地违反行为主体的行政处分程度也进行了量化②。但是，这两个规定一个是解释，一个是方法，分别是司法解释和部门规章，连行政法规都不是，毫无法律地位可言，立法层次太低，致使执法空间过大，难以操作，存量建设用地的再开发也难以得到司法制度的保驾护航。

第三，立法体系有冲突。查处违法用地案件时，令土地监察人员为难的另一件事情是土地管理法律法规的前后不对应。从立法的严肃性角度说，土地立法最起码应该包括规范我国国土资源规划与治理制度概述行为和法律责任两个方面，即如果有保护土地的条文，便应当有破坏土地的处罚条文；如果有依法用地的条文，就应当有非法用地的处罚条文。《土地管理法》第 73 条和第 81 条规定都属于对非法转让土地的处罚，第 73 条是关于非法转让土地的一般规定，最高处罚可追究刑事责任，而第 81 条是指特定类型对集体所有的农用地的非法转让只限于"责令限期改正，没收违法所得，并处罚款"。同是非法转让土地使用权，却制定了不同的法律责任，难以体现法律公正的原则。

---

① 参见《关于审理破坏土地资源刑事案件具体应用法律若干问题的解释》相关条款，http：//www. mlr. gov. cn/zwgk/flfg/sfjs/200411/t20041125_ 42837. htm。

② 参见《关于违反土地管理规定行为行政处分暂行方法》相关条款，http：//www. gov. cn/gongbao/content/2000/content_ 60294. htm。

三　存量建设用地再开发管理立法的地方探索

（一）存量建设用地再开发的地方立法管理简述

我们知道，国家层次的法律法规，其目的是规范我国建设用地的开发管理，提高土地的利用效率。然而，考虑到存量建设用地再开发与新增建设用地的管理存在差异性，现有的土地管理制度在存量建设用地再开发利用产生了一系列法律障碍。这些法律障碍，造成了地方政府面对大量低效闲置的存量建设用地，不敢放开手脚实施再开发过程。如何绕过目前的法律障碍，成为地方政府有效开展存量建设用地再开发的关键。为适应或应对目前还不完善的存量土地再开发法规体系，在中央政府的鼓励和推动下，地方政府通过政策试点的形式，对存量建设用地再开发的立法管理进行了地方层面的探索。

地方层面的探索首先发生在对农村集体建设用地的再开发，尤其是闲置的宅基地和集体经营性建设用地的开发利用。在 2006 年，成都市作为最早开展"城乡建设用地增减挂钩"的试点地区之一，进行了农居点整理的"拆院并院"模式，明确宅基地整理后的"挂钩"指标只能在县域范围内交易[①]。但随着成都市建立农村产权交易所，并在 2010 年尝试实施建设用地指标交易制度（也称为"成都"地票)[②]，这些"挂钩"指标允许扩大到全市范围内使用。除了宅基地的复垦整理，在 2007 年成为全国统筹城乡综合配套改革试验区以来，成都市以"还权赋能"为核心，展开了农村集体建设用地的流转，出台了《成都市集体建设用地使用权流转管理办法》等一系列法规政策来规范和促进集体建设用地流转的改革。除成都之外，嘉兴作为浙江省开展统筹城乡发展综合配套改革的试点，在 2008 年开始了村庄整治和宅基地置换为目标的"两分两换"模

---

①　杨旭、郑涵尹、岳巧：《统筹城乡发展创新模式研究——以成都市拆院并院为例》，《科技创业月刊》2012 年第 17 期。

②　谢文阳、张远索、张占录：《成都地票模式及其政策变迁研究》，《国土资源科技管理》2013 年第 3 期。

式①。所谓两分两换，是指宅基地与承包地分开，搬迁与土地流转分开，以土地承包经营权换股、换租、增保障，推进集约经营，转换生产方式；以宅基地换钱、换房、换地方，推进集中居住，转换生活方式。除了上述两个城市的存量建设用地再开发涉及农村集体的建设用地外，近年来，在深圳、广东和浙江开展实施的城镇低效用地再开发试点中，也有一部分涉及集体建设用地的流转。

　　相比于农村集体建设用地的再开发，城市的存量建设用地再开发试点的实施更晚。为解决城市发展过程中出现的旧厂房、旧村庄和旧城镇为典型的城镇低效用地现象，广东省在国土部的支持下，于2009年制定了《关于推进"三旧"改造促进节约集约用地的若干意见》，形成了以节约集约用地为目标的"三旧"改造模式②。在"三旧改造"中，广东省结合珠三角经济发展和城市化的实际情况，对现有的土地产权和土地制度进行了管理创新。另外，广东省的深圳市在城市更新和城市土地整备方面形成了具有深圳地方特色的再开发模式③。从2009年开始，深圳市政府就陆续出台了一系列关于城市更新和土地整备的政策性法规，为合理有序地再开发城市存量用地，协调不同主体间的利益分配提供了合法的依据。在2013年，位于长三角的浙江省针对存在的旧住宅区、旧厂区、城中村和违法建筑问题，展开了以"三改一拆"为主要内容的城市建设用地再开发行为④（李亚飞，2013）。并先后出台了《浙江省人民政府关于在全省开展"三改一拆"三年行动的通知》、《浙江省人民政府关于全面推进城镇低效用地再开发工作的意见》等政策性法规，用来引导和规范"三改一拆"行为，提高城市存量建设用地的利用效率。

　　从成都、嘉兴等地的农村集体建设用地再开发政策到广东、深圳和浙江等地的城市建设用地的再开发政策，地方政府出台的政策性法规初步构建了地方对存量建设用地再开发的立法探索。这些地方立法探索将为全国

---

　　① 莫晓辉、林依标、吴永高：《鼓励农民勇于放弃——浙江省嘉兴市"两分两换"试点调查》，《中国土地》2008年第8期。

　　② 周晓、傅方煜：《由广东省"三旧改造"引发的对城市更新的思考》，《现代城市研究》2011年第8期。

　　③ 张宇、欧名豪：《高度城市化区域土地整备运作机制研究——以深圳市为例》，《广东土地科学》2011年第4期。

　　④ 李亚飞：《浅析"三改一拆"中违法建筑源头治理》，《浙江国土资源》2013年第10期。

层次的中央立法提供宝贵的经验借鉴。当然，除了上述省市，全国还有其他省市也开展了存量建设用地再开发，发布了类似的政策性法规。限于篇幅，我们仅选取了成都、嘉兴、广东等上述具有代表性的地方试点，以它们的地方政策法规来分析地方政府在促进存量集体建设用地中的立法创新（如表3-2所示）。下面从存量建设用地再开发面临的法律障碍为线索，分别从农村和城市两个侧面来分析地方在立法管理中的突破和创新，及这些地方法规对地方实践的规范和促进效果。

表3-2　　　　　　　　存量建设用地再开发的地方试点典型概览

试点省市	主要内容	代表性地方法规政策	产权类型
成都	"拆院并院"、集体建设用地通过交易平台流转	《成都市集体建设用地使用权流转管理办法》《成都市"拆院并院"工作实施细则》《成都市人民政府关于完善土地交易制度促进农村土地综合整治的意见（试行）》	存量集体建设用地
嘉兴	"两分两换"	《关于开展统筹城乡综合配套改革试点的实施意见》《关于推进农房改造集聚加快现代新市镇和城乡一体新社区建设的意见》	存量集体建设用地
广东	"三旧"改造	《关于推进"三旧"改造促进节约集约用地的若干意见》《广东省人民政府办公厅转发省国土资源厅关于"三旧"改造工作实施意见的通知》	存量集体、国有建设用地
深圳	土地整备、城市更新	《深圳市城市更新办法》《印发关于加强和改进城市更新实施工作的暂行措施的通知》《深圳市城市更新办法实施细则》《深圳市房屋征收与补偿实施办法（试行）》	存量国有建设用地拟征收的集体建设用地
浙江	"三改一拆"	《浙江省人民政府关于在全省开展"三改一拆"三年行动的通知》《浙江省人民政府关于全面推进城镇低效用地再开发工作的意见》	存量集体、国有建设用地

（二）集体建设用地再开发管理立法的地方探索分析

我们认为，集体建设用地再开发主要涉及宅基地使用权的流转和集体建设用地的流转。从现行的农村土地制度来看，集体建设用地的流转面临的法律障碍包括流转的范围受限、流转的方式受限、流转的产权主体不明晰等问题。而对于宅基地使用权的流转，其流转受到严格的控制，是目前所面临的最突出障碍。比如农民只拥有对宅基地的占有权和使用权，而无法实现其收益和处置权。为放松现行土地法律对集体建设用地再开发的限制，各地对当地的集体建设用地再开发的管理立法进行了不同程度的创新。

而在集体建设用地流转中，来自现象法律的限制比较严格。比如集体建设用地流转必须坚持公开交易，采用"招拍挂"的方式。又比如集体建设用地的流转范围、价格等必须受到严格控制。而目前的法律并没有对集体建设用地的征收规定进行修改，造成目前的征收混乱、利益分配不均等问题。

1. 农村集体建设用地再开发的地方立法管理创新

（1）宅基地使用权流转的立法创新

为缓解中国土地资源管理面临的"双保"困境，国土部在地方政策试点的基础上，出台了一系列城乡建设用地增减挂钩的政策。而这些挂钩政策的实施，是以农村宅基地的空间转移为基础的，在本质上应该属于宅基地使用权的流转。围绕挂钩指标必须遵循"总量控制、封闭运行"的原则，成都和嘉兴等地进行了增减挂钩的试点，制定了相应的政策性法规。

成都市对增减挂钩政策的立法创新主要体现在挂钩指标的交易制度创新以及给予农民集体更多自主实施挂钩项目的权力。在成都，人们一般把增减挂钩这项政策称之为"拆院并院"，主要通过土地综合整治的方式来实现宅基地的复垦、节余指标的交易等事项。为鼓励农民集体自主实施农村土地综合整治项目，成都市在《成都市人民政府关于完善土地交易制度促进农村土地综合整治的意见（试行）》中规定：拥有土地权益的农民集体和农户可以自主决定是否参与、如何筹资、怎样建房、收益分配、权属调整等重大事项。在项目立项通过后，农民集体可持立项批复到成都农村产权交易所挂牌，寻找合作的投资者。农民集体自主实施后的挂钩指标全部归农民集体所有。农民集体与其他投资者共同实施土地综合整治项目，挂钩指标的归属由双方合同约定。为避免在增减挂钩实施中因土地产权模糊带来的产权纠纷，成都市在《成都市人民政府关于完善土地交易制度促进农村土地综合整治的意见（试行）》中进一步明确：完成农村产权制度改革确权颁证、符合整治立项要求的村庄方可申报开展整治项目。

为进一步提高节余指标的配置效率，成都市以农村产权交易平台创建了交易制度，也称为成都"地票"。"地票"主要产生自复垦农村集体建设用地后节余的建设用地面积。在节余指标的有偿交易制度中，成都市规定了"地票"的交易方式、价格、用途范围、收益分配等内容①。具体包括：第一，建设用地指标可采取挂牌、拍卖等多种方式，在成都市土地（矿权）交易中心、成都农村产权交易所进行交易。第二，建设用地指标的价格应以最低保护价为基础，按市场规则由交易双方决定。第三，农民集体和农户自行实施农村土地综合整治项目，指标交易的收益归农民集体和农户所有。第四，农民集体和农户委托投资者、政府土地整治专业机构实施农村土地综合整治项目的，节余指标的收益由双方按合同约定分享。第五，节余指标在符合土地利用规划的前提下，可以在全市范围内交易。

而嘉兴的两分两换政策，也属于增减挂钩的范畴，其核心的内容是以宅基地置换城镇住房，以土地承包经营权置换社会保障，从而引导农民按照规划，通过多种方式搬迁建房，逐步向城市和城镇集中，实现集中居住②。为了促进政策的实施，嘉兴市政府规定了宅基地置换的具体方案：一是农户将原有宅基地作价领取货币补贴后到城镇购置商品房；二是农户搬迁到安置区置换搬迁安置（公寓）房，部分或全部到产业功能区置换标准产业用房；三是自愿退出宅基地的农户，可在村域、镇域内置换，也可以跨镇、进城置换。而土地承包经营权置换后可以得到政府的补助，流转土地的农民还能享受城镇职工就业政策、失业保险和免费的就业培训。如此看来，嘉兴市的"两分两换"政策不仅提高了土地的节约利用率，还有利于城乡统筹。

另外，除了以增减挂钩的形式进行流转以外，成都市还鼓励以房屋联建、房屋租赁的形式进行宅基地使用权的流转。但为了防止小产权房的出现，成都市规定集体建设用地可以用于建设农民住房、农村集体的租赁性经营房屋，但不得用于商品住宅开发。在远离城镇且不宜实施土地整理的山区、深丘区，农村村民的宅基地在符合村庄规划、风景名胜区保护规划等前提下，可以通过房屋联建、出租等方式流转。

（2）集体建设用地流转的立法创新

在现行的土地管理制度框架下，农村集体土地只能用于农村公共设施、公益事业、乡镇企业和村民住宅建设，且不允许流转给农村集体以外

---

① 参见《成都市国土资源局关于完善建设用地指标交易制度促进农村土地综合整治的实施意见》，http://www.110.com/fagui/law_379359.html。

② 扈映、米红：《经济发展与农村土地制度创新——浙江省嘉兴市"两分两换"实验的观察与思考》，《农业经济问题》2010年第2期。

的单位和个人进行非农业建设。对集体建设用地的限制，导致利用效率低下的存量建设用地难以盘活，集体土地的价值难以显化。

为此，成都、广东、浙江等地对集体建设用地流转的创新主要体现在对集体建设用地权能的完善，并进一步规定流转的方式及流转收益的分配等问题。成都市规定①，经村民会议三分之二以上成员或成员代表同意，集体土地的所有者可以将集体建设用地使用权出让、出租、作价（出资）入股、联营和抵押。流转可以采取协议、招标、拍卖或者挂牌的方式。其中集体建设用地用于工业、商业、旅游业、服务业等经营性用途以及有两个以上意向用地者的，应当采取招标、拍卖或者挂牌的方式公开交易。流转价格不得低于政府公布的该区域的集体建设用地使用权流转最低保护价。上述的流转取得的总收入在扣除县、乡各项投入以及按规定缴纳税费后，收益归农村集体经济组织所有。

而在广东，《关于推进"三旧"改造促进节约集约用地的若干意见》适度放宽了对集体建设用地使用主体和用途的限制。对土地利用总体规划确定的城市建设用地规模范围外的旧村庄改造，在符合规划的前提下，除属于应当依法征收的外，允许农村集体经济组织自行改造或与有关单位合作开发建设。允许将集体建设用地使用权出让、转让、出租、抵押、作价出资或者入股，但不得用于商品住宅开发。其中，集体土地使用权出让、出租年限管理与国有土地相同。

浙江在涉及存量集体建设用地的再开发政策中，也主张在产权清晰，权属合法的情况下，符合土地利用总体规划的集体建设用地，可由原集体经济组织自行或合作开发②。

2. 农村集体建设用地再开发的地方立法创新评述

从上述地方开展农村存量建设用地再开发的试点情况来看，各地的政策性法规都一定程度上规范了存量建设用地再开发的管理。这些政策通过土地的还权赋能，极大显化了集体建设用地的资产价值，从而提高了农民集体和个体参与再开发的积极性。可以发现，地方出台的存量建设用地再开发相关政策法规，其创新和突破点体现在：

---

① 参见《成都市人民政府关于完善土地交易制度促进农村土地综合整治的意见（试行）》，http：//wenku. baidu. com/view/9a5f001ffc4ffe473368ab30. html。

② 参见《浙江省人民政府关于全面推进城镇低效用地再开发工作的意见》，http：//www. zj. gov. cn/art/2014/5/28/art_ 32431_ 161483. html。

宅基地使用权流转方面。首先，农民的宅基地得到了确权。这保障了农民享有宅基地流转收益的权利，在一定程度上减少了因产权模糊不清带来的产权利益纠纷。其次，政策赋予了农民自主实施增减挂钩的权利，从而保证了项目实施符合农民意愿，利益的分配更加合理。另外，成都市建立的节余指标有偿交易制度，规定了指标流转的方式、价格等，适度放宽了宅基地流转的限制，从而提高了指标的配置效率。

集体建设用地流转方面。首先，流转的限制基本得到放松。为促进集体土地所有者改造或流转集体建设用地的意愿，集体建设用地的权能得到了完善。即集体建设用地可以在适当条件下采用出让、出租、转让、转租和抵押等流转方式进行流转。其次，各地的政策鼓励农民集体作为再开发主体自主改造集体建设用地，从而赋予了集体土地所有者分享流转收益的权利。

（三）城镇建设用地再开发管理立法的地方探索分析

按照《土地管理法》、《国有土地上房屋征收和补偿条例》等相关规定，建设单位需要使用国有建设用地实施项目，必须由政府征收国有土地上房屋并收回国有土地使用权，或征收集体建设用地并完成拆迁补偿后，以有偿出让或者无偿划拨土地的方式供地。这种国家征收后供地的方式，将原来的土地使用者和集体土地所有者排除在土地增值收益分配外，常常导致土地征收过程中因补偿问题发生拆迁冲突。另外，现有的工业用地一般不允许提高容积率，也不允许其改变使用用途。这限制了工业用地流转和使用低效，无法激发土地使用者参与存量建设用地再开发的积极性。除了上述限制外，征收土地的审批程序烦琐、工业和经营性用地必须采取"招拍挂"方式出让的规定等也构成了现阶段城市建设用地再开发的法律障碍。为此，地方为鼓励原土地使用权利人参与城镇建设用地再开发，在以下方面进行了管理立法的探索。

1. 城镇存量建设用地再开发的地方立法创新

（1）对城镇建设用地出让方式的适度放松

在城市化快速推进、工业经济发达的浙江和广东，都面临着大量城市存量建设用地低效利用，旧厂房、旧城镇亟待改造的现象。如何激励原土地使用者改造建设用地的积极性，确保城市存量建设用地的集约节约利用。为此，广东等省市各自出台了相应的政策法规，来引导原土地使用者积极参与建设用地再开发。

广东和浙江的政策都提到，土地使用权人对现有的工业用地不改变工业用途的，提高容积率不再增缴土地价款，涉及改变土地用途的，则必须按照地方有关规定补缴土地价款后，以协议的方式重新签订土地出让合同，取得新的土地使用权。其中，浙江在《浙江省人民政府关于全面推进城镇低效用地再开发工作的意见》进一步规定：一是对工业企业通过"退二进三"兴办商务和信息服务、研发设计、文化创意、物品储运、鲜活农产品销售等服务业的，可保留其工业用途不变，经城乡规划、国土资源部门批准后使用，并按规定缴纳国有土地年租金。二是对工业用地用于商服并分割销售的，应当按幢或层作为最小分割单元销售，分割销售的建筑面积不得超过再开发后总建筑面积的30%，房产证和土地使用权证可按相应分割单元办理，并在土地出让合同中予以约定。三是对用于公共管理与公共服务用地的，可以依据具体用途按划拨或协议出让方式办理土地供应手续。

此外，广东根据实际情况，规定了城镇存量建设用地再开发后的地块出让方式。《关于推进"三旧"改造促进节约集约用地的若干意见》中明确，符合相关规划的，原国有土地使用权人可以申请开展地块改造。涉及改变土地用途的，划拨决定书、出让合同、法律法规和行政规定等明确应当收回土地使用权重新出让的，应采取"招拍挂"方式出让经营性用地。需搬迁的国有企业用地由当地政府依法收回后通过"招拍挂"方式出让的，在扣除收回土地补偿等费用后，土地出让纯收益可按不高于60%的比例专项用于支持企业发展。但是由原土地使用权人自行改造或与市场主体合作改造、市场主体收购相邻地块改造的项目，允许采取协议方式出让土地，出让土地的收益归改造主体所有。

通过制定《深圳市城市更新办法》等一系列法规，深圳市为城市存量建设用地的再开发提供了法律依据。对于功能改变类的城市更新，主要涉及土地用途改变的再开发过程。为此，深圳市规定，对符合功能改变条件的地块，申请人可以通过与政府补签土地使用权出让合同或者签订土地使用权出让合同补充协议（或者增补协议）的方式完善用地手续。其中，实施功能改变的实施费用全部由申请人自行承担，因完善自身建筑使用功能确需增建附属设施，必须按照规定补缴地价。

（2）对城镇建设用地上房屋征收和集体建设用地征收的规定

对于国有建设用地的再开发，若土地使用权人不愿意自行改造，一般由地方政府通过城镇建设用地上房屋征收的方式收回国有土地,再实施土地再开发行为。比如广东省在《关于推进"三旧"改造促进节约集约用地的若干意见》规定,土地使用权人不愿意自行改造的情况下,可以由当地政府依法收回或征收地上房屋后通过"招拍挂"的方式公开出让。然而,广东省的规定并没有考虑公共利益征收的原则,会产生地方政府滥用权力进行土地再开发的弊端。

相对于广东省在城镇建设用地上房屋征收的立法管理,深圳市的做法则更加成熟和具有可操作性。首先,深圳市具体界定了房屋征收的公共利益。《深圳市房屋征收与补偿实施办法》中明确政府实施房屋征收,必须符合下列公共利益的情形:一是国防和外交的需要;二是由政府组织实施的能源、交通、水利等基础设施建设的需要;三是由政府组织实施的科技、教育、文化、卫生、体育、环境和资源保护、防灾减灾、文物保护、社会福利、市政公用等公共事业的需要;四是由政府组织实施的保障性安居工程建设的需要;五是由政府依照城乡规划法有关规定组织实施的对危房集中、基础设施落后等地段进行旧城区改建和城市更新的需要;六是法律、行政法规规定的其他公共利益的需要。因此,政府只有符合上述的公共利益需要,才能运用政府公权力进行房屋征收。其次,对于房屋征收的补偿标准,深圳市规定的补偿包括三部分,分别是被征收房屋价值(含已经取得的合法国有土地使用权的价值)的补偿、因征收房屋造成的搬迁、临时安置的补偿和因征收房屋造成的停产停业损失的补偿。这些具体的补偿标准进一步为深圳实施房屋征收提供了明确的法律依据。

而对于像城中村这样的城镇存量用地,在土地权属上属于集体建设用地的情形,广东省的政策法规鼓励集体经济组织申请将村庄建设用地征收为国有。为此,广东省规定①,土地利用总体规划确定的城市建设用地范围内的旧村庄改造,原农村集体组织可以申请征收为国有建设用地。其中确定为农村集体组织使用的土地,可以由原农村集体经济组织自行或合作开发。另外,地方政府可将获得的土地出让纯收益按一定比例返还给被改造地块的原农村集体经济组织,专项用于其未来发展。这样的规定充分照顾了农村集体经济组织的土地权益,有利于调动其积极性,加快改造进

---

① 参见《广东省人民政府关于推进"三旧"改造促进节约集约用地的若干意见》,ht-tp://www.gdlr.gov.cn/newsAction.do? method = viewNews&newsId = 020010040000110504。

程，并能增加农民财产收入。

不同于广东省同意将村庄建设用地征收为国有土地的做法，深圳在城中村改造的土地权属调整中主要通过城市更新的办法完成土地整备。在《深圳市城市更新办法》中，深圳市鼓励原土地权利主体、市场主体单独实施、土地权利主体与市场合作实施以及政府组织实施四种方式进行拆除改造的再开发过程。针对城中村改造，深圳市规定，原农村集体经济组织必须自行处理征收土地范围内的土地产权关系，自行拆除地上建筑物等。在与政府签订完善处置土地征（转）用手续的协议后，政府将不再另行支付补偿费用。而政府将处置土地的 80% 交由原农村集体经济组织进行城市更新，其余 20% 纳入政府土地储备。在交由原农村集体经济组织进行城市更新的土地中，应当按照《深圳市城市更新办法》和《深圳市城市更新办法实施细则》的要求将不少于 15% 的土地无偿移交给政府纳入土地储备。通过上述的立法创新，深圳市在进行城市更新的同时，完成了土地整备，为城市的发展提供了相对充裕的国有建设用地。

（3）对违法建设用地和历史遗留用地的合法化处置

由于我国土地管理制度的不完善，造成了大量违法建设用地和历史遗留用地。这些用地不仅处于法律的监管执行体系之外，还处于低效使用的闲置状态。为盘活这两类用地，浙江和广东在出台的城镇存量建设用地再开发政策中重点提到了对违法用地和历史遗留用地处理的规定。

在浙江，违法用地的处理分为两个时期[①]。其中，用地行为发生在 1987 年 1 月 1 日—2009 年 12 月 31 日、没有合法用地手续且已使用的建设用地，符合土地利用总体规划和城乡规划等相关规划的，可按照土地管理和城乡规划相关法律法规及政策规定处理后，按土地利用现状办理用地手续。办理的手续主要涉及对违法用地及地方建筑物的处理和处罚，具体包括：对违法用地地上建（构）筑物已拆除到位的，可以认定为违法用地行为已消除。对违法用地地上建（构）筑物属于改变土地用途、改善建筑功能、改建建筑设施等改变土地利用条件及提高土地利用效率进行再开发的，可由当地国土资源部门按照违法行为查处时确定的地类依法做出行政处理后，报设区市国土资源部门确认，并报省国土资源厅备案。涉及

---

① 参见《浙江省人民政府关于全面推进城镇低效用地再开发工作的意见》，http://www.zj.gov.cn/art/2014/5/28/art_32431_161483.html。

依法行政处罚的，罚款标准按每平方米 25 元以上 30 元以下执行。而对于用地行为发生在 2010 年 1 月 1 日之后的，必须按现行法律规定办理，不得违法用地。

在广东，对历史遗留问题的处理主要分为两种情况①。首先，用地行为发生在 1987 年 1 月 1 日之前的，纳入"三旧"改造范围、符合土地利用总体规划和"三旧"改造规划、没有合法用地手续且已使用的建设用地，可以依照原国家土地管理局 1995 年 3 月 11 日发布的《确定土地所有权和使用权的若干规定》进行确权后，办理国有建设用地确权登记发证手续。而对于用地行为发生在 1987 年 1 月 1 日之后、2007 年 6 月 30 日之前，已与农村集体经济组织或农户签订征地协议并进行补偿，且未因征地补偿安置等问题引发纠纷、迄今被征地农民无不同意见的，可按照用地发生时的土地管理法律政策落实处理（处罚）后按土地现状办理征收手续。若属于政府收购储备后再次供地的，必须以招标、拍卖、挂牌方式出让，其他可以协议方式出让。

2. 城镇存量建设用地再开发的地方立法创新评述

可以看到，地方对城镇存量建设用地再开发的立法创新主要体现在以下方面：

首先，土地出让方式的变化以及土地再开发收益的分配规定。土地使用者可以在符合土地利用总体规划和城乡规划的前提下，自主对土地进行再开发，并允许采取协议出让的方式出让再开发地块。这样的规定，实现了土地出让收益在政府、土地权利人及其相关利益主体之间的合理分配，从而增加了土地使用权人释放存量土地，参与改造的积极性，有利于降低改造的实施成本。

其次，对房屋征收以及集体建设用地征收的规定。这些规定不仅限制了地方政府滥用公权力的行为，也避免了土地权利人在征收过程中利益受损。通过城市更新和土地整备的方式，政府和土地权利人在土地收益的分配中找到了平衡点。而对于城中村改造，以社区或农民集体为主体的自主改造方式，也提高了农民集体参与改造的积极性。

最后，对违法用地和历史遗留用地的规定。对于这类土地，地方一致

① 参见《广东省人民政府关于推进"三旧"改造促进节约集约用地的若干意见》，http://www.gdlr.gov.cn/newsAction.do?method=viewNews&newsId=020010040000110504。

采取了合法化的方式来解决违法用地和历史遗留用地。将土地合法化的过程，就是将违法土地等纳入现有的土地法律框架中管理，从而有利于这些违法用地和历史遗留用地的流转和高效使用。

四　完善存量建设用地再开发法规体系的建议

从以上分析可以看出，全国层面现行的法律法规在一定程度上已经成为建设用地再开发的制度障碍，而各地在中央授权下的地方探索则是对现行制度的突破和完善，取得了促进土地再开发、缓解项目实施矛盾的积极效果，是重构存量建设用地再开发法律法规体系的重要指引之一，但要注意地方存在的特殊情况使其制度不一定适合在全国推广。另外，在提出完善现行法律法规体系时，我们也要注意到与之相关的政策倾向，特别是十八届三中全会确立了全面深化改革的战略目标，强调要建立城乡统一的建设用地市场，并明确指出在符合规划和用途管制的前提下，允许农村集体经营性建设用地直接进入土地市场，与国有土地同权同价。综合考虑国家改革方向和地方实践探索，本章提出从以下五个方面提出完善现行存量建设用地再开发法规体系的建议。

（一）健全集体建设用地的用益物权

赋予乡镇企业用地直接流转的收益权，前提是要符合规划和用途管制，而不需要征收为国有才能进入城镇土地市场。城镇建设既可以使用国有建设土地，也可以使用符合规划和用途管制的集体建设用地。

赋予乡镇企业用地和宅基地抵押权。要实现集体经营性建设用地不因所有权性质的不同而不与国有土地同地同权同价，必须赋予其与国有建设用地一致的抵押权，应当允许乡镇企业用地使用权作为抵押物与其上建筑物一起抵押并计算抵押价值。随着城乡建设用地增减挂钩政策的全面推动，充足的价格信息已经可以量化宅基地使用权的价值，应当允许纳入增减挂钩项目的宅基地进行抵押。

（二）调整城镇土地出让制度

在满足条件的情况下实现一二级联动开发。要提高市场参与城镇土地再开发的积极程度，就必须打破当前政府进行一级开发，再在公开市场中出让二级开发权的制约。应当允许在城镇建设用地再开发中，在给定控制性详细规划的前提下，将拆迁、补偿、重建、安置等工作打包，通过公开竞争市场选择开发主体，实现一二级联动开发。

（三）改进控制性详细规划制度

加强控制性详细规划修编的公众参与。由于被征收人可以选择产权调换的补偿方式，因此安置地块的区位、周边环境，甚至整个再开发区域的布局就与被征收人息息相关，一个不受公众，特别是不受被征收人认可的规划将使土地再开发陷入困境。必须从法律法规层面进一步加强修改控制性详细规划过程中的公众参与，对参与的程序和方式、意见的处理和解释、报批的条件等做出更具体的规定。

调整控制性详细规划的强制性内容。考虑到规划制定者的客观信息和主观理性有限，以及市场需要和被征收人偏好的不确定性，我们有必要构建一个基本刚性、适度弹性的控制性详细规划制度，将基础设施和公共服务设施、政府收回土地的具体区位，以及各类用地的最大建筑面积等作为强制性内容。不管是政府主导、还是市场参与、抑或自行实施的城镇土地再开发项目，在启动之前应当明确告知实施主体控制性详细规划的强制性内容，强制性内容不允许事后变更，除非重启再开发程序和重新设定再开发条件，而允许实施主体在协商谈判过程中去划分地块、确定各地块的土地性质和容积率等规划条件。

（四）完善政府征收补偿标准的确定规则

允许各地制定相对统一、有所差异的国有土地上房屋征收补偿标准。尽管城镇土地再开发可以由市场参与或自行实施完成，但对于政府主导的项目仍有必要制定一个规范的补偿标准确定规则，一方面保障被征收人的利益，另一方面形成良好的补偿惯例和维护公共利益。香港采取的将同区域7年楼龄的类似房屋市场价作为补偿标准可以提供借鉴，但考虑到各地差异，全国层面可以对补偿标准的确定规则做出相对统一的规定。建议延续被征收房屋市场价值作为补偿最低限的规定，补偿最高限不应高于同区域新建的类似房屋市场价值（满足住房保障条件的除外），各地可制定有所差异的实施细则但在不同项目中应当保持相对统一。

参照国有土地制定集体建设用地的征收补偿标准。尽管未来允许符合规划和用途管制的集体经营性建设用地直接入市，但国家仍可以为了公共利益的需要对这类土地或者其他集体建设用地进行征收。《土地管理法》仅对耕地征收补偿进行了详细规定，要求其他集体土地参照征收耕地的土地补偿费和安置补助费的标准规定，但集体建设用地的性质和价值与耕地难以比较。在直接流转和增减挂钩间接流转的情况下，集体建设用地的市场价值能够得到较好的评估，应当参照国有土地的相关规定，制定补偿标准的最低限和最高限。

（五）构建建设用地再开发的法律仲裁制度

坚持对征收决定的争端解决制度。应当继续保障国有土地上房屋被征收人对市、县级人民政府做出的房屋征收决定不服时依法申请行政复议或提起行政诉讼的权利。应当允许集体建设用地被征收人对省级人民政府做出的征收决定提出行政复议或提起行政诉讼。当公共利益难以判断时，可以参照补偿标准的认可程度进行判断。

探索对征收补偿标准的争端解决制度。应当继续保障国有土地上房屋被征收人对评估价值有异议时提出复核评估和申请专家鉴定的权利，应当允许集体建设用地被征收人对评估价格提出异议，在补偿标准争端未解决之前，土地征收方案应当暂停实施，不管是复核评估还是专家鉴定，都应该是由独立的第三方机构和个人完成，而不能由政府做出判断。若被征收人对评估价格无异议，对补偿标准有异议，可以借鉴借鉴香港强制售卖条例的经验并在此基础上改进，规定取得数量和拥有相应面积均超过一定比例的被征收人同意时，可以认定补偿标准为公正补偿，此时大多数被征收人可以代表集体利益。

完善对强制执行的"裁执分离"制度。如果征收人和被征收人无法就征收决定和征收补偿标准达成共识，可以由征收人向人民法院申请强制执行令。强制执行是否准予执行应当由人民法院根据《关于办理申请人民法院强制执行国有土地上房屋征收补偿决定案件若干问题的规定》和补偿标准是否达到规定比例的被征收人同意做出，做出征收决定和确定补偿标准的行政机关无权对征收决定和补偿标准的合法性进行最终裁定。法院裁定准予执行的，考虑到法院组织拆迁能力有限、维护社会稳定能力有限，因此一般由做出征收补偿决定的市、县级人民政府组织实施，当法院更具有执行条件或更便于执行时也可以由法院执行。

第四章

政府主导下的城市存量建设用地再开发研究

本章关注的是城镇存量用地再开发中的政府主导模式，尝试刻画这一模式区别于其他组织模式的核心特征，并从实施过程成本的角度揭示选择政府主导模式背后的逻辑。本章还将探讨政府主导模式对收益分配的影响，这也是治理结构绩效评价的重要内容。本章有利于进一步厘清政府主导模式的本质，发现当前实践的问题，为政府主导、市场主导和自组织三种模式的对比奠定基础。

一　问题的提出

（一）政府主导城镇存量用地再开发的背景

一直以来，地方政府通过低廉的征地成本攫取土地红利，为城市发展提供了载体[①]。在新增建设用地带来粮食安全、生态环境、社会矛盾等诸多问题的同时，存量建设用地的低效利用情况却十分普遍。我国城镇发展并不是缺少建设用地，而是没能更为高效地利用建设用地。如果能对存量用地进行改造、规划和重新利用，将极大缓解城镇发展需求与建设用地紧张的尖锐矛盾。可以说，在保耕地和保增长的"双保"压力下，城镇存量建设用地的再开发成为必然选择[②]。

1. 土地供应制度的倒逼

政府主导的土地收购储备面临困境，使得市场机构成为城镇存量用地

---

①　曲福田、冯淑怡、诸培新等：《制度安排，价格机制与农地非农化研究》，《经济学（季刊）》2004 年第 1 期。

②　姜杰、贾莎莎、于永川：《论城市更新的管理》，《城市发展研究》2009 年第 4 期。

再开发的中坚力量。2004 年之前，以旧村镇改造、城中村改造为代表的市场主导再开发模式已经普遍存在。当时的做法是：首先，政府负责编制旧改规划设计方案，并提出公建和市政配套设施建设要求；其次，政府根据自有资金及融资能力、征地拆迁补偿安置方案、旧改区规划方案、经历及信誉、公共配套设施的实施方案、缴交地价数额等因素选择开发商；再次，政府与开发商签订出让协议；最后，由开发商完成相应地块上所有业主的补偿谈判，拆除重建等工作。在这个阶段，城市存量建设用地再开发是由政府和市场共同完成的，政府负责划定地块并以协议方式将土地出让给开发商，开发商负责补偿和重建，实现了土地的一二级联动开发。

　　然而，从 2004 年起，这样的再开发模式开始受到土地供应制度的严格约束。2002 年，国土资源部就颁布了《招标拍卖挂牌出让国有土地使用权规定》，规定各类经营性用地要以招标、拍卖或者挂牌方式公开出让。2004年，国务院发布《国务院关于深化改革严格土地管理的决定》，国土资源部和监察部又联合下发文件确定了"八三一"大限，要求从 2004 年 8 月 31 日起，不得再以任何理由采取协议方式出让经营性国有土地使用权。由于国土部门政策收紧，一二级联动开发不再被允许，因此房地产开发商在无法确保得到二级开发权的情况下，自然也就不愿参与到拆迁、平整等一级开发的工作中。就全国层面而言，目前关于经营性用地出让的规定仍然有效，由开发商完成城市存量建设用地的一二级开发仍然存在制度障碍，正式制度的倒逼使得政府不得不以更具主导性的方式参与进来。

　　2. 公共利益的诉求

　　2009 年，在与国土资源部签订合作协议之后，广东省颁布了《关于推进"三旧"改造促进节约集约用地的若干意见》，正式拉开了"三旧"改造工作的大幕。该意见指出，市场主体可以收购相邻多宗地块申请进行集中改造，制订的改造方案需要经过土地行政主管部门和城乡规划部门审批，在确定开发建设条件的前提下，政府可以将拆迁及拟改造土地的使用权一并通过招标等公开方式确定土地使用权人。2013 年，国土资源部颁布文件扩大了城镇低效用地再开发试点范围，允许试点省份在一定情形下以协议方式办理经营性用地出让手续，用地单位取得新的土地使用权，并按市场价格补缴土地出让金。可以看出，试点省份在供地政策方面一定程度上突破了现有正式制度的约束，在城镇存量建设用地再开发中允许协议出让符合条件的经营性用地，这实质上实现了土地一二级联动开发，同时也为市场机构参与并主导土地再开发提供了可能。因此，市场主导下的三旧改造、城市更新在广东迅速开展，浙江"三改一拆"、湖北"两改两迁"中也出现了市场主导的城市存量建设用地再开发模式。

自实施以来，市场主导的土地再开发项目进展良好，一定程度改善了城市环境，提高了土地利用的集约程度，然而也出现了一些问题：一是市场机构由于缺乏历史资料和相关经验，在处理产权复杂地块时感到棘手；二是市场机构挑肥拣瘦，主要选择盈利空间大的居住和商业地块，对规划用途是公共服务用地和工业用地的地块涉及很少[①]。也就是说，市场主导下的土地再开发对于公共服务和基础设施建设、重点产业布局和历史遗留问题处理等对社会有益、但短期经济收益较差的项目贡献有限，这无疑在一定程度上损害了社会福利。因此，公共利益的诉求使得政府应当主动参与到城市存量建设用地再开发中以弥补市场的不足。

3. 传统收购储备制度的困境

土地收购储备，严格地讲是土地征收与土地储备两个概念的综合，是指政府依法取得土地，进行前期开发、储存以备供应土地的行为[②]。随着《国务院关于加强国有土地资产管理的通知》、《国务院办公厅关于规范国有土地使用权出让收支管理的通知》、《土地储备管理办法》等一系列政策文件的颁布实施，土地收购储备制度得以确立。根据规定，政府有权对需要进行再开发的城镇存量土地进行征收，在报经有批准权的人民政府批准和依法对土地使用权人给予补偿后，收回土地使用权纳入储备库以备后续使用。郭湘闽将这一过程描述为政府授权土地储备中心或特定的国有背景公司，负责征收待更新区域土地，实质是政府凭借其公共权力强制实现土地及其房屋产权的集中转让，将分散的产权转移到其代理机构手中，进而开展房屋拆迁、土地平整归并等工作，其直接效果就是对旧城原有居民的搬迁和原有房屋的大量拆除[③]。

王庆日等则指出传统的存量建设用地再开发由政府征收国有土地上的房屋并收回国有土地使用权后，再出让或者划拨土地，由建设单位完成开发改造任务。这种模式，由于将被改造地块的单位和个人排除在改造利益

---

①　张舟、谭荣、吴次芳等：《走出政府治理下土地二次开发的实践困境——以深圳市为例》，《中国土地科学》2012 年第 10 期。

②　王小映：《我国城镇土地收购储备的动因，问题与对策》，《管理世界》2003 年第 10 期。

③　郭湘闽：《土地再开发机制约束下的旧城更新困境剖析》，《城市规划》2008 年第10 期。

分配之外，政府或开发建设单位与被改造者双方容易产生冲突和对抗，实践证明改造难度很大，加之政府财力有限，导致改造效率低下，甚至难以开展①。张婷婷也认为这种模式中政府决策的强制性、拆迁安置政策的简单化是重要弊端，不仅破坏了社区原有结构，而且还侵犯了居民的切身利益，引发了诸多矛盾②。

市场主导的城镇存量用地再开发受到土地供应制度的制约，同时对公共服务和基础设施建设、重点产业布局和历史遗留问题处理等贡献有限，因此需要政府发挥更加主导的作用。以征收为核心的土地收购储备是政府主导下实现再开发的重要方式，但却因没有实现利益共享而遭受困境。近些年来，各地在城镇存量建设用地再开发实践中出现了政府主导的不同案例，学界也对其进行了相应的研究。

（二）已有研究的观点和结论

学界对政府主导下城镇存量用地再开发的已有研究可以概括为两个方面的内容：一是政府主导模式的适用性，二是政府主导模式存在的问题。

1. 政府主导模式的适用性

闵师林指出，对于土地权属零星破碎的地块，可以在政府主导下通过土地置换、回购、收回等方式将相邻的零散单位地块进行整合整理③。张舟等指出对于产权复杂和规划用途盈利空间小的地块，政府主导可能比市场主导更有效④。卞正富等认为与老城区改造相比，工商业废弃地的再开发更需要政府的主导和鼓励政策⑤。张婷婷则指出市场主导的弊端是"挑肥拣瘦"，景观区与贫民窟并存现象突出，而政府主导则可以规避这种现

---

①　王庆日、张志宏、许实：《城区老工业区改造的土地政策研究》，《中国国土资源经济》2014 年第 9 期。

②　张婷婷：《武汉市旧城土地再开发特征及其实施效果研究》，硕士学位论文，华中科技大学，2007 年。

③　闵师林：《当前我国城市土地再开发实证研究——以上海浦东新区为例》，《中国房地产》2005 年第 2 期。

④　张舟、谭荣、吴次芳等：《走出政府治理下土地二次开发的实践困境——以深圳市为例》，《中国土地科学》2012 年第 10 期。

⑤　卞正富、王俊峰：《欧美工商业废弃地再开发对中国城市土地整理的启示》，《中国土地科学》2008 年第 9 期。

象，实现整片开发和提升整体环境①。石迎军指出在城中村改造中，政府主导型适用于区位优势不明显、经济实力较弱和改造量较小的城中村②。

2. 政府主导模式存在的问题

张舟等分析了政府主导下城镇存量用地再开发的实践困境，认为深圳土地整备在"补偿协商"和"实施方案审批"两个环节存在突出问题，法定图则的更新与执行制度、土地整备的年度计划和补偿标准等不完善是导致实践困境的制度原因。唐健则认为在城镇低效用地再开发中，既要保证政府具有土地发展权力，又要有效避免政府侵蚀土地权利主体的权益；既不能将土地发展权完全收归国有而不顾原权利主体的利益，也不能将土地发展权完全私有而阻碍了经济社会发展进程③。黄晓燕等则指出在土地再开发中地方政府的企业化倾向，因此政府主导的项目也大多以追求经济效益为主要目的④。廖海燕指出，政府主导型改造的模式下，过大的投入给政府的财政预算带来很大的压力，同时较难得到村民的积极响应，使村民把改造当成政府的事而不愿意主动参与⑤。张更立分析认为英国从 20世纪 60 年代政府主导的城市更新发展到 80 年代商业集团主导的城市更新，主要原因之一是日益严重的内城问题仅仅依靠有限的政府拨款，由公共部门来实施，效果并不理想，经济衰退令政府部门财政实力打了折扣，福利主义越来越成为政府的负担⑥。张翼等指出程序性约定缺失、强制性公权的扩张和利益分配失衡是影响政府主导再开发绩效的主要原因⑦。

（三）本章的内容架构

2014 年中国土地勘测规划院地政研究中心在全国多个省份开展了土

---

① 张婷婷：《武汉市旧城土地再开发特征及其实施效果研究》，硕士学位论文，华中科技大学，2007 年。

② 石迎军：《城中村改造模式研究》，《河南社会科学》2011 年第 1 期。

③ 唐健：《城镇低效用地再开发政策分析》，《中国土地》2013 年第 7 期。

④ 黄晓燕、曹小曙：《转型期城市更新中土地再开发的模式与机制研究》，《城市观察》2011 年第 2 期。

⑤ 廖海燕：《我国城市化进程中的城中村改造问题研究》，《特区经济》2010 年第 4 期。

⑥ 张更立：《走向三方合作的伙伴关系：西方城市更新政策的演变及其对中国的启示》，《城市发展研究》2004 年第 4 期。

⑦ 张翼、吕斌：《〈拆迁条例〉修订与城市更新制度创新初探》，《城市规划》2010 年第 10 期。

地政策实施跟踪评估项目，城镇存量建设用地再开发就是其中之一。在对广东、湖北、江西、浙江等试点省份的调研中，我们发现政府主导模式在各地都有所实践，不仅包括传统的收购储备模式，还出现了深圳土地整备、浙江"三改一拆"、襄阳"两改两拆"等新的实践模式。

如前所述，我们主要关注的是政府主导模式的实施背景、运行过程和成败关键，并对地方实践的绩效进行了评价。为此，本章第二节将首先打开政府主导模式的"黑匣子"，厘清其操作组织的具体过程，辨析其区别于市场主导和自组织模式的核心特征。第三节将探究政府主导模式的选择逻辑，因为如果同一个再开发项目选取政府主导、市场主导和自组织等不同的再开发模式，过程成本必将不同。理论分析和案例佐证将从节约过程成本的角度揭示哪些因素决定了政府主导模式被选择。除了节约再开发项目实施的过程成本，成本和收益的分配也是评估政府主导模式绩效的重要方面，补偿这一颇具争议的话题不得不被提及，因为正是补偿的方式和标准决定着利益共享的结果。第四节将深入分析不同政府主导再开发项目的补偿方式和标准，评估政府主导模式在收益分配方面的绩效和问题。第五节将关注政府主导模式的潜在隐患，并从消除这一隐患入手进一步探讨政府与市场在城镇存量用地再开发中的关系。第六节将给出本章研究的理论结论。

二　政府主导城市土地再开发的模式内涵

（一）城镇存量用地再开发的一般流程

城市存量用地再开发的前提是规划先行，因此第一阶段是规划编制阶段，编制城市控制性详细规划以确定土地的未来用途；第二阶段是项目选择阶段，即选择再开发区域，这确定了项目的空间边界和数量规模；第三阶段是补偿协商阶段，取得产权人的同意并收回相应地块的土地使用权；第四阶段是土地平整阶段；而最后一个阶段则是重建阶段。上述五个阶段组成了城市土地再开发的一般性流程，如图4-1所示，其中：规划权是一种政府行使的公权力，规划编制阶段总是在政府的主导下进行；土地平整和重建这两个阶段主要是工程开展，一般也都采取承包的形式完成。因此，政府主导、市场主导、自组织等不同的土地再开发模式，其核心区别源于项目选择阶段和协商补偿阶段的运行规则不一致，不同模式下土地再开发的具体流程也可能有所不同。

第一阶段	第二阶段	第三阶段	第四阶段	第五阶段
规划编制	项目选择	协商补偿	土地平整	重建

图4-1　城市土地再开发的一般性流程

（二）政府主导模式的核心特征

正式制度的倒逼和公共利益的诉求使得政府应当在城市土地再开发中发挥更大的作用，这体现在政府在项目选择和协商补偿两个阶段的主导地位。

在项目选择阶段，是政府根据自身的需要和判断划定再开发区域，从而确定再开发项目的空间分布和数量规模，而不是由市场机构或者原土地使用权人进行决策并向政府申请。国土资源部的指导意见规定，市县人民政府为了城市基础设施和公共设施建设，或实施城市规划进行旧城区改建需要使用存量建设用地的，应该采取政府主导模式。在城市的老旧区域，不管是土地用途变更为公共服务、交通设施用地，还是保持原用途，一般都涉及布局完善、功能优化等规划调整，所有的存量用地再开发都可以理解为便于城市规划的实施。全国层面的规则并没有很好地界定政府主导模式在项目选择阶段的适用性，各试点省份出台的文件也没有清楚地阐释这一点，因此地方政府在具体操作时主要取决于对自身需要和偏好的考量。

在协商补偿阶段，是政府或者政府委托的机构作为实施主体与原使用权人进行补偿谈判，而不是开发商直接介入或者使用权人内部协商。国土资源部的指导意见规定，在试点范围内，市县人民政府依法收回国有城镇低效用地土地使用权或征收存量集体建设用地进行建设的，应依照《土地管理法》及《国有土地上房屋征收与补偿条例》等规定予以补偿。各试点省份也对补偿方式和标准做出了规定，总的原则可以归纳为两点：一是不得低于市场价格；二是除特殊情况外应当允许产权置换。目前，尚无国家和地方文件对补偿标准的产生方式、争议的解决方式做出具体规定，因此不同项目的补偿标准主要取决于实施机构与原使用权人的博弈。

另外，政府主导模式与其他模式相比在具体流程上也有所不同，这主要体现在土地平整阶段之后、重建阶段之前，还有收储和出让阶段，而市场主导模式和自组织模式则不一定有这一阶段。

三　政府主导模式的选择逻辑：理论和案例

（一）政府主导模式选择的理论分析

由政府对再开发项目的空间区位进行选择，同时主导补偿及其协商，是政府主导模式的核心特征，这样的组织过程与市场主体申请项目并主导协商，或者产权人自行申报项目并完成内部协商显著不同。为了实现城镇存量土地的再开发，不同组织方式同时存在。在理论上，一些因素的影响使得政府主导模式相比较市场主导或自组织模式更具优势。

根据经济学理论，城镇存量用地再开发本身的特征是否与组织模式相匹配影响着实施成本的大小，从而决定着该种模式是否会被选择。理论上，这些属性可以概括为三个方面：资产专用性、不确定性和频率。对应到土地再开发中，第一，当规模经济的程度保持不变时，土地形态零散破碎的程度越高，一块土地的价值能否实现就更加依赖于其他土地是否可以一并开发，此时由政府以更加权威和确定的方式一次性进行项目选择无疑有助于保障土地价值的实现。第二，产权的复杂程度越高，意味着项目的不确定性越大，政府主导下更加权威和稳定的组织形式更有助于控制不确定性。第三，当未来规划条件为非营利性用途或者因区位、规划条件等原因盈利较小时，外部性的存在使得土地再开发对整个社会仍然是有利的，但在市场主导和自组织模式下却因为个人成本收益曲线与社会成本收益相偏离而无法进行，而政府则可以通过税收等方式获取正的外部收益，政府主导模式下可以将这种外部性内在化。第四，当改造规模较大或者土地产权人数量较多时，协商谈判的频率加大，此时以自愿协商为基础的补偿谈判显然应当由信息更加充分、运行更加专业的市场机构主导。另外，当产权人异质性较大时，受偿诉求不尽相同，此时灵活性较差的政府主导模式可能会增加补偿协商的成本。

综上，土地形态零散破碎的程度、产权的复杂程度、土地规划用途的外部性程度、产权人数量、产权人异质性等因素，由于影响着城镇存量用地再开发的资产专用性、不确定性和频率，从而决定着政府主导模式是否应当被选择。当零散破碎的程度、产权复杂程度、外部性程度等越高，政府主导模式被选择的可能性越大；当产权人数量越大、产权人异质性越高时，政府主导模式被选择的可能性则越小。这样的理论推断也与闵师林、张舟等、张婷婷、石迎军对政府主导模式适应性的判断基本相同，但仍缺乏具体案例的佐证。

另外，政府主导模式能否被选择还取决于制度环境的影响。理论上，当城镇存量用地再开发本身的特征相同时，如果土地产权制度、土地规划制度、土地市场制度等基础性规则不一致，则政府主导模式的绩效也会千差万别。本书聚焦于当前中国的实践分析，各地的城镇土地再开发在产权、规划、土地市场等基础规则上可以认为大致相同。但由于各地目前都在开展试点工作，在全国层面并未出台统一规定的情况下，各地出台了自己的管理规则，其中对政府主导模式、市场主导模式和自行改造模式适用性的规定不尽相同，这些规则决定着实际中哪些模式会被最终选择。因此，在案例分析部分，我们有必要对这些地方性的规则进行归纳总结，作为影响政府主导模式能否被选择的制度环境。

在各试点省份的实践中，已经出现了大量政府主导的城市存量用地再开发项目，有些项目从实施过程来看取得了较好的结果，节约了实施的成本。下面将通过南昌、成都、深圳三个政府主导模式下城镇存量土地再开发成功案例的剖析，总结出每个案例的特征和所处的制度环境，验证上述理论的判断。

（二）收购储备：南昌市万寿宫街区再开发项目

1. 项目实施前的基本情况

万寿宫街区位于南昌市旧城中心区，与南昌市商业中心——中山路相邻，是南昌市唯一的风貌保持较为完整的历史区域，是最能代表豫章古文化、商贸文化、宗教文化、市井文化和古建筑艺术风格的城市历史街区，极具保留价值。该区域内房屋建筑面积 8.05 万平方米，业主约有 1176 户，土地和房屋产权无争议。

目前，该区域存在建筑破坏严重、安全隐患堪忧、布局散乱、设施陈旧等一系列土地低效利用的现象。根据城市规划的要求，该区域与八一起义纪念馆等地共同构成传统风貌的特色街区，纳入旧城历史文化旅游系统之中，只能进行保护性开发和利用而不得进行大规模的商业开发。为了维护城市传统风貌特色，保护历史文化街区、历史建筑以及不可移动文物，在规划中该区域并未安排居住用地,仅规划了商业服务业设施用地。

2. 项目实施的制度环境

2013 年 8 月,《南昌市推进城镇低效用地再开发试点工作方案》通过评审并实施。该方案提出了四大模式来实施城镇存量土地再开发,包括原有国有土地使用权人自行开发、社会资金参与开发、农村集体组织自行开发和政府收储开发。

2013 年 9 月,南昌市人民政府又专门针对旧城(棚户区)改造颁布实施了《关于进一步加快城市旧城(棚户区)改造工作的意见》,确立了"政府主导、市场运作,科学规划、分步实施,连线成片、注重实效,分区负责、综合平衡,完善配套、同步建设"的原则,创新资金运作方式,旧城改造主体采取"1+6+X"的运作模式,其中"1"为由市土地储备中心筹措资金负责政府主导的旧改;"6"为由市属国有平台负责筹措资金参与旧改;"X"为由企业社会力量筹措资金参与旧改。同时,允许市属国有平台与企业社会力量合作依法进行旧城改造建设。政府主导的中心城区城市旧城改造项目资金按照"市级统筹、土储融资,分区分账、封闭运行,以优补劣、综合平衡"的原则进行运作。

3. 项目的实施过程

在经济利益有限的情况下,万寿宫街区的棚户区改造由政府主导开始进行。由于在规划中该区域并未安排居住用地,因此产权置换只能异地进行,原使用权人也可以选择货币补偿。

该项目在确定补偿标准时,坚持让利于民的原则,让原使用权人在房屋征收中得实惠,制订了优惠政策最大化的房屋征收补偿方案:第一,在确定被征收房屋市场评估价格时,按就高不就低(由两家评估公司出具评估结果)的原则选定价格高的评估价作为被征收房屋市场评估价;第二,在确定安置房市场评估价格时,按就低不就高的原则选择价格低的评估作为安置房市场评估价;第三,拥有本市常住户口的被征收人,住宅房屋建筑面积小于 36 平方米且在本城区无其他住房的,按 36 平方米房屋进行安置补偿;第四,对选择产权调换的,实行异地产权置换,由于被征收房屋地处城市中心具有区位优势,因此可以置换得到更大面积的房屋,居住或经营环境得到明显改善;第五,对选择货币补偿的,被征收人在补偿签约期限内签约并在搬迁期限内完成搬迁交房的,另按被征收房屋市场评估价的 20% 给予补助,其中在 2013 年 12 月 10 日前完成签约并搬迁交房的，再按被征收房屋市场评估价的 20% 给予奖励。

2013 年 10 月 29 日，万寿宫街区棚户区改造项目公布了房屋评估价，由于补偿标准很高且提前签约有物质奖励，因此协商补偿工作快速推进，仅用一个多月在 12 月 10 日就基本完成房屋征收工作。

（三）拆迁整合：成都市邛崃西街再开发项目

1. 项目实施前的基本情况

西街改造项目位于成都市邛崃临邛镇西街中段，东面临已改造建成的小区，南面临西街，西面临书院街，北面临翁亭公园，主要包括西街小学地块、真丝厂地块和零散的老旧房屋用地，土地总面积约为 1.33 万平方米，涉及 69 户业主。其中，2008 年 5 月 12 日发生汶川大地震后，受地震影响，西街小学地块因安全问题停止使用而闲置；邛崃市国有资产监督管理办公室下属的真丝厂，其地块已经闲置多年；而周边的零星地块，房屋十分破旧、布局杂乱无章、道路条件和卫生环境堪忧，但土地均属于国有土地，产权清晰。根据最新的城市规划，这一区域地块用途确定为城镇混合住宅用地。

2. 项目实施的制度环境

为全面贯彻落实国土资源部、四川省人民政府和成都市人民政府签订的《共同推进国土资源管理工作促进成都统筹城乡综合配套改革试验区建设的合作协议》中"推进节约集约用地，探索可持续发展的新模式"的要求，加快推进"城中村"和一般城镇改造，成都市制定了《成都市推进低效利用建设用地二次开发试点工作方案》（以下简称《方案》）。《方案》明确鼓励各类土地参与二次开发，鼓励土地权利人利用自有国有土地进行二次开发建设，除了因公共利益需要必须对土地进行收购储备外，土地使用者在符合土地利用总体规划和城乡建设规划的前提下，可以自己、也可以与他人合作，对土地进行再开发。

3. 项目的实施过程

由于地块过于零散破碎，土地价值大受影响，为盘活闲置国有资产，提高土地的综合利用率，改善城市形象，市政府决定启动西街改造项目，在西街小学和真丝厂两个地块基础上，对周边的老旧房屋进行拆迁整合。政府主导了与 69 户业主的补偿协商过程，由于未来用地性质为居住用地，因此政府同意土地出让和再开发以后，原业主可以选择等面积的产权置换，并对过渡期的费用进行优厚补偿。由于前期工作到位，补偿签约过程在一个月内完成，随后进行了房屋拆除和土地平整工作。该地块经 2010 年 12 月 24 日发布拍卖出让公告后，于 2011 年 1 月 17 日拍卖成交，由成都市捷帝置业有限公司取得国有建设用地使用权，成交单价达 545 万元/亩。该楼盘建成后，将为西街、书院街面貌新增亮点，提升城市的整体形象。

（四）土地整备：深圳沙湖社区再开发项目

1. 项目实施前的基本情况

沙湖社区位于深圳坪山新区和盐田区之间，连接两区的交通要道——坪盐通道从这里通过，具有地理位置的优势，按规划将打造成为坪山新区门户节点，形成"一心、两轴、三区"的空间结构，一心为旅游服务中心，两轴分别为自然景观轴线和人文景观轴线，三区包括门户区（旅游服务和创意产业）、产业发展区（高新研发和中小企业总部）、生活居住区（生态住宅区）。

沙湖社区现状已建成区 143.49 万平方米，其中社区掌握的工业用地 51.56 万平方米、居住用地 64.10 万平方米，共有建筑面积 98 万平方米，其中住房 36 万平方米、厂房 62 万平方米。沙湖社区范围内的现状土地权属呈现出"碎片化"现象，现状国有未出让土地与社区掌握的未征收土地犬牙交错、相互交织，历史遗留问题十分复杂，仅有约 60 万平方米的建设用地权属无争议。

2. 项目实施的制度环境

2009 年，广东省政府颁布 78 号文《关于推进"三旧"改造促进节约集约用地的若干意见》。在"三旧改造"政策中，对现行土地管理政策有所突破，允许采用协议出让供地为实现一二级联动开发提供了制度保障。在这一背景下，深圳利用了"三旧改造"的政策优惠，并在此基础上进行了改进和本地化，于 2009 年以 211 号文的形式颁布实施了《深圳市城市更新办法》，而后又相继颁布了《关于深入推进城市更新工作的意见》（2010 年）、《深圳市城市更新办法实施细则》（2012 年）、《关于加强和改进城市更新实施工作的暂行措施》（2012 年）对深圳城市更新政策进行了逐步完善。

　　尽管制度层面为一二级联动开发提供了便利，降低了项目门槛，然而与全省的"三旧改造"政策"只要能拆就合法"的处理规定相比，深圳最初对项目单元内的土地权属规定更为严格。除了2006年政策规定的70个早期旧改项目以外，其他城市更新项目必须符合土地权属要求，申请时必须全部为五类合法用地，即国有土地、非农建设用地、征地返还用地、旧屋村用地和已按两规处理用地（见专栏4-1）。2012年，《关于加强和改进城市更新实施工作的暂行措施》颁布实施后，城市更新从限定于五类的合法用地，拓展到可以对合法外用地进行更新，通过土地再开发实现了确权。2014年，深圳市又颁布实施了新的《关于加强和改进城市更新实施工作的暂行措施》，要求五类合法用地面积的比例不得低于60%。在城市更新中，合法用地应当按照《深圳市城市更新办法》和《深圳市城市更新办法实施细则》的要求将不少于15%的土地无偿移交给政府纳入土地储备，其余土地按照规划要求由市场机构开发或者自行开发。对于合法外用地部分，则须将20%的土地无偿交由政府作为违建的处罚和确权的代价，另外80%的合法外用地则可以进行城市更新（见专栏4-1）。

专栏4-1

深圳五类合法用地的由来

　　1992年，深圳市政府出台《关于深圳经济特区农村城市化的暂时规定》实施城市化统征工作，全面实现原特区内农村转化为城市，居民转化为市民。2003年，深圳市委、市政府发布《中共深圳市委、深圳市人民政府关于加快宝安龙岗两区城市化的意见》，将1992年的特区内统征扩大到特区外，覆盖深圳全境，规定村集体经济组织全部成员转为城市居民的，原属于其成员集体所有的土地依法转为国家所有。

　　为了保障原农村集体经济组织生产生活需要，促进其可持续发展，在两次土地国有化和历次土地征收中，规划国土部门都会根据有关法律法规和政策规定，批准原农村集体经济组织保留使用一部分土地，这些土地被称为非农建设用地和征地返还地。

　　非农建设用地根据1993年发布的《深圳市宝安、龙岗区规划、国土管理暂行办法》、2004年发布的《深圳市宝安龙岗两区城市化土地管理办法》划定，标准为工商用地 100 平方米/人，居住用地 100 平方米/户，建筑面积不超过 480 平方米，公共设施用地 200 平方米/户。征地返还地是政府征收原农村集体所有的土地后，返还给原农村集体经济组织的建设用地，虽然没有统一的划定标准但用地手续完整且在政府备案，因此同样被认为是合法用地。

而在 1993 年《深圳市宝安、龙岗区规划、国土管理暂行办法》颁布实施之前，在原特区外已经形成了大量农村旧（祖）屋的集中居住区域，且现状仍是如此，这些用地连同为旧屋村生活服务的礼堂、祠堂、农贸市场、公厕等公共服务设施用地被称为旧屋村用地。尽管旧屋村用地手续并不完整，但由于 1993 年之前并没有出台相应的规定，因此在此之前已经建成的旧屋村，可以认定为合法用地。

而对于其他用地手续不完整的土地，则可以根据《深圳经济特区处理历史遗留生产经营性违法建筑若干规定》和《深圳经济特区处理历史遗留违法私房若干规定》（简称"两规"）进行处理，根据不同情况，部分土地在处理后可以认定为合法用地。

政府主导的国有土地及其上房屋征收在深圳一直存在，2007 年还颁布了 161 号文《深圳市公共基础设施建设项目房屋拆迁管理办法》。但与市场主导相比，政府主导的土地再开发一般以基础设施和公共服务为主，补偿方式不如市场主导灵活，补偿标准也远低于市场标准，越来越难以推行。因此，2011 年 7 月，深圳正式颁布了《关于推进土地整备工作的若干意见》，规定土地用途或其上建筑物使用效率低下的地块、环境恶劣或存在安全隐患的地块、市政基础设施或公共服务设施极为缺乏和落后的地块、二次开发后能提供大面积十净空地用于产业布局的地块、存在征转地历史遗留问题，尚未理顺经济关系的地块等可以由政府组织开展土地再开发。与此同时，已由拆迁办认定的整备土地原则上不能申请开展城市更新，这意味着对于需要进行存量用地二次开发的地块，若合法用地比例低于 60%，则只能进行土地整备，若合法用地比例超过 60% 的地块，则可以进行城市更新，但此时政府是否能够自上而下地将其确定为土地整备项目，目前仍然缺乏明确规定（见专栏 4-2）。

专栏 4-2

深圳合法用地比例对土地再开发的影响

根据深圳现行规定,在一个土地再开发项目中,若五类合法用地比例未达到 60%,则只能通过政府主导下的土地整备来完成。若合法用地比例达到 60%,则市场机构或者产权人可以申请开展城市更新,但前提是政府未将该区域内的土地纳入土地整备的范围。

对于合法用地比例超过 60% 的项目,哪些可以由政府纳入土地整备范围,哪些允许申请开展城市更新,目前缺乏明确的标准和依据,因此在实践中往往引发争议。如果允许开展城市更新,不低于 60% 的五类合法用地和不高于 40% 的合法外用地,其处置方式也有所不同。

假定一个总面积为 100 的土地再开发项目,五类合法用地面积正好为 60,合法外用地面积为 40,并且政府未将其纳入土地整备范围。此时,由于合法用地比例刚好达到 60% 的门槛,产权人自身或者市场机构可以申请开展城市更新。对于面积为 60 的合法用地部分,按照城市更新的规定,要将不低于 15% 的土地无偿交给政府,即政府可以收回不低于面积为 9 的土地。对于面积为 40 的合法外用地,需要将其中 20% 交给政府作为违法的处理和确权的代价,即政府可以收回面积为 8 的土地;在完成确权之后,其他面积为 32 的合法外用地转变为合法用地开展城市更新,按照城市更新的要求政府可以至少收回面积为 $32 \times 15\% = 4.8$ 的土地。综上,在该项目中,政府可以至少收回面积为 21.8 的土地,而其他面积不高于 78.2 的土地,则将由市场机构或者产权人自行按照规划进行开发建设。

3. 项目的实施过程

储备用地和未征收土地交错,直接导致社区内可成片开发利用的土地少,难以完全支撑和实现所有重点项目的落实。为了盘活社区存量土地,解决社区发展问题,政府主导的土地整备开始施行。深圳市规划和国土资源委员会坪山管理局与沙湖社区对合法用地面积进行了认定,由于对非农建设用地和原农村集中居住区认定中存在争议,合法用地面积的区间是 57 万—65 万平方米。对于合法用地,采取等面积土地置换补偿,为了实现更多的利益共享，在合法用地区间中"就高不就低"，最终确定社区留用地规模为 64 万平方米，规划用途为二类居住用地和商业用地，共可建设 220 万平方米房屋，产权均由社区和居民完全取得。除此之外，原有的 98 万平方米的建筑物还将按照 2800 元/平方米获得货币补偿用于重建，共计 27.5 亿元。截至 2014 年 8 月底，政府已经与沙湖社区集体和居民达成了补偿共识。

（五）模式选择：零散程度、产权复杂程度和规划用途的影响

南昌万寿宫街区、成都邛崃西街、深圳沙湖社区三个城镇存量用地再开发项目都是在政府主导下进行的。尽管补偿的方式和标准略有差异，但三个案例在项目选择、补偿谈判等核心步骤上的组织方式都是完全一致的，并且从实施过程来看，实施成本都相对较低。

《南昌市推进城镇低效用地再开发试点工作方案》和《关于进一步加快城市旧城（棚户区）改造工作的意见》两个政策文件都明确指出在城镇存量用地再开发中政府主导、市场主导和自行主导均是可供选择的模式。万寿宫街区再开发项目，房屋建筑面积 8.05 万平方米，产权较为清晰，这为市场主导模式和自行主导模式的选择提供了可能。但由于项目所处区域为旧城历史文化旅游街区，为了维护城市传统风貌特色，保护历史文化街区、历史建筑以及不可移动文物，土地规划用途的外部性程度较高，此时市场主导模式和自行主导模式难以将外部性内在化，因此政府主导模式最终被选择。另外，该项目中业主约有 1176 户，产权人的数量并不大，这使得尽管没有专业的市场化机构负责，政府主导下的补偿谈判成本仍然可控。

《成都市推进低效利用建设用地二次开发试点工作方案》明确规定，除了因公共利益需要必须对土地进行收购储备外，其他的再开发项目可以根据需要选择政府主导模式、市场主导模式或自行主导模式。与南昌万寿宫再开发项目相同，邛崃西街再开发项目涉及的土地均为国有土地，产权清晰，为市场主导模式和自行主导模式的选择提供了可能。更为重要的是，城市规划将其确定为城镇混合住宅用地，土地规划用途的外部性程度较低，这进一步保证了市场主导或者自行参与再开发的积极性。然而，由于项目中土地形态零散破碎的程度非常高，单一破碎的地块难以开发利用，并且面积最大的两宗土地——西街小学地块和真丝厂地块已经由政府

掌握，所以只有政府主导下的再开发才可以充分实现土地的价值。同样，这一项目涉及的土地总面积仅为 1.33 万平方米，业主仅有 69 户，这使得政府主导下的补偿谈判成本仍然可控。

深圳沙湖社区再开发项目与成都邛崃西街再开发项目类似，土地被规划为营利性较大的产业发展和生活居住用途，但现状国有未出让土地与社区掌握的未征收土地相互交织，土地的零散破碎化使得政府主导模式被选择的概率大大提高。另外，该项目的产权复杂程度较高，143.49 万平方米的土地中仅有约 60 万平方米的建设用地权属无争议，此时政府主导模式显然更加有利于处置复杂产权产生的不确定性。尽管项目规模较大和产权人较多，但产权人都是从原村民演化而来，需求相对一致，异质性较小，并且通过村支书、村大户的桥梁作用可以减少政府与每个产权人协商谈判的麻烦，这有效控制了政府主导模式在这一环节的成本。另外，从制度环境来看，根据《深圳市城市更新办法》和《关于推进土地整备工作的若干意见》，对于合法用地比例不到 80% 的项目，仅能选择政府主导的土地整备模式，因此与南昌和成都项目不同，对于深圳沙湖再开发项目并不是所有模式均可被选择。当然，深圳做出合法用地比例低于 60% 的项目仅能由政府主导的规定，正是考虑到政府在处置复杂产权和不确定性方面独特优势的结果。

四 政府主导模式的收益分配：将补偿拉回制度的笼子

除了实施成本影响不同模式的选择，城市存量建设用地再开发的收益分配也反作用于再开发模式的选择。这反映了利益主体在不同模式选择过程中的相互博弈。

（一）政府主导模式：充分实现利益共享

传统的土地收购储备模式广受诟病之处就在于一味通过以当前成本为基础的货币补偿让产权人搬离原地块，使其完全丧失分享未来收益的可能。但从近些年各地的实践来看，政府主导模式已经不再意味着政府独担成本和独享收益，同样可以实现利益共享。以上文南昌万寿宫街区、成都邛崃西街、深圳沙湖社区三个城镇存量用地再开发项目为例，通过补偿，原产权人和政府都获得了相应的增值收益，充分实现了利益共享。

万寿宫项目中，原使用权人获得了超过市场价值的补偿，政府尽管承担了异地安置和货币补偿或奖励的成本，但却将位于城市中心区价值高昂的商业用地纳入储备，并且随着历史文化街区环境的改善，未来的旅游、商贸收入也不容忽视。沙湖项目中，社区和居民更获得了允许建筑面积更大、规划用途更好、产权性质更合法、周边配套更完善的土地补偿，土地整备前沙湖社区股份公司的收入来源以出租厂房（33 万平方米）为主，年收益约 3168 万元。整备后社区可获得面积 10.12 万平方米的商业物业和面积 5.8 万平方米的办公物业作为集体资产。经初步测算，整备后社区的年收益将增加 10075 万元，达到 13243 万元，是整备前社区股份公司年产值收益的 4.2 倍。政府虽然承担了 27.5 亿元的货币补偿费成本，但却收回了超过 60 万平方米的储备用地，用于住宅建设、产业布局、公共服务和基础设施建设等，由于深圳土地资源紧张且地块交通优势良好，招商引资形势喜人，土地出让收入和税收收入将远超政府成本。

（二）补偿标准过高：有损公共利益和可持续性

在南昌万寿宫街区、成都邛崃西街、深圳沙湖社区三个再开发项目中，产权人都获得了高于当前价值的补偿。不可否认补偿标准的提高最终实现了土地利用效率的提高，实施成本也在可控的范围之内，短期来看绩效是明显的。然而，补偿标准过高则可能会降低公共财政的使用效率，损害社会公平和公共利益，同时形成不良的补偿惯例使得后续项目越来越难以开展。

在南昌万寿宫项目中，补偿标准首先交由评估机构估价，最后由政府按照就高不就低的原则确定被征收房屋市场评估价，若选择产权置换，则安置方的购买价格按照就低不就高的原则估价确定，同时还提供了丰厚的搬迁补助和奖励。平均而言，选择货币补偿方式的原使用权人可以得到约为市场评估价 140% 的补偿，而选择产权置换的原使用权人得到面积更大房屋的同时，还可以得到一笔约为房屋市场评估价 20% 的货币奖励。

不管是选择何种补偿方式，原使用权人都获得了远高于当前价值的补偿。这在深圳沙湖项目中更加明显，政府首先在合法用地认定上做出让步，将有争议的面积按照社区诉求基本全部认定为合法，最后社区留用地的规模确定为 64 万平方米，用途确定为二类居住用地和商业用地，允许建设的建筑面积高达220万平方米,除此之外,社区还按建筑物重置成本获得了27.5亿元的货币补偿。也就是说,社区和居民用原来掌握的98万平方米建筑物可以原地新建以外,还获得了120万平方米额外的建设指标,按照建筑面积计算,超过1:2的补偿比例的确相当惊人。也正是因为政府急于推动项目进展,选择"让利于民"的补偿标准确定方式,使得这些项目能够顺利完成补偿协商阶段。

政府不与民争利本应是政府治理文明进步的表现,短期来看也起到了推动再开发项目进展的作用,然而给予原产权人超额补偿长期来看却影响到再开发工作的可持续性。

第一,如果选择货币补偿方式,政府是将所有纳税人的贡献转移给原使用权人,如果选择产权置换,政府是将规划权这一公权力带来的增值收益转移给原使用权人,不管是哪一种方式,如果补偿标准过高,都使得原本属于社会多数人的收益转移到小部分人手中,也就是用多数人的福利为少数人的暴富做贡献,理论上,这样的土地再开发可能并没有增进社会福利,反而有损于公共利益。

第二,超额补偿将造就许多一夜暴富的居民,广为流传的拆迁致富理念将更加深入人心,当拆迁获得的收益远远大于努力工作获得的回报,整个社会的风气和价值取向将受到严重误导。

第三,当前政府愿意提供较高补偿标准的重要原因是,地块总体容积率不高,即便提供超额补偿,政府仍能收回大量土地获取增值收益。但我们必须认识到,在城市存量建设用地再开发试验之初,政府选择项目时"挑肥拣瘦"的情况时有发生,挑选的往往是比较容易处理的区域,随着工作的逐步开展,需要再开发的地块产权更加复杂、建筑密度更高、建筑面积更大,如果给予超额补偿在该地区成为一种补偿惯例,那么在未来"啃骨头"的攻坚阶段,土地再开发的补偿压力可能让政府无力承担,这项工作的可持续性遭受严峻挑战。

(三)借鉴香港地区的经验:将补偿拉回制度的笼子

前文的分析指出,由于缺乏对补偿标准确定和争议解决的统一规则,当前地方实践中的补偿标准普遍偏高,部分项目中原使用权人可以得到远高于当前财产价值的补偿,从而造成了包括有损公共利益、不利社会公平、影响未来工作可持续性在内的诸多潜在隐患。为此,我们有必要对补偿标准确定和争议解决的规则进行探讨。

由于土地制度和土地资源禀赋的类似性，与深圳一河之隔的香港地区的制度规范可以为我国大陆地区提供良好借鉴。为了解决市区老化的问题，并改善旧区居民的居住环境，香港于 2000 年颁布实施《市区重建局条例》，并于 2001 年成立了处理市区重建计划的法定机构——市区重建局，同时由香港立法会通过了补偿标准的产生和争议解决规则。

坚持所有业主同一补偿标准，补偿标准由多家估价机构确定，市建局无权做任何变动是香港补偿标准产生规则的最大特色。相关法规规定，重建局会邀请不少于 7 家的独立估价机构参与最终补偿定价的评估，且全程由受动迁影响的居民、地区代表监督。估价机构根据同区域内或可比较区域内 7 年楼龄的类似物业进行估价，去掉最高和最低价，然后平均，得出最终定价。市建局无法决定补偿是多少，必须按评估价格补偿，市建局也无权采取激励手段奖励率先搬迁者或给予钉子户更多的补偿。

如果这一补偿标准得到超过一定比例的使用权人认可，根据 1999 年香港颁布实施的《土地（为重新发展而强制售卖）条例》规定，市建局有权向土地审裁处申请售卖令，以当前补偿标准强制购买所有财产权利，以便进行再开发，这一比例根据地段的不同分别为 90% 和 80%。如果估价机构确定的补偿标准最终没能获得超过这一比例的使用权人同意，除极为特殊的情况外，市建局应当放弃对该地块的再开发计划，也不能擅自提高标准使项目得以进展，这是香港补偿标准争议的解决规则。

香港在城市存量建设用地实施之初，就以法律的形式，建立了完善的补偿标准确定和争议解决规则，并且在十几年的实践中形成了良好的补偿惯例。原使用权人得到了适当超过当前财产价值的补偿，整个社会获得了较大收益，并且有效控制了使用权人不合理的受偿预期，使得土地再开发工作能够可持续地开展。相比于产权保护更为严格的香港地区，我国大陆地区的在补偿环节的问题并不是补偿标准太低，相反很多时候都远高于它们，包括北帝街项目（见专栏 4-3）在内的香港政府主导再开发项目，补偿标准都达不到按建筑面积 1:1 补偿，而南昌和深圳的案例显示，大陆地区采取的至少是等面积产权置换补偿标准。

专栏 4 - 3

香港北帝街市区重建项目的补偿标准

北帝街地块位于港铁沙中线的土瓜湾港铁站出口对面，交通配套完备，总面积约为 770 平方米，房屋破旧，共有 96 户业主，其中 40 户为自住业主，市场价值约为 6000 元/平方尺。市建局参照同区 7 年楼龄楼宇的市值后，公布以每平方尺 8939 元收购 96 户业主，当中 40 户是自住业主。自住业主除可选择现金补偿外，还可利用补偿金选购原址重建后，或启德发展区预留的房屋，单价（平方尺）在 9003 至 10358 元之间不等，但在正式搬入之前，过渡期间租金自付。

以一个 626 平方尺单位的北帝街自住业主为例，可获现金补偿 560 万元，若业主选择启德发展区 650 平方尺的房屋，需补贴高达 114 万元的差价；但若选购面积较小 542 平方尺的房屋，仍需补贴 2 万元。若业主选择面积 692 平方尺的原址重建房屋，需补贴 90 万元差价；但若选购 564 平方尺的房屋，则可有 30 万元余款。

因此，大陆地区应当停止当前为了推动项目进展随意补偿的做法，借鉴香港经验将利益共享拉回制度的笼子，形成良好的补偿惯例和受偿预期，才是维护社会公平正义、有利于公共利益和促进土地再开发可持续开展的理性选择。

五　政府主导模式的潜在隐患：政府债务和土地闲置

当前的地方实践表明，政府主导模式在节约实施成本方面发挥了积极作用，并且也充分实现了利益共享，短期绩效是明显的。但长期来看，现行政府主导模式也存在一些问题。前文已经提到，补偿标准缺乏规范对公共利益和可持续性的影响已经逐步体现出来，而一些尚未体现的潜在隐患也同样需要我们的重视。

（一）再开发规模过大：引发政府债务和土地闲置

前文的分析说明，当土地形态零散破碎的程度、产权的复杂程度、土地规划用途的外部性程度较高时，应当选取政府主导模式来开展城镇存量土地再开发。然而，手握权力的政府在确定哪些项目应该由政府主导时则往往受到更多因素的影响，而最明显的结果是政府尽可能地将更多的项目纳入政府主导的范围，实现政府经营土地的目标。以深圳为例，对于合法用地比例高于60%的项目，如果被政府纳入土地整备范围，市场机构和原产权人就已经丧失了主导再开发过程的机会。长期来看，政府的越位会导致很大的隐患，再开发规模过大使得政府债台高筑并引发土地闲置。

2011年7月，深圳市正式颁布了《深圳市人民政府关于推进土地整备工作的若干意见》并召开全市土地整备工作会议，明确了到2015年全市要通过土地整备释放150平方公里建设用地的目标，占到深圳建设用地总面积的1/6，土地总面积的1/12。根据土地整备年度计划的要求，2011—2013年分别应完成45平方公里，18平方公里，18平方公里的整备任务。这些整备项目不仅是为了当前公共服务和基础设施建设的需要，也将大量的土地纳入了储备暂时闲置，为城市未来发展预留空间，这是深圳政府在实践中选择土地再开发项目的方式。

政府全面参与存量建设用地再开发的后果首先体现在政府财政支出急剧增加，150平方公里的土地整备任务初步估计至少要耗资1500亿元，若全部由市级财政支出，则需要平均每年约300亿元的财政支出专项用于土地整备，占到了财政收入的25%，这会对其他公共设施、民生保障的提供产生重大的不利影响。这么大的资金需求市财政显然无法独立承担，因此对于政府融资的依赖将会越来越大，目前深圳市政府已经与包括国家开发银行深圳分行在内的金融机构签署了超过200亿元的融资框架协议，大规模的政府主导土地再开发加大了政府财政压力和债务规模。

如果说政府在土地再开发中的大手笔对于处于经济发达地区、政府财力雄厚、土地需求量大和单位价值高的深圳来说尚属可以接受的话，经济落后地区政府好大喜功和好高骛远的项目选择方式则可能造成更加难以估计的负面影响（见专栏4-4）。

深圳和襄阳的事例表明，当前政府并不是仅将与之适合的土地再开发项目纳入主导范围，由于对于市场信息掌握不充分，并且往往偏好大手笔的政绩工程和面子工程，政府主导的土地开发往往会出现规模过大的情况，造成土地闲置和浪费。这一方面造成了政府财政压力和债务风险加大，另一方面可能造成经济的虚假繁荣，土地和新建楼宇的大面积闲置本质上是对社会不利的资源浪费，比如美国在1949—1974年大规模的土地二次开发造成了大量用地闲置，中国也同样存在着大量开发区和新城空置的情况。

专栏 4 - 4

襄阳"两改两拆"的隐忧

襄阳 2011 年在"政府主导、规划先行"的原则下开展"两改两迁"工作，起初只是将开发东津新城作为城跨越式发展的支点，零星开展城中村、棚户区改造以回应巨大的民生诉求。2013 年国土部印发《开展城镇低效用地再开发试点指导意见》后，襄阳市决定借助政策春风，大规模实施"两改两迁"工作，以实现城市脱胎换骨的转变。

襄阳为了改善城市形象，增加城市经济密度，将全市大部分城中村纳入改造范围。以"两改"为例，2012—2014 年分别启动棚户区和城中村改造项目 6 个、25 个和 13 个，44 个项目涉及总金额 8533 亿元，还建面积 1380 万平方米，还建总套数 13.5 万套，涉及人口 40 万人，占到了市区人口 150 万人的 27%。据估算，完成这些项目后可新提供住宅超过 100 万套，可新增容纳 300 万人住进襄阳市区，是当前市区人口的两倍。

如此大的运作，襄阳未来很长一段时间，不是获得城市大发展的喜悦，而是品尝城市大跃进的苦果：一是造成资源浪费。大拆大建生产出大量的垃圾 GDP，与"低碳经济、低碳生活"背道而驰，浪费了大量土地资源；二是存在市场风险。大拆是为获取土地，然后大搞商业开发，极易出现政策性供给高于市场性需求的问题，引发金融风险和社会风险；三是征地拆迁耗费行政资源，易积累民怨民愤，工作稍有不慎，出现拆迁事故，会影响社会稳定。

（二）政府的局部退让：让市场发挥基础性作用

党的十八届三中全会提出，要让市场在资源配置中发挥决定性作用，并且提出要推进治理体系与治理能力的现代化，厘清政府与市场的关系显得尤为重要，这在城镇存量建设用地再开发中同样如此。由于信息失灵，当土地涉及居住、商业等经营性用途时，政府对项目空间区位和数量规模的选择往往是有偏的，再加上偏好大手笔的政绩工程和面子工程，政府主导的土地开发往往会出现规模过大的情况，从而造成政府财政压力加大、负债加重、土地和建筑闲置情况严重。

为此，我们有必要将政府对城镇存量用地再开发的干预限制在一定范围内，让政府主、市场机构和原产权人在各自更适合的项目中发挥主导作用。当国有储备用地中间零散分布大量边角地和插花地，当历史遗留问题非常突出时，就应当选择政府主导模式。同样，当土地再开发的主要目的是为了公共服务和基础设施建设时，此时再开发的短期经济收益有限，市场主体参与热情低，此类公共物品的提供应当由政府主导提供。相反，当再开发项目不具备上述特征时，政府也就不应当通过公权力将其强制纳入政府主导的类型。比如，当土地用途主要是经营性用途时，政府不应过多参与微观的经济事务，应当局部退让，让市场发挥其自身优势进行项目选择。

政府的局部退让并不是政府的完全退位，当市场发挥基础性作用时，政府应主要起到监管者的作用，在规划编制、规划实施监督和争议解决等方面政府作用仍然不可忽略。另外，政府在不介入具体事务的情况仍然可能成为利益的直接分享者，比如可以要求市场主导的土地再开发项目将一定比例的土地无偿交给政府纳入储备。深圳宝吉工业区再开发项目、南布社区再开发项目都是政府将主导权交给市场，以监管者身份分享增值收益达到预期目标的成功案例。可以看到，政府的局部退位不仅实现了完全主导模式下储备土地、改善基础设施的目标，还降低了政府的行政成本、财政压力和债务风险，这说明厘清政府与市场的关系尤为重要。

1. 宝吉工业区再开发项目：管好规划，收回土地

深圳宝吉工业区再开发项目（详情见专栏4-5）占地32万平方米，五类合法用地比例超过90%，由佳兆业集团提出开展城市更新的申请。政府主导修编了这一区域的控制性详细规划，将其规划成为包括学校、保障性住房、商场、酒店、写字楼等在内的功能片区。由于规划用途与土地利用现状相比，经济增值空间较大，因此政府收回的土地远不止15%的城市更新最低要求。政府交出了再开发的主导权，但并没有交出分享合理增值收益的权利。

专栏 4-5

深圳宝吉工业区再开发项目概况

宝吉工业区位于坂田街道，东临宝吉路和中浩二路，西临坂雪岗大道，南临雪岗南路，北临规划布澜一级路，原来是全球最大的圣诞树生产园区，高峰时期有 20 万员工和居民，但 2008 年金融风暴使得企业倒闭，土地处于闲置状态。佳兆业集团（香港上市公司）通过企业股份收购的方式取得原宝吉工艺品公司土地使用权，试图通过收购其他业主的物业或达成补偿协议成为坂田街道宝吉工业区改造项目（占地 32 万平方米）的改造实施主体。该区域位置很好，附近有很多如华为这样的大型企业，员工众多，而周围现在没有高档商业，佳兆业集团希望将其打造成商住功能的综合片区，主要成为商场、酒店、写字楼等。

在佳兆业集团提出意向之后，政府着手主导修编这一区域的控制性详细规划，最后确定为道路 5.4 万平方米、公共绿地 0.3 万平方米、九年制义务教育学校 4.1 万平方米、消防站 0.5 万平方米和保障性住房 6.3 万平方米，其余为经营性建设用地，将建设为商业综合体，包括 10 万平方米的商场、3 万平方米的写字楼和一座五星级酒店。佳兆业集团对该规划表示了浓厚兴趣，并正式提出土地再开发申请，与政府签订了协议。

协议规定，佳兆业集团将道路、学校地块的地上建筑物拆除完毕以后，将土地无偿移交给政府入库，由政府开发建设，如果开发商要求自行建设学校、道路的话（有利于房地产的出售），政府将补偿不高于 50% 的建设成本（不包括前期拆迁费用）；保障性住房将由佳兆业集团代建，然后政府回购，回购后土地和建筑均属于政府，由政府统一安排租赁，将主要用于附近华为及其他高科技企业做员工宿舍。

该项目完成后，政府无偿收回 10 万平方米独立占地的基础设施及公共服务设施用地，占到了项目总面积的三分之一，还获得了企业补缴的地价款，并且能够以成本价回购在 6.3 万平方米的土地上修建的超过 32.5 万平方米建筑面积的保障性住房，共 6251 套。

宝吉工业区再开发项目，土地形态零散破碎程度较低且产权明晰，土地规划用途既包括了外部性较大的道路、保障性住房和学校，也有营利性较强的经营性建设用地。该项目所具备的特征并不满足选择政府主导模式的充分理由。此时，佳兆业集团作为市场主体主导了项目选择和补偿协商过程，这是典型的市场主导再开发模式。因此，政府不应越位去主导本应由市场主导的项目，而应该退位让市场充分发挥作用。在本案例中，政府作为规划编制的主导者和规划实施的监管者，根据规划条件预估的盈利空间确定了收回的土地面积，并将其纳入了土地出让合同。

2. 南布社区再开发项目：公私协作解决复杂产权问题

深圳南布社区再开发项目（详情见专栏4－6）占地23.38万平方米，五类合法用地比例仅为68%，产权的复杂程度较高。尽管勉强满足合法用地比例不低于60%的硬性要求，但复杂产权会导致再开发项目实施的不确定性也会大大增加，一般认为具有权威性的政府更具备管控这种不确定性的能力。然而，2014年深圳新颁布实施的《关于加强和改进城市更新实施工作的暂行措施的通知》，规定了以一种新的方式处置复杂产权问题，"政府将处置土地的80%交由继受单位进行城市更新，其余20%纳入政府土地储备。在交由继受单位进行城市更新的土地中，应当按照《深圳市城市更新办法》和《深圳市城市更新办法实施细则》的要求将不少于15%的土地无偿移交给政府纳入土地储备"。因此，南布社区的再开发项目最终采取了这个做法，采取了产权人自行申请和实施的城市更新模式。政府尽管在确权上做出了让步，但却在不承担补偿重建成本的条件下收回了一定数量的土地，实现了预期目标。

专栏4－6

深圳南布社区再开发项目概况

南布社区再开发项目共占地23.38万平方米，经核算，社区已核发用地批复的非农建设用地和征地返还用地约10.92万平方米，五类合法用地面积为15.85万平方米，约占总面积的68%。尽管产权复杂程度较高，但一方面项目土地形态零散破碎程度较低，连片土地已经掌握在社区集体手中，另一方面土地规划用途和现状基本保持一致，以经营性建设用地为主，产权人不愿意将土地交回政府。再加之，在历年的征（转）地中，社区为坪山新区（原大工业区）经济发展做出了重大贡献，社区集体成员之间也维系了较好的熟人关系。因此，只要产权问题能够解决，产权人自行申请城市更新将是南布社区最适合的再开发模式。

根据新规定，五类用地可采用城市更新的标准，在该区域内一共有 15.85 万平方米，要贡献 15% 给政府，即 2.41 万平方米。五类用地以外的土地 7.53 万平方米由政府处置，其中 20%，即 1.51 万平方米纳入政府储备，另外 80%，即 6.02 万平方米进行城市更新，这其中的 15%，也即 0.90 万平方米需要移交给政府，由此计算得到的社区留用地规模为 18.59 万平方米，最终确定南布社区留用地规模 18.74 万平方米。其中 4.77 万平方米土地用于社区居民的安置还建，其余土地用于建设资金筹措、社区建设和发展。安置房的建设由南布社区自主负责，包括立项、完善用地手续、方案设计、施工管理、验收、入户等工作，政府相关部门给予协助和支持，由社区（股份公司）以实际安置地之外的留用地通过自主开发筹措资金。

南布社区集体土地整备前总资产价值约 6000 余万元。通过"整村统筹"土地整备项目，社区在社区开发过程中可获得不少于 5 万平方米的商业、办公物业用于经营，经初步测算，每年约可获得 2880 万元的经营性收入，是现在年经营性收入 600 万的 4.8 倍；在长期的持续经营管理理念下，可提供项目的物业管理增值服务，社区总资产价值将达到近 7 亿元。

对于政府而言，在 23.38 万平方米的核心建成区，同样收回了 4.64 万平方米的净地。即便采取政府主导模式，按照深圳普遍采取的合法用地等面积补偿标准，政府也最多收回 7.53 万平方米的土地，但与此同时还要承担补偿重建成本。更重要的是，由于项目地土地形态零散破碎程度、土地规划用途外部性程度并不高，选择政府主导模式相反有可能造成更大的实施成本使得土地再开发无法顺利进展。

南布社区的成功案例说明即便产权的复杂程度较高，只要项目的其他特征合适，自组织、市场主导等模式同样可以替代政府主导模式，甚至发挥更大更好的作用，同时还降低了政府的行政成本、财政压力和债务风险。深圳的做法以公私协作避免了确权陷入无休止的争吵之中，政府和产权人各退一步的方式对模糊产权进行了明晰，对合法外产权进行了合法化。在这种公私协作中，私人以牺牲一部分土地为代价换来了政府对产权的认可，这为土地再开发的实施奠定了良好基础；而政府也不必再为解决产权争议耗费大量时间和精力，土地的收回也符合政府的利益。

鉴于政府过度介入城镇建设用地再开发可能带来的长期隐患，让市场发挥更基础的作用就显得尤为重要了。但政府的局部退位并不代表失位和缺位，尽管不处于主导地位但却同样在土地再开发项目中发挥着不可替代的作用，同时分享了合理的增值收益。深圳宝吉工业区再开发项目和南布社区再开发项目分别选取了市场主导和自组织模式，政府未将其纳入其主导的土地整备范围，而是通过规划的修编和监管、产权的确认和完善等手段，在降低行政成本、财政压力和债务风险的基础上，一方面促进了建设用地再开发的顺利实施，另一方面也收回了一定数量的土地。

六　政府主导下城镇存量用地再开发的政策建议

本章对城镇存量用地再开发的政府主导模式进行了审视，分析了其选择逻辑和现存问题。在辨析政府主导模式核心特征的基础上，通过南昌、成都、深圳三个成功项目，归纳了影响实施成本的项目特征，对政府主导模式选择的理论分析进行了验证。同时，也探究了政府主导模式与收益分配的关系，分析了现行补偿规则及其对收益分配结果的不利影响，并介绍了香港地区的经验。另外，还对政府主导模式可能引发的长期隐患进行了判断，并通过深圳的相关实践来重新审视城镇存量建设用地再开发中政府与市场、自组织的关系。在上述分析的基础上，本章的主要结论和政策建议如下。

（一）研究的主要结论

第一，城镇存量用地再开发的政府主导模式，其核心特征体现在政府在项目选择和协商补偿两个阶段的主导地位，这是其显著区别于市场主导模式和自组织模式的本质。在项目选择阶段，是政府根据自身的需要和判断划定再开发区域，从而确定再开发项目的空间分布和数量规模，而不是由市场机构或者原土地使用权人进行决策并向政府申请。在协商补偿阶段，是政府或者政府委托的机构作为实施主体与原使用权人进行补偿谈判，而不是开发商直接介入或者使用权人内部协商。

第二，土地形态零散破碎的程度、产权的复杂程度、土地规划用途的外部性程度、产权人数量、产权人异质性等因素，由于影响着城镇存量用地再开发的资产专用性、不确定性和频率，从而决定着政府主导模式是否应当被选择。土地形态零散破碎的程度、产权的复杂程度、土地规划用途的外部性程度越高，政府主导模式可以降低项目实施的过程成本，因而被选择的可能性越大；产权人数量越大、产权人异质性越高时，政府主导模式可能使得项目实施成本加大，因而被选择的可能性则越小。在上述因素中，土地形态零散破碎的程度、产权的复杂程度、土地规划用途的外部性程度对政府主导模式是否被选择，以及被选择后的绩效有最为显著的影响。

第三，政府主导模式同样实现了利益共享，但补偿标准过高则可能有损公共利益和制度的可持续性。从南昌万寿宫街区、成都邛崃西街、深圳沙湖社区三个城镇存量用地再开发项目来看，原产权人都获得了高于当前价值的补偿，而且只要城市规划允许，都赋予了产权人原地产权置换的权利，这说明政府主导模式已经不再意味着政府独担成本和独享收益，原产权人和政府都获得了相应的增值收益，充分实现了利益共享。提高补偿标准有助于降低实施成本，实现土地利用效率的提高，短期来看也起到了推动再开发项目进展的作用，但给予原产权人超额补偿则会降低公共财政的使用效率，损害社会公平和公共利益，同时形成不良的补偿惯例使得后续项目越来越难以开展。

第四，政府主导模式可能导致再开发规模过大，引发政府债务和土地闲置的风险。土地形态零散破碎的程度、产权的复杂程度、土地规划用途的外部性程度等因素对政府主导模式绩效会产生影响，然而手握权力的政府可能并不据此标准进行判断，偏好大手笔的政绩工程和面子工程则会尽可能将更多的再开发项目纳入政府主导的范围，特别是大规模介入居住、商业等经营性用地的再开发，这会造成政府财政压力加大、负债加重。另外，由于信息失灵，政府对项目空间区位和数量规模的选择往往是有偏差的，这又会造成土地和建筑闲置情况严重。

（二）再开发相关政策改革的建议

第一，严格控制政府主导模式的过度使用，充分发挥市场主导和自组织模式的作用。应当改变当前政府主导模式可以通过行政权力优先被选择的情况，赋予政府主导、市场主导和自组织模式同等的选择机会，应当废除纳入政府主导模式的项目就不得申请其他模式的不合理规定。以深圳市为例，对于合法用地比例超过60%的项目，应当允许其自愿开展城市更新，废除当前被政府纳入土地整备后就不能进行城市更新的规定。当土地形态零散破碎的程度较高，特别是国有储备用地中间零散分布大量边角地和插花地时，当土地的规划用途是用于公共服务和基础设施建设时，即便拥有城市更新的机会，市场机构和产权人自身从主观和客观上也无法实现土地再开发，这一部分项目自然而然就成了最适于政府主导模式的项目。各地在制定相应规则时，可以根据当地实际情况调整对合法用地比例的要求，但应当尽可能地发挥市场的基础性作用和原产权人的主观能动性，让政府、市场和自组织在各自适合的再开发项目中起到主导作用。

第二，政府适当退位但不失位，做好规划和确权工作，以合理方式分享增值收益。在市场主导和自组织模式下的城镇存量用地再开发项目中，政府的服务和监管作用不容忽视。一方面，政府应当及时对规划进行编制或修订，并做好规划实施的监督工作；在规划条件得以优化时，政府可以将收储一定面积的土地，配建公共服务、基础设施和保障性住房等作为条件，加入与市场机构签订的土地出让协议中；另一方面，政府应当协助市场机构或原产权人处理历史遗留下来的复杂产权问题，可以借鉴深圳《关于加强和改进城市更新实施工作的暂行措施的通知》中公私协作的处置方式。在市场主导和自组织模式中，尽管政府适当退位不发挥主导作用，但同样可以实现对增值收益的分享，不仅实现了完全主导模式下储备土地、改善基础设施的目标，还降低了政府的行政成本、财政压力和债务风险。

第三，借鉴香港经验，规范补偿标准的确定规则，形成良好的补偿惯例。我国大陆地区当前普遍采取的按建筑面积1:1产权置换的补偿标准已经较高，充分体现了政府让利于民，实现了利益共享。各地方政府要在尊重已有补偿惯例的基础上，尽快制定更加规范和统一的补偿标准确定规则，将补偿预期控制在合理范围内，尽早形成良好的补偿惯例。

第四，明确争议解决规则，出台司法强制措施以保障公共利益。我国大陆地区应制定规则以解决政府和原使用权人对于补偿标准的争议，建议借鉴香港强制售卖条例的经验并在此基础上改进，规定取得数量和拥有相应面积均超过 90% 的使用权人同意时，可以认定补偿标准为公正补偿，此时 90% 使用权人可以代表集体利益。另外，在行政强制拆迁取消之后，我国还应在全国层面尽快出台司法强制的细则。

第五章

政府主导下存量集体建设用地再开发

集体存量用地再开发中政府主导也是主要的模式。本章尝试刻画这一模式的特征，并从实施过程成本的角度揭示选择政府主导模式背后的逻辑。通过对嘉兴、成都和深圳三地的案例分析，本章进一步厘清政府主导存量集体建设用地开发模式的影响因素，同时本章也讨论了旨在提升成本收益效率目的而引致的模式选择逻辑。

一 集体建设用地再开发：破解用地难题的必然选择

农村存量建设用地包括宅基地、公益性公共设施用地和经营性用地。据国土资源部测算，目前中国约有 2.7 亿亩农村集体建设用地，是城镇建设用地的 2.5 倍左右。在集体建设用地中，农民宅基地至少占 70%，集体经营性建设用地约占 10%[①]。

长期以来，由于乡镇规划的落后，我国农村居民点布局多依赖于自然发展，以有利于农田耕作为主，形成了自由分散的农村居民点格局；另外，受居住习惯的影响，农村多为一户一宅式，人均宅基地面积较大，土地浪费较为严重。据测算，我国农村人均村庄用地面积约为 218 平方米，远远高于城市人均用地（133 平方米），也远超《镇规划标准》中规定的人均建设用地最高限额标准（150 平方米）[②]。此外，随着近年来城镇化、工业化持续推进，大量农村人口涌入城市及其周边地区，却没有拆除旧有房屋，许多远离城市的村庄普遍出现"空心化"现象，不少宅基地常年

---

① 田广星：《农村城镇化与土地整理关系研究》，《农村经济》2012 年第 9 期。
② 祝君壁：《用地新规不会引发大城市房价上涨潮》，《经济日报》2014 年 6 月 20 日。

闲置。据统计，目前我国农村空闲住宅达到 10% 至 15%[①]。

农村公益性公共设施主要服务对象为农村居民，因此一般围绕农村居民点进行布局。而一般来说自由分散的农村居民点格局可能会导致公益性公共设施用地布局分散，单项设施服务人数有限，造成土地利用效率低下。集体经营性建设用地同样存在低效利用的问题。大量的集体经营性建设用地形成于早期乡镇企业集中产生的时期，由于历史、自然和经济的原因，许多乡镇企业用地呈现"摊大饼"的模式，生产厂房等都采用单层建筑设计，占地面积大；还有乡镇企业用地批而不用，长期闲置荒芜，或者是随着乡镇企业逐步萎缩、倒闭，厂房大量闲置。这些都形成了大量利用率低下的集体建设用地，极大的浪费了土地资源，削弱了土地资源的经济效益。

随着城市化、工业化的推进，经济发展对建设用地的需求量越来越大，在国家坚守耕地红线，严格土地用途管制的情况下，建设用地吃紧，耕地保护的形势也越来越严峻，单纯依靠新增建设用地发展经济的难度越来越大。而在用途管制的约束条件下，中国农村的大量集体建设用地无法对急速发展的城市化做出反应，比如直接用于城镇工业投资项目。到目前为止，关于农村存量建设用地的使用仍然存在严格的限制，以《土地管理法》为核心的法律对其作了相应规范，尤其是在流转方面的限制，工业化与城市化所需的土地绝大部分是国有土地（除因乡镇企业破产后的土地资产处置或地方政府集体建设用地流转试点等少量例外）。如果需要使用农村存量集体土地，唯一合法的通道是由政府通过征收，转土地集体所有为国家所有。

然而随着经济建设步入高速发展时期，法规政策的规定与市场收益的激励作用产生了矛盾。在全国各大中城市的周边，集体建设用地的潜在市场价值急剧增加，在这样的经济利益诱惑下，集体建设用地使用权转让、出租等多种流转方式大量存在，形成了集体建设用地的隐形流转市场。这些自下而上的地方尝试虽然与政策和法律发生冲突，但反映了市场主体的诉求，以及一定程度上揭示了土地政策与现实情况产生了不匹配。这些地方性的尝试也推动了一系列自上而下的土地政策变革。1999 年国土资源

---

① 龙金光：《土地制度改革引市场高度关注，政策稳健，入市步伐需谨慎规范》，《南方日报》2014 年 3 月 6 日。

部批准安徽芜湖等地成为首批试点后，集体建设用地的流转在许多地区已经从违法的隐性流转变为公开的试点流转。

宅基地整治是另一项针对农村存量建设用地开展的工作。最初，地方政府试图通过宅基地复垦补充耕地，缓解耕地占补平衡的压力。在这项工作试点的基础上，2004 年 10 月国务院发布《关于深化改革严格土地管理的决定》，提出"鼓励农村建设用地整理，城镇建设用地增加要与农村建设用地减少相挂钩"，即增减挂钩政策。增减挂钩是一种建设用地指标置换的工具，其核心是通过村庄整治和农民集中居住，把腾挪出来的宅基地等农村建设用地复垦为耕地，从而产生挂钩周转指标，地方政府就可在年度用地指标之外，在城市近郊区非农转用等量的耕地用于城市和工业建设。由于增减挂钩能够在提高农村集体建设用地利用效率的同时为城市发展提供额外的用地指标，所以它大大激励了政府盘活存量建设用地的积极性。

伴随着实践工作的开展，学术界围绕存量建设用地再开发也展开了讨论，许多学者针对政府主导下的存量集体建设用地再开发发表了意见。姜开宏等认为目前地方的集体建设用地流转制度变迁是中央政府、地方政府和农民三元主体共同博弈的结果①。在这个过程中，放权让利改革后的地方政府成为一个重要的制度变迁主体，由于地方政府能够从集体建设用地流转制度创新中获得较多的潜在收益，因此通过多种途径进行制度创新。中央政府也因为能够在地方推动的制度变迁中分享收益，并且维持原有制度安排的成本太高，而逐渐承认并主动推进地方政府发起的集体建设用地流转制度变迁。万江指出尽管现行法律严格限制了集体建设用地入市流转的可能，但不少地方政府都积极引导集体建设用地流转，并出台了大量规范性文件②。地方政府从自身利益即财政收入、经济增长的最大化来决定是否允许集体建设用地流转，一定程度上和农民、中央政府的目标相悖。因此亟须协调好集体建设用地流转与经济增长、耕地保护、宏观调控、农民增收的相互关联。

在具体案例研究方面，陈会广等从政府与市场的关系出发，将全国各

---

① 姜开宏、孙文华、陈江龙：《集体建设用地流转制度变迁的经济分析》，《中国土地科学》2005 年第 1 期。

② 万江：《政府主导下的集体建设用地流转：从理想回归现实》，《现代法学》2010 年第 2 期。

集体建设用地流转试点模式归结为政府主导型、市场主导型和政府与市场并重三类①。其中，政府主导型有利于政府宏观调控，总量控制土地供应，不影响政府垄断土地一级市场的地位。杨廉、袁奇峰以佛山南海联滘地区再开发为例进行实证研究，揭示了珠三角"三旧"改造工作的焦点是对现有农村集体建设用地格局（包括土地利用和土地收益格局）的一次重大改革②。在这个过程中需要面对大量的既得利益主体，是一个利益重新分配的问题。因此，如何在地方政府和村集体之间达成共识，形成利益共同体，是顺利实现相应工作的关键所在。林霓裳对天津近郊地区的农村集体建设用地流转进行了考察，发现该流转是在政府主导下进行的，而当地自身经济发展水平和农民生活方式的改变是政府推动土地流转的基础和前提③。政府则通过对土地的整合及重新规划，推动了当地的产业结构调整和产业水平提升，也加快了农民身份的转变，并为失地农民提供了相应的就业机会和社会保障。田莹莹、胡银根认为政府主导的宅基地置换具有效率高、政策保障性强，且资金有保障等特点。但同时政府主导型也可能存在一些问题，比如忽视对农民利益的保障、缺少监管机制，等等④。

已有的研究主要关注政府推动存量集体建设用地再开发的目的，以及政府主导的利弊。事实上，同样是政府主导的存量集体建设用地再开发，实际采取的手段存在差异，也就是说现实中存在着多种类型的政府主导再开发模式。现有研究在回答政府主导模式的特征，具体影响政府主导模式被选择的各类因素，以及不同模式所带来的不同绩效（比如，相关主体的成本和收益等）等方面还未有针对性的研究。可以说，政府主导模式还是一种制度"黑箱"，我们无法直观地理解政府主导模式的具体手段和过程。

因此，为了进一步探索政府主导的集体建设用地再开发模式，本章分别从东西部地区选取具有代表性的地区案例（案例分别来自浙江嘉兴、

---

① 陈会广、陈利根、马秀鹏等：《农村集体建设用地流转模式的多样化创新——基于政府与市场关系的视角》，《经济体制改革》2009 年第 1 期。

② 杨廉、袁奇峰：《珠三角"三旧"改造中的土地整合模式——以佛山市南海区联滘地区为例》，《城市规划学刊》2010 年第 2 期。

③ 林霓裳：《政府主导下的土地流转与产业发展及就业的关联机制——天津近郊地区农村集体建设用地流转实践与启示》，《西部论坛》2012 年第 5 期。

④ 田莹莹、胡银根：《政府主导型宅基地置换的问题及对策》，《经济研究导刊》2013 年第 15 期。

四川成都和广东深圳，三个案例中政府都是集体建设用地再开发的主导者，但每个案例中政府具体采取的实施方式都存在差异)，在描述政府主导模式"黑箱"的基础上，分析不同案例背后的制度选择逻辑。重点关注四个问题：第一，在政府主导的集体建设用地再开发中，政府、农民、集体分别扮演了什么角色；第二，影响不同的政府主导再开发模式的因素是什么；第三，不同的政府主导再开发模式如何影响资源配置和收益的分配；第四，本章希望通过案例的比较分析，为政府进一步在农村存量建设用地盘活中发挥作用提供建议。

二　政府主导下集体建设用地再开发：内涵和背景

政府主导模式，即由政府作为存量建设用地再开发的主体，组织和管理再开发项目的运行，承担项目所需的大部分费用和风险，同时分享存量建设用地再开发的收益。如果将土地二次开发看作一个利益重新分配的过程，那么政府主导模式是指政府既是二次开发的直接实施者，又以经济人的身份参与到利益的重构中。根据我国的土地产权制度，集体建设用地属于农民集体所有，一般由本集体成员享有建设用地使用权，或者由乡镇企业等集体经济组织按相关规定使用集体土地使用权。政府作为一个外部主体推进集体建设用地再开发，关键在于权力和利益的分配。

（一）集体建设用地再开发的潜力

农村集体建设用地按用途可分为三类，即农民宅基地、集体经营性建设用地和公益性公共设施用地。目前，这三类土地都存在着盘活的潜力。

宅基地是指农民家庭无偿取得的，用作住宅基地而占有和利用的本集体所有的土地，占集体建设用地总量的 70% 左右[①]。根据法律规，"农村村民一户只能拥有一处宅基地，其宅基地的面积不得超过省、自治区、直辖市规定的标准"。由于宅基地的分配是基于集体成员权，因此普遍带有农村集体福利分配性质。目前，农村宅基地普遍存在一户多宅、户均宅基地面积超标的情况。许多农村缺少统一规划，住房建设无序，用地分散零

---

①　谢培原、曹荣林、何为：《基于农村宅基地制度特征分析的城乡统筹发展研究》，《现代城市研究》2013 年第 6 期。

乱。特别是在当前大量农村流动人口增加的情况下，"空心村"问题日益突出，不少农村宅基地常年闲置。总体来说，农村宅基地占地量多、利用效率低，大有潜力可挖。

集体经营性建设用地是指具有生产经营性质的农村建设用地，主要由农村集体经济组织使用。该类用地具体是指农村集体经济组织设立的独资经营企业和农村集体经济组织与其他单位、个人合作举办的企业，申请取得的土地使用权。在我国经注册登记的集体经济企业数目逾千万，这些企业规模不等，占用土地面积大小也不同，但已形成一定规模的数目可观的集体经营性建设用地。这部分建设用地暴露出两个问题：一是用地效率低：农村地区土地管理较为薄弱，集体经济企业用地较为粗放；二是用地布局不合理：农村地区缺乏规划引导和制约，集体经济企业布局较为分散。由此可见，这部分建设用地挖潜的可能性也很大。

农村公益性公共设施用地以公共利益为目的，主要包括公共设施用地、公共建筑用地、交通用地等，主要服务对象为农村居民，因此一般围绕农村居民点进行布局。而一般来说自由分散的农村居民点格局可能会导致公益性公共设施用地布局分散，单项设施服务人数有限，造成土地利用效率低下。比如分散的宅基地导致交通用地的增加以及使用率低。这部分用地一般会随着农民宅基地的盘活而相应减少。

对于上述集体建设用地的使用，按照法律规定只限于本集体经济组织的成员，一般不得出让、转让或者出租给其他非本集体的使用者。

总体来说，目前农村存量集体建设用地存在两个方面的问题。其一，作为资源，集体建设用地利用低效；其二，作为资产，集体建设用地的价值不能得到体现。因此，农村存量集体建设用地再开发大有文章可做。特别是在目前城市建设用地供需矛盾日益尖锐的情况下，农村存量建设用地的再开发对缓解用地矛盾，优化建设用地配置，提高农村地区土地利用效率，实现集体建设用地资产价值等方面都具有重要意义。

（二）政府主导模式的合理性和必要性

经济社会的发展产生较大的建设用地需求，在国家日益加强耕地保护的情况下，依靠新增建设用地已经很难满足这种需求。而农村集体建设用地存量庞大且利用效率较低，政府有动机推进集体建设用地再开发，以实现大规模的土地利用空间优化来满足经济社会发展的需要。

　　集体建设用地的再开发受其客体特征的影响。一是区位因素的影响。城市近郊的集体建设用地具有较高的经济价值，能够比较容易实现；那些交通不便的远郊集体建设用地只有很低的甚至没有经济价值。一般情况下，市场对近郊集体建设用地的需求较为迫切，而远郊区的集体建设用地并没有优势。而事实上，大部分集体建设用地由远郊地区占有。二是因产权性质产生的限制。无论是农户还是集体经济组织取得的只是集体建设用地的使用权，相关的所有权保持不变，即为农民集体所有。按照法律规定，我国农民集体所有的土地的使用权不得出让、转让或者出租用于非农业建设。集体土地使用权在流转上的限制导致市场主体产生不理想的预期，进而影响到了集体建设用地的再开发。

　　由此可见，集体建设用地的再开发很难单纯依靠市场或自发力量推进。在实践中，政府主导的存量集体建设用地再开发是目前较为普遍的模式。经济社会的发展对建设用地的需求与日俱增，耕地保护的形式也愈加严峻，不同层级政府间经济发展与耕地保护的激励不兼容。随着中央加强对新增建设用地的控制，地方政府以传统的征地方式增加建设用地的途径逐渐面临很大困难。为了缓解日益剧烈的用地矛盾，同时也为了在地区开发中保持主导性，政府有动机推进集体建设用地的再开发。

　　目前，政府主导的存量集体建设用地再开发普遍采取两种方式。一是集体建设用地的直接流转，二是以增减挂钩为平台的各种再开发手段。其中后者在推进远郊区集体建设用地再开发中发挥了重要作用。政府推进集体建设用地再开发有其独特的优势。

　　首先，政府主导型具有规模化的优势，而且有效性和可控性都较强。再开发的目标之一在于优化土地利用空间以节约更多的指标来满足经济发展对于建设用地的需求，因此政府更倾向于集体建设用地的大规模再开发。同时，政府主导型有利于维持政府在土地市场的主导性，有利于其宏观调控，控制因集体建设用地再开发产生的负面社会效应。如果设计和实施得当，政府主导型集体建设用地再开发一定程度上可以有利于农民分享土地收益。

　　其次，从集体建设用地再开发的运作来说，政府主导型具有相对稳定的资金保障和行政管理支持。以增减挂钩为手段实施的集体建设用地再开发往往是一项涉及面广、资金需求巨大的系统工程。政府可将增减挂钩与土地整治、新农村建设以及农村环境综合整治等项目结合，整合各类专项资金用于解决集体建设用地再开发的资金压力。

最后，政府主导型从行政管理角度也能够提供便利。在现有的行政体制和模式下，再开发需要国土、农业、水利等相关部门多方协作，整合资源，为集体建设用地再开发工程建设提供便利。政府主导型有利于促进这些资源整合和协作。同时，集体建设用地再开发项目的运作周期很大程度取决于涉及农户的行为，而政府主导型可充分发挥政府的权威，实施力度较大，一些情况下可以有效应对"钉子户"的问题。

另一方面，政府主导模式也存在一些缺陷，主要集中在执行成本和收益分配两方面。以增减挂钩为平台的集体建设用地再开发往往需要大量资金投入。虽然政府主导型能够整合各项涉农资金，但筹资渠道仍过于单一。因为财政资金的限制往往会影响到再开发的全面开展。政府作为外部主体自上而下地推进集体建设用地再开发，这个过程不可避免地产生因行政力过强而损害农村集体经济组织和农民利益的情况。不排除部分地方政府为追求政绩而盲目推进再开发工作，忽视相关利益主体的意愿与权益。具体来说，作为一个外部主体，信息的不完全或者政府追求自身利益最大化的行为可能会导致公共决策失误，影响土地资源的有效配置，损害农民利益。

（三）制度环境对集体建设用地再开发的影响

从更加宏观的层面来看，当前的制度环境对集体建设用地再开发产生重要影响，主要表现在土地产权、土地规划、土地市场三个方面。

在土地产权方面，虽然法律明确规定了集体拥有所有权，即农村集体建设用地属于集体所有，但从权利的实际主体看现实中出现了一些问题。首先，集体这一所有权主体的指向不明，且与成员之间的权益关系不清。其次，集体土地产权残缺，它不具有与国有土地同等的权能，国家对集体土地的用途、流转、处置、收益进行了严格管制。因此我国集体土地产权是"模糊"和"弱势"的①。在市场交易中，产权是否清晰决定了市场主体能否形成合理的预期，因而集体产权模糊必然对集体建设用地再开发造成较大的不确定性，增加交易成本，最终对以市场方式进行集体建设用地再开发产生较大限制。集体土地产权的弱势性使其无法与国有土地进行

---

① Peter Ho. , "Who Owns China's Land? Policies, Property Rights and Deliberate Institutional Ambiguity", *The China Quarterly*, 2001, （166）: 394—421.

平等竞争，产权因无法正常流转交易而进一步受损。一般来说，单个农民无法提供足够规模的集体建设用地，难以吸引市场主体的参与。并且大规模的集体建设用地再开发需要产权主体的同意，协商成本较大，政府的公权力能够有效避免个人的不合作。

在土地规划方面，土地利用总体规划以及相应的年度供地计划是我国实行土地用途管制的主要手段，两者严格控制地区建设用地总量以及年度新增建设用地量。随着耕地保护要求逐步加强，国家对新增建设用地的管控愈加严格，造成建设用地供应的稀缺性愈加强烈，也使得农地转用的成本越来越高。发展经济必然需要更多的建设用地，在严格的土地用途管制背景下，很难通过新增建设用地满足需求，并且农地转用的成本越来越高，相比之下集体建设用地再开发比较优势开始凸显，那么政府必然会着眼于存量建设用地。

在土地市场方面，国有建设用地市场发展较为成熟，而集体建设用地市场还未能建立，集体土地的流转受到各方面条件的限制，相应的权利得不到实现，因而集体建设用地的经济价值难以得到体现，进而影响到了集体建设用地再开发的潜在收益。

三　案例解析：解读政府主导模式"黑箱"

（一）嘉兴：增减挂钩

1. 案例背景

浙江省是东部沿海经济发达城市，人多地少，耕地后备资源极为缺乏，建设用地供需矛盾十分尖锐。浙江省的城镇化进程较快，伴随着农村人口转移速度加快，出现了宅基地废弃、闲置、利用率不高等现象。同时，浙江省建设用地的供求关系十分紧张，计划指标不足，影响工业化和城镇化的进程。为缓解用地矛盾，浙江很早就开启了地方改革。早在1998 年浙江就开始全省范围内推行"折抵指标"交易，即将农村土地整理新增的有效耕地折抵为建设用地指标，并可在全省范围内交易[①]。但随

[①]　汪晖、陶然：《论土地发展权转移与交易的"浙江模式"——制度起源、操作模式及其重要含义》，《管理世界》2009 年第 8 期。

后这种模式被中央叫停。

近年来随着城乡增减挂钩政策的实施,浙江省开始探索以农村土地综合整治的政策手段来应对这些问题。浙江省开展的农村土地综合整治是指将农村土地整治与新农村建设相结合,以城乡建设用地增减挂钩为平台,拆并零星散乱的旧村庄并复垦为耕地,建设用地集约的新村镇农居,结余指标用于城镇化、工业化建设。

嘉兴市位于浙江省东北部,是长三角洲地区的重要城市之一,城市化进程较快,经济基础较好。嘉兴市一方面面临着巨大的耕地保护压力,一方面需要足够的建设用地支撑经济发展,因此亟须找到走出这种两难局面的途径。嘉兴市于 2008 年被确立为浙江省的统筹城乡综合配套改革试点区,自 2009 年之后在全市范围内开展了农村土地综合整治项目。嘉兴市下辖的嘉善县近年来将农村土地综合整治作为统筹城乡一体发展的一项重要举措,在全县范围内大力推进农户向中心镇、中心村和城乡一体化新社区集聚,以解决村庄布局分散、混乱和配套差的局面,提高农村存量建设用地利用效率。本章以嘉善县干窑镇胡家埭村的农村土地综合整治项目为例进行解析。

干窑镇位于嘉善县中部,是该县农村土地综合整治的重点区域。简单来说,干窑镇的主要做法是通过宅基地置换引导农民集聚到统一的新社区安置,利用宅基地复垦获得结余用地指标,并转移到集镇中心居住区进行出让,以弥补前期投入。案例所在地区胡家埭村位于干窑镇东北部,与镇政府相距 10 公里,全村区域面积 333 公顷,现有耕地面积 228.27 公顷。全村总户数 565 户,总人口 2071 人,以传统养殖业为主。

2. 案例具体实施过程

胡家埭村的农村土地综合整治项目开始于 2010 年,项目历时 3 年,涉及 279 户农户。项目总共包括 76 个拆旧地块,复垦后新增耕地面积197.8 亩,其中约 140 亩用于安置农户(包括新居用地和基础设施等配套项目用地),最后总共约 57.7 亩指标,用于二、三产业发展。

在具体的实施过程中,干窑镇政府作为项目的主导者,投资成立了新市镇投资开发公司,负责项目实施的大部分工作,包括与农户协商进行安置补偿,融资开发建设集镇中心居住区的安置房,承担农村旧房的拆建以及宅基地整理复垦工作,等等。符合农村宅基地审批条件并自愿参与的村民向村委会提出申请,由村委会审核并报镇人民政府统一审批。干窑镇新市镇公司对宅基地进行面积认定后与村民签订置换协议。村民可通过置换新社区标准公寓房、复式联排房（宅基地）、独立式农民安置房（宅基地）及货币四种方式获得安置。表5-1详细比较了三种以房或宅基地进行安置的方式。选择标准公寓房安置的农户最后获得新社区内已建成的毛坯房，选择复式联排房的农户最后获得新社区内的宅基地，选择独立式农民安置房的农户最后获得行政村居住区的宅基地，其中独立式农民安置房主要是针对个别自然村的整治。一般来说，标准公寓房安置方式能够提供的住房面积较小，但属于国有性质，可以在市场上进行交易；复式联排房安置方式能够提供的住房面积较大，但需要农民自行建造；独立式农民安置房较为独立且面积最大，但需要农民自行建造，且政府一般不进行专门的基础设施建设。根据相关资料，案例中有55户农户选择标准公寓房安置，94户农户选择复式联排房安置，83户农户选择独立式农民安置房安置。

最后，新市镇公司对农民腾出的宅基地进行复垦，扣除安置使用面积后将结余指标进行出让。

表5-1　　　　　　　　　　三种安置方式比较

安置类型	户型选择	安置地点	安置标准	土地性质	使用安置面积
标准公寓房	建筑面积60/80/120平方米	新社区	按规定认定的人口人均40平方米（建筑面积）；每户可额外优惠购置40平方米	国有划拨	0.27亩/户
复式联排房	占地面积70/80/90平方米，楼层为三层	新社区	小户（2人）70平方米；中户（3—4人）80平方米；大户（5人及以上）90平方米	宅基地	0.6亩/户
独立式农民安置房	—	行政村集中建房	—	宅基地	0.8亩/户

3. 案例中政府与农民的成本和收益

在整个项目运作过程中，政府承担了大部分经济成本，主要包括以下几项：一是项目实施前期费用，主要包括项目实施前进行摸底调查、可行性研究，以及制订方案等费用；二是农户搬迁补偿及补助；三是农户安置费用，主要包括新区规划、土地征收、房屋建设以及基础设施建设费用；四是对原建设用地进行复垦的费用。表5-2详细列出了相关成本信息，其中搬迁成本直接支付给农民，包括补偿和奖励；安置成本主要是投入到基础设施建设中，并不是以现金的方式直接支付给农民。据统计，项目的总成本为 5903 万元左右（不包括新社区建设的征地成本），其中占比重最大的是对农户搬迁的补偿和奖励。该项目平均节约 1 亩指标的成本约为 102.2 万元。除了以上的经济成本之外，项目的实施还产生了许多无形成本，比如信息搜集成本、融资成本、谈判成本、监督成本等。

表 5 - 2　　　　　　　　　案例中政府经济成本（平均测算）

成本类型	具体标准
项目实施前期费用	—
农户搬迁成本（补偿和奖励）	标准公寓房 14.8 万元/户 复式联排房 8.5 万元/户 独立式农民安置房 30 万元/户
农户安置成本	货币安置 12.5 万元/户 标准公寓房 600 元/平方米 复式联排房 14 万元/户
复垦费用	建新征地成本 暂无数据 1.2 万元/亩

政府通过将结余的建设用地指标进行出让获得直接收益，用于填补前期的各项投入。按照相关规定，政府将结余指标中 40% 用于第二产业发展，60% 用于第三产业发展。根据案例地区土地出让价格，二产用地出让价格为 30 万元/亩，三产用地出让价格为 100 万元/亩。案例中指标出让直接受益约为 4159 万元。政府的间接经济收益来源于这些二、三产业用地的税收收入，根据该地区二、三产业税收情况进行计算，2013 年结余的 57.7 亩指标为当地政府带来约 433.25 万税收收入。

参与项目的农民也需要付出一些成本，主要是指置换标准公寓房的农民需要对毛坯房进行装修或者额外购买建筑面积，置换复式联排房（宅基地）和独立式农民安置房（宅基地）的农民需要进行新房的建设和装修。值得关注的是除了经济成本外，农民还需要承担一些社会成本。案例地区胡家埭村以传统养殖业为主，蘑菇种植为辅，将农民集中到新区居住必然会影响到这种生产方式。若放弃农业生产选择其他就业方式，则会带来重新就业的学习费用。除此之外，对于许多农民来说，居住方式的改变使他们失去了原来的生活方式，这带来了对新环境的适应成本；并且农民搬到城镇附近居住，可能带来生活成本的增加。

农民的直接经济收益主要来自于政府相应的补偿和奖励，表 5 - 2 中

"农户搬迁成本（补偿和奖励）"即农民相应的收益。此外新社区带来的环境改善和房价提升给农民带来一定隐形收益（安置社区目前的房价约为3000元/平方米）。

4. 案例小结

胡家埭村案例是典型的政府主导下的集体建设用地再开发。地方政府（镇政府）作为主导者承担了再开发项目的主要工作，从项目立项到竣工都由政府统一安排；项目资金以政府投入为主，由其进行筹资；项目实施过程中政府以行政手段进行监督管理；新增建设用地指标的使用主要由政府控制，项目收益也由政府分配。村集体充当了地方政府与农民的中间人，一方面配合政府进行相关工作，一方面向政府反映农民意愿和需求。农民作为受影响最大的主体，根据政府提供的补偿标准以及自身的实际情况进行权衡，最终决定是否参加项目，而农民在确定参加项目的同时也意味着他选择了某种安置方式。

整治项目的主要对象为农民宅基地，总体规模比较大，涉及的农民比较多。在具体开展过程中，政府采用零星聚集的方式，即不强制以行政村或自然村为单位开展整治，而是采取"积少成多"、逐步推进的方式，满足复垦条件（五户连片）的农户都可参与。因为整治工作规模较大，所以整个项目需要投入大量资金，用于搬迁农户补助或补偿、农用地整理、宅基地复垦、安置地块的基础设施、公共设施配套等方面。这些资金主要由政府垫付，并通过结余建设用地指标的出让获得收益进行弥补。通过上文的分析可以发现，指标的出让收益不足以完全平衡政府的支出。短期来看，大规模推进此类项目对于政府来说仍是一项负担较重的工作。但长期来看，指标出让后相关地块的税收收入可以使政府平衡收支直至盈利。

在案例中，农民的支出主要用于新房的建设或装修，并且农民选择不同的安置方式需要付出的成本也不同。选择标准公寓房安置的农民获得面积较小的住宅，需要进行装修或者额外购买更多面积。选择复式联排房安置的农民可以建造面积相应较大的住宅，但是建房的成本较高，扣除政府补偿和奖励农民仍需付出很大成本（当地建房成本为20万元左右，扣除政府的9万元补偿和奖励，农民仍需付出11万元左右）。相应来说，选择独立式农民安置房安置的农民能够获得面积最大的宅基地，且安置地点在行政村能够降低对农业生产的影响，但农民同样面临建房的沉重负担，并且在居住环境上不如前两者。农民根据自身的经济水平以及生产方式选择合适的安置方式。

土地再开发是一个利益的重构的过程，在嘉兴的案例中政府主导了这个过程。直接来看，农民分配到的收益来自政府的补偿和奖励，这部分收益占指标出让收益的比例较大。但如果从建设用地供应的角度来看，政府对农民的补偿和奖励是一种一次性的买断，类似于征地拆迁补偿，农民并没有分享到土地再开发带来的真正价值。因此，农民在土地收益分配中所占的比例其实很小。

（二）成都：集体建设用地流转

1. 案例背景

成都市是中国中西部发展的重点城市，也是西部经济发展的重点区域，已经逐步进入快速城镇化阶段，因此对城市建设用地的需求与日俱增。成都市于 2003 年便开始城乡统筹改革，初时采取了与江浙等发达地区类似的做法，即通过实施农村土地综合整治盘活城乡建设用地。2007年国务院在成都市设立全国统筹城乡综合配套改革试验区。统筹城乡试验区是自下而上的改革探索，中央没有现成模式，需要地方政府自己发挥创新作用，而试验区的设立为成都带来了许多政策便利。此后成都市在对集体建设用地流转进行探索的过程中，形成了具有明显地方特色的城乡统筹模式，对农村存量建设用地政策改革具有重要借鉴意义。

成都在开展农村存量建设用地再开发的过程中，最重要的举措是充分利用增减挂钩政策，通过项目的拆旧区与建新区的建设用地指标的流转，实现土地空间位置的置换，优化资源配置。成都作为全国统筹城乡综合配套改革试验区，具有先行先试的政策优势。它既是最早设立的增减挂钩试点之一，近年来又成为集体建设用地使用权流转试点。这些政策优势为地方政府进行集体建设用地再开发提供了许多便利，促成了许多具有特色的再开发模式的诞生。以双流县为例，当地政府将增减挂钩与集体建设用地使用权流转相结合进行农村存量建设用地的再开发。

双流县新兴镇庙山村具有优厚的区位优势，交通便利，但由于地处城市通风口，因此不宜发展工业，也不宜作为城市住宅区。长期以来，庙山村以农业产业为主，农民的收入水平相对低下。近年来，与庙山村紧邻的锦江区三圣花乡建设了"荷塘月色"景区，由于良好的空气和宜人的环境吸引了大量从事文化创造的人员来其周边定居、工作，因此出现了许多文化基地。文化产业的聚集带动了周边地区的土地需求，包括邻近的庙山村。新兴镇政府决定借这一机遇在庙山村引入成都蓝顶创意有限公司以建设文化创造基地。考虑到庙山村并没有能够用于建设基地的整片建设用地，因此新兴镇决定在油坊村进行集体建设用地整理复垦，将结余的新增建设用地指标转移到庙山村用于引入产业发展。

双流县的做法可简单概况为：通过拆旧区的农村建设用地整理，将结余的建设用地指标转移至建新区，由建新区实施相应区块集体建设用地的挂牌交易，流转给需要用地的相关主体。与成都市其他地区的增减挂钩以及集体建设用地流转相比，双流县的案例比较特殊。一方面，它借鉴了城乡建设用地增减挂钩的模式，即建立拆旧建新项目区，将拆旧区结余的建设用地指标转移到建新区；另一方面，双流模式又与增减挂钩项目有本质的区别，即建新区的地块并不征收为国有，而是直接以集体建设用地的身份进行流转。

2. 案例具体实施过程

在四川省的规划中，双流县新兴镇被列为"生态绿隔区"，重点以发展现代农业以及生态休闲旅游业为主。新兴镇下辖的庙山村地处成都市东郊，交通非常便利，但由于地处城市通风口，一直以来只能以农业产业为主。而与庙山村相邻的三圣花乡借助良好的生态资源成功发展了休闲观光农业，辐射到了庙山村。新兴镇决定借此机会引入成都蓝顶创意产业有限公司，以带动当地的休闲观光农业及文化旅游业的发展。作为项目主导者，地方政府负责与蓝顶公司的谈判，为吸引对方落户承诺提供基础设施建设等便利条件。

由于庙山村并没有足够的建设用地指标，政府决定通过增减挂钩平台获得指标。新兴镇油坊村被选定为拆旧区进行农村集体建设用地整理。地方政府组织对自愿参加集中居住的农户原有的宅基地（共290.6亩）进行整理，复垦为耕地，并在油坊村内建设农民集中居住区（用地35.6亩）安置农民。选择参加的村民按照双流县制定的征地拆迁补偿标准得到补偿，并集中到油坊村指定区域内建设新房，由于是统规自建，建房费用由农户自己承担，集中居住区的基础设施由政府进行投资建设。

政府将结余出的新增建设用地指标通过增减挂钩平台转移到新兴镇庙山村，作为产业发展用地。在庙山村，相应出让地块全部转变为集体建设用地进行出让，涉及的村民可以根据失去的土地类型获得相应的补偿。失去宅基地的村民有两种安置方式：一是统规统建，即由政府统一规划建设，每人 35 平方米新住房面积；二是统规自建，即由政府规划农民自行建设，每人 30 平方米宅基地面积。除此之外，村民还获得一定补偿和补贴。

最后，政府选择不改变土地所有权（集体产权），直接将庙山村相应地块（80 亩）以挂牌方式流转给成都蓝顶创意产业有限公司，流转期限为 50 年，规划用途为文化产业用地。具体地块的流转按照成都市国土局的规定进行公开交易，即经过提出申请、会审报批、发布公告、组织交易、完善手续、登记颁证六步程序进行操作。

3. 案例中政府与农民的成本和收益

在成都案例中，政府同样承担了项目运行的大部分成本，可以分为在拆旧区的费用、在建新区的费用、为引入文化产业进行的投资。在拆旧区的费用主要是对建设用地指标获得的补偿，为 18 万元/亩。具体由村集体负责分配，用于三个方面：对农户进行补偿、宅基地整理复垦、农民集中居住区的基本设施建设。在建新区的费用是指对出让地块中的宅基地、农用地及未利用进行补偿，通过政府核算并与村民议事会、村委会反复协商，确定根据占地面积进行补偿，补偿标准为 13.75 万元/亩。最后，政府对蓝顶文化艺术基地周边的各种基础设施建设进行投资，该项暂无数据。此外，在该案例中项目的实施同样产生了许多无形成本，比如信息搜集成本、融资成本、谈判成本、监督成本等。

政府通过将庙山村相应地块进行出让获得直接收益，用于平衡前期的各项投入。案例中，成都市蓝顶有限责任公司以 50.23 万元/亩，共计 4018.4 万元购买了庙山村相应地块的集体建设用地使用权 40 年。长期来看，文化产业入驻能够带动当地经济的发展，这为政府创造了间接收益。

拆旧区油坊村失去宅基地的村民选择统规自建的安置方式，建房费用由自己承担。庙山村失去宅基地的村民如果选择统规统建的方式，需要自己承担 480 元/平方米的建房费用；如果选择统自建的方式，需要承担全部建房费用。

油坊村村民的经济收益来源于政府的补偿，具体参照双流县制定的征地拆迁补偿标准，按照建筑物的相关情况进行补偿。庙山村村民的直接经济收益同样来自政府的补偿，宅基地按照 2200 元/亩一年的标准一共补偿 15 年（即 33000 元/亩）。此外，文化产业引入可以带来周围土地的增值，这为庙山村村民创造了间接收益。

　　4. 案例小结

　　本案例中政府通过增减挂钩将集体建设用地以指标形式转移到其他区域进行再次开发，引入文化产业基地。政府既负责与蓝顶公司进行谈判，又与项目涉及的拆旧区和建新区分别进行协商。同时政府负责拆旧区集体建设用地的整治以及指标的出让和落地等工作。政府依据案例地区发展定位的规划，通过增减挂钩和集体建设用地流转，整理出了满足文化产业基地建设需要的一整块集体土地。

　　案例的总体规模较大，涉及农民较多。拆旧区的农民获得了政府一次性的补偿，这种方式类似于征地，农民在土地收益分配中所占比例非常小。而建新区的农民获得的直接收益类似于拆旧区，但文化产业的引入为庙山村创造了间接经济效益。庙山村通过集体建设用地的流转实现了产业转变，为村庄的发展注入了活力。由于受到规划的限制，庙山村长期以来一直以农业产业为主，农民的收入水平相对低下。通过集体建设用地流转，庙山村引进了规模化的文化产业项目。由于文化产业具有相当大的关联性，依靠它所带来的集聚效益可使庙山村进一步拓宽村庄的休闲观光农业及文化旅游产业的发展，一定程度上可以解决当地农民的长远发展问题。这种因地制宜的流转方式能够较大程度地提高土地的经济效益，改善当地农民的生活水平。

　　案例涉及两个不同的村庄（油坊村、庙山村），规模较大，涉及农民较多。在市场经济条件下，每一方都会维护自己的利益最大化，两个村庄之间的讨价还价会形成巨大的交易成本，导致该项目根本无法实施。在案例中，政府作为主导者分别与两个村庄进行协商使项目得以顺利进行。另外，在建设用地指标转移的过程中，如果没有政府统一规划和招商引资，建设用地指标也不可能转移到庙山村的土地上。

　　与成都市其他地区的存量集体建设用地流转相比，双流县的案例比较特殊。因为它借鉴了城乡建设用地增减挂钩的模式，但又与增减挂钩项目有本质的区别，即建新地块并不征收为国有。这种不改变农村集体土地性质的流转可实现性更强，但也因其不规范而带来了一些隐患。出让给蓝顶公司的80亩土地原来有一部分是宅基地，农民拥有使用权；一部分是未利用地，属于集体所有。案例中的土地流转其实回避了土地产权的复杂性，容易在今后导致庙山村与蓝顶公司的经济利益纠纷。而50年流转期满后这些土地何去何从？这也为案例中的土地流转埋下了隐患。

（三）深圳：土地整备

1. 案例背景

深圳是中国经济发展速度最快的沿海开放城市之一，经济发展产生巨大的用地需求。而受自身土地资源禀赋的限制，近年来深圳市的建设用地矛盾非常突出。随着经济和社会的发展，目前深圳市急需连片土地来支撑战略区域的发展和重点产业的布局。深圳拥有 1991 平方公里的陆域面积，其中有 974 平方公里的生态控制线。截至 2013 年年底，深圳市建成面积已超过 900 平方公里，这也意味着剩余的可开发面积仅有 40 平方公里左右。因此，在今后的发展中深圳只能依靠存量建设用地的再开发来满足用地需求。

在深圳 900 多平方公里的建设用地中，集体建设用地占 40% 左右。深圳毗邻香港，具有独特的区位优势，大量外资的涌入使得深圳市的集体建设用地也具有巨大的市场需求。一方面这极大地推动了深圳农村地区的工业化与城市化，另一方面由于土地管理法律法规及土地流转规范机制难以适应经济发展的需要，深圳许多地区的村集体和镇政府采取种种有利于自身利益实现的土地开发方式，造成数量较大的合法外用地。因此开展集体建设用地再开发的最大问题是如何协调好与土地原产权人间的关系。考虑到市场主导的再开发模式难以处理这些问题，深圳市于 2011 年开始推行政府主导的土地整备，旨在为重点产业布局以及重大公共服务和基础设施建设提供连片土地，以及解决上述历史遗留问题。简单来说，土地整备是指政府结合土地利用实际情况，制订新的土地利用方案，在划定的区域内综合运用规划、土地制度等公共政策，实施土地归并、收购、置换、入股等方式进行权属调整，并对调整后的土地进行整理以备出让的过程①。这里选取深圳鹅公岭社区的土地整备项目为例进行说明。

鹅公岭社区位于深圳市龙岗区平湖街道东部，南邻机荷高速、水官高速，东倚东莞雁田水库，城市主干道东深路从中穿过，处在龙岗中心城、横岗中心、布吉中心和平湖中心之间，紧邻东莞市凤冈镇，是联系特区与

---

① 张宇：《高度城市化区域土地整备运作机制研究——以深圳市为例》，《特区经济》2012年第 1 期。

龙岗区、东莞市的重要节点，交通区位条件优越。该地区的土地虽然仍保持着集体产权的性质，但实际的使用方式和强度已经接近国有土地。该地区集体建设用地主要用包括村民宅基地和社区股份公司工业建设用地，物业租赁和工业是该地区的主要收益来源。地方政府计划通过土地整备，在该地区引入高端产业和新兴产业，建设高新科技产业示范园区，项目区总面积共 76.61 万平方米。

2. 案例具体实施过程

在鹅公岭案例中，政府旨在通过土地整备引进高端产业和新兴产业，带动片区产业发展和环境改善。为此，政府针对该区域制订了新的土地利用方案。以城市主干道东深路为主轴，南侧进行整体拆建形成产业主体功能区，北侧进行局部拆建和整治提升形成生活服务配套区。

接着是补偿方案的确定。政府经过与原产权人的协商谈判，最后采用了土地补偿（按土地面积 1∶1 补偿非农建设用地）、建筑物补偿（按合法建筑面积 1∶1 补偿私宅，按建筑面积 1∶0.3 补偿集体在非农建设用地外的物业）、货币补偿（超标私宅部分仅能获得货币补偿）相结合的方式，并且对补偿的土地性质和容积率进行了调整。

对于村民的私宅，符合"一户一栋"，被征收房屋建筑面积不超过480 平方米的部分，按"拆一补一"原则进行物业补偿或者给予货币补偿，其中货币补偿为 5607 元/平方米；超过 480 平方米的部分，只给予4500 元/平方米的货币补偿。案例中村民基本选择物业补偿的方式。为此，政府划定 1.51 万平方米为安置房建设用地，容积率 3.1，住宅建筑面积为 4.52 万平方米，用于私宅的补偿。

非农建设用地指标范围内的工业类房屋按龙岗区人民政府的"工业进园"原则，非农建设用地按土地面积在本项目范围内给予等面积置换，并占用已批非农建设用地指标，建筑物按重置价给予货币补偿。在案例中，政府安排 10.65 万平方米安置和发展建设用地给社区股份公司，划定7.47 万平方米用地为产业发展和配套用地，容积率为 4；划定 3.18 万平方米用地为商住用地，为工业区提供生活服务配套设施，容积率为 3.59，其中住宅面积 11.9 万平方米。

非农建设用地指标外的集体工业类房屋按建筑面积以 1∶0.3 的比例折换为商业建筑面积后折换为土地面积予以安置，建构筑物按照重置价补。为此，划定 0.81 万平方米土地为商业安置区，可建设面积 2.44 万平方米，用于补偿集体在非农建设用地以外建设的8.15万平方米工业类房屋。

由此可见，政府将补偿集体建设用地的一部分土地用途调整为商住，并且明确和提高了补偿土地的容积率；对于集体在非农建设用地外的工业物业，也将用途调整为商铺予以补偿。这种补偿方式考虑到了深圳特殊背景下的历史遗留问题，使得集体对该补偿方案十分满意。最后，根据土地管理的法律法规，政府将制定的项目补偿方案和土地利用方案报上一级主管部门审批，通过审批后进一步开展后续的工程。

3. 案例中政府与农民的成本和收益

政府在开展土地整备过程中产生的成本主要包括货币补偿费用、各项工程费用、基础设施建设费用以及为推动工作开展的各项无形成本。上文详细描述了案例的补偿标准，但截至目前不能确定项目总的补偿费用和各项工程费用。政府承担的无形成本主要包括：信息搜集成本，政府作为外在推动者搜集当地信息的成本；融资成本，主要指政府向银行进行抵押贷款产生的成本；谈判成本，主要包括发生在地方政府与原产权人之间就补偿方案等进行协商产生的费用、地方政府与上级主管部门之间就土地利用方案进行协商产生的费用。

政府作为项目实施的主体，需要负责资金筹集、补偿方案制订、土地利用方案制订等一系列工作。一般来说，土地整备需要大量的资金投入用于土地原产权人的补偿、土地整理、基础设施基础，等等。土地整备项目从资金投入到实现出让收益一般需要5年甚至更长的周期，这就意味着政府需要在短期内通过自筹实现资金投入。如果完全依靠政府的财政收入支撑项目，将可能对其他公共设施、民生保障的提供产生重大的不利影响。因此政府选择以整备的土地作为抵押物向银行贷款。

对于政府而言，用于各类补偿的土地面积为32.89万平方米，而按照公共服务和基础设施用地面积占总面积30%粗略计算，公共服务和基础设施占地约为22.83万平方米，政府尚可收回净地20.28万平方米，约为土地整备总面积的27%。政府通过土地整备获得的土地，可以通过出让获得出让金收益，这是政府的直接经济收益。在整备后建设高新科技产业园区，其进行的生产交易活动也能带来税收收入，并且产业园区的建设能够带动周围经济发展。因此从长远来看，政府能够从土地整备项目盈利。

对于集体而言，非农建设用地按照土地面积1：1获得了土地补偿，并且其中约三分之一的土地用途由工业用地变更为商住用地,工业用地容积率也调整为4,远高于现状。非农建设用地以外的集体物业也按照建筑面积1:0.3获得了商铺补偿。经过土地整备后,集体资产价值大幅度上升。

对于村民而言,失去原住宅后可按照合法建筑面积1:1取得安置房或者获得相应的货币补偿。符合原村民非商品住宅建设标准与人口资格标准的住宅,即"一户一栋",被征收房屋建筑面积不超过480平方米的部分,按"拆一补一"原则进行产权调换或者给予商品房交易均价的货币补偿,案例中为5607元/平方米;超过480平方米的部分只能按市场评估价格给予货币补偿,案例中为4500元/平方米。以货币补偿计算,村民一套宅基地100平方米,建筑面积480平方米的房子所获补偿约为270万元。征收原村民符合"一户一栋"政策的房屋,被征收房屋建筑面积不足480平方米的,且被征收人选择产权调换的,可以选择以购买方式补足480平方米,不足480平方米部分由被征收人按"龙岗区全成本安居房"价格标准购买。且土地整备后周围环境得到改善,村民房屋的租金将大幅度上涨。

4. 案例小结

鹅公岭地区的集体建设用地再开发是通过政府主导的土地整备模式实现的。政府作为土地整备的组织者,一方面结合集体建设用地的利用现状和发展方向制订新的土地利用计划,并报上一级主管部门审批;另一方面制订补偿方案,并与村民和集体进行协商。

总体来说,该项目的规模较大,涉及产权主体较多。考虑到深圳集体建设用地利用的特殊背景,地方政府在土地整备过程中采取了以土地和房屋补偿为主的方式,不仅实现了原产权人分享收益的要求,并且能够减少政府的资金投入,降低融资风险。事实上,这种方式一定程度上使原产权人也承担了一部分投入(与征地拆迁相比,他们得到的货币补偿较少)。在鹅公岭项目中,村民和村集体获得了土地和建筑物的补偿,并且政府调整了部分土地的性质和容积率,一定程度增加了资产价值。

借助独特的区位优势,深圳成为大陆地区发展较早较快的城市之一。虽然深圳目前的发展已经摆脱了对土地财政的依靠,但是深圳目前仍然处于经济快速增长和加快转型升级的重要时期,城市的进一步发展需要土地的支撑。正如上文所述,深圳的土地资源十分紧张,难以获得足够的新增建设用地，因此政府寄希望土地整备能收回部分净地，用于重点产业布局和城市未来发展储备。由于经济利益的驱动，深圳农村地区的集体建设用地也得到了不同程度的开发，在深圳地区进行集体建设用地征收的成本非常高。因此在本案例中，如果采用货币补偿的方式将会给政府造成巨大的财政压力。另外，对于集体建设用地产权人来说，集体建设用地一直是他们的收益来源，因此产权人更倾向于在集体建设用地的再开发中，利用自己的财产权利实现投资获得回报。因此以土地和房屋进行补偿的方式能够提高原产权人参与积极性。

当然这种补偿方式要注意的问题是，如果土地补偿规模过大，建筑物补偿占用土地过多，再加之政府需要一部分土地修建公共基础设施，可能导致政府无法收回净地用于重要产业布局和城市未来发展。因此，补偿方案的制定要考虑实际情况，确保实现政府推动土地整备的初衷。

四　政府主导模式解析：基于案例的比较

在本章中，嘉兴、成都、深圳的案例代表了三种政府主导的集体建设用地再开发模式，反映了在不同经济社会背景和制度环境中各地政府结合自身情况探索农村存量建设用地盘活之路。在这些案例中，政府作为存量建设用地盘活项目的主导者，负责组织和管理整个再开发项目的运行，包括项目前期工作（选址、立项、设计方案等）、补偿方案的制订、资金的筹措、项目的实施与监管，等等。一方面，政府需要承担项目运行的风险，比如项目中有些做法可能导致农民的不满从而引发矛盾或者是项目整体的资金无法平衡等问题；另一方面，政府参与土地二次开发利益的重新分配。

在嘉兴和成都的案例中，地方政府采用了增减挂钩这一工具。这是因为政府主导的项目一般规模较大，需要投入大量的资金，单纯依靠政府财政很难维持，而借助用地指标的交易可以为项目筹集资金；同时增减挂钩也可以为城镇的发展提供额外的用地指标，缓解城镇用地紧张的形式，实现城乡间资源的流通。然而在具体实践过程中，两个地区的侧重点不同。

浙江嘉善是东部沿海经济发达地区，对农村存量建设用地的盘活实践由来已久（早期的折抵复垦指标），目前嘉善的农村土地综合整治工作已经发展出一套比较成熟的操作体系。嘉善将增减挂钩与农房集聚改造工作相结合，比较注重推进农户的集中居住，并且为了提高农民参与的积极性制定了多样化的选择。

成都是全国统筹城乡综合配套改革试验区，具有先行先试的制度优势，由此发展出了许多具有地方特色的模式。成都的案例借鉴了增减挂钩的模式，其特殊之处在于建新区的操作，即在不改变农村集体土地性质的基础上进行流转。它实质上是通过增减挂钩工作转移集体建设用地，为的是让具有区位优势的地区引入文化产业发展。这种方式一定程度上解决了当地农民的后顾生计问题，更有利于农村的全面发展和农民生活水平的进一步提高。

不同于嘉兴和成都，深圳的集体建设用地再开发主要是通过政府主导的土地整备模式进行的。土地整备旨在为重点产业布局以及为重大公共服务和基础设施建设提供连片土地，以及解决因土地产权产生的历史遗留问题。由于特殊的区位条件，在过去的几十年里，深圳的集体建设用地得到了不同程度的发展，为深圳的经济发展贡献了重要力量。在深圳的许多地区，集体建设用地已经成为当地村民的重要经济收入来源。因此政府在开展土地整备的过程中需更加关注如何协调好与原产权人的利益关系。

（一）三个案例的简单比较

1. 实施方式的差异

简单来讲，在嘉兴案例中政府对农民集中居住节约的集体建设用地进行整理，通过增减挂钩这一平台将结余的建设用地指标转移到城镇发展需要的地方。在成都案例中政府在拆旧区进行集体建设用地复垦，整理出的建设用地指标一部分用于在本区域安置农民，一部分通过增减挂钩转移到建新区。建新区指标的使用没有遵循传统的征地方式，而是直接以集体建设用地的形式进行出让。在深圳案例中，政府通过土地整备对区域内的土地利用进行重新规划，将区域内一部分土地用于补偿农民和集体，一部分进行出让。三个案例虽然在采取的具体手段上存在差异，但都折射出目前政府在推进集体建设用地再开发过程中遇到的一些问题。

嘉兴和成都的案例中，推动集体建设用地再开发的关键因素在于增减挂钩实现了建设用地指标的转移使用。正如上文所述，区位是影响集体建设用地再开发的重要因素。不具备区位优势的集体建设用地一般需借助一定的政策工具进行再开发。三个案例中集体建设用地再开发的结果也存在差异。嘉兴案例中，集体建设用地再开发的主要对象是农民宅基地，结果是农民居住用地大幅度减少，结余的建设用地指标进行出让，转为国有性质。成都案例中，集体建设用地再开发的主要对象也是农民宅基地，结果是农民居住用地更加集约，结余的建设用地保持集体产权性质进行出让，但其出让价格明细低于同区域国有建设用地。深圳案例中，集体建设用地再开发的主要对象是农民私宅用地和集体产业用地，结果是安置用地的容积率相应提高，结余出的集体建设用地进行出让（一般来说深圳的土地整备会改变集体建设用地的产权性质，但在本案例中不确定）。地方政府之所以转变集体建设用地的产权性质，是因为集体产权的模糊性、土地市场的不成熟以及现行法律的相关约束造成了集体建设用地的弱势性，使其不能与国有建设用地进行平等竞争，市场主体更倾向于使用不确定性较低的国有建设用地。制度环境对集体建设用地的各种限制不利于其二次开发，地方政府只能借助相关政策工具减弱这种不利影响。

嘉兴案例中政府承担了集体建设用地再开发的大部分成本，可通过指标出让获得直接收益，弥补投入；农民承担了一小部分的费用，通过政府补偿获得新居。集体建设用地二次开发的增值收益大部分由政府获取。成都案例中政府承担集体建设用地再开发的大部分成本，通过集体建设用地的出让获得直接收入弥补投入；拆旧区的农民需要承担建房费用，获得货币补偿，建新区的农民承担一小部分建房费用，获得货币补偿和新居，文化产业的引入可增加农民间接收益。建新区的农民参与了土地增值收益的分配。深圳案例中政府承担集体建设用地再开发的一部分成本，并通过收回土地的出让获得直接收益弥补支出，通过税收获得间接收益；村民和集体以其物业间接投入，获得等面积的物业补偿，并且土地整备带来物业价值的提升。政府、村民和集体共同参与了增值收益的分配。相对来说，深圳案例中村民和集体分享到的土地增值收益比例相对较大，成都案例中建新区的农民分享到的增值收益次之，嘉兴案例和成都案例拆旧区的农民分享到的增值收益较少。

2. 成本分担的差异

一般来说，政府基本承担了集体建设用地再开发的大部分费用（也有部分地区存在农民自筹一小部分资金的情况）。在集体建设用地再开发中，政府最主要的成本是补偿、安置原产权人的费用。嘉善的案例中政府建设标准公寓房或联排房来安置农户，安置成本为 5 万元/亩；除此之外政府还提供了一定的货币奖励。在成都的案例中，政府在拆旧区采取货币补偿的方式，平均为 18 万元/亩；在建新区采取安置补偿的方式，成本为13.75 万元/亩。深圳案例中，政府向原产权人提供了两种补偿方式：住房或者货币。房屋面积不超过 480 平方米的部分，原产权人可以选择按照建筑面积 1∶1 换取新居，政府需要投入安置房建设成本（暂无数据）；如果原产权人选择货币补偿，补偿标准为 373.8 万元/亩。房屋面积超过480 平方米的部分，只有货币补偿一种方式，标准为 300 万元/亩。此外，深圳案例中还涉及许多工业用途的非农建设用地以土地进行补偿，基本没有资金投入。

通过货币成本的比较可以发现，如果原产权人选择货币安置，那么深圳案例的成本将远远高于其他两个案例。凭借区位优势，深圳的集体建设用地在过去几十年里得到不同程度的发展，成为产权人的重要经济收入来源。比如在鹅公岭地区，物业租赁和工业是该地区的主要收益来源。在深圳，如果要说服原产权人放弃建设用地需要付出很大的成本。因此，如果采取货币补偿的方式，政府需要在项目初期投入很高的资金。这无疑给政府增加了财政压力和融资风险。在实际中，政府推行了另一种补偿方式——以地补偿，也就是在原区域内按一定比例给予置换，这种方式大大降低了政府的资金投入。

存量集体建设用地的再开发必然涉及许多农民，在这个过程中农民也付出了成本，可能是资金的投入也可能是失去了原有住房。在嘉兴案例中，农民失去原有住房，并承担约 20% 的费用，具体用于获取安置房或自行建房，农民平均支付 1 万元可以获得标准公寓房安置。在成都的案例中，拆旧区的农民失去原住房，并自行承担新房建设费用；建新区的农民失去原住房，并需为统规统建的新房支付每平方米 480 元的费用，按照人均 35 平方米的住房补偿标准，农民人均支付 1.7 万元左右。深圳案例中，农民虽然没有直接的资金投入，但间接承担了一部分费用，主要包括失去私宅以及在项目实施阶段物业租金的流失。

3. 收益分配的差异

在三个案例中，收益分配方案均由政府制定。政府作为主要投资方，希望通过指标或者建设用地的出让达到资金回收的目的。因此指标或者建设用地出让的收益及分配决定了项目能否顺利推进。在嘉善的案例中，指标用于第二产业出让时的收入是 25 万元/亩，用于第三产业出让时的收入是200万元/亩，这与当地土地出让的价格基本相同（当地工业用地现行价格为每亩25万元，商业用地为每亩180万元）。指标出让的价格高于政府支付给农民的成本，为政府承担项目成本奠定了基础。成都案例中集体建设用地以每亩50.23万元的价格出让，由于是集体产权性质，所以价格低于当地国有建设用地出让价格。集体建设用地的出让价格高于政府支付给农民的价格。深圳案例中由于整备后的土地还没有进行出让因此暂时没有具有数据，可以以相同地区的土地出让价格为参考。根据新制订的土地利用计划，整备后的土地将用于建设高新产业园区，该地区工业用地出让价格为280万元/亩左右。这个价格远低于于政府提供给农民的货币补偿价格，再次证实如果采用货币补偿的方式，政府将入不敷出。由于三个地区的经济社会发展程度不同，相应的集体建设用地再开发的增值收益也存在差别。此外，在成都和深圳的案例中，文化产业基地和高新产业园区的建设将给政府带来一定税收收入，以及因产业发展正外部性带来的收益。

农民的直接经济收益主要来自于政府相应的补偿。对于需要安置的农户来说，他们有些获得了新居作为补偿，有些获得了新区的宅基地和建房补助费。在嘉善案例中，农民可以选择标准公寓房、联排房以及货币补偿中的任意一种，此外还有一部分货币奖励。在成都案例中，拆旧区的农民获得了新的宅基地以及建房补贴，而建新区的农民获得了统规统建的新房。在深圳案例中，原产权人大都选择了住房安置的补偿方式。而宅基地以外的集体建设用地（原来主要用于工业，产权主体是社区股份公司）按照土地面积1∶1获得了土地补偿，并且其中约三分之一的土地用途由工业用地变更为商住用地，工业用地容积率也调整为4，远高于现状。非农建设用地以外的集体物业也按照建筑面积1∶0.3获得了商铺补偿。

新区带来的生活环境的改善以及基层设施的完善是农民获得的无形收益。此外，在成都农民还获得了长远发展的机会。在成都的案例中，政府引入了文化产业，在盘活农村存量建设用地的同时，为项目地区发展休闲观光农业及文化旅游产业提供了契机。这些附带效应对于当地农民的后顾生计以及农村的经济发展具有重要意义。在深圳，经过土地整备后，无论是私宅还是集体资产，土地和其上物业的价值立刻大幅度提升。

（二）政府主导模式选择的影响因素

上文分析了实践中不同政府主导模式的差异性，这里就政府主导模式的一些共性因素进行分析。通过上文的分析可以发现，政府主导模式的出现有其特定的背景，主要受社会经济、制度环境以及集体建设用地本身特征的影响。

1. 经济社会背景

无论是嘉兴还是成都或是深圳，经济社会的发展程度都较高。其中，嘉兴是东部沿海经济发达城市，成都是中西部地区经济发展较快的城市，深圳是中国经济发展最快的沿海开放城市。经济的快速发展必然产生较大的建设用地需求，目前依靠新增建设用地已经很难满足这种需求。以深圳为例，目前深圳市剩余可开发的面积仅有 40 平方公里左右，基本满足不了今后的建设用地需求。在城市建设用地供需矛盾日益尖锐的情况下，农村存量建设用地的再开发对缓解建设用地供需矛盾，优化建设用地配置具有重要意义。这无疑增加了集体建设用地再开发的经济价值，为市场、农民、政府等不同主体进行再开发奠定了经济基础。其中市场主导和农民自发两种模式规模有限、区位相对固定（多发生在城市近郊区）。政府更倾向于从全局出发推进集体建设用地再开发，以实现大规模的土地利用空间优化，节约更多的建设用地指标来满足经济社会发展的需要。

一般来说经济社会发展程度较高，农民对集体建设用地的期望也高，因此外部主体推进集体建设用地再开发需要巨大的投入。虽然集体建设用地再开发具有一定的增值收益，但投资和收益之间存在时间差，因此需要外部主体拥有一定的经济能力。相应地，在经济社会发展程度较高的地区，政府的财政能力较强，政府一般以财政资金进行垫付，让再开发项目可以顺利进行。但政府的财政毕竟有限，这种方式不可能在全国范围内铺展开来。

2. 制度环境

我国特定的制度环境对集体建设用地的再开发造成约束。根据现行的产权制度，农村建设用地属于集体所有。表面上明晰的产权归属在实际中却是模糊的。正如上文所述，产权主体的指向不明以及权能的残缺致使其无法与国有土地进行平等竞争，甚至可能产生纠纷矛盾，深圳案例中关于集体建设用地的历史遗留问题也正是因为集体产权的缺陷而产生的。而模糊的产权必然对以市场方式进行集体建设用地再开发产生较大限制。

另外，土地规划的约束也迫使政府不得不做出改变。中央通过土地规划控制地区建设用地总量以及年度新增建设用地量。随着这种控制的不断加强，建设用地供应的稀缺性愈加强烈，也使得农地转用的成本越来越高。发展经济需要更多的建设用地，如果很难通过新增建设用地满足需求，政府必然会转向存量巨大的农村集体建设用地。土地市场的不完善对集体建设用地价值的实现造成了约束。而政策环境的变化为政府调整建设用地布局、实现集体建设用地价值提供了可能性。近年来中央针对集体建设用地在全国推行了两类试点，即集体建设用地使用权流转试点和城乡建设用地增减挂钩试点。其中增减挂钩政策能够将远郊区集体建设用地再开发结余的指标转移到需要的地方，为不具备区位优势的地区的集体建设用地再开发提供了平台。具体来看，浙江省是国土部设置的增减挂钩试点，该政策为政府开展集体建设用地再开发提供了重要工具。成都市是国务院设立的国统筹城乡综合配套改革试验区，鼓励地方进行自下而上的改革探索。同时试验区的设立给成都带来了许多政策便利，近年来成都市针对集体建设用地流转和增减挂钩先后制定了一系列地方政策。深圳是国内较早开展集体建设用地流转的地区，一直以来深圳的土地利用大量涉及集体建设用地流转入市的创新做法，存在发展比较完善的集体建设用地流转的隐形市场，影响集体建设用地再开发的潜在收益和收益分配。

3. 集体建设用地特征

集体建设用地本身的特质也影响建设用地再开发的各种可能。受区位影响，城市近郊的集体建设用地具有较高的经济价值，市场需求较大。比如说在嘉兴就有许多城郊的集体建设用地以厂房的形式出租。那些交通不便的远郊集体建设用地只有很低的甚至没有经济价值，很难吸引市场投资。而事实上，大部分集体建设用地由远郊地区占有。这也意味着单纯依靠市场力量很难大范围推动集体建设用地的再开发。而目前政府主要借助一些政策工具来消除区位对集体建设用地再开发的影响，比如嘉兴和成都的案例中都借助了城乡建设用地增减挂钩政策。

另外，农村集体建设用地以宅基地为主，地块较为分散。单个农民可能无法提供足够规模的集体建设用地，难以吸引市场需求。而如果要提供大规模的集体建设用地，则需得到产权主体的同意。协商的过程会产生很高的成本，农民很容易陷入集体行动的困境。市场方式和农民自主方式很难处理好这个问题。政府主导模式能够从全局上把握再开发的规模，将分散在众多农民手中的土地集合起来。比如嘉兴案例中，政府采用零星聚集的推进方式，对几百户农民的宅基地进行复垦，并将结余指标进行统一出让。

五 政府主导模式的选择逻辑

总的来说，经济社会发展的程度影响了建设用地的供需状况以及集体建设用地再开发的潜在收益。由于建设用地供需矛盾的加深，政府将目光转向了数量庞大的集体建设用地；集体建设用地再开发的潜在收益为政府主动承担成本奠定了基础。集体建设用地的特征影响了再次开发的可能性以及产权人的偏好。区位条件差的集体建设用地经济价值较低，直接进行再开发的可能性低；集体产权的弱质性增加了市场交易的难度，分散在不同产权人手中的集体建设用地很难聚集到能够吸引市场主体的规模。因此政府主导模式的出现有其必要性。制度环境的变化增加了再次开发的可能性。增减挂钩、集体建设用地流转等一系列政策成为政府开展集体建设用地再开发的重要工具。最后，这些因素的地区差异导致不同地区政府主导下集体建设用地再开发的不同实施方式的出现。这是政府主导模式出现并在实践中演变的外在诱因。

而政府主导模式被选择的内在原因在于，在三个案例中该模式能够尽可能降低集体建设用地再开发的过程成本。通过案例的比较分析可以发现，三个案例中的集体建设用地再开发具有一些相似的特征。

一是集体建设用地再开发的规模较大。嘉兴案例中涉及的集体建设用地约为 200 亩，成都案例中为 290 亩，深圳案例中约为 1100 亩。这是因为政府进行集体建设用地再开发的目的在于大面积优化土地利用空间，同时节约更多的指标来满足经济发展对于建设用地的需求。

二是集体建设用地再开发涉及的产权主体较多。一般来说，农村存量建设用地以宅基地为主，单户面积较小，且较为分散。政府主导的项目往往囊括了许多这样小而分散的地块。嘉兴案例中，土地整治项目涉及农户 279 户；成都案例中，增减挂钩分别涉及拆旧区和建新区两个村庄的农民；深圳案例中，土地整备涉及众多居民和小业主。

三是集体建设用地再开发的资金需求量比较大。嘉兴案例中总成本为 5903.36 万元，成都案例和深圳案例虽然没有直接的数据，但根据对农民的补偿、基础设施建设等数据可以知道，这两个案例的投入水平不低于嘉兴。

四是集体建设用地再开发的投资和收益存在时差。嘉兴案例和成都案例中，集体建设用地再开发的收益来源于结余建设用地指标的出让及以后的税收收入；深圳案例中，再开发的收益来自土地整备后相关地块的出让及以后的税收收入。而一般来说，这些收益只有在再开发的工作基本完成后才能产生，因此与投资之间存在时差。

五是集体建设用地再开发都基于一定的时机。嘉兴案例中，农民的房屋多于20世纪八九十年代建造，较为破旧，因此集体建设用地再开发正值农民建房热潮。成都案例中，受邻近地区产业辐射影响，又正值蓝顶创意有限公司按照政府规划向案例地区迁移。深圳案例中，正值地区向高端和新兴产业转型。

事实上，正是这些特征决定了政府主导模式被选择。其中暗含的逻辑是，政府主导模式能够降低案例中集体建设用地再开发的过程成本。集体建设用地再开发规模大，而集体建设用地较为零星分散，涉及的产权主体较多。一方面，这些特征增大了产权主体间利益诉求的异质性和多样性，增加了主体之间自我协商的难度和成本，此时政府以外部强权的形式介入有利于降低成本。另一方面，这些特征使得再开发过程中可能发生的冲突比较多，产权主体很难控制这个过程中的成本，而政府介入能产生较好的控制效果。

集体建设用地再开发存在较大的资金需求，且收益的产生滞后于投资。这些特征增加了再开发的融资风险、收益风险以及投资的机会成本，依靠市场或者自发的方式无法有效进行控制，政府主导模式能够较好地避免这些风险，产生较好的成本控制效果。集体建设用地的再开发需要借助一定的时机，实施时间的把握对再开发产生重要影响，较市场或者自发的方式而言，政府相对能够较好适应。

六　政府主导下农村存量建设用地再开发的政策建议

本章主要列举了政府主导下三种不同的集体建设用地再开发模式：嘉兴的增减挂钩推进农民集中居住、成都的增减挂钩推动集体建设用地流转、深圳的土地整备。在对案例进行逐个解析的基础上，文章对三个案例的差异做了简单比较，并从内外两个方面分析了影响政府主导模式选择的因素。在这些分析的基础上，本章给出如下结论和政策建议。

（一）研究的主要结论

第一，在政府主导模式中，政府、集体、农民在集体建设用地再开发中扮演了不同角色。政府作为集体建设用地再开发的主导者，基本承担了从项目选址到工程实施的一系列工作。政府作为一个外部主体介入到集体建设用地的利用，决定了再开发的方式以及收益分配。集体作为政府与农民的中间人，一方面协助政府开展工作，另一方面向政府转达农民的意愿。农民作为土地的产权人，试图与政府展开谈判以争取更多的利益。

第二，政府主导模式的出现有其合理性和必要性。随着经济社会的不断发展，建设用地的供需矛盾不断加深。目前在许多经济发展较快的地方，新增建设用地已经满足不了经济发展的需要。政府有动机推进集体建设用地再开发，以实现大规模的土地利用空间优化，节约更多的建设用地指标来满足经济社会发展的需要。集体建设用地的再开发是一种规模化需求，分散在不同产权人手中的集体建设用地很难聚集到能够吸引市场主体的规模，需要政府的介入。

第三，增减挂钩、集体建设用地流转等政策的出台为政府开展集体建设用地再开发提供了有效工具。区位条件较好的集体建设用地拥有较高的经济价值，比较受市场青睐，但这部分占的比例极小。大部分的集体建设用地不具备区位优势，直接进行再开发的潜在收益不大，甚至难以覆盖成本。增减挂钩等政策能够消除区位的影响，将远郊区的集体建设用地以指标的形式转移到城镇建设需要的地方，实现其价值。目前，增减挂钩政策已经成为政府大规模推进集体建设用地再开发的有效工具。

第四，政府主导的集体建设用地再开发是一项规模化的工作，这项工作的开展需要强大的资金保障。对三个案例成本的分析可以发现，在开展集体建设用地再开发的过程中，需要政府投入比较多的成本。而因为再开发的收益获取与成本投入之间存在一定的时间差，因此再开发的费用需要政府先来垫付，政府普遍遭遇了巨大的资金周转压力。对于政府来说，单纯依靠财政资金是一种不可持续的方式，因此必须找到更好的融资渠道。

第五，政府主导模式发展出了不同形式的地方实践，不同形式的选择产生了不同的资源配置效果。从案例研究中可以发现，在实践中集体建设用地再开发的具体实施方式在地区之间存在差异，资源配置的方式和结果存在差异。嘉兴以增减挂钩为平台，一方面推进农民集中居住提高宅基地的利用效率,另一方面将结余的指标转移到城镇建设需要的地方。成都同时借助了增减挂钩和集体建设用地使用权流转两项政策工具,既提高了农民宅基地的利用效率,又在集体建设用地上引入了文化产业建设。深圳通过土地储备实现了村民和集体的土地置换,以提高容积率的方式改变了土地的利用效率,并引入高新产业园区。

第六,不同政府主导模式的差异还在于成本分担和收益分配方式的不同。嘉兴案例中政府承担大部分成本并获取大部分增值收益,农民承担一小部分成本,分享增值收益的比例不大。成都案例中政府承担了大部分费用并获取大部分增值收益,政府将这部分收益投资到引入文化产业的相关建设中。拆旧区的农民承担了一小部分费用,分享增值收益的比例不大;建新区的农民承担了一小部分费用,直接分享的增值收益的比例同样不大,但政府引入文化产业能够提高他们的收入,属于间接分享了土地增值收益。深圳案例中政府承担了一部分费用并获取增值收益;村民和集体通过土地置换进行投入,相当于放弃了直接的货币补偿,土地整备带来了区域内土地价值的提升,村民和集体分享到增值收益。三个案例中农民分享土地增值收益的比例不同,这与案例中集体建设用地再开发的方式以及政府的补偿方案相关。而经济社会发展阶段、集体建设用地的特征以及制度环境背景共同影响了政府的选择。

第七,政府主导模式的选择有其外在诱因和内在原因。政府主导模式受不同的经济社会、集体建设用地特征以及制度环境等因素的影响,演化出了不同的实施方式来满足特定地区集体建设用地再开发的需要,这是外在诱因。而政府主导模式被选择的本质原因在于,该模式能够尽可能降低具备特定特征的集体建设用地再开发的过程成本。

(二) 政策建议

上文的对比分析和结论为现实中政府主导下的集体建设用地再开发提供了一定的参考。通过案例的分析可以发现,为保障政府主导的存量建设用地再开发顺利推进,需要从以下几方面着手加强工作。

第一,集体建设用地再开发的具体实施方式要适应地区实际情况。本章选取的案例来自不同地区,在案例的分析中可以发现,在不同的经济社会背景及制度环境下,地方政府在集体建设用地再开发的实践中采取了不同的策略,以整合增减挂钩与农房集聚改造工作的方式开展,通过增减挂钩转移集体建设用地地块的方式开展以及通过土地整备进行土地置换的方式开展。集体建设用地再开发实施方式的选择应符合地区的实际情况，利用地区的优势，因势利导（比如成都案例中借助主城区带来的辐射效应引入非农产业进行存量建设用地盘活），使实施方式更具生命力。

第二，创新融资渠道，满足项目资金需求。集体建设用地的再开发是一项投资较大的工作，资金能否落实是工作能否达到预期目的的关键因素之一。目前以政府投入为主，地方政府普遍遭遇了巨大的资金周转压力。所以一种发展趋势是充分利用社会资本，引入多种融资渠道，形成政府主导下的多元化投资格局。因此需要明确界定政府以及投资方各自的责任、权利和义务，对盘活的建设用地收入按投资比例进行分配，形成投资与收益的良性循环。

第三，合理制定补偿标准，实现利益共享。农村存量建设用地属于集体所有，大部分是农民的宅基地。农民最关心的是补偿标准是否能够接受，补偿的资金能否到位，相关的收益如何分配。所以地方政府在实施盘活项目之前，必须根据当地的实际情况，制定切实可行的补偿标准和利益分配机制。

近年来，农村建设用地和农民宅基地的资产属性和经济价值日益显现。但是各地在盘活建设用地的过程中，普遍存在拆旧建新的补偿标准偏低的情况，部分地区的农民反映拆旧建新的负担较重。这表明目前开展的再开发工作中，集体建设用地的资产价值没有得到合理体现。各地应制定合理的补偿标准和利益分配机制，充分考虑集体建设用地的价值以及置换成城市建设用地后增值收益中包含着的农民利益，应让农民合理分享。

此外，简单的经济补偿并不能完全弥补盘活工作给农民带来的影响。地方政府开展盘活工作的最终目的，不仅是为了解决城镇的用地需求，更是为了让农民能够分享城镇化带来的成果。单一的货币或者房屋补偿方式，无法满足农民后期发展的需求。所以有必要探索针对农民建立长效的保障机制，切实提高农民的生活水平。

第六章

市场参与的城镇存量用地再开发

市场参与模式也是城镇存量建设用地再开发的组织形式之一。本章通过对比分析来自我国东、中、西部地区的三个案例，揭示了市场参与的城镇存量建设用地再开发模式的共性特征、优劣势以及绩效的影响因素。在此基础上，提出了优化市场参与城镇存量用地再开发的政策建议。

一 引言

党的十八届三中全会提出，要让市场在资源配置中起决定性作用。《国家新型城镇化规划》也明确提出要建立健全规划统筹、政府引导、市场运作、公众参与、利益共享的城镇低效用地再开发机制来"盘活存量"[1]。可见，市场机制将是未来推动城镇存量用地再开发重要的模式之一。实际上，发挥市场配置资源的作用，让市场参与城镇存量用地再开发，从而提高土地利用效率并促进土地资源节约集约利用的政策设想与实践由来已久。

早在20世纪90年代初，不少国内外开发商就已经参与了广州旧城区的许多位于繁华路段、人口和建筑密度较低地块的改造项目[2]。2004年，国务院下发的《关于深化改革严格土地管理的决定》就曾提出，要推进土地资源的市场化配置，健全土地节约利用机制[3]。2008年国务院发布的

---

[1] 参见《国家新型城镇化规划（2014—2020年）》，http://www.gov.cn/zhengce/2014-03/16/content_2640075.htm。

[2] 王桢桢：《城市更新的利益共同体模式》，《城市问题》2010年第6期。

[3] 参见《国务院关于深化改革严格土地管理的决定》，http://news.xinhuanet.com/news-center/2004-12/24/content_2377684.htm。

《关于促进节约集约用地的通知》也强调要充分发挥市场配置土地资源基础性作用，健全节约集约用地长效机制①。2009 年，国土资源部与广东省经协商，并报国务院同意，将以旧城镇、旧村庄、旧厂房改造为内容的"三旧改造"作为广东节约集约用地试点示范省建设的一项重要任务和政策创新，并制定了《关于推进"三旧改造"促进节约集约用地的若干意见》。该《意见》诠释了"政府引导、市场运作"的理念，即政府通过搭建平台，制定激励机制，充分调动政府、集体、土地原使用权人及相关权利人的积极性，吸引社会各方广泛参与"三旧改造"；支持和鼓励在符合相关规划条件下，由原土地使用权人自行改造或与市场主体合作改造、市场主体收购相邻地块改造的项目②。2012 年国土资源部下发的《关于大力推进节约集约用地制度建设的意见》重申，坚持市场配置土地资源，提高土地承载能力和利用效率③。2013 年国土资源部印发的《开展城镇低效用地再开发试点指导意见》正式明确了试点工作应遵循"市场取向、因势利导"的基本原则；并提出要鼓励和引导原国有土地使用权人、农村集体经济组织和市场主体开展城镇低效用地再开发④。

　　在现阶段的城镇存量用地再开发过程中，市场参与的再开发模式扮演着越来越重要角色，比如广东的"三旧改造"和成都的旧城改造等⑤。这些市场参与的城镇存量用地再开发模式显示出了一定的优越性但也存在着潜在风险与挑战。一方面，市场化运作体现了政企分开，职责分明的特点，改变了政府作为国家行政机构直接经营市场的不合理性，极大调动了企业作为经济实体，进行自主经营、自负盈亏的积极性⑥。发挥市场作用，让原业主自行改造，也有利于加快改造进度，最大限度地盘活存量建

① 参见《国务院关于促进节约集约用地的通知》，http：//www. gov. cn/zwgk/2008 - 01/07/content_ 851750. htm。

② 参见《广东省人民政府关于推进"三旧"改造促进节约集约用地的若干意见》，http：//www. gdlr. gov. cn/newsAction. do？method = viewNews&newsId = 020010040000110504。

③ 参见《国土资源部关于大力推进节约集约用地制度建设的意见》，http：//www. mlr. gov. cn/zwgk/zytz/201203/t20120321075536. htm。

④ 参见《国土资源部关于印发开展城镇低效用地再开发试点指导意见的通知》，http：//xxgk. wenzhou. gov. cn/xxgk/jcms_ f les/jcms1/web62/site/art/2013/9/6/art_ 2571_ 51263. html。

⑤ 谢戈力：《如何实现"三旧"改造中的"共赢"——"三旧"改造参与者利益平衡的博弈分析》，《中国土地》2011 年第 2 期。

⑥ 姚恭平、高世华：《旧城改造开发模式探析》，《江苏城市规划》2007 年第 7 期。

设用地，显化其资产价值，增加土地的有效供应①。借助市场竞争机制还能够选择到真正有实力、重信誉的开发商承担旧城改造项目，确保了工程质量②。举例来看，社会资金广泛参与的"三旧改造"切实有效地调动了各方的积极性，项目推进速度较快，呈现出业主、开发商自下而上主动改造、追求效率的改造特征，拉动了城市经济增长；在提高土地利用强度的同时，还改善了城市面貌和民生环境，扩大了就业，缓解了政府资金紧张的压力③。而对城镇工业用地再开发来说，引入市场化运作机制，不仅可以激励园区企业自行挖掘土地潜力，调动他们参与盘活低效土地的积极性；还能够推动高水平开发区对低效开发区的兼并、合并，输出管理品牌，带动产业结构优化升级和土地利用效率整体提高④。

另一方面，市场机制并不能自动实现公正的土地收益分配⑤。当经济不稳定、地价下滑时，市场参与方就算有再开发的投资计划也未必付诸落实⑥。在一些市场参与模式中，出现了房地产开发热潮，而公益性项目供给却面临困境。旧城改造产生的巨大利润被开发商拿走，但由于人口增加导致的公建配套设施不足的问题却留给了政府⑦。而且，这些市场主体通常只看到局部的、短期的经济利益，不注重保护城市历史文化和景观，甚至破坏城市的传统风貌和特色⑧。可以说，市场主体追逐经济利益的动机不仅有碍于提高城镇建设用地再开发的社会效益，片面依赖市场机制的城镇土地再开发行为更会催生房价上涨等弊端。此类由市场带来的短期经济

---

① 唐健：《城镇低效用地再开发政策分析》，《中国土地》2013 年第 7 期。

② 陈莹、张安录：《城市更新过程中的土地集约利用研究——以武汉市为例》，《广东土地科学》2005 年第 5 期。

③ 黄小虎：《新土改：政府不再经营土地》，《经济导刊》2013 年第 Z4 期。

④ 陈基伟：《上海市工业园区土地二次开发的困境与对策》，《上海国土资源》2012 年第 1 期。

⑤ 郑振源、黄晓宇：《集约用地呼唤土地资源市场配置》，《中国土地科学》2011 年第 4 期。

⑥ 黄健文、徐莹：《对旧城改造的再认识——以广州市"三旧"改造工作为例》，《规划师》2011 年第 1 期。

⑦ 宋立新：《"三旧"改造中的公益性项目供给机制研究——基于公共物品理论的思考》，《城市观察》2011 年第 2 期。

⑧ 曹堪宏、刘会平、黄洁峰等：《广州市旧城改造模式研究——以越秀区为例》，《华中师范大学学报》2006 年第 2 期。

效益推动的再开发行为，难以实现城市的社会、环境、文化等方面的整体提升①。此外，由于法律和监管体系不健全，一些开发商甚至借"市场参与"之机修改城市控制规划指标、牟取经济利益，无形中增加了规划管理部门的自由裁量权，丰富了权力寻租的途径和方式，形成了滋生腐败的温床②。

至此，有两个问题值得我们关注。首先，为什么同为市场参与的城镇存量用地再开发，其实际效果（即土地利用效率提高程度、成本和收益分配等）却存在差异？其次，在城镇存量用地再开发的过程中，究竟如何发挥市场机制的作用？为了回答上述问题，下文将首先从理论上探讨市场参与城镇存量用地再开发的背景和内涵。然后，以来自我国东、中、西部地区的市场参与的城镇存量建设用地再开发项目为例，分析市场参与的再开发模式的优、劣势及其影响因素，揭示此类模式背后的逻辑，以期能扬长避短，让市场的力量更有效地促进城镇存量用地再开发。

二 市场参与城镇存量用地再开发的背景和内涵

（一）市场参与的模式特征

市场参与的城镇存量用地再开发具有市场制治理结构的一般特点。第一，价格机制和经济激励发挥了重要作用。很明显，城镇存量用地再开发或者改变了老城区设施破旧、建筑杂乱的面貌，实现良好的生活环境与优越的区位条件相结合；或者提高了工业用地的产出率；或者通过规划调整，直接改变土地的原用途，使之适应周边环境的变化。这些都提升了原有地块的价值。再开发前后土地价格的巨大差异向市场主体传递出城镇存量用地再开发"有利可图"的信息。此种价格信号产生了显著的激励效果，促使自利的市场主体自发、自愿参与再开发。

第二，平等协商，合约自由。不论是开发商与居民户、开发商与工业用地原业主还是两家企业之间地位平等，都根据各自的利益诉求相互讨价

---

① 黄卫东、唐怡：《市场主导下的快速城市化地区更新规划初探——以深圳市香蜜湖为例》，《城市观察》2011 年第 2 期。

② 周晓、傅方煜：《由广东省"三旧改造"引发的对城市更新的思考》，《现代城市研究》2011 年第 8 期。

还价，最后形成再开发的合作协议。当然，如果双方未能达成合作意向亦属正常。同时，利益相关各方还遵循合约自由的原则，可以自主决定签约还是不签约、合作的对象、合约的内容（比如，成本分担和收益分配的规则）以及合约形式等。

第三，各市场参与者主要依靠外部权威来控制有关各方的行为，解决纠纷并确保合约的履行。也就是说，政府能够转变职能，扮演好引导者和市场监管者的角色，做好事前引导以及事中和事后监管的工作，协调市场主体间的利益冲突。而且，与城镇存量用地再开发相关的法律和为了推进再开发而出台的一系列配套政策法规是再开发的市场参与者维护自身合法权益和解决纠纷的依据。

简而言之，市场参与的城镇存量用地再开发就是政府转变职能，让市场主体（开发商、原业主等）通过自主协商谈判，在自愿基础上达成成本分担与收益分配的协议，主要依靠社会资本而非政府财政来完成存量用地再开发。而且，存量用地再开发的合约受到法律法规和配套政策的支持和保障，各市场主体的行为也受到合约、法律和政策的约束。

（二）城镇存量用地再开发、市场参与和制度环境

城镇存量用地再开发包括前期的勘查选址、规划设计、征地拆迁、补偿安置以及后期施工建设与经营管理等诸多环节。工程复杂，资金需求量大，投资周期长。而且，对再开发规模、地点和时机的选择具有一定的技巧性，需要专门化的知识。然而，地方政府的财政收入有限，难以单独承担如此繁重的再开发任务，需要社会资本的支持。再者，政府与开发商、企业等市场主体相比，缺乏城镇存量用地再开发的专门知识和经验，对市场环境的变化反应也较为迟缓。政府一旦决策失误非但不能实现再开发的既定目标，还可能造成土地资源的"二次"低效利用。而面对一些低效工业用地，如果由政府进行再开发，往往会在征购补偿方面遭遇原业主的"漫天要价"。既然如此，政府还不如通过一定的优惠政策或者"让利"来鼓励原业主自行实施再开发。正是在上述背景下，市场力量才获得了参与城镇存量用地再开发的机会。

在市场参与模式下，各行为主体因为受到经济利益的激励具有很大积极性和主动性推动存量用地的再开发。社会资本的注入缓解了政府再开发资金紧张的压力。同时，自利的市场主体凭借自己所掌握的专门知识和积

累的土地开发经验，根据市场环境的变化，制定符合实际的且能够最大化土地增值收益的再开发决策，有利于真正地提高存量土地的利用效率。另外，一些低效用地企业则主动改造所占用的地块或者通过兼并重组等方式盘活用地。如此，既达到了再开发的目的，政府又免于陷入企业索要高额征地补偿的窘境。

而制度环境层次上的一些特殊因素也可能促成市场参与城镇用地再开发。明晰的土地产权就是一大有利因素。城市的土地属于国家所有。国有建设用地使用权人依法对国家所有的土地享有占有、使用、转让和收益的权利。该产权安排为企业以土地交易的方式盘活低效用地、企业自主改造或者由开发商等社会资本实施再开发提供了依据。同时，该产权安排也确保了市场主体能分享再开发后的增值收益，还避免了因产权模糊不清而产生的诸多纠纷。与明晰的产权相对应的是，市场主体的土地使用权、收益权和转让权等合法权益均能得到法律保障，增强了制度的可信度。此外，从国家层面的《开展城镇低效用地再开发试点指导意见》对"市场运作"的强调到地方层面的具体优惠政策充分表明了政府引导、鼓励和支持的积极态度。而这也正是市场参与模式能够有效运转的重要条件。

（三）市场参与城镇存量用地再开发的理论初探

从理论上看，市场参与城镇存量用地再开发有三个方面的问题需要关注。首先，选择由市场参与城镇存量用地再开发实际上就在某种程度上决定了再开发完成后的利益分配格局。其次，市场参与的城镇存量用地再开发同其他类型的再开发模式一样都会产生成本。最后，市场参与的城镇存量用地再开发还有其特定的适用环境。

从利益分配来看，由于参与再开发的行为主体是在平等协商的基础上达成合作协议，再开发后的土地增值收益分配自然处在各方可接受的区间内。但是，各方可接受并不意味着利益分配公平或具有合理性。这是因为，不同的市场主体初始的资源禀赋、博弈能力及其他条件存在差异。比如，开发商与普通居民相比资金实力更强，可以动用更多的社会资源；优势企业和大企业比低效用地企业和小企业更具优势。但是，相对弱势的居民户、小企业或低效用地企业可以用"拒不合作"或成为"钉子户"相对抗。简单地说，形式或程序公平的议价过程并不一定会产生公平合理的分配结果。选择了市场参与存量用地再开发就选择了在一定程度依靠讨价还价能力的高低来决定最终的土地增值收益分配。此外，市场参与的城镇存量用地再开发实现了参与利益分配的主体的多元化，让再开发的利益相关者有机会参与分配土地增值收益，打破了政府单方面垄断利益分配的局面。

从制度成本来看，市场参与是有成本的"参与"。有意参与城镇存量用地再开发的市场主体要进行市场搜寻和度量以便获取与存量用地再开发相关的信息。它既包括土地权益人和潜在用地者等人的信息，也包括存量用地、周边环境等物的信息。这些必要的信息是后续协商谈判的基础，也影响到各利益主体能否最终达成存量用地再开发合约。故而，对上述信息的获取、鉴别、处理和整合自然要花费资源，产生信息成本。在结束了搜寻和度量之后，各市场主体就进入了协商谈判以及签订合约的阶段。该阶段需要决定土地再开发的规模、方式和价格等，进而确立再开发的增值收益分配的基本结构。由此产生的讨价还价成本是市场参与的存量建设用地政策成本最主要的来源。其中，定价特别是制定补偿标准的环节是各方进行博弈的焦点，会耗费大量的时间、精力和其他资源。

城镇存量用地再开发进入实施阶段之后，由于市场参与的存量用地再开发是建立在自愿协商的基础上，加之有了正式合约的保障，其执行和监督的成本一般较低。倘若有参与者违反了合约规定，引发了利益纠纷，那么有关各方一般会动用法律武器，依靠法庭秩序来解决争端与冲突，从而引致额外的交易费用。总体而言，市场参与的存量用地再开发的事前成本（即信息成本、协商谈判和决策成本等）较高。正是因为各利益主体在事前通过自愿协商就存量用地再开发的利益分配等关键问题达成一致，才节约了事后的执行和监督等成本。

从模式的适用性环境看，选择由市场参与城镇存量用地再开发有着特定的条件。第一，存量用地再开发后的增值收益大小。追求自身利益最大化，是市场主体的"本性"。城镇存量用地再开发的潜在利润空间如果比较大，市场主体特别是开发商等"第三方"社会资本就会乐于参与再开发，以便分享增值收益。第二，各方是否存在利益的契合点。如果再开发的利益主体之间的利益互补性比较强，存在互利互惠的可能，那么，就可能出现供给方与需求方，进而促成市场交易。第三，明晰的土地产权和相对简单的权属关系。这反映的是制度环境层面的要求。市场交易不仅是实物的交换还是权利的转移。清晰界定的产权是市场交易得以正常进行的前提。而相对简单的权属关系则可以减少为了整合产权进行再开发而产生的交易费用。第四，政府能否有效履行其职能。政府是市场的"守夜人"，应当确保再开发合约的履行，做好市场监管工作。第五，是法律法规和政策的完备性。健全的法律法规可以有效维护市场主体的合法权益，进而打消他们参与再开发的"顾虑"。一些优惠的政策则可以调动市场参与再开发的积极性。

上述理论分析为我们分析实践中的案例提供了基础逻辑。下面我们将通过三个不同特征的市场参与城镇存量用地再开发的案例来进一步揭示分析市场参与模式的优、劣势及其影响因素，揭示此类模式的选择逻辑。三个案例来自我国的东、中、西部地区。它们具有一定的代表性，分别反映了处于经济社会发展不同阶段地区的市场参与城镇存量用地再开发的具体表现形式。浙江平湖的案例体现出市场机制自愿协商、自由交易的运作机理和实际效果。湖北襄阳和四川成都的案例均表现了市场激励机制的作用。但两者不同的是，襄阳的案例突出了市场机制吸引第三方组织（即社会资本）参与再开发的成效；成都的案例展现的则是市场机制对存量用地使用者本身及其周边利益相关者所产生的多重效应。而且，三个案例的绩效皆不尽相同，值得我们深究。

三　浙江平湖：兼并重组、退低进高

"发展缺空间、用地缺指标、补充缺后备"是当前浙江省平湖市经济发展与土地管理面临的重大难题。根据 2012 年土地利用变更调查数据，平湖市建设用地面积 15718.23 公顷，超出规划 2020 年建设用地面积 3105.34 公顷；城乡建设用地面积 13797.16 公顷，超出规划 2020 年城乡建设用地面积 3203.16 公顷；建设用地规模和城乡建设用地规模倒挂严重。

为了腾空间、促发展、促转型，实现科学发展，平湖市针对发展空间不足的现状，充分走内涵挖潜之路，把实施"两退两进"（退低进高、退二进三）工作作为破解资源要素制约、助推经济转型升级的重要突破口和切入点。通过依法直接收回、淘汰落后产能、实施"退二进三"、企业兼并重组、企业跨行转型、企业行内提升等方式，大力推进城镇存量建设用地再开发，以满足经济社会发展对土地供给的要求。平湖经济开发区内的津上精密机床（浙江）有限公司兼并柯福乐纸机织物（浙江）有限公司的实践就是在这种背景下产生的。

专栏 6-1

平湖市概况

平湖市位于浙江省东北部。南濒杭州湾，东北与上海市金山区交界，西与嘉兴市南湖区接壤，西南与海盐县为邻，西北与嘉善县相接。2012 年平湖市实现生产总值 423.15 亿元，人均生产总值达62009 元。平湖的先进制造业快速发展，目前已形成以微电子、精密机械及其装备、光电子为主打产品；依托良好的港口岸线优势，石油、造纸、新型化工等临港工业发展迅速，重工业比重达到了 56%。据估算，平湖市的城镇低效用地规模在 728.96 公顷至 1093.45 公顷之间。

（一）企业兼并重组的始末

津上精密机床（浙江）有限公司（以下简称"津上公司"）和柯福乐纸机织物（浙江）有限公司（以下简称"柯福乐公司"）是本案例中实现存量用地再开发的行为主体。存量建设用地再开发的方式也较为简单，即通过企业的兼并重组来推动产业升级，进而提高土地的产出效率。

被兼并企业柯福乐公司，是德国投资的外商独资企业，生产造纸用的成形网。公司位于平湖经济开发区兴平三路西侧，总用地面积 39.1 亩，土地性质为国有工业用地，目前已建成建筑面积 6085 平方米。2011 年，公司利润负 275 万元，上缴税金 19 万元，属于低效利用土地企业。

兼并方津上公司，主要生产和销售各种精密数控机床，主要产品有刀塔式和自动走心式两大类机床。2011 年实现工业产值 7.7 亿元，主营业务收入 8.1 亿元，利税 5822 万元。2012 年可达产值 25 亿元。津上公司由于用地不足，考虑到企业柯福乐公司临街又与本企业相邻，遂采取购买方式，获取用地，并保留了原先的厂房，又再增加一些建筑物。

为了实现两个公司的兼并重组，政府也提供了必要的帮助作用。首先，当地政府组织摸底低效用地现状情况，全面开展了工业企业绩效调查工作。建立了调查企业数据库，将企业分成 A、B、C、D 四类（其中"A"类为鼓励发展类，"B"类为自我提升类，"C"类为必须改造类，"D"类为落后淘汰类），及时确定低效用地企业，为腾出发展空间提供科学依据，也为兼并方选择兼并对象提供了必要信息。在此基础上，政府又积极协调，鼓励和引导津上公司对柯福乐公司开展兼并重组，即收购柯福乐公司并利用其地块实施数控机床生产项目。

（二）企业兼并重组、退低进高的基本特征

很明显，作为兼并方的津上公司和被兼并方的柯福乐公司是案例中的利益主体。而利益主体或者说是交易双方之间的自愿协商、自由交易是企业兼并重组、退低进高的基本特征。它集中体现了市场参与模式的两大特征。一是，兼并重组是两家企业为了应对外部条件变化和适应自身发展需要而进行的自发调适。兼并方津上公司正因发展需要而急需土地空间。被兼并方柯福乐公司属于低效企业，其用地产出率低，低效存量用地亟待盘活。因此，一方有土地需求，另一方有土地供给。二是，供求双方在经济激励作用下开始协商谈判，体现了平等互惠的原则。双方在协商谈判过程中相互讨价还价，形成符合双方利益需要的、可接受的交易合约。其结果就是，津上公司以购买的方式获取柯福乐公司的用地。并且，由兼并方在存量用地上扩建厂房和上马高效率的生产线，实现低效用地再开发。

此外，不可忽视的是政府在其中的特殊角色。从理论上看，不论是供给者还是需求者都要在市场上寻找潜在的交易对象，搜集交易所必需的信息。具体到企业兼并重组上，这些信息既包括兼并方企业的资金、实力、土地需求量和愿意支付的价格范围；也包括被兼并方企业的用地和经营现状、土地供给量和可接受的价格范围；还包括双方进行兼并重组的意愿等。而交易对象的搜寻与信息的搜集都需要耗费人、财、物等稀缺性资源，进而引致交易费用。对此，政府扮演了"中间人"的角色，发布相关信息，让市场主体可以有的放矢地进行决策，为优势企业兼并低效企业创造有利条件。

（三）企业兼并重组、退低进高的制度条件

明晰的土地产权为以企业兼并重组的方式来带动存量用地再开发提供了有利条件。柯福乐公司的用地属于国有工业用地。该公司作为国有工业

用地的使用权人依法享有转让土地使用权的权利。可见，柯福乐公司的土地产权明晰，具有可转让性和排他性。受到法律保障且清晰界定的产权避免了因权属不明可能引发的纠纷和其他阻碍自由交易的行为。这是双方企业能够顺利达成兼并重组协议，实现低效用地及其产权转移的前提。再者，柯福乐公司是其所占用地块的唯一产权人。土地产权具有完整性。对该低效用地实施再开发不必整合分散破碎的权属，可以直接进行成片再开发，也就不会出现"反公地悲剧"。

另外，企业兼并重组、退低进高的存量用地再开发模式还得到了地方政策的支持。浙江省《关于推进低效利用建设用地二次开发的若干意见》要求坚持"政府引导，市场运作；产权明晰，保障权益；节约集约，提高效率"等原则并采取多种方式推进再开发；《关于加快"腾笼换鸟"促进经济转型升级的若干意见（试行）》提及鼓励企业通过搬迁改造、就地转型升级、兼并重组等方式盘活存量用地，还提出了相关优惠条件。而平湖所属的浙江嘉兴市《关于实施"两退两进"促进经济转型升级若干意见》进一步提出了到2015年年末，全市共腾退低效工业用地3万亩、力争4万亩的目标要求，并指出可以采用兼并重组等方式实施"两退两进"，另外用倒逼机制、激励机制、保障机制多管齐下来推动"两退两进"工作。由此可见，企业积极参与存量用地再开发以及当地政府主动充当"中间人"的动因或部分源自于此。

（四）企业兼并重组的绩效：退低进高与多方共赢

企业兼并重组实现了存量用地再开发的目标，带动了土地价值提升，创造了多方共赢的局面。一方面，津上公司成功并购了一路之隔的柯福乐公司39亩地后上马的数码机床生产项目总投资达2980万美元，预计销售收入达8亿元人民币。同样的一块地，实施"退低进高"（数控机床制造取代了成形网的生产）后产出效率提高了上百倍。目前，津上公司注册资本3860万美元，投资总额8910万美元，土地面积为100350平方米，建筑占地面积已达47071平方米。可见，企业兼并重组的存量用地再开发模式使津上公司扩大产能的需求得以满足，销售规模和收入明显增加，获得了丰厚回报。

另一方面，柯福乐公司的低效用地也得以盘活，兼并收购的市场交易行为使柯福乐公司分享了存量用地再开发带来的增值收益。此外，得益于产业的"退低进高"和用地产出率的提升，当地政府获得的利税将达6000万元，增加了财政收入。而且，还有利于实现地方政府的政策目标，即转变经济发展方式、推动产业结构优化升级、促进地方经济发展。

（五）小结

总体而言，企业兼并重组、退低进高是以双方企业为主导，通过自行协商，政府从中引导、协调来提高用地效率的一种改造模式。它充分发挥了优势企业在技术、管理、资本、市场及品牌等方面的优势，通过资源要素的整合、置换、嫁接和重组改造等，盘活劣势企业的低效存量资产，实现资源优势互补，带动区域产业升级，还增加了政府财政收入，最终实现了多赢的局面。

而实现多赢的前提则是清楚了解企业绩效、土地利用现状情况和进行畅通的信息沟通。对此，地方政府积极主动地提供上述企业兼并重组的必要信息并为双方企业"牵线搭桥"，节约了每个企业都单独进行信息搜寻和寻找合作者的成本。并且，关于企业绩效的信息和通畅的交流沟通渠道有利于双方企业"知己知彼"，减少了因为全然不知对方的偏好、机会和"底线"而在协商谈判阶段进行过多的试探和讨价还价带来的成本。倘若当地政府如果没有发挥主观能动性，单纯依靠企业自发的兼并重组、退低进高的再开发策略还能否显示出其优势就值得商榷了。

四　湖北襄阳：依托社会资本的棚户区改造

作为湖北省低效用地再开发试点市，襄阳市早在 2011 年就开展了"两改两迁"（城市棚户区和城中村改造、工业企业和专业市场从中心城区外迁）工作，将开发东津新城作为城跨越式发展的支点，零星开展城中村、棚户区改造以回应巨大的民生诉求。2013 年国土部印发《开展低效用地再开发试点指导意见》后，襄阳市决定借用政策春风，大规模实施"两改两迁"工作，以实现城市脱胎换骨的转变。襄阳市计划利用五年时间基本完成城市棚户区和"城中村"的改造工作。按照"新城东进、旧城更新、一心四城、组群发展"的总体思路，制定《襄阳市中心城区空间发展战略规划》，划分 19 个功能片区，中心城区近期（2015 年）的发展模式是 200 平方公里、200 万人口，远期（2050 年）是 387 万平方公里、380 万人口。

中原路片区旧城改建（君点·家乐福）项目是襄阳市大力推进"两改两迁"过程中产生的市场参与再开发模式的典型案例。该项目引入社会资本，鼓励开发商与改造地区的原业主协商、达成协议并完成拆迁补偿安置，进而实现存量建设用地再开发。

专栏 6-2

襄阳市概况

襄阳市位于湖北省西北部，汉江中游平原腹地，是湖北省第二大城市和省域副中心城市，也是承接东部产业转移示范区城市。襄阳市以汽车产业为龙头、高新技术产业为先导、食品、纺织工业为主要支柱，化工医药、建材冶金、能源电力、装备制造等为基础形成了具有自身特色的工业体系。初步核算，2013 年襄阳市实现地区生产总值 2814.0 亿元（现价），按可比价格计算比 2012 年增长 11.4%。分产业看，第一产业实现增加值 386.5 亿元，同比增长 4.8%；第二产业实现增加值 1611.4 亿元，同比增长 13.3%；第三产业实现增加值 816.1 亿元，同比增长 10.7%。三次产业结构为 13.7：57.3：29.0。

（一）中原路片区旧城改建（君点·家乐福）项目

中原路片区旧城改建（君点·家乐福）项目是襄阳市第一个棚户区改造项目。它东起客运中心站西围墙，西至春园路，南起中原路，北至襄阳市第 38 中学南围墙，规划用地面积 30 亩。该项目于 2011 年正式启动，由湖北君点公司投资 6 亿元，规划建设建筑面积 15 万平方米的城市商业综合体。

该项目共征收 150 户房屋，房屋面积 1.35 万平方米，拆迁的商铺、临时建筑面积为 1.25 万平方米，按 80% 的比例补偿原业主。起初的拆迁安置方案规划拆一还一，不带电梯。但在后续的协商谈判过程中，居民要求建设电梯房。加上电梯和其他附属设施，还建房又需要公摊 20 平方米/户—25 平方米/户，引起了居民的强烈反对。经过政府的协调，同时君点公司也考虑到如果不顾及百姓的要求，就会增加拆迁压力，导致拆迁时间的拖延，不利于公司的土地开发，最终同意多加15%的还建面积，棚户区改造采取1∶1.15的比例还建。目前，该项目已进入全面施工阶段。

（二）依托社会资本改造棚户区的基本特征

简单地说，依托社会资本改造棚户区的基本特征是：在市场激励机制作用下，作为第三方的社会资本主动投资参与并且同棚户区原业主进行协商谈判，协力推进棚户区改造。进一步地，依托社会资本改造棚户区反映了市场参与模式的主要特点。首先，利益激励机制的显著作用。开发商和棚户区原业主是案例中的两大行为主体。一方面，再开发的棚户区位于襄阳老城区，区位条件优越，再开发后土地增值空间大。正是在潜在的经济利益驱动下，开发商才会热衷于投入资本参与存量用地再开发。另一方面，棚户区居住条件简陋、生活空间狭小、居住环境较差。棚户区居民有改造旧有居住环境、提高生活品质的意愿。双方利益在一定程度上的耦合形成了市场上的需求方——开发商君点公司以及供给方——棚户区居民，进而促使两大市场主体自发开始存量用地再开发的协商谈判。

其次，社会资本参与棚户区改造的协商过程也具有市场交易的鲜明特征。开发商与棚户区业主地位对等，相互讨价还价，尽最大努力来满足自身的利益需要，甚至还引致了"钉子户"问题。不过，双方还是在反复协商的基础上达成了补偿安置等协议。在此之后，开发商才投入资金，组织实施再开发及地产项目的建设、销售等。

（三）依托社会资本改造棚户区的制度条件

显然，被改造的棚户区属于国有土地，从表面上看，土地产权明晰。但实际上，棚户区居民众多，房屋产权比较分散、破碎，权属关系复杂。在此种产权状态下，存量用地再开发就极易陷入"反公地悲剧"的尴尬境地。事实也印证了这一点。开发商君点公司在实施棚户区改造时就遭遇了"钉子户"的挑战。对此，君点公司只能做出让步，提高了补偿安置的标准。

当然，依托社会资本的棚户区改造之所以能够持续进行离不开配套政策的支持与地方政府的引导。襄阳市2011年出台《关于加快推进城市棚户区和"城中村"改造工作的意见》（以下简称《意见》）提出，利用五年时间基本完成城市棚户区和"城中村"的改造工作，加快推进现代化区域中心城市建设的进程。该《意见》指出，要遵循"政府主导，市场运作"的原则，要充分发挥政策引导、统筹协调的作用，充分发挥市场配置资源的优势，多渠道筹措改造资金，调动各方面投身"两改"工作的积极性。《意见》还具体规定了规划、土地、税费、资金、房屋征收、"两改"项目认定等六大支持政策。

同时，根据当地的政策规定，地方政府应遵循"不予不取、自求平衡"的基本原则并赋予参与再开发的社会资本在项目选择、规划设计、建设销售等方面的自主权。也就是说，政府先确定有待改造的地块（一般不低于100亩，且要连片再开发），然后招商引资，确定投资主体。开发商做具体规划，上报政府的有关部门批准。再由政府部门修改、认证，测算好房屋征收成本、还房面积等。开发商垫付征地拆迁任务中的全部资金，由当地政府主持征地拆迁工作。最后，政府还将潜在的土地出让金全额返还用于"两改"政策的实践。

（四）社会资本介入的"代价"与预期收益

据统计，该项目还建的住宅面积约为1.5万多平方米。由于部分拆迁户选择了货币补偿，实际上还建10000平方米，占地1亩。而住宅建安成本为3000多元/平方米。此外，还建区内要建设10000平方米的公共设施，包括社区服务站、垃圾服务站，成本合计为6500元/平方米。该棚户区过去的门面、仓库较多，还建8000平方米，还建成本约为3000多元/平方米。剩余的进行货币补偿，近7000万元，包括进行对拆迁户、单位办公楼、临时建筑的货币补偿，及搬迁费、过渡费等。最终，该项目的拆迁总投资为2亿元左右。因此，30亩土地均价近700万元/亩，同类型地块的净地出让价仅为400万元/亩—500万元/亩。需要说明的是，此处没有计算君点公司的财务成本、管理成本。

君点公司计划建设的城市综合体是商铺4万平方米，住宅970套，建筑面积6.7万平方米，引进家乐福超市。就此而言，君点公司的建设投入为5000元/平方米，建安成本3.5亿（没有计算公司财务成本、管理成本）。另外，拆迁过程中因为钉子户的阻挠，使交付净地的时间由原定的3个月拖至5个月，开发成本因此增大，再加上搬迁费500元/次，君点公司计算的住宅开发成本为6000元/平方米，要想有盈利，则房价至少为6500元/平方米，而中原路地段目前的房屋均价不超过4000元/平方米。

但是，君点公司认为商品房销售应该不成问题，主要有三个理由：一是据调查，襄阳市房屋的入住率尚可，并且襄阳市近4年的房地产状况也较平稳。二是在国家推进新型城镇化的背景下，一些在襄阳市经商、务工的"新襄阳人"有购房需求。君点公司为了迎接农民工的市民化，充分发挥自身的优势，已经做好了相应的市场分析和定位工作。他们以农民工为目标客户群，计划开发小户型住宅。他们认为，只要搞好配套生活设施，为居住者提供便利，房屋销售就没有问题。三是他们对襄阳的市场前景有信心，这是因为大型超市家乐福经过三次市场调查，了解到居民消费潜力后，最终也在此落户。基于此，君点公司还提出了预计的利润率为15%。

（五）小结

总的来看，该项目的实施改变了棚户区"脏、乱、差"的面貌，改善了城市形象，与当地政府以实现城市脱胎换骨转变的既定目标相一致。同时，借助社会资本进行存量用地再开发还减轻了政府的资金压力。对棚户区的原业主而言，他们关于补偿安置的一系列利益诉求基本得到了满足，从而分享了存量用地再开发的潜在增值收益。而作为实施主体的君点公司虽然预期能从再开发项目中获益，但它已经承担了大量的成本，比如相对过高的拆迁成本、住宅开发成本等。同时，君点公司还面临着由环境的不确定性所带来的风险。

君点公司是首批从事旧城改造的公司，其后大批开发商涌入襄阳搞城市综合体。故而，襄阳未来的入住率是否仍较高就存有疑问。君点公司自己也承认现今的"两改"凭空多出不少商业项目，规模已近失控，且电商的崛起对实体店冲击不小，商业的发展前景有些问题。而且，住宅开发也存在风险。与君点公司项目0.5—1公里距离的中央公园地产项目，开发时间较君点早2年，但房屋销售情况始终不佳（即便中央公园项目已从原来的8000元/平方米的住宅价格降至现在的6000多元/平方米）。这些潜在的风险都是君点公司进行存量用地再开发的潜在成本，压缩了公司的利润空间。

五 四川成都：华通电子的主动改造

近年来，成都市发展日新月异，城北却仍然老旧不堪，区域基础设施短缺、产业业态低端、城市形态老旧、综合治理任务艰巨等诸多问题亟待解决。为贯彻落实成都市委十一届九次全会精神，大力实施"立城优城"战略，成都市决定加快推进北城改造。"北改"是落实"立城优城"战略的龙头工程，是深化旧城改造、优化城市形态的重要工作，是成都旧城改造的攻坚决战。在推进"北改"工作时，各级政府所遵循的基本原则之一就是以各种优惠政策来鼓励企业为主体的存量建用地再开发。华通电子电器实业公司木工机床厂改造项目（以下简称"华通项目"）就是"北改"中众多企业主动改造项目的一个缩影。

（一）企业主动实施再开发项目的步骤

低效建设用地本身对于原用途而言经济价值较低，最为多见的是工业企业用地业主，因市场变化或经营不善早已落入破产边缘。对这类土地进行规划的重新设计，往往提高了土地的潜在利益空间，但也会造成开发成本的潜在升高。尤其是，如果由政府出面进行土地的再开发，经常面临原使用者的"漫天要价"，即与原业主的谈判，给这些业主带来了索取高价赔偿的机会。此时开发成本可能会远超预期。所以政府一般也会考虑采用鼓励原业主自主开发方式来实施土地的再开发，其基本程序包括：

第一步，由政府公布鼓励企业自主开发专用的优惠政策及其他约束条件（如必须按新规划成片开发等）；第二步，企业测算后拿出符合规划的再开发方案向政府有关部门进行申报；第三步，政府批准立项后对地块进行原有用途与改变用途后的提升价格双评估，算出补交出让金额度；第四步，测算周边另行地块拆迁或征地的成本，约定优惠幅度；第五步，政府与企业签订协议；第六步，企业按规划自行对整片地块进行整理、开发。

（二）华通电子电器实业公司木工机床厂的实践

华通项目位于成都市新都区大丰街道铁路村一社。土地性质为出让的国有工业用地，面积约为13565平方米。目前，公司由于经营不善已经不再进行生产活动。整个企业还有大量的在职和退休职工需要由企业进行保障，企业只能通过出租房屋获取收入来进行支付。该厂属于典型的土地低效利用。但要由政府来进行拆迁改造，其拆迁费用让政府无力承担。为了提高土地利用效率，当地政府利用了"北改"的一系列优惠政策及其他政策鼓励企业进行自主开发。

　　具体来看，华通电子拟在老厂区自用土地上修建住宅。住宅一部分以适当的价格售给内部职工，另一部分则上市销售，解决安置员工的费用等。为了满足"按新规划进行成片开发"的要求①并降低企业开发过程中拆迁成本的不确定性，项目的操作主要是乡镇定向出让整合与企业自主开发相结合的方式。也就是，乡镇对项目区内的零散土地进行整合并将其定向出让给华通电子，华通电子再对自用土地及其周边经整合的土地进行统一开发建设。当然，采取此种方式进行再开发要遵循两个原则：一是被整合土地不具备独立开发条件，土地地块较小。二是土地整合面积不超过5000平方米。

　　在项目的具体操作中，华通电子和街道办提前明确拆迁位置，测算实际需要的所有费用，约定付款时限和违约责任，并签订意向性协议。然后，区国土局将方案提交土地管理委员会讨论，审核情况是否属实，完成审核后华通电子才申请拆迁款项拨付。最后，华通电子在获得乡镇定向出让整合的周边地块后，就正式启动成片的低效用地再开发工程。

　　专栏6-3

乡镇定向出让整合

　　由于业主自行组织其单位周边零星地块的拆迁往往会造成拆迁标准无法统一，容易产生"钉子户"，给政企双方造成困扰。另外，如果土地走"招、拍、挂"程序，在出让的时候业主规划方案并没有做出来，以后因为专门匹配以前的拆迁协议做方案将会限制业主使用条件，并大大提高建设的成本。所以，一般乡镇都倾向于定向出让整合，即由乡镇进行土地整合并统一管理拆迁过程，不走"招、拍、挂"程序，在达到定向业主的土地使用条件后，直接向定向业主出让土地。出让整合价款按照双评估补差原则进行支付。例如，一块地按原有的用途评估价是50万元，按新的用途评估价是280万元，这块地的双评估补差价格就是230万元。并且，整合中实际成本超出双评估价格部分仍由业主单位承担。定向出让整合让业主可以根据拆迁协议提前规划方案，结合成本选择拿地，减少了与拆迁户之间的纠

---

① 当地政府借此让企业承担周边低效建设用地再开发责任，以提升片区整体形象。

纷。但是这样操作的后果就是政府放弃了正式的"招、拍、挂"可能带来的土地溢价。

（三）企业主动改造的基本特征

在经济激励机制作用下，占有存量用地的企业主动改造低效地块并通过自愿协商与周边的存量用地业主建立合作关系，实现低效用地的集中连片开发。这正是企业主动改造的基本特征。此类城镇存量用地再开发方式同样具有市场参与模式的鲜明特点。案例中的主要行为人是典型的市场主体——华通电子公司。对低效用地进行改造可以带动地块升值。因此，华通电子可以获取由改造前后土地相对价格变化产生的可观增值收益。在此种经济激励下，以营利为目的的低效用地企业自然有意向主动实施存量用地再开发。

另外，为了让企业在分享再开发的增值收益时也要承担一部分公共责任，政府将企业周边低效建设用地再开发责任捆绑。即便如此，市场机制依旧发挥了作用。一方面，政府的系列优惠政策激励企业权衡成本收益后自愿承担公共责任。另一方面，在整合周边地块进行成片再开发时，企业与周边土地的产权人以节约成本的方式（即乡镇定向出让整合）进行了协商谈判。乡镇提出了符合被改造地块的产权人要求的拆迁协议和规划方案，企业则结合成本选择拿地，体现了互利互惠的特点。由此可见，企业主动改造的方式同样具备市场参与的城镇存量用地再开发的特征。

（四）企业主动改造的制度条件

同浙江平湖的案例类似，华通电子公司所占用的低效用地也是国有工业用地，土地产权明晰。而且，华通电子是土地使用权人，享有受法律保障的土地收益权。这是华通电子乐于自主改造低效用地并且能够获得再开发所带来的土地增值收益的基础性条件。对企业周边的零散地块而言，虽然初始的权属关系复杂，产权分散。但是乡镇定向出让整合的创新做法弥补了该缺陷，使低效用地的规模开发成为可能。

而且，政策的优惠与支持也为企业主动实施存量用地再开发提供了有利条件。成都市《推进低效利用建设用地二次开发试点工作方案》提出，鼓励土地权利人利用自有国有土地进行二次开发建设，除了因公共利益需要必须对土地进行收购储备外，土地使用者在符合土地利用总体规划和城乡建设规划的前提下，可以自己、也可以与他人合作，对土地进行再开发。成都市《北城改造土地利用实施细则（试行）》明确规定了，关于"北改"的优惠政策的细节，如土地出让收入收取方式、"3456 红利递减"政策、自主改造双评估价差的收取比例等。

（五）企业主动改造的实际效果

据测算，华通项目需要付给政府的出让整合价款为 280 万元。按照政策性计提的规定，该价款要先计提再拨付给拆迁，计提比例是 2%—3%左右。如果出让整合价款不够支付拆迁及相关费用，华通电子还须补交。此外，由于规划调整，华通电子向国土局申请将面积 11565.54 平方米的国有工业用地按照现行规划变更为住宅用地。其中 15.26 亩项目用地的土地出让金按新都府发（2012）26 号文中土地利用政策第四条第一款规定计收；4.01 亩项目用地的土地出让金按新用途评估价计收。该项目评估土地面积 12846.63 平方米，规划容积率 2.9，土地使用权总价 5368.61 万元。按照"北改"中的"3456 红利递减"政策，企业利用自有存量土地进行开发建设，涉及划拨补办出让、改变土地用途、增加容积率的，根据项目实施进度计收土地出让收入。企业在 2012 年内、2013 年内、2014 年内、2015 年内拆迁量达到应拆建筑面积 50%的，市政府分别按双评估价差 30%、40%、50%、60%计收。

简而言之，华通电子通过主动实施存量建设用地再开发，既改变了土地低效利用的状态，又有助于解决职工的生活保障问题，更实现并分享了区位条件变化和规划调整带来的土地增值收益。当地政府通过政策优惠鼓励华通电子主动改造，既避免了由政府"大包大揽"可能面临的资金压力、工厂赔偿、职工安置、社保等问题，又提升了片区的整体形象，有力推进"北改"工作，还获得了再开发所实现的土地增值收益（企业缴纳的土地出让金差价等）。

（六）小结

华通项目的实践表明充分发挥市场机制作用，鼓励符合条件的企业主动进行改造，引导社会资金抢抓机遇、踊跃参与，有利于高质高效推进片区旧城改造。当然，企业主动改造的积极性提升和市场作用的凸显也离不开当地政府的"因势利导"。华通项目区周边环境发展已经超越了工业用地的概念，土地升值空间明显，改造的机会随之出现。当地政府利用"北改"的灵活政策，调整了土地用途。而土地用途改变形成的发展空间正是企业主动改造的动机所在。同时，政府还出台"3456 红利递减"等政策主动向企业"让利"，为企业"减负"。可见，虽然是主动改造，但却不难发现，没有政府的大力支持，企业也没有能力和动力去完成这样一项费时费力的工程。就此而言，城镇存量建设用地再开发的市场化任重而道远。

六　解析市场参与模式：基于三个案例的比较

平湖、襄阳和成都三地的市场参与城镇存量用地再开发案例分别对应着我国的东、中、西地区，在一定程度上代表着经济社会发展的不同阶段。虽然，同为市场参与的再开发模式，但三个案例的绩效却有所差别。而它们的绩效差异恰好体现着在不同因素影响下，市场参与模式的优劣势。

（一）市场参与模式对土地利用效率的提升及其片面性

首先需要明确的是，这里的"效率"指的是经济投入产出比。在平湖的案例中，津上和柯福乐两家企业或为了扩展自身的发展空间，或为了摆脱经营困境，自发进行协商谈判，达成了兼并重组的协议。兼并重组后，津上公司利用柯福乐公司原有的厂房上马一条年产值达 8 亿元的生产线项目，使存量用地的产出效率提高上百倍。在襄阳的案例中，君点公司意识到棚户区具有相对优越的区位条件和较大的土地升值空间，积极参与棚户区改造，进行地产和商业开发，推动了该片区的转型升级。在成都的案例中，华通公司抓住周边环境变化和土地规划调整产生的经济机会，主动改造原有的低效工业用地，开发住宅项目，也成功实现了土地增值。

上述案例的经验表明，市场参与的城镇存量用地再开发能够显示出市场自发调节机制的优势。城镇存量用地再开发后的增值收益释放出了土地价格变化的信号。为了应对价格参数的变化，以便最大化自身的利益或效用，不同的市场主体采取了相异的行动。经营不善的低效用地企业（即存量用地的供给者）与需要扩大生产空间且发展势头迅猛的优势企业

（即存量用地的需求者）相互协商，各取所需，形成互利互惠的合作局面。其直接结果就是因为进驻了优势企业，用地产出率得到明显提升。社会资本介入棚户区改造等再开发项目的机理亦与之类似。有土地需求的开发商通过与原业主等低效用地供给者的议价，取得了低效用地并进行改造。可以预见，住宅销售和商业发展带来了长期的收益流，改造片区内的整体环境得到提升，居民的生活品质也能得以提高。这些都是土地利用效率提高的佐证。

另外，也有城镇存量用地的使用者起初受制于规划等外部条件，无法优化利用土地资源，使之适应周边环境的变化，导致城镇土地的低效利用。如今，规划的调整提供了实现潜在的土地增值收益的机会。市场主体自然会抢抓机遇，主动实施再开发，建设地产和商业项目，进而创造了更多产值。这自然是提高土地利用效率的表现。可见，市场参与的城镇存量用地再开发可以发挥经济激励作用，调动市场主体的积极性，让它们在促进企业增产增收、获取规划调整的土地增值收益等利益驱动下，主动参与城镇存量用地再开发，提高存量土地的利用效率。

但是，市场环境的不确定性和风险，以及由激励机制引致的市场主体的过度竞争往往会制约市场参与模式在提升土地利用效率方面的效果。在襄阳的案例中，面对日益增多的基于旧城改造的地产项目所带来的竞争压力，开发商就坦言只要自己的公司在竞争中取胜，并不会对其他公司的存亡有关注。据调查，襄阳"两改"促成的商品房需要300多万人消化，而襄阳全市总人口不过590万，很有可能会出现供过于求的局面。因此，未来住宅的销售及其利润率势必难达到开发商的预期。而且，城市发展是个长期渐进的过程，不是短期的简单的大拆大建所能完成的，将未来的城市发展潜力毕其功于一役地实践于当下，存在较大的金融风险和社会风险。就此而言，襄阳城镇存量用地再开发的前景堪忧。所以，市场发展的盲目性及市场主体对充满不确定性的市场环境估计不清就有可能会造成城镇存量用地再开发的规模过大、市场竞争过度甚至是恶性竞争，进而导致土地的另一种低效利用。

综上所述，市场参与城镇存量用地再开发的确可以提高土地利用效率。但是，这种效率的提升具有片面性，稍有不慎就可能误入歧途。市场参与模式对土地利用效率的提升及其片面性是城镇存量用地再开发本身的特点、市场参与模式的特征与行为主体的特性交互作用的结果。能够吸引市场主体目光的城镇存量用地有的位于旧城区，有的位于规划调整的区域，潜在土地增值收益较高。自然，也有的行为主体是为了满足自身发展产生的用地需求而参与再开发。然而，在激励机制的作用下，这些有限理性的行为主体有可能做出正确的决策，也有可能决策失误。比如，过高估计城镇土地再开发所能实现的土地增值收益或者对企业发展形势过于乐观而产生了过度的用地需求。再者，存量用地再开发投资周期长、见效慢，因而不确定性较高且投资者也易于在一定时期内被"锁定"。因此，如果行为主体决策正确，市场环境平稳适宜，市场参与模式可以提高土地利用效率。反之，市场参与模式的片面性就会凸显，未必能达到提高土地利用效率的目的。

（二）市场参与模式的利益分配

1. 竞争带来的双赢

在平湖的案例中，兼并重组作为一种典型的市场交易形式，两家企业自然是通过相互议价形成双方均可接受的收益分配方案。这是因为市场参与模式建立起了平等竞争的协商机制。津上公司兼并柯福乐公司所形成的存量用地再开发的利益分配格局表面上看是津上公司与柯福乐公司讨价还价的结果。但从实质上看，这一方面体现着诸多与津上公司有着类似扩大产能计划的土地需求者之间竞争的效果，即哪个土地需求者的出价（要求分享的增值收益份额）对土地供给者而言更具吸引力。另一方面也体现着诸多与柯福乐公司相类似的低效用地供给者相互竞争的效果，即哪个土地供给者的出价（要求分享的增值收益份额）更符合土地需求者预期。正是津上公司与柯福乐公司都能在各自的竞争中脱颖而出，它们才能达成合作协议。否则，或许提供低效用地的并非柯福乐公司，或许兼并柯福乐公司的也并非津上公司，再或者，最终完成兼并重组、退低进高的皆非这两家企业。

可见，与某一方处于垄断地位的存量用地再开发情形不同，市场参与模式更有可能产生相对均衡且能满足各方需要的利益分配格局。此外，政府为引导、协调两家企业进行兼并重组、退低进高而付出的"努力"也收到了回报。当地政府不仅获得了因用地产出率提升而带来的利税收入，还实现了产业"退低进高"的政策目标，可谓是一举两得。

2. 竞争效果的扰动因素

成都的华通项目涉及的利益主体既包括低效用地企业，也包括低效用地企业周边零星地块的业主，还包括了地方政府。在利益分配格局形成的过程中，市场参与模式所具有的平等竞争的协商机制同样起到了重要作用。一方面，按照进行成片土地再开发的规定，低效用地企业应当同时再开发部分的周边零星低效地块。因此，华通电子成为周边低效用地的需求者，有选择具体的再开发目标地块的自主权。另一方面，华通电子周边零星的低效用地业主有的有改善居住条件的意愿，有的有获取货币化土地收益的动机。因此，上述原业主是周边低效用地的供给者，他们可以选择由华通电子进行再开发，也可以等待其他开发商进行再开发。所以，华通电子必须与市场上类似的土地需求者进行价格竞争，提出具有吸引力的利益分配方案（比如，补偿价格、安置规划等）。同属华通电子周边但具体方位不同的零星地块的业主们也必须相互竞价，提出符合土地需求者预期的利益分配方案。市场竞争最后的结果就是华通电子和周边低效用地的业主达成了共识，实现了利益共享。

值得关注的是，为了鼓励低效用地的原业主主动进行改造，当地政府给予原业主的一系列优惠政策，诸如因用途变更补缴土地出让金差额的大幅度优惠等。其结果是，企业这种市场力量的参与打破了政府对再开发产生的土地增值收益分配的垄断格局。然而，如果没有政府初始的政策优惠与"让利"，给定当地的社会经济条件，市场机制还能否在优化收益分配上发挥作用就有待讨论了。

进一步来看，市场参与模式的竞争机制其实并不能完全保证土地增值收益的均衡分配。因为各市场主体的资源禀赋和博弈能力影响他们分享存量用地再开发带来的土地增值收益的比例。实力雄厚的开发商拥有比普通的拆迁户更为丰富和广阔的经济资源和社会资源。故而，此类开发商在与拆迁户的协商谈判中占据了优势地位，可能分享过多的增值收益。

但是，随着再开发进程的推进，成为"钉子户"后普通拆迁户的博弈能力会显著增强。因为，开发商在再开发的前期进行了许多专用性投资。比如，进行可行性研究和实地调研、雇佣专业技术人员、购置机器设备以及与其他拆迁户进行协商的成本和已支付的补偿款等。此类专用性投资对开发商产生了"锁定效应"。一旦"钉子户"拒不合作，开发商就无法收回前期的投资。并且，"钉子户"存在时间如果太长以致拖延了再开发的进度，对开发商而言也是一笔额外的损失。为此，开发商不得不选择退让。此时，"钉子户"就可以占有更多的再开发利益份额（比如，更高的还建比例和货币补偿等）。相比之下，那些早就接受既定的补偿安置方案或者说是遵守规则的拆迁户只能获得较小的利益份额。由此可见，市场参与模式的利益分配失衡了。襄阳中原路的改造项目就说明了该问题。

（三）市场参与模式的成本

从理论上看，在市场参与模式下，有意参与城镇存量用地再开发的市场主体首先要搜寻可供再开发的低效用地，了解目标地块的必要信息，决定再开发的数量和规模等，从而引致了搜寻和信息成本。之后，市场主体还要与再开发所涉及的利益相关者进行协商谈判，就增值收益分配和成本分担等进行讨价还价。这一过程往往要耗费大量的人力、物力和时间，即所谓的协商谈判的成本。并且，各市场主体在谈判过程中，出于更多分享土地增值收益的要求，他们提出的补偿价格可能过高，以至于再开发主要实施者的利润空间十分有限，从而退出存量用地再开发的尝试。如此一来，前期投入的资源就被浪费了，而预期的增值收益也无法实现。所以，还可能存在协商谈判和签约失败的成本。当然，本章所介绍的三个案例最终都达成了城镇存量用地再开发的意向，并未产生协商谈判和签约失败的成本。

再往后，就到了正式实施再开发工程并监督协议履行的阶段，因而也就存在着执行和监督的成本。从平湖和成都两地的案例来看，再开发的后续执行过程比较顺畅。这表明与政府主导等具有强制性特征的再开发模式相比，基于自发、自愿行动的市场参与模式本身就能够节约执行和监督的成本。然而，如果出现了不合作的"钉子户"，协商谈判和后续执行阶段的成本将不可避免地增大。以襄阳的中原路改造为例，拆迁过程中因为"钉子户"的阻挠，使交付净地的时间由原定的 3 个月拖至 5 个月，增大了开发成本。

进一步来看，市场参与模式的成本大小还取决于行为人本身的特征，比如利益相关者的数量和规模等。众多的利益相关者会增大利益的异质性和多样性，从而加大协商谈判的成本。例如，很多行为主体的价值观、感情等因素造成特定存量用地的价值与其普通的市场价值不一致。而自愿协商的市场可能无法兼顾个人的偏好和利益诉求，导致"钉子户"的出现。襄阳中原路棚户区改造案例中的一部分业主或许就是因为在主观估价时加入了个人的居住体验和生活情感而不愿接受开发商提供的补偿安置方案，选择成为"钉子户"。

同时，城镇存量用地的产权结构也是影响市场参与模式成本的重要因素之一。襄阳中原路的棚户区改造涉及众多的产权人，房屋权属分散，加大了开发商君点公司与原业主协商谈判的难度和成本。其直观的结果就是，君点公司的拆迁总投资达2亿元，均价近700万元/亩，明显高于同类型地块400万元—500万元/亩的净地出让价。这就在一定程度上印证了"反公地悲剧"的理论命题，反映了在产权破碎化和分散化的条件下，通过开发商和业主的自我协商来整合产权进行城镇存量用地再开发的困境。相反地，在平湖的案例中，存量用地的权属较为简单，协商谈判仅在两家企业间展开，双方更易于找到利益的契合点，因此成本也就相对低廉。

值得注意的是，政府的角色和作用也会影响市场参与模式的成本。平湖的当地政府积极组织低效用地现状的摸底，开展工业企业绩效调查工作并建立数据库，为企业兼并重组、退低进高提供必要的依据。如此，既能让优势企业了解可供选择为兼并对象的低效用地企业及其基本经营状况，也能为有盘活土地意向的低效用地企业提供信息发布的平台。从而，减少了信息不对称，有助于节约双方企业相互搜寻、度量等成本。同时，当地政府还从中引导、协调，扮演"中间人"的角色，减少两家企业在就兼并重组的具体事宜进行协商时过度讨价还价，推动它们相向而行，也有助于节约市场参与模式的成本。成都的当地政府则主动放弃将来土地的溢价，通过"定向出让整合与企业自主开发结合"的方式让业主可以根据企业周边零星地块的居民所接受的拆迁协议提前规划方案并结合成本选择拿地，减少了纠纷和"钉子户"现象，进而降低了协商谈判和执行成本。

此外，平湖、襄阳和成都三地都制定了市场参与城镇存量用地再开发的相关规定。此类政策法规可以视为一种外部约束。它们也为市场主体的决策与行为提供了基本的参照。对市场参与模式而言，有法可依、有据可循将有利于抑制行为人的机会主义动机，节约执行和监督等成本。但很明显，现有政策的重点似乎在于通过优惠条件和政府"让利"来激励市场主体参与再开发。而对市场主体行为的约束力有限。这一点从襄阳棚户区改造中的"钉子户"现象未能得到有效遏制就可以看出。

（四）市场参与模式中的政府行为

其实，前面的分析已经或多或少地涉及政府这只"看得见的手"在市场参与模式中的特殊作用。因而，有必要在此系统分析并总结市场参与模式中的政府行为。

首先，政府是市场参与模式的初始"供给者"。长期以来，政府对土地资源配置进行严格管控和管理，比如土地利用规划、土地用途管制、土地利用的年度计划等。进而，逐渐形成了对政府管理和配置土地资源的路径依赖。并且，城镇存量用地属于国有土地。而国家土地所有权由国务院代表国家行使，国务院可通过制订行政法规或者发布行政命令授权地方人民政府或其职能部门行使国家土地所有权。可见，政府完全有理由、有能力主导或者垄断城镇存量用地的再开发。因而，市场参与模式的出现可以视为政府主动进行制度供给的产物。例如，从国家层面到地方层面的城镇存量用地再开发的政策规定均强调了"市场运作"的重要性，进而为市场参与再开发创造了条件。在成都的案例中，当地政府对企业主动改造的"让利"政策（即规划改变和土地用途调整、出让金减免等）则调动了市场参与的积极性。所以，如果没有政府初始的制度供给，市场主体未必有机会或者有动机参与城镇存量用地再开发。

其次，政府是市场参与模式的"守夜人"。从前面的分析可以看出，市场参与模式并不能有效控制信息成本和协商签约的成本。此时，为了提高市场参与模式的过程效率并更好利用市场在经济激励、优化资源配置方面的优势，政府采取政策措施来减少市场主体在信息搜寻、协商谈判方面的成本。比如，案例中提及的地方政府进行工业园区内企业绩效的摸底调查、确定低效用地企业、及时发布相关信息，并在企业兼并重组的过程中加以引导和协调，旨在减少纠纷和"钉子户"的"乡镇定向出让整合"等。可见，政府通过扮演"守夜人"的角色营造了良好的市场环境，为市场参与模式的高效运转提供了有利条件。

最后，政府是市场参与模式的"受益者"。政府特别是地方政府并不是无缘无故地支持和鼓励市场参与城镇存量用地再开发。类似于襄阳的棚户区改造等城镇存量用地再开发项目投资周期长、资金需求量大，给政府带来了较大的财政压力。而社会资本的介入可以减轻政府的资金负担。再者，对工业用地而言，如果采用政府收储的再开发模式，一些低效用地企业可能会向政府索要高额赔偿，并且政府可能还要解决企业职工的就业和社会保障问题；那么，政府极有可能会"得不偿失"。倘若政府能够适当的"让利"（如成都"北改"的优惠政策）激励企业主动改造低效用地，并且将周边低效用地再开发责任捆绑，让获得改造机会的企业在搭上规划调整"便车"的同时，也承担一部分公共责任，那么，政府既节约与企业讨价还价的成本，又免除了职工安置、社保等困扰，还实现了整个片区再开发的既定目标。可以说，政府通过转变职能和管理的方式方法，推动市场参与模式的建立，一样能够分享城镇存量用地再开发的增值收益。

（五）小结：市场参与模式选择的逻辑

市场参与模式的经济激励机制能够调动企业等社会资本参与城镇存量用地再开发，实现土地资源的优化配置。但是，在不确定的市场环境下，这种激励机制同样会导致自利的市场主体再开发行为的无序和混乱，反而制约了土地利用效率的提升。就利益分配而言，由于资源禀赋和博弈能力的差异，市场参与模式也未必都能实现再开发的增值收益在利益主体间的公平分配，带来皆大欢喜的结局。因此，市场参与作为城镇存量用地再开发的一种模式并不一定是必然最佳的。换而言之，市场参与模式有其适用条件。

首先，城镇存量用地再开发的利益空间应相对较大。这是三个案例共同揭示的适用条件。在平湖的案例中，津上公司之所以兼并柯福乐公司就是因为兼并重组后可以利用柯福乐公司的土地上马一条年产值达8亿元的生产线。而柯福乐公司乐于被兼并则是因为其占用的土地可以被盘活，公司可以摆脱经营困局。对两家企业而言，以兼并重组、退低进高的方式进行再开发确实可以带来可观的利益。在襄阳的案例中，中原路棚户区地处老城区，区位条件优越，土地增值空间大，社会资本当然有意愿介入再开发。在成都的案例中，华通电子的低效用地周边的环境提升，土地具有增值潜力。加之土地用途调整后可以进行地产开发，土地大幅增值完全可以变成现实。对此，为了分享更多的存量用地再开发的增值收益，华通电子必然会选择主动改造低效用地。相反，如果城镇存量用地再开发的利益空间有限，以自身利益最大化为决策目标函数的市场主体未必会有参与的意愿。

其次，行为主体间的利益具有一致性，存在互利互惠的可能。正如平湖的案例所显示的，优势企业有先进的技术和充足的资金，并且计划扩展生产空间却受制于现有的用地规模。经营困难的企业有着存量用地资源等待盘活。两家企业的资源互补性强，有着潜在的共同利益。在市场机制的作用下，它们通过兼并重组、退低进高，实现了共赢。再如，在襄阳的案例中，虽然社会资本介入棚户区改造的过程中遭遇了"钉子户"，但是，不能否认的是包括"钉子户"在内的棚户区居民有着改善居住条件和生活环境的利益诉求。君点公司有着以改造棚户区来营利的计划。就此而言，两大利益主体依旧具有利益的一致性，否则该项目也不可能进入实施阶段。成都的案例亦是如此。"乡镇定向出让整合"的方式促成有意进行主动改造的低效用地企业与周边零星地块的业主达成了双方均可接受的补偿安置协议和规划方案，推动低效用地的成片再开发。可以想见，如果在行为主体间的利益分歧太大甚至互不相容的条件下选择市场参与模式，各行为主体或许会一直滞留于协商谈判阶段，也或许会在一开始就意识到巨大利益分歧而不愿意参与再开发。

再次，存量用地及地上房屋权属状况相对简单，利益主体的数量和规模有限。平湖的企业兼并重组、退低进高的城镇存量用地再开发涉及的土地权属简单，利益主体仅为兼并方和被兼并方两家企业。因此，市场参与模式的运行成本较低。成都的当地政府通过"乡镇定向整合出让"的方式，让政府承担了整合复杂分散权属的责任，缩减了利益主体的数量，减轻了市场参与模式下行为主体进行协商的"负担"。与之相反的是，襄阳的棚户区改造涉及过多的利益主体，权属复杂分散。在市场参与模式的激励作用下，追求各自利益最大化的社会资本和诸多原业主相互讨价还价，加之"钉子户"拖延工程进度，大大增加了协商谈判和执行的成本，制约了市场参与模式的绩效。

最后，政府能够转变职能，更好地发挥作用。在市场参与模式下，政府的作用不仅体现在为市场主体参与城镇存量用地再开发提供必要信息，促成利益主体的互惠合作，还体现在为市场参与模式的建立提供原动力。地处我国西部的成都受到经济社会条件的限制，对高新或优势企业的吸引力有限。因此，通过企业兼并重组、退低进高等完全自发的市场行为来改造低效工业用地存在一定难度。但是，引入市场力量又确实能减轻政府主导存量用地再开发的压力。于是，当地政府就主动"让利"或提供便利条件（比如，"3456 红利递减"政策和"乡镇定向出让整合与企业自主开发结合"），吸引鼓励市场主体参与存量用地再开发，大力推进市场参与模式的建立。

此外，一些系列较为完善的配套政策法规的支持也是市场参与模式能够有效运转的重要条件。应当看到，平湖、襄阳和成都三地都制定了配套政策，在一定程度上为市场参与模式的正常运行提供了外部保障。但是，三地中的政策法规基本都重政策优惠和激励而轻市场行为约束。因此，并不能有效控制"钉子户"等机会主义行为。当然，解决此类问题或许还有待于更高层面的政策、法律和法规的健全与完善。

七　市场参与城镇存量用地再开发的政策建议

本章基于浙江平湖、湖北襄阳和四川成都三地的城镇存量用地再开发案例，综合分析了市场参与城镇存量用地再开发的模式特征、制度条件、成本与收益分配等。并且，进一步分析了影响市场参与城镇存量用地再开发绩效的因素，揭示了市场参与模式背后的逻辑。本章的主要研究结论和政策建议如下：

（一）研究结论

第一，市场参与城镇存量用地再开发的模式有特定的适用条件，其绩效也因时因势而异。从理论上看，具有多样性的行为人、社会环境和具体管理的对象催生了同样丰富多彩的制度。换而言之，没有一种制度设计是"放之四海而皆准"的（one - size - fits - all）[1]。在不同的社会经济条件下，面对特征各异的存量用地和行为主体，市场参与模式所显示出的成本和效能自然有所不同。也就是说，市场参与城镇存量用地再开发既可能调动行为主体的积极性，节约再开发的交易费用并实现存量用地资源的配置优化；也可能引致行为主体间的盲目竞争和过度的讨价还价，反而有碍于盘活存量。因此，市场参与模式能否有效发挥作用的关键就在于其是否与特定地方的城镇存量用地再开发的特定情境相匹配。简单地说，如果城镇存量用地再开发的利益空间比较大、利益主体的数量和规模有限且利益的一致性较强，可以考虑选择市场参与模式进行再开发。另外，明晰的土地产权、简单的权属关系、恪尽职守的政府以及完善的再开发规划与配套政策的规范和引导等都是防止市场主体陷入存量用地再开发的公共物品供给与利用困境、保证市场参与模式得以高效运行的基础。

① Ostrom E., *Understanding Institutional Diversity*. Princeton：Princeton University Press，2005.

第二，利益共享是市场参与城镇存量用地再开发的动因和关键。自利的市场主体或者社会资本参与城镇存量用地再开发的动机就是分享再开发后土地增值收益。而这也是市场激励机制的题中之义。市场参与模式正常运行的关键就在于通过平等协商和自由竞争，各个利益主体都能实现互利互惠，也即利益共享。如果市场主体不能通过正当的协商或竞争找到利益共享的"均衡点"，他们就会选择采取"钉子户"等机会主义行为以便分享自认为应得的增值收益。此时，市场参与模式的运行成本就会激增而绩效也随之下降，进而最终被其他的再开发模式所替代。

第三，更好发挥政府作用是提高市场参与城镇存量用地再开发绩效的重要保证。诚如前文所述，政府是市场参与模式的初始"供给者"和"守夜人"。政府主动转变职能，创造良好的市场环境并出台优惠政策，从而调动了市场主体的积极性，为市场参与城镇存量用地再开发提供了初始的激励。同时，政府还提高城镇存量用地再开发信息的透明度，减少信息不对称和交易的不确定性，并且为市场主体"牵线搭桥"，促成互利合作，从而有效降低市场参与模式的成本。当然，政府也从中分享了再开发的增值收益，成为市场参与模式的"受益者"，可谓是皆大欢喜。这进一步表明，把市场在资源配置中的决定性作用与得到更好发挥的政府作用相结合，的确可以提高城镇存量用地再开发的实际效果。

（二）政策建议

第一，理性选择市场参与城镇存量用地再开发的模式，避免走入"盲目市场论"的误区。市场参与的城镇存量用地再开发并不是万能的。它是一种优势与劣势并存的再开发模式。受到不同的管理内外部因素影响，市场参与的城镇存量用地再开发必然会表现出不尽相同的绩效。因此，我们应当因地制宜，根据当时当地自然、经济和社会条件的适宜性，以及城镇存量用地与行为主体本身的特性等因素决定是否采用市场参与模式，以确保它能够同城镇存量用地再开发的实际情况相适应。从而，最大限度地发挥市场参与模式的优势并且回避或弥补市场模式的不足，不断提高城镇存量用地再开发的绩效。

第二，统筹规划，加强引导，确保市场主体和谐有序参与城镇存量用地再开发。市场主体的自利本性在一定程度上会导致再开发行为决策的盲目性，忽视了同一地区再开发项目的整体情况。例如，许多改造项目不断地被导向利益密集程度很大的房地产行业，产生了一定的问题和隐忧。此时，就要加强对市场主体的再开发行为的规划引导，让它们走出"囚徒困境"，从而提高市场参与模式的质量和效益。

第三，做好制度供给，以明晰土地产权、理清权属关系、调解利益矛盾为导向，针对市场参与再开发过程中遇到的新情况、新问题或一些"老、大、难"的突出问题及时制定配套政策、法规和措施。比如，及时出台标准，研究制定处理历史用地遗留问题、补偿安置、出让金的收益分配、"钉子户"问题等方面配套政策，建立城镇存量用地再开发的政策保障体系。进而，让利益主体在协商谈判时有法可依、有据可循，避免不必要的讨价还价成本。同时，这也可以为后续的再开发合约的履行和项目的工程建设等提供法律保障，抑制利益主体的机会主义行为动机，节约执行和监督成本，确保市场参与的城镇存量用地再开发项目顺畅进行。

第四，完善市场参与城镇存量用地再开发的激励机制，实现再开发的利益共享。城镇存量用地再开发的实质是收益增值和利益格局调整的过程。城镇存量用地再开发中涉及的主要利益群体有三个，即城市政府、开发商（社会资本）、动迁居民或企业。三方利益相关群体各自利益的实现是低效用地改造进行的最重要动力。存量用地再开发要充分调动三方的积极性，才能推动低效用地再开发的顺利进行。应当考虑原土地权利人的意愿与利益，合理分配低效用地再开发的增值收益，使政府、土地使用者、土地开发者形成利益共享格局，激励土地使用者积极参与低效用地再开发，提高土地使用效率。此外，城镇存量用地再开发也是一项费时、费力的工程。一般社会资本不敢轻易涉足。对此，只有政府"因势利导"，推动再开发的增值收益共享，利用优惠政策调动市场主体的积极性，支持它们参与城镇存量用地再开发，才能使得更多的低效用地有可能焕发新的生机。下一步，应当研究综合运用税收支持、财政奖励、土地支持等措施，不断健全完善激励机制，推动低效用地再开发工作。

第五，正确处理政府引导与市场参与的关系，统筹用好"看得见的手"和"看不见的手"，形成政府引导和市场参与相互统一、相互协调和相互促进的局面。显然，前述的政策建议突出强调了政府在市场参与模式中的调控、调节和服务的职能。政府应当切实履行职责，建立城镇存量用地再开发的信息平台，及时向社会发布有关信息，降低有意参与再开发的市场主体进行信息搜寻的成本，减少信息不对称，为市场参与城镇存量用地再开发提供便利；建立健全推进城镇存量用地再开发的激励和监管制度，在调动市场主体积极性的同时，也维护好市场秩序；坚决克服政府职能错位、越位、缺位现象，努力提高相关职能部门的办事效率和服务质量等。简而言之，市场参与城镇存量用地再开发并不能片面否定或排斥政府作用，不能把市场与政府二者割裂开来、对立起来，而需要把政府与市场有机结合起来。也就是，要让市场在配置资源中起决定性作用的同时，更好地发挥政府作用。

第七章

市场参与的集体存量建设用地再开发

市场作为配置资源的主要手段之一，在农村存量建设用地再开发中发挥着日益重要的作用。本章将通过成都市的两个农村存量建设用地再开发案例，揭示市场主导的农村存量建设用地再开发模式的实施条件、运行基础及其实际绩效。在此基础上厘清市场与政府这两种资源配置方式在农村存量建设用地再开发中的作用边界。

一　引言

我国正处在城市化、工业化和农村现代化快速推进时期，一定时期内城镇、基础设施用地增加，占用相当数量和规模的耕地具有客观必然性。但我国耕地后备资源严重短缺，开发限制因素多。通过农用地开发和整理来满足城镇建设用地扩张的难度越来越大，未来补充耕地的能力将受到极大限制。

与此同时，城镇和农村建设用地规模却出现同步增长。随着城镇化的推进和农村人口不断下降，我国城乡建设用地利用情况变化却呈双向扩展，城镇用地与农村居民点用地同趋势增加。主要表现在农村居民点用地规模大、面积超标、布局分散、外延无序扩张、大量"空心村"等粗放低效利用现象。尤其是部分农民转移到乡镇，却没有退出旧有房屋和宅基地，增加了房屋空置率。

另外，农村工矿用地也存在着土地利用效率不高、粗放利用、环境污染、人地矛盾冲突加剧等问题。由于历史、自然和经济的原因，许多农村工矿用地占用耕地严重，有些工矿用地批而不用、长期闲置。因此，寻求方法将这部分存量土地盘活来缓解建设用地需求将十分有益于我国的土地集约利用和可持续发展。

从 2004 年 10 月《国务院关于深化改革严格土地管理的决定》首次提出"鼓励农村建设用地整理，城镇建设用地增加要与农村建设用地减少相挂钩"，到中共中央十八届三中全会决议中进一步指出"坚持走中国特色新型城镇化道路，推进以人为核心的城镇化，推动大中小城市和小城镇协调发展、产业和城镇融合发展，促进城镇化和新农村建设协调推进"，农村存量集体建设用地再开发逐渐引起了理论和实践领域的高度关注。可以看出，农村存量建设用地再开发成为城乡统筹发展的重要抓手之一。

通过推进农村存量集体建设用地的再开发，不仅可以有效地盘活存量土地，为促进农村存量建设用地重整与再利用提供多种途径和思路，盘活存量低效挖潜，缓解建设用地供需矛盾。而且在国家要求贯彻落实科学发展观，推进新型城镇化，创建节约型社会的大背景下，整体推进农村存量集体建设用地再开发，符合国家发展的长远利益和战略目标。

如何认识市场与政府及其相互之间的作用关系，是现代经济社会发展中最为基本、也最具争议的一个问题。有一种广为流行且影响较大的观点认为，政府与市场的关系可以被看成是此消彼长的关系，并可用强弱或多少加以表述，如强政府、弱市场，政府少一点、市场多一点，等等。然而，在现实世界中两者关系并非如此简单。市场在资源配置中起决定性作用，同时强调更好地发挥政府作用，这是党的十八届三中全会的一个重要信号，也是对国内外长期历史经验的精辟总结。在新的历史条件下，我们需要认识到市场与政府之间不是此消彼长的关系，而是共生互补的关系，作为资源要素集聚和配置过程的农村存量集体建设用地再开发也概莫能外。

农村存量集体建设用地再开发实际上是各种资源要素在市场和政府共同作用下流动和整合的过程，完善的市场体系和有效的政府治理是农村存量集体建设用地得以有效利用的动力源泉。但是在农村存量集体建设用地再开发的实际过程中，在市场机制参与资源配置过程的同时，政府应该发挥什么样的作用以及如何发挥作用？有效的市场与有为的政府又能否珠联璧合、相得益彰呢？下文将以此为研究的出发点，首先系统梳理市场参与农村存量建设用地再开发的背景与内涵，再通过对成都市两个具体案例的深入分析，来探求市场参与农村存量集体建设用地再开发的合适治理模式。

二　市场参与农村存量集体建设用地再开发的内涵

（一）市场参与再开发的模式分类

通过分析归纳现有资料和总结国内众多农村存量集体建设用地再开发模式，可以将市场参与农村存量集体建设用地再开发的模式大致分为以下三类：规范市场模式、隐形市场模式以及改革试点模式。

1. 规范市场再开发模式

规范市场再开发模式是指不与现行法律相抵触的运行模式。《土地管理法》明确规定农村集体建设用地使用权不得出让、转让和出租用于非农业建设，但在三种特殊情况下，农村集体建设用地在现行法律空间内可以流转使用和进行再开发，具体包括：

（1）符合乡（镇）土地利用总体规划和土地利用年度计划，并经县级以上地方人民政府批准后，集体经济组织内部的集体建设用地可用于兴办乡（镇）企业、进行乡（镇）村公共设施和公益事业建设以及兴建农村村民住宅等用于农民集体的非农业建设，其中兴办乡镇企业的形式包括乡（镇）政府、村委会、村民组和村民联合办企业等集体内部形式，也包括农民集体经济组织以集体建设用地使用权入股、联营等形式与本集体外的单位和个人同举办企业的情形。

在现实中，符合上述条件的住宅和乡镇企业建设用地主要的流转方式为农村集体土地所有者将一定年期的集体建设用地使用权让与土地使用者，由土地使用者向农民集体土地的所有者一次性支付出让价款；而乡（镇）村公共设施和公益事业建设用地主要由乡镇政府和村民自治组织等负责经营管理。

（2）《土地管理法》中规定"农村村民出卖、出租住房后，再申请宅基地的不予批准"，这一规定暗含了村民住宅是可以买卖或出租的，同时我国相关法律又规定房屋等地上建筑物的买卖或出租必然引起土地使用权的相应流转。随着城市化和农村剩余劳动力的转移，大量的村民住宅被用来买卖或出租，其再开发的方式主要为农民将住宅或已获得的宅基地使用权，以有偿的方式，向本村村民转移。

（3）符合土地利用总体规划并依法取得建设用地的企业，因破产、兼并等情形可以使农村集体建设用地使用权发生转移，经过法律裁决，以一定经济条件，由原依法获得使用权的乡镇企业转向新的经济组织。

2. 隐形市场再开发模式

随着城镇化进程的加快，市场经济的发展，土地作为一种资产而带来的价值开始显现。受限的农村存量集体建设用地再开发模式已不能满足城镇建设发展的需要，因此，各地农村存量集体建设用地的再开发过程中出现了一些现行法律规定外的方式，即突破了前述正常再开发模式的条件，自发流转进入市场进行交易，可以称之为隐形市场再开发。

出于对经济利益的追求，这种农村存量集体建设用地私下流转直接入市的现象在各地均有发生，其表现形式也多种多样，主要包括：乡镇政府或村民委员会或其他农民集体经济组织等集体建设用地所有者以出让、出租、联营或作价入股的方式直接将土地使用权转移给本集体组织外的单位或个人；乡镇企业直接将土地使用权出租或转让；农民由于进城等原因向集体经济组织外部的人转让或出租房产从而导致土地的转让。

这种隐形市场再开发模式一定程度上为城镇化提供了条件。通过流转得到建设用地的地区，能在较短时间内，花费较少成本促进工业化和城市化的进程，完成由农业经济结构向工业经济结构的转变，在一定程度上促进了城镇化发展。但是，隐形市场再开发模式存在的弊端是非常多的，不仅冲击了法定公开土地市场的正常运行，而且增加了政府对土地管理、调控和规范的制度成本。市场交易各方的权属利益也很难保障，造成了农村集体建设用地市场的混乱。

3. 改革试点再开发模式

（1）规划区内外同等对待，"弃权让利"。"弃权让利"是指在保持集体土地所有权不变的前提下，仿照国有土地有偿使用管理的方式，将集体土地使用权按一定年期转让、出租、入股、联营，土地收益大部分留给集体经济组织的管理模式。如上海嘉定等地采用这种管理模式时，将集体建设用地与国有土地纳入同一土地市场，实行国有和集体土地"两种产权、同一市场"统一管理的模式。无论集体建设用地位于规划区内还是规划区外，无论土地使用者的性质，无论是利用存量建设用地还是利用增量建设用地，各类企业如乡镇企业、私营企业、国有企业或三资企业等均可以按照一定程序，在保留集体土地所有权不变的情况下使用符合规划的集体建设用地。

（2）规划区内外同等对待，"取权让利"。"取权让利"是在农村存量集体建设用地再开发时，将农村集体建设用地的所有权转为国有，并补办国有土地出让或租赁手续，收取的土地收益大部分返还集体经济组织。宁波、温州和常州市基本采用这种模式。对于规划区内、外的集体建设用地的再开发，除少数情况外，基本上不再保留集体土地所有权，而是通过征用将需要再开发的集体土地统一转为国有土地。农村集体建设用地转为国有进入市场以后，按照"同种产权、同一市场"进行统一管理。

（3）规划区内和规划区外分别对待的管理模式。城市规划区、建制镇规划区范围内的农村集体建设用地需要再开发的，主要采用转权让利的方式，将集体土地所有权转为国有后（即办理集体土地征用手续），再参照国有土地使用权管理的有关办法办理有关手续；规划区外的农村集体建设用地，只要属于集体所有，集体经济组织即可将一定年期的农村集体建设用地使用权以出让、租赁或作价入股等方式提供给土地使用者，以获得土地收益。杭州、湖州市等多数地方采用了这种模式。

（二）市场参与再开发面临的问题

市场作为配置资源的主要手段之一，在农村存量集体建设用地再开发中发挥着日益重要的作用。但是市场机制也有着其不足之处，并不能解决农村存量集体建设用地再开发过程中的所有问题。面对复杂的农村存量集体建设用地再开发，市场机制的实际作用可能与理论中的构想相去甚远。

市场在参与农村存量集体建设用地再开发过程中之所以会失灵，很可能是因为制度环境所存在的问题（即法律制度、土地增值收益分配制度等基础性制度不健全）导致了市场机制作用无法正常得到发挥。当制度环境的问题影响到了市场机制作用的发挥，进而影响到了农村存量集体建设用地再开发时，政府作为配置资源的另外一个主要手段又该如何发挥作用，以及通过何种机制和渠道来发挥作用，实际上与市场参与再开发的问题紧密相关。政府在解决制度环境所存在的各项问题之时，是对市场机制的补充，抑或是对市场机制的替代呢？

下文将通过综合分析成都市的两个农村存量集体建设用地再开发案例，来揭示市场参与的农村存量集体建设用地再开发模式的实施条件、运行基础及其实际绩效。在此基础上，我们力图厘清市场与政府这两种资源配置方式在农村存量建设用地再开发中的作用边界，以及相关的政策建议。

三 市场参与农村存量集体建设用地再开发的具体案例

（一）有效的市场与有为的政府：成都市锦江区的经验

1. 案例背景介绍

早在 2003 年，成都市锦江区委、区政府就开始根据成都市城乡一体化发展要求，利用三圣乡的区位优势，采取农户出资、政府补贴的办法，引导村民们在自愿基础上，打造生态休闲旅游胜地"五朵金花"。随着城乡统筹的进一步推进及产业发展的迫切需求，从 2008 年起，成都市锦江区开始采取"大统筹、大集中、大流转"的方式进行农村存量集体建设用地再开发。

具体来看，锦江区的做法包含三个步骤。首先，以 2004 年的地籍台账为依据，将农村存量集体建设用地使用权确权登记到村；其次，通过成立新型农村集体经济组织，并在此基础上又联合成立农锦公司，确立了大集中和大流转所必需的开发主体；最后，锦江区将农民全部集中安置，并搭建了多种平台及配套工程，通过增减挂钩方式完成了"大统筹、大集中和大流转"的战略。

值得强调的是，在锦江区农村存量建设用地再开发的过程中，市场机制发挥出了对土地资源配置的决定性作用，而锦江区委、区政府通过土地确权登记颁证、确立建设用地开发主体以及制定相应的政策配套措施为土地市场的良性运转提供了基础制度保障。在锦江区的案例中，可以清楚地看到强政府是如何促进强市场发挥作用的。

2. 以企业法人为开发主体的市场机制

锦江区属于成都市经济圈的"第一圈层"，是典型的"大城市带大郊区"的发展模式。全区土地面积 62.12 平方公里，常住人口 40 万。锦江区中有 11 个村被规划进所谓的"198"范围（即成都市新一轮土地利用总体规划中确定的不属于城市规划圈内但又允许进行建设的面积为 198 平方公里的地区）。为了实现大郊区集体建设用地再开发，满足城乡统筹发展的需要，锦江区采取了以企业法人为主体的再开发模式。

（1）成立成都市农锦集体资产经营管理有限公司

首先，按照经济职能与社会职能相分离的原则，在"198"范围内的11个村，建立起以全体村民为成员、以有限责任公司为组织形式的具有现代企业制度特征的新型集体经济组织。这些集体经济组织作为农村集体土地流转的主体，拥有农村土地所有者代表的资格，负责农村集体资产的管理。

其次，由各新型集体经济组织分别出资10万元，注册成立成都市农锦资产管理有限责任公司。在国务院批准成都市为全国统筹城乡综合配套改革试验区的背景下，2008年1月锦江区上述的11个集体农村经济组织共同出资成立了成都市农锦集体资产经营管理有限责任公司（简称农锦公司）。农锦公司经营范围包括农业服务（农村土地综合整治）、物业管理、新型社区建设、道路工程施工等。为了实现城乡统筹过程中土地整理、基础设施等公共物品的提供，锦江区政府的国有控股公司（比如下文中提到的农投公司）同意对农锦公司在开发过程中进行资金支持。

（2）农锦公司作为主体实施集体建设用地流转的主要做法

第一，农户名义上将使用权流转给村级集体经济组织。由村民小组将使用权统一流转到各村级新型集体经济组织（这里只是名义上将农村土地使用权的流转，并未发生交易行为）。

第二，由各村集体经济组织将农村土地（包括集体建设用地、农用地）委托给农锦公司整体经营，实现在全区统筹使用。而农锦公司统一将11个村民小组的农村土地整理开发经营权委托给成都市锦江区现代农业发展投资有限责任公司（以下简称"农投公司"）进行集中整理和开发利用。

第三，由区农投公司按照"198"区域城市总体规划、农村土地利用规划和产业发展规划对受委托的土地进行整理开发。整理开发后，由农锦公司通过锦江区土地交易中心，将集体建设用地的使用权和农用地承包经营权从新型农村集体经济组织流转到项目业主，实现土地到项目、到产业的二次流转，并获得土地流转收益。

第四，区农投公司作为投资平台，先行垫资对农锦公司委托的农村土地进行整治和开发，通过整治后获得节余集体建设用地通过区土地交易中心进行挂牌交易获得流转收益，农锦公司依据与农投公司达成的协议等进行分配。农锦公司将扣除农投公司成本及分成后的净收益再在11个集体经济组织内进行分配。

（3）农锦公司流转的集体建设用地情况

从 2008 年 1 月成立至 2013 年 1 月，农锦公司作为主体实施集体建设
用地流转达到 10 宗，见表 7 - 1。

表 7 - 1　　成都市农锦集体资产经营管理有限公司作为实施主体流转的土地

序号	标的名称	面积（亩）	流转期限	出让方	受让方	成交方式	成交单价	交易金额（万元）	成交时间	用途
1	锦江区成龙路街道办事处皇经楼村二、六组集体建设用地使用权	16.7999	40 年	成都市农锦集体资产经营管理有限公司	成都市锦泰宝驹汽车销售服务有限公司	挂牌	80 万/亩	1343.992	2008 年 11 月 10 日	商业（汽车产业园）
2	锦江区三圣街道办事处幸福村三组集体建设用地使用权	6.4215	40 年	成都市农锦集体资产经营管理有限公司	成都益扬燃料投资有限公司	挂牌	80 万/亩	513.72	2008 年 11 月 10 日	商业（汽车产业园）
3	锦江区成龙路街道办事处皇经楼村二、六组集体建设用地使用权	20.1931	40 年	成都市农锦集体资产经营管理有限公司	四川辰宇雷克萨斯汽车销售服务有限公司	挂牌	80 万/亩	1615.448	2009 年 3 月 13 日	商业（汽车产业园）
4	锦江区成龙路街道办事处椿子数村六组集体建设用地使用权	17	40 年	成都市农锦集体资产经营管理有限公司	成都品信汽车销售服务有限公司	挂牌	80 万/亩	1360	2009 年 3 月 13 日	商业（汽车产业园）
5	锦江区成龙路街道办事处椿子数村七组集体建设用地使用权	17.7789	40 年	成都市农锦集体资产经营管理有限公司	成都通海三圣汽车销售有限责任田公司	协议	80 万/亩	1422.312	2009 年 4 月 20 日	商业（汽车产业园）
6	锦江区成龙路街道办事处椿子数村七组集体建设用地使用权	20.8157	40 年	成都市农锦集体资产经营管理有限公司	成都东成安邦（安信）汽车销售服务有限公司	协议	80 万/亩	1665.256	2009 年 6 月 26 日	商业（汽车产业园）
7	锦江区成龙路街道办事处椿子数村六组集体建设用地使用权	23	40 年	成都市农锦集体资产经营管理有限公司	成都新元素兴业汽车服务有限公司	协议	80 万/亩	1840	2009 年 7 月 23 日	商业（汽车产业园）
8	锦江区成龙路街道办事处椿子数村七组集体建设用地使用权	16.0674	40 年	成都市农锦集体资产经营管理有限公司	成都怡兴汽车服务有限公司	挂牌	130 万/亩	2088.762	2009 年 9 月 11 日	商业（汽车产业园）
9	锦江区成龙路街道办事处椿子数村七组集体建设用地使用权	48.852	40 年	成都市农锦集体资产经营管理有限公司	东创建国汽车集团成都天际车业有限公司	协议	80 万/亩	3908.16	2009 年 9 月 11 日	商业（汽车产业园）
10	锦江区成龙路街道办事处皇经楼村七组集体建设用地使用权	17.7851	40 年	成都市农锦集体资产经营管理有限公司	成都通海汽车销售有限责任公司	协议	80 万/亩	1422.808	2009 年 4 月 17 日	商业（汽车产业园）

（4）农锦公司作为主体实施集体建设用地再开发的成效

锦江区农锦公司作为经营主体实施农村土地流转，以及大力发展农业产业结构，壮大农村集体经济等举措，逐步建立起涉农社区居民可持续增收的"五金"机制，实现了农民收入多元化。

一是土地流转金，农地承包经营权流转收益归农民所有，土地流转实行每五年按不低于10%的比例增长，以保证农民土地收入持续稳定增长。同时，为有效防范土地流转风险，保障农民的利益不受损害，锦江区财政每年还从扶持新型集体经济专项资金中安排200万元，五年达到1000万元，建立土地流转风险基金。

二是农民可以获得房屋租金，农民入住新型社区后，可将富余的住房用于出租，获得稳定的房屋租金。同时，根据成都市的规定，将匹配给每户农民的10.5平方米经营用房，交由本集体经济组织统一出租经营，收益按股分配，从而实现农民财产性收入。

三是农民获得集体资产股金，按照"资产变股份，农民当股东"的思路，各新型集体经济组织对原有的村级集体资产进行清产核资和股权化，以一元一股设置股份，将集体资产股份量化到每一位村集体经济组织成员，并立足区位优势和资源优势，以项目为依托，搞活资产经营，将经营收益按股份分配给农民。同时，为发展新型集体经济组织，锦江区还为11个村级新型集体经济组织设立了每年1000万元的发展扶持基金，用于做大、做强新型集体经济组织，以保障每个新型集体经济组织成员有稳定的、可持续的红利收入。

四是农民获得薪金，为切实保障"198"项目区内农村劳动力"有业可就"，锦江区与入驻本项目区的企业约定，每流转使用1亩土地必须解决1名当地农村劳动力就业。就此推算"198"区域不仅能容纳所有劳动力就业，而且，还能创新出充足的就业岗位，实现农民就地、就近转移就业，从而成为"产业工人"，获得稳定、可观的工资性收入。

五是农民获得相应的保金，按照城乡一体的原则，制定和完善"198"区域新型集体经济组织成员社会保障办法，强化新型集体经济组织成员基本养老保险和基本医疗卫生，不断调高涉农社区社会保障水平，农民达到社会保障条件后，每月获得规定数额的低保金、报销住院费等"保金"收入。

3. 市场机制运行的基础

早在党的十七届三中全会提出"要逐步建立城乡统一的建设用地市

场"的时候，锦江区就对"大统筹、大集中和大流转"中的市场机制进行了探索。一方面，为了充分发挥出了市场机制的主导作用，农锦公司得以成立并成为存量建设用地的供给方直接与市场的需求方对接；另一方面，锦江区委、区政府在建立并维护公平竞争的市场秩序和扩展市场体系上做了一系列的工作，有力维护和促进了市场机制更好地发挥作用。总体上看，有效的市场加上有为的政府带动了锦江区农村存量建设用地的再开发。

首先，根据大统筹思想进行确权登记颁证，农村存量建设用地产权边界得以明晰。锦江区在 2008 年全面展开农村土地的确权，确定了以 2004 年的地籍台账为本区农村土地确权的依据。农村存量建设用地的使用现状与 2004 年的台账有了较大的差别，出现了宅基地批而未建、分户后未批先建、违规多修多占的、集体经济发展占用的等问题。如果按现有的使用现状进行确权势必会导致管理上的失序。所以，锦江区本着先行先试的原则，创新了本区范围内的农村土地确权方式，即以 2004 年的地籍台账为依据，将农村存量建设用地使用权确权登记到村（记载到村民小组），并没有将农村存量建设用地简单地按现状确权给实际使用人，也没有将建设用地具体地块一一对应，为下一步农村存量建设用地再开发创造了条件。

其次，确立大集中和大流转所必需的开发主体，市场主体得以确立。按照现行土地管理制度，集体土地属三级（组、村、乡）农民集体所有，由农村集体经济组织或者村民委员会、村民小组进行经营管理，导致集体土地产权不清。锦江区为了推进"大统筹、大集中和大流转"的发展思路，建立了新型集体经济组织打破了现行农村土地管理制度对"集体"的规定不清晰、农村土地产权主体缺位的状况。

正如上文中指出的，通过成立新型农村集体经济组织，锦江区将原 14 个自然村合并为 11 个村 76 个村民小组，又将该 11 个村分别注册登记形成了农村新型集体经济组织（即由工商部门注册登记成立为具有法人资格的有限责任公司）。将农村集体土地所有权、农村存量建设用地使用权确权登记颁证到村级新型集体经济组织，将土地承包经营权确权登记颁证到农户。公司股东为原农村集体经济组织选出的村民代表，全体村民享有公司的收益分配权。

这 11 个村级新型集体经济组织又联合成立农锦公司。公司最多是 50 个股东，由每个村选村民代表进入公司，但公司的所有资产归全部村民所有。11 个新型集体经济组织的土地统一委托给的农锦公司进行管理和经营。按照"农民→村级新型集体经济组织→区农锦公司→项目业主"的流程，通过土地使用权入股，建立起农民与新型集体经济组织之间的利益连接机制，大大增强了集体经济组织经营能力和致富增收的可持续发展。

再次，通过增减挂钩方式实施"大统筹、大集中、大流转"战略，市场运行规则得以确定。大统筹、大集中和大流转的实质在于将农民原来比较粗放的宅基地进行整理，让农民集中居住，由此将节约和集约利用获得的农村存量建设用地进行再开发，获得新农村建设用地的资金。

锦江区把城乡建设用地增减挂钩作为农村综合整治的一个重要抓手，经部、省批准的农村土地整治项目，通过拆旧和集中安置并复垦以后，节余的农村存量建设用地指标可报征转为国有建设用地。但锦江区国土管理部门和农锦公司根据锦江区上述 11 个村民小组所处的位置和邻近成都市区的优势，决定将经过土地综合整治获得的节余农村存量建设用地（实际上已经形成了指标）不报征，还是保留其原来的农村存量建设用地性质，这就形成了可供再开发的农村存量建设用地。

最后，探索融资方式、建立集体土地投资和收益分配机制，市场机制得以稳定运转。农村存量建设用地再开发的一个核心问题是前期整理成本巨大，中间涉及利益广泛，后期收益分配难测。锦江区实施农用地和农村存量建设用地规模匹配开发，坚持统一规划和整体开发，实现农村土地资源价值最大化。

2007 年 6 月，区政府专门成立了"成都市兴锦现代农业投资有限公司"作为融资平台，利用区政府国有资源以及区财政担保方式对外融资后，再借资给区农锦公司用于土地整理成本费用，然后由区农锦公司将节余的农村存量建设用地统一对外流转，所得收入归还借资（包括资金利息），如有不足则由区政府通过匹配土地出让收益进行兜底。

据初步统计，锦江区可整理出近 3000 亩农村存量建设用地，除去用于新居工程建设，还有 2000 多亩可用于开发。在具体的分配办法方面，锦江区在开发收益的分配上采用的是兼顾历史事实的平均分配。先确定每个村确权的农村存量建设用地占农锦公司农村存量建设用地总量的比例，将收益按这个比例分配到村，在村内的各组之间同样也是按照农村存量建设用地占村总量的比例来分配，而组内则采取按人口的平均分配。这样的分配办法，使得村组是按历史事实来分配，而组内个人则采取平均分配，做到了相对的公平。

4. 市场与政府的良性互动的成效

有为政府推进有效市场，有效市场进而支撑有为政府，在这一良性的互动中，农民是其中最大的获益者。实践经验表明锦江区农锦公司通过土地再开发，有效解决了农村就业、调整农业产业结构以及壮大农村集体经济等问题。

（1）"三改五化"顺利完成。在政府、集体和农民的积极配合，锦江区已全面完成了确权颁证，顺利开展了土地整理和流转交易。随着以创新农村集体土地制度为核心的改革深入推进，锦江区在推进城乡综合配套改革方面的力度越来越大，其成效也越来越明显，做到了"三改"，实现了"五化"。

"三改"指的是三个方面的重大改革：第一，改革了过去农村产权不清晰的状况。第二，改革了过去农村资源要素难以流动的状况，引导农民打破原村组土地的界线，大力推进土地流转。第三，改革了过去农村基层组织职责不清，职能错位、越位、缺位的状况，构建起以社区党组织为核心、社区居委会为自治主体、新型集体经济组织为发展平台的基层组织运行新机制。"五化"，指的是实现了五个主要方面的重大变化：土地利用集约化、农村经济集体化、农民居住社区化、农民收入多元化、城乡管理一体化。

"三改五化"的实现，不仅体现了制度绩效，也揭示了锦江区在进行农村集体建设用地再开发上市场与政府之间的良性互动。

（2）新型农民社区的形成。区政府在结合实际并经过广泛征求群众意见，以建设社会主义新农村的方式推进城镇化建设，即在农村产权制度改革中，将全区"198"区域视为一个整体来统筹推进，就近集中引导到两个新建的新型社区去居住，把经过确权、登记、颁证后的集体建设用地，和经过土地综合整理，置换出来的集体建设用地指标，扣除农民新居用地剩余部分，全部集中起来，统一对外流转交易。

（3）农村生产要素的流动得以推动。在推进城镇化进程中建设社会主义新农村和增加农民财富方面，需要大量的资金。锦江区政府实施了集体建设用地"大流转"。在此过程中坚持以解决农民增收为目的，通过建立新型集体经济组织和具有企业法人性质的公司来运作农村集体建设用地流转，同时政府也从财政上给予了大力支持和扶持。由于锦江区具有较好的区位优势，尽管作为集体建设用地流转不如国有建设用地出让收益高，但是，由于锦江区上述 11 个村集体经济组织紧邻成都市，地租收益的差距不大。由农锦公司对集体建设用地流转收益统一调配，为锦江区实施"大统筹、大集中"带来了巨大的财力支持。

（4）收益分配方式体现了公平合理性。建立公平合理的收益分配及管理机制，确保农村集体和农民成为流转收益的主要获得者，锦江区的一个改革创新集体建设用地收益分配，就是采取村一级和组一级按照比例来分配，村内各小组的成员采取平均分配的措施。确权后的土地统一由农锦公司来进行管理，对于流转所得的收益，按照确权时每个村一级和组一级占农锦公司的比例来进行收益分配，不分土地位置的好坏。解决了由于历史现状导致的各村位置不一样、建设用地面积不一致的问题。然后，各个村内小组按各自土地占有的比例所获得的收益，对组内的小组成员进行平均分配。这样在组内是平均的，在村一级组一级之间按比例，就是公平的。

5. 仍然有完善空间的政府机制

（1）缺乏集体建设用地再开发配套政策。目前，锦江区集体建设用地再开发后缺乏对用地再次流转进行规范和管理的相关政策和法规，导致集体建设用地再利用时，存在一些问题。

首先，未明确再次流转的流程及其他使用限制，容易滋生违法行为。其次，再次交易时，转让者及受让人各自应负担的增值部分的交易税费种类、缴纳的数额及何部门负责收取均无明确规定，不利于保障双方的权利；再者，由于未规定再次流转收益在政府、集体、农户之间如何分配，容易产生纠纷，不利于保障农民的权利，不利于维护农村社会的稳定。

因此，成都市应加快制定集体建设用地再开发后的流转的相关配套政策、法规，保障集体建设用地再开发的使用效率，保障各方的权利。

（2）与国有建设用地使用权在抵押上不平等。集体建设用地流转在促进集体建设用地与国有建设用地"同地、同价、同权"过程中取得了巨大的突破，尤其是在集体建设用地使用权抵押方面，例如，成都市出台了关于集体建设用地使用权抵押管理的办法，例如《成都市集体建设用地使用权抵押融资管理办法（试行）》、《锦江区集体建设用地使用权流转管理办法（试行）》等，且各大银行也对集体建设用地使用权抵押提供了支持，促进了集体建设用地使用权抵押。

然而，受目前我国土地制度的限制，与国有建设用地使用权抵押相比，集体建设用地使用权抵押依然受到了一定的限制。主要表现在以下方面：第一，抵押价格与国有建设用地不平等。目前集体建设用地使用权抵押价格仅按照市政府依据土地成本制定的指导价确定，对于一些区位条件好的集体建设用地，仅参照此价格评定其抵押价格，将会导致其价值被低估，无法很好地实现抵押权；第二，集体建设用地使用权抵押贷款比例低于国有建设用地使用权。金融机构在为集体建设用地使用权放贷时，其抵押贷款比例通常会低于国有建设用地使用权抵押贷款比例，即集体建设用地使用权抵押依然受到了金融机构一定的歧视和不平等待遇。

（3）集中居住新居退出受限、私下交易存在风险。锦江区采取宅基地整理置换的办法推进农民集中居住，按照城市社区标准规划建设石胜新居和大安新居两个农民新型社区，按照人均35平方米分配新居，成员较多的家庭就能分到2—3套住房。当出现随子女迁往市区居住、家庭急需用钱等情况后，此时村民将多余住房以较低的价格出售给不属于本村集体的人，由于集体建设用地所有权及使用权、房屋所有权均归农民集体，单套住房无法取得分户房产证，这类交易不受法律的保护，不能保证购房者的利益。但是，在调查中我们了解到，农民迫切希望能够让自己居住的房屋拥有与城市商品房同等的产权，应该通过土地制度等的改革，让农民拥有获得房地产这类财产的权力，允许农民的房屋正常入市交易。

6. 案例小结：有效市场背后的有为政府

综上所述，在锦江区的案例中，市场机制在农村存量建设用地再开发的过程中起到了决定性作用。与此同时，我们也不能忽视锦江区政府的一系列改革举措又为市场机制的发挥提供了最为基础的制度保障。如果说一个有效的市场经济背后一定有个有效的政府支撑的话，锦江区的案例则为这一论断提供了有力的佐证。

（二）政府作用缺失的隐忧：成都市郫县白鸽村的案例

1. 案例背景介绍

郫县花园镇白鸽村环境怡人，村内有两个占地30亩的纯天然湖泊，并有江安河和白鸽渠两条原生态的水系流经，旁边还有原生态河滩和河岸边原生态林地，适宜发展旅游产业。在成都市产权改革后，郫县作为第一批探索将村民宅基地转换为农村存量建设用地进入市场进行再开发试点，规划开发千鹭湖项目。

2011年3月，四川观狄美地酒店发展有限公司通过挂牌交易成功获得该农村存量建设用地的使用权。作为成都市在产权改革后第一批将村民宅基地转换为农村存量建设用地进入市场进行再开发的试点项目，白鸽村的案例为当前形势下探讨如何盘活农村宅基地，形成增量农村存量建设用地并纳入正常的再开发，为逐步建立与城市国有土地"同地、同价、同权"的健康开发模式和相衔接的农村存量建设用地管理制度提供借鉴实例。

然而，在白鸽村这个案例中特别需要注意的是，通过宅基地退出整理实施存量建设用地再开发的过程中，市场机制虽然发挥出了主导作用，但是由于政府作用的缺位，也留下了诸多不容忽视的隐患。在追寻有效市场的路途中，有为政府的建设同样需要高度关注。

2. 以村民小组为开发主体

在目前成都市集体建设用地流转的进程中，大多数流转主体均为村民小组，但由于村民小组在法律上的地位不完善以及市场经济活动受限制，在实践中许多行为都是在村委会的协助下实现的。

2011年3月12日，白鸽村4队、5队（即村民小组）将28.79亩集体建设用地使用权在郫县产权交易中心挂牌交易，经过投标，于3月18日由四川观狄美地酒店发展有限公司获得该集体建设用地的使用权。四川观狄美地酒店发展有限公司将该地作为商服用地，建设千鹭湖乡村度假酒店及相应的休闲观光农业产业。

白鸽村在农交所公开交易的28.79亩集体建设用地组成情况如下：白鸽村4队12户农民宅基地18亩左右、4队集体所有的公墓地、米厂共3亩，共计21亩左右；白鸽村5队集体所有的油籽厂建设用地5亩多，园艺厂建设用地5亩多，共10亩左右。两项相加大约为31亩多，但是，国土管理部门根据卫片实际确权中只有28.79亩。

由于整个千鹭湖乡村度假酒店一期占地150亩，而实际挂牌进行流转的仅有28.7933亩，因此整个千鹭湖乡村度假酒店项目所涉及流转集体建设用地的构成情况较为复杂。除了上述公开挂牌交易的集体建设用地流转以外，还存在企业以支付年租金的形式流转白鸽村集体土地。包括：河滩集体未利用地70亩、水塘22.7亩、农户的农用地20亩左右。所以，实际流转土地达到142亩左右。集体土地流转的租金情况为：白鸽村集体未利用地和水塘为 800 斤大米/亩年；部分农户的农用地以 1000 斤大米/年亩的标准支付给 4 队、5 队，大米的价格以每年的市场交易价格为准。见图 7-1。

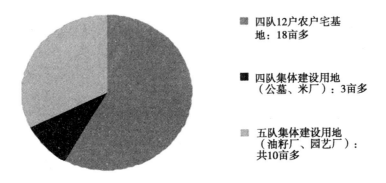

图 7-1　白鸽村集体建设用地土地构成

3. 政府规则缺位的隐患

以村民小组作为开发主体，虽然符合"还权赋能"的原则，在案例中也得到了市场主体的投资，但在白鸽村的案例中政府管理的一些根本性制度的缺位，使得白鸽村存量建设用地再开发面临着一些隐患。

（1）再开发收益分配正式规则缺失，容易引发收益分配冲突

白鸽村在实际中的分配方案是经过村民代表大会或者全体村民会议同意来确定的。在再开发之前村委会必须与村民讲清楚再开发的所有收益和分配的办法，获得村民签字同意后，才能具体实施农村存量建设用地再开发。实际上，村民采取的平均分配的原则。从该村的情况来看，凡属于集体所有和集体使用的农村存量建设用地再开发，其所有收益均按村民人数进行平均分配。

然而，因为在再开发过程中涉及跨村民小组农民的利益分配，不同小组之间的利益分配往往会产生纠纷。案例中，4 队的 12 户农民并没有得到全部宅基地的收益，只是得到了除新建宅基地以外的农村存量建设用地再开发的收益。新建宅基地分配又只能依据成都市的相关规定来确定（70 平方米/人），但是，由于村集体没有预留的宅基地分配给他们，这就产生了分配规则与实际情况上的矛盾。4 队的村民最后对这个项目的分配产生了较大的质疑和争议。

（2）宅基地作为农村存量建设用地再开发后农民能否再次申请宅

基地？

我国《土地管理法》第 62 条规定："农村村民出卖、出租住房后，再申请宅基地的，不予批准。"但是，白鸽村的案例很特殊，它不是自己再开发，是一种集体行为，同时其分配也不是农户独自享受，也纳入了全部集体的分配，尽管农户也获得了超标部分的补偿。这里的问题就是，如果农户自己将宅基地流转（出卖或者出租），根据《土地管理法》规定的"农村村民出卖、出租住房后，再申请宅基地的，不予批准"。但是，如果是本村集体经济组织（村民小组或者村委会）把农民的宅基地集中统一进行再开发，农民是否还可以继续申请相应的宅基地，这是目前法律存在的空白之处。

（3）农户把自己的宅基地让集体再开发后能否在自己的承包地上进行房屋重建？

从该案例可见，白鸽村的农村存量建设用地再开发已经包含了 4 队的12 户农民的宅基地，白鸽村以村民代表大会和投票的形式通过了对包含 4队的 12 户农民的宅基地进行再开发，12 户农民也同意。这 12 户农民把自己的宅基地让集体再开发后，为了获得新的住宅，只能又在自己的承包地上按照成都市 70 平方米/人的标准修建了新的住房。由于修建房屋，使得农民的承包地减少，结果村集体还必须以再开发的收益来对上述农户占用自己的承包地修建房屋进行补偿。从结果上来看，这是集体组织存量用地再开发引致的侵占耕地的现象，而且上述农民的权益实际上也受到一定程度的损害。因为修建房屋不能办到相应的产权证，原来的房屋和宅基地是有产权证的。

《土地管理法》第 62 条规定："农村村民住宅用地，经乡（镇）人民政府审核，由县级人民政府批准；其中，涉及占用农用地的，依照本法第四十四条的规定办理审批手续。"该案例中违背了《土地管理法》的上述规定。首先，没有经过乡（镇）人民政府审核，由县级人民政府批准；其次，占用农用地必须办理相应的农转用手续。作为该案例存在的典型问题是，农民原有的宅基地被作为农村存量建设用地再开发之后，村组同意农民在自己的承包地上建房，一些农民的承包地并没有经过农转用审批。

4. 案例小结：市场的"进"不是政府的"退"

在白鸽村案例中，我们可以看到在村民宅基地转变为农村存量建设用地的过程中，在如何确定、实施分配再开发所得费用的方案，以及如何平衡村民以及宅基地当事农民的切身利益等问题上，市场机制起到了关键性作用，但是政府作用却存在一定的缺位，不可避免地为农村存量建设用地的再开发留下了隐患。

四　有为政府需为有效市场立规：案例思考

（一）再开发离不开完善的规章制度

在农村存量建设用地再开发过程中，只有制定和完善规章制度，才能显化集体土地价值，为市场机制提供配套保障措施。在锦江区的案例中，锦江区为推进农村存量建设用地再开发锦江区先后制定和完善了《锦江区拍卖（挂牌）出让（转让）集体建设用地使用权规则》、《成都市锦江区集体建设用地使用权流转管理办法（试行）》、《成都市锦江区集体建设用地收益分配管理办法（试行）》、《锦江区集体建设用地使用权抵押融资管理办法（试行）》等一系列配套办法。根据上述管理办法，农村存量建设用地可用于除商品房开发之外的工业、商业、旅游业、服务业等经营性用途，用地者在土地有形市场通过招拍挂方式公开取得，实现了集体土地的抵押等权益，并办理土地使用权登记手续。而这些类似规章制度在郫县也有制定。只是从白鸽村的案例来看，在一些细节上体现了规章制度的完整性相对欠缺的，进而制约了存量建设用地再开发的绩效。

（二）再开发离不开土地交易和流转利用等多种平台

在农村存量建设用地再开发过程中，土地交易和流转利用等多种平台是市场机制得以发挥的前提条件。锦江区一方面成立了农村土地房屋登记交易服务中心，将根据增减挂钩对农村土地整治等依法取得的农村存量建设用地，参照国有土地使用权出让程序和办法，在土地交易中心公开挂牌交易，确保最低交易价不低于基准地价，从而实现土地集约节约高效利用和价值的最大化；另一方面则充分利用区现代农业发展投资有限责任公司的投融资平台，对农村存量建设用地进行整理开发，有力推动了农村土地的综合整理、统一开发和流转经营，促进土地资源与社会资本的有机结合。郫县白鸽村也是在农民自愿的前提下，将28.79亩农村存量建设用地使用权在郫县产权交易中心挂牌交易，通过招投标方式实现了存量建设用地的再开发。

（三）再开发离不开相关的制度配套

两个案例实际上也体现了农村存量建设用地再开发提供了相关制度配套的必要性和有效性。

第一，需要完善农民就业保障体系。比如，锦江区把完善农民转移就业保障体系作为配套推进农村产权制度改革的一项重要制度来抓，在实施土地流转时将农用地和建设用地匹配挂钩流转，按流转的农村存量建设用地面积要求企业相应地提供农民就业岗位，充分保障农民就近就业。通过土地流转，锦江农民实现农用地租金、分红、工资以及社保等"四项收入"，实现农民持续稳定增收。

第二，需要农村新型社区建设配套措施。比如，锦江区通过增减挂钩的办法采取宅基地整理置换的办法推进农民集中居住，按照城市社区标准规划建设石胜新居（约85万平方米）和大安新居（约15万平方米）两个农民新型社区，包括公建配套在内的两个农民新型社区共占地约560亩，总建筑面积约100万平方米，可安置农民13500人。这些有效地促进了农民废旧宅基地等低效用地的盘活。

第三，需要完善基层治理机制。结合农村产权制度改革，积极推进撤村建社区工作，同步完善了农村基层组织治理结构，形成了以社区党组织为核心、社区居委会自治、新型集体经济组织自主经营的农村基层组织运行新机制。这种基层治理机制为农村存量建设用地再开发的村民自组织、集体行动、市场参与等都提供了必要的制度基础。

五　市场参与的农村存量集体建设用地再开发的政策建议

（一）理论结论

综合分析成都市锦江区与郫县白鸽村的农村存量集体建设用地再开发案例，在实践中时常困扰我们的几个理论问题在本章的案例研究中得到了初步解答。

（1）以规范市场再开发模式逐步替代隐形市场再开发模式。在前文中，我们曾述及农村存量集体建设用地再开发模式可以分为规范市场再开发模式、隐形市场再开发模式和改革试点再开发模式。按照新制度经济学观点，效率高的制度设计实际上会形成一种相对稳定的社会状态，这种对法制的尊崇不仅来自国家强制力，而且还来自对法制自身优越性和合理性的认同。反之，如果制度出现供给不足或结构失衡时制度效率不存在，就会发生制度变迁即制度的替代、转换和交易过程。当这些变更或创造提供了在原有制度安排下无法获得的资源配置组合或获利机会时，个人或团体就会积极响应并自发倡导、组织和实行。对现行法律的规避和违反就会增多，使得某一领域出现复杂、混乱的状态，管制成本过高，同时管制效果较差。

目前，所谓农村集体建设用地"非法"入市实际上是对当前不合理制度的修正，修正的根源恰恰在于集体土地制度设计问题。集体土地制度设计问题激化了土地投机行为，集体建设用地的非法入市只不过是一种极端的表现。目前的集体建设用地入市流转虽然实现了现有农村土地制度约束以外的诸多潜在利益，但这毕竟是一种非正式的制度安排，这一市场毕竟是所谓的"灰色市场"、"非法市场"、"地下市场"，缺少正式法律制度的支撑，其运行要承担风险成本及社会成本，市场对农村土地资源优化配置作用未充分发挥出来，影响了农村的社会经济发展。因此，必须对现行农村存量集体建设用地再开发模式进行改革与完善，经由改革试点再开分模式的探索与过渡，逐步实现由隐形市场再开发模式向规范市场再开发模式的渐进过渡。

（2）政府职能的合理定位。按照现代经济学的观点，市场在资源配置中起基础性作用，价格机制能自动地使资源配置达到最优化状态。而只是在市场失灵的情况下，需要借助政府公共管理的职能，来对资源的不合理配置进行调节，实现资源配置最优化。市场失灵主要发生在三个领域：一是公共物品，二是外部性，三是垄断，这三个方面都会导致资源配置的低效率，市场机制本身无法调节，需要政府介入加以调整。因此，政府职能是与市场失灵紧密联系在一起的，现代经济学要求将政府职能准确定位，让政府主要承担弥补市场缺陷的角色。

作为最重要的生产要素市场，土地市场的健康运行也需要对政府的职能进行合理的界定，特别地，对政府职能进行合理界定是农村存量集体建设用地市场能否良性发展的关键。我国城乡统一建设用地市场从无到有，统一的土地市场配置机制绝不可能依靠市场主体分散的自主交易来建立，统一的市场交易规则的确立和维护也无法通过市场自主交易来达成，需要依靠强大的外在力量来提供与保证，而这个外在力量，则可由政府充当。因此，在农村存量集体建设用地的构建过程中，应该将政府职能定位在制度供给与维护上。制定农村存量集体建设用地市场交易规则并对其进行维护，即颁布一系列土地市场化配置的法律法规，对违反交易规则的行为进行惩罚，维护市场秩序。

（二）政策建议

在成都市的两个案例中，市场机制在农村存量建设用地再开发的过程中起到了决定性作用，而政府的一系列改革举措又为市场机制的发挥提供了最为基础的制度保障。如果说一个强市场经济背后一定有个强政府的话，成都市的案例则为这一论断提供了有力的佐证。结合上述案例，本章为推进农村存量建设用地再开发提出如下深化改革建议：

第一，从国家层面清晰界定农村集体经营性建设用地。经营性建设用地是针对该宗土地在取得后的利用（用途）而言的，或者说是指该宗土地的规划用途，并不是根据该宗土地在规划之前和开发利用之前的用途来进行区分的。我们认为农村集体经营性建设用地，应该按照该宗土地是否事先规划为经营性用途和取得该宗土地后是否用于经营性用途等标志来区分。在此分析基础上，所有的农村存量建设用地（含宅基地）应以再开发后是否作为经营性用途来进行划分，即用作经营性用途的就采取再开发的方式进行，若农村存量建设用地再开发后不是经营性用途则应该根据国家的相关规定来进行。

第二，明确界定农村存量建设用地使用权再开发的对象。总体上农村存量建设用地进行再开发应该符合以下条件：一是土地利用总体规划、产业发展规划或者村庄、乡规划及镇总体规划确定的农村存量建设用地；二是依法取得的并经过确权登记颁证的农村存量建设用地；三是农村集体经济组织经过合法程序同意再开发的农村存量建设用地；四是社会需求主体（企业、个人投资者等）通过公开交易市场取得的用于经营性用途的农村存量建设用地。

第三，明确农村存量建设用地再开发的形式。从目前成都市的实际情况来看，国土管理部门对农村存量建设用地再开发中的分割办证依然感觉到法律依据不足，大多数地方一直拖延分割办证，这直接影响到社会投资企业开发利用农村存量建设用地的信心。存量建设用地再开发在符合乡（镇）土地利用规划、国家规定的土地用途等前置条件下进行三产开发（特别是一些属于一、三产业联动），由于国家法律法规并没有明确的限制，所以，当地国土管理部门应该允许社会投资者对受让的农村存量建设用地在开发后进行分割登记办证。一般应遵行房产和地产一致原则，即地上建筑物流转分割登记，就应办理土地的分割登记。

第四，参照国有土地确定农村存量建设用地开发的价格、年限和登记办法。从建设统一的城乡建设用地市场出发，农村存量建设用地的权力应逐步与国有建设用地权力平等，基于此前提，农村存量建设用地再开发的价格制定、年限和登记办法等应参照国有建设用地使用权出让的相关规定。

第五，从建设统一的城乡建设用地市场出发，集体建设用地的权力应逐步与国有建设用地权力平等。基于此前提，需要在三个方面加强制度创新。一是参照国有建设用地的基准地价评估机制制定集体建设用地的基准地价评估机制，集体建设用地应该根据国有建设用地作价的机制进行管理；二是从试点实行的协议定价机制逐步走向招拍挂定价机制，把市场的定价机制纳入到集体建设用地定价上来；三是对集体建设用地流转年限依然参照国有建设用地出让的年限。在目前我国的土地所有制度没有出现根本性的变革之前，这似乎是一种比较合意的选择。

第六，应尽可能地将集体土地所有权界定到村民小组。我国现今的农村土地所有权制度是沿袭计划经济条件下形成的"三级所有，队为基础"，由于实行了家庭联产承包责任制度，上述三种类型的农村集体经济组织已经不复存在。目前已经演化为"乡（镇）、村、组"三级所有，从现实来看，乡镇所有一般演化为乡（镇）政府来履行乡（镇）所有的权利、原来的"大队所有"演化为村集体所有、原来的"小队所有"演化为村民小组所有。但是，他们已经不能称为真正的集体经济组织。鉴于我国目前设立集体所有这一产权制度的惯性依赖，在相当一段时间内这种制度还无法改变。所以，我们只能依据产权基本理论提出的"人格化的产权是最有效率的"的原则，来决定集体所有权代表的设定。

由此，我们认为在下一步的农村土地产权制度改革中，应将农村土地产权进一步界定到村民小组。在村民小组这个小范围内，一是保存着土地制度历史变迁的最完整信息和现实中土地的状况，包括地块位置、地块面积、地块界线、地块分布及土地质量等；二是作为产权主体的村民小组既能有效阻止各种形式的侵犯产权行为，又能以其独特的作用解决其内部各种产权纠纷，同时也能满足现代产权制度建设所要求的产权交易必须符合交易费用小而效益高的原则；三是村民小组在农村也占有数量最多的集体土地。因此，确定村民小组作为集体土地所有权主体代表，具有管理的有效性和现实的可操作性。基于此，首先，必须对我国《村民委员会组织法》进行修改，在该法律条款中承认村民小组对集体土地拥有所有权。其次，在明确产权所有的基础上，强化农民获得各类土地使用权的完整性。

第七，尽快在试点的基础上制定集体建设用地流转的专项法律法规。如果现行法律法规不能在短期得到修改，国家土地管理部门应尽快出台《集体建设用地流转试点管理办法》，在充分总结各试点城市地方性法规的基础上，从顶层设计并制定全国性的《农村集体建设用地使用权流转管理办法》，解决农村集体建设用地在流转中无法可依现象。在该办法中，要完善农村集体建设用地使用权并明确界定流转对象和流转主体；规定集体建设用地使用权进入市场的条件、范围；集体建设用地流转的相关程序、审批规定、流转形式和以登记为核心的管理规则；流转合同样式及市场监管制度及程序等；流转收益分配的基本原则和具体操作办法，主要是国家作为管理者和投资者的收益取得方式和取得数量；集体所有者与建设用地使用权者之间收益分配的原则，及集体经济组织与农民个人之间的收益分配方式和数量等；建立集体建设用地流转后的使用制度以及相关退出机制等；还要规定相关的违法交易及相关问题的处理办法等。

第八章

利益相关方自组织实施城镇存量用地再开发

通过对城中村和棚户区的改造，城市区域内部碎片化的地块可以从低效利用的状态转变为更加高效和经济集约利用方式。这种再开发的过程，不仅改善了城市景观，优化了土地利用结构和布局，而且提高了再开发区域的人居环境和生活质量。很明显，城镇存量用地进行再开发，关系到民生和城市的可持续发展，涉及公共物品的提供。而由于改造地块的少数土地权利人的反公地悲剧行为，土地的整合再开发出现了钉子户的困境。为破解钉子户困境，自组织实施城中村和棚户区改造的方式作为政策创新，实现了不同利益主体之间的利益共享。

本章尝试通过刻画自组织实施城镇存量用地再开发的模式及其实践中的典型案例，揭示选择社区自治组织的方式背后的逻辑。基于本章的讨论，有利于进一步厘清当前城镇存量用地再开发，尤其是城中村和棚户区改造的问题和症结。

一 自组织实施的背景：现实困境下的选择机制

近年来，随着用地矛盾的不断紧张，城市土地的利用开始从外延式扩展向内涵式挖掘转变。通过对城镇存量建设用地再开发，可以有效盘活城市内部的存量建设用地，从而提高城市土地的集约节约利用，提升城市的建设品质，进而促进城市的健康有序发展。然而在实践中，城镇存量建设用地的再开发在涉及城中村和棚户区的拆迁改造时，常常会遇到诸如钉子户漫天要价、土地利益分配不公等棘手问题。如何有效地解决此类问题，我们希望通过本章的分析给出一个比较令人满意的治理途径。

（一）再开发中面临的改造悖论：城中村与棚户区的改造

在中国的城市化发展中，城中村和棚户区的治理是绕不开的话题。城中村是城市在扩张过程中被城建用地纳入或包围的原有农村聚落，是乡村—城市转型过程中不完全的，具有明显城乡二元结构的地域实体①。这些地域实体多位于城市边缘区，是城乡流动人口主要居住的场所，主要分布于珠三角、长三角等地。城中村依赖农民房出租和集体厂房出租作为社区居民的主要经济来源。这样的经济结构导致了城中村在土地利用、建筑景观等方面表现出明显的城乡差异。而棚户区一般是指城市建成区中连片出现的简陋棚户房，其建筑面积达到5万平方米以上的区域，多位于建设历史较长、环境品质退化的旧中心区、旧工业区和旧矿区。棚户区一般是城市经济转型和体制改革过程中形成的低收入城市居民的集中居住区，主要分布在东北等老工业基地城市②。

由于缺乏合理的规划和土地利用的管控，棚户区和城中村的违法用地行为相当普遍③。比如，在棚户区沿街的地段搭建临时房屋；或者在城中村原有的宅基地上抢建超过城市容积率规定的房屋。而且，两者都面临着基础设施薄弱、治安消防隐患突出、公共卫生条件差等一系列降低生活品质的问题④。一方面，为解决以上问题，棚户区和城中村的原居民是愿意进行城中村或棚户区改造开发的。因为这种改造属于民生工程，通过建造道路、地下排水系统等基础设施以及房地产的开发，能明显改善整个区域的区位条件，从而提升居民的生活质量。而另一方面，棚户区和城中村的改造在实际实施的过程中必须面临拆迁补偿的压力，容易出现所谓的"钉子户"现象。"钉子户"的存在使得整个棚户区或城中村的改造难以顺利实施。由此产生了原住居民愿意改造开发，又不愿意改造开发的

①　魏立华、闫小培：《中国经济发达地区城市非正式移民聚居区——"城中村"的形成与演进——以珠江三角洲诸城市为例》，《管理世界》2005年第8期。

②　郑文升、金玉霞、王晓芳等：《城市低收入住区治理与克服城市贫困——基于对深圳"城中村"和老工业基地城市"棚户区"的分析》，《城市规划》2007年第5期。

③　魏成、陈烈、唐常春：《制度约束与路径选择——珠三角高密集城中村治理改造的困境与出路》，《热带地理》2007年第2期。

④　成德宁：《我国进城农民工的居住问题及其解决思路》，《中国人口·资源与环境》2008年第4期。

悖论。

（二）钉子户的本质：反公地悲剧

在改造开发的悖论下，钉子户现象背后的本质则是"反公地悲剧"[①]。某一种资源在产权明晰的前提下具有很多产权的所有者，而这种资源必须整体利用才能发挥最佳效益，但由于每个所有者都可以阻止资源的整体利用，从而造成非合作状态下资源的浪费闲置。城中村和棚户区的改造，符合反公地悲剧的两个前提。

第一，土地的产权是分散且明晰的。在棚户区，一栋房屋的社区居民共同拥有房屋下面的土地使用权。每栋楼之间的产权各自独立且清晰界定。而在城中村，尽管其土地的产权性质属于集体所有。但是，城中村居民都知道各自的宅基地界线，其宅基地上的房屋合法权利也受到法律认可。也就是说，城中村和棚户区的每个社区住户都拥有各自的土地产权，其土地产权结构特征是明晰且破碎化的。

第二，土地利用需要整体性开发。也就是说，土地利用开发具有很强的外部性。在实践中，土地的整体连片开发往往能取得最佳的配置效率。例如，为了建设机场这一重要的交通基础设施项目，就需要对所需土地的产权进行整合，才能实现新建机场的目的。类似的，城中村和棚户区的改造也必须符合整体性开发的原则。

凭借上述的条件，少数社区居民发现他们作为钉子户可以通过"敲竹杠"的行为，坐地要价，提出额外的补偿要求。而土地的开发者为了项目的顺利实施，则不得不尽量满足钉子户提出的补偿。相比于棚户区，更多的城中村原住居民倾向于做钉子户。因为他们能够得到房屋出租的可观经济收入，生活条件相对较好，并不急于改造改善住房空间和条件。相反，他们还拥有更多的宅基地面积和房屋建筑面积，从而具有更多的筹码与政府谈判，获得拆迁一夜暴富的机会。比如 2007 年深圳市的南园新村改造，坚持到最后的钉子户蔡珠祥以 6 层的农民房拿到了 1700 万的天价赔偿[②]。

---

① Heller M. A., "The Tragedy of Anti‐Commons: Property in the Transition from Marx to Markets", *Harvard Law Review*, 1998, 111（3）: 621—688.

② 参见《深圳城市更新"价高者得"南园新村创史上最高拆赔比》，http://ipingshan. sznews. com/content/2013‐08/23/content_ 8447473. htm。

（三）以何种方式提供公共物品：政策工具的创新

城中村和棚户区存在的钉子户的反公地悲剧现象，明显地阻碍了土地再开发改造这一公共物品的提供。如何最大程度消除钉子户，一定程度上决定了城镇低效建设用地的再开发方式。

在实践中，地方政府通过土地征收改造城中村和棚户区是被普遍采取的方式。为了实现公共利益，地方政府通过对集体土地的征收或国有土地上房屋强制征收，完成改造区域土地资源的整合利用开发。尽管这种方式在理论上具有合法性，且能够实现破碎产权的快速整合，但在实际操作中却面临着征收的补偿标准偏低[①]，地方政府暴力拆迁[②]等诸多问题。这些问题的出现，说明政府征收的方式可能无助于钉子户现象的消除，甚至可能恶化了政府与拆迁居民的紧张关系，引发了社区居民集体性上访等影响社会稳定的群体性事件。另外，在和钉子户的谈判过程中，地方政府还必须为个体的拖延谈判和漫天要价承担高昂的协调成本和谈判成本[③]。由于强制征收的做法具有强破坏性和高交易成本，所以地方政府主导下大规模拆迁改造棚户区和城中村的做法在一些情况下并不合适。

实际上，社区自治的组织方式也许能更加有效地解决城中村或棚户区改造中的钉子户困境。在地方政府的引导下，社区居民可以通过自组织，协调社区集体、居民个人、地方政府之间的利益分配关系，从而推动改造地块的土地整合再开发。

当钉子户面对社区自治产生的集体压力时，其"敲竹杠"的交易成本就变得巨大，从而最大程度上减少了钉子户的反公地悲剧行为。相关研究在实践中也找到了社区内部成员自我组织，从而成功实现集体行动的案例和依据[④]。不过，自组织也并不是万能的。社区集体的规模、集体成员的目标一致性、群体内部的信息通畅、利益分配得到集体所有成员的认可

---

① 王宝君：《城市边缘区农村城市化问题与对策研究》，《农业经济》2010 年第 3 期。

② 方创琳、刘海燕：《快速城市化进程中的区域剥夺行为与调控路径》，《地理学报》2007 年第 8 期。

③ 彭小兵、谭亚：《城市拆迁中的利益冲突与公共利益界定——方法与路径》，《公共管理学报》2009 年第 2 期。

④ Ostrom, E., *Governing the Commons：The Evolution of Institutions for Collective Action*, New York：Cambridge University Press, 1990.

程度等因素都会影响自组织实施的绩效。在减少政府产生的交易成本同时，自组织模式会产生新的集体行动成本，比如集体内部的沟通成本、执行成本等。

鉴于政府强制征收的方式在未来的城中村和棚户区改造中可能面临越来越大的挑战，我们必须转变公共物品提供的思路。而通过自组织这一政策工具的创新，社区的居民在改造的过程中将找到相关利益主体共赢的平衡点。

（四）本章关注的问题和结构安排

针对上面的分析，自组织实施城镇存量用地再开发作为一种制度创新，反映了理论上的可行性。同时，在深圳、成都等多个地方已经出现了社区自组织实施城镇存量建设用地再开发的零星案例也提供了一些现实中证据。为了进一步观察这种自组织模式的效果，我们关心的是：（1）不同地区出现的自组织实施城镇存量用地再开发的案例，其具体的运作过程和实际绩效如何，其中的利益主体各自扮演何种角色；（2）在城镇存量建设用地再开发中，自组织模式出现并被选择的原因是什么，以及影响该模式实施绩效的因素究竟有哪些。

为此，本章的内容结构安排如下：首先是刻画自组织实施城镇存量用地再开发的模式及其特征。然后通过深圳和成都两地的具体案例来分别展现自组织模式在城中村改造和棚户区改造中的运行绩效，重点考察不同利益主体的行为、改造的具体过程、收益的分配情况。接着对不同的案例进行比较分析，总结利益相关方自组织实施城镇存量建设用地再开发的选择逻辑和一般性的规律。最后是结论和相应的政策建议。

二　自组织实施城镇存量用地再开发的模式内涵

在分析不同地区出现的自组织实施城镇存量用地再开发的案例之前，我们首先要辨析城镇用地再开发中的自组织模式的内涵，包括它的模式特征以及模式与制度环境之间的关系。这有助于从总体上把握城镇自组织模式的轮廓。

（一）对城镇存量用地再开发自组织模式的简单概述

城镇存量建设用地再开发的自组织管理模式，是指在城中村或棚户区等城镇存量用地的改造开发中，改造地块的土地权利人形成的社区自治组织拥有自主改造开发的权力，从而全部或局部参与到土地再开发的决策管理（包括规划、补偿、拆迁重建、利益分配等一系列决策事务）的一种新型组织形式。

从治理结构的视角出发，结合深圳、成都等地出现的案例，城镇自组织模式的特征主要表现在：

第一，权力下放到社区自治组织。土地再开发的权力从地方政府转移到社区自治组织，体现了明显的分权化特征。原土地的权利人成为了实施的行为主体，赋予了他们对再开发地块的土地规划布局以及后续补偿方案和利益分配的决策权，真正参与到土地再开发中来。而地方政府在自组织中的权力得到削减，仅保留对自治组织再开发的引导和监督权力。比如协助原土地使用者提出的规划方案符合城市规划标准等，但并不直接参与整个实施过程。也就是说，在土地再开发过程中，原土地权利人不再是弱势被动地参与，而是通过集体自治组织自主积极地参与，获得了主导实施的地位。

第二，各利益主体共享土地增值利益。在改造重新利用后，城镇的建设土地会产生巨大的增值收益。对于增值收益的分配，自组织强调收益共享，合作共赢。为此，自组织模式下的各个利益主体之间在利益分配中是彼此协调，互相合作的关系。主要表现为地方政府和开发商的土地增值收益分配比例下降，集体社区和土地权利人个体的土地增值收益分配比例升高。另外，钉子户不再可以从中获得额外的补偿。

一般说来，自组织实施城中村和棚户区这两种典型的城镇存量建设用地再开发，其运行结构是：

首先，原土地使用者会根据实际情况自行组成一个自治组织，用来处理城镇存量用地再开发中的公共事务。自治组织建立在原有的社区或村集体组织的基础之上，这样有利于加强组织内部成员的认同感和凝聚力。其次，自治组织、政府、其他利益相关者根据各自的特点在土地再开发中承担不同的事务。具体来说，自治组织作为土地再开发的实施主体，主要工作是承担政府之间的协调沟通，确定再开发土地的规划、土地增值的分配方案等手续；自主实施安置房的建设和资金的融资过程，自主确定补偿方案和内部利益分配措施。政府以及参与土地再开发的其他利益相关者（比如规划公司、拆迁公司、房地产公司等）也会在土地再开发中起到一定的作用，协助和引导土地再开发的顺利实施。当然，不同地区自治组织的能力会有所不同，有的仅在拆迁谈判一个环节中发挥了重要的作用，而有的就会参与到实施的整个过程。最后，社区自组织在地方政府的监督下，按照原先商定好的方案实施，最终实现城镇土地的整合再开发。

（二）城镇自组织模式和制度环境之间的关系

在城镇存量建设用地再开发中，采用自组织运作的方式，其明显的优势是提高了原土地权利所有人集体行动的激励，发挥了其主动参与改造的积极性。这种模式体现的是不同利益主体良性协调的谈判机制，解决了城中村或棚户区改造拆迁中的关键问题。从而大大减少了钉子户的现象，能够实现不同利益主体之间的利益共享。但是，城镇自组织的模式也存在一定的缺陷，包括自治组织的协调组织以及时间成本两个方面。比如，由社区居民选举产生的自治组织缺乏社会组织的经验，在组织过程中可能产生纰漏，引发社区内部的质疑和责问，反而增加了改造实施的难度。又比如，和政府强制征收下快速整合的方式相比，自组织的方式整合土地进行改造的时间会比较长，会带来较高的时间成本。

制度环境的变化会对城镇自组织的模式产生促进或抑制的作用。这里的制度环境，具体是指土地的产权以及和城中村、棚户区等城镇存量建设用地再开发有关的中央和地方法律法规。近年来，地方政府在原有的法律框架下，通过制定一系列地方法律法规，营造出一个鼓励自组织实施城镇土地再开发的制度环境。比如广东省在"三旧改造"政策中规定，位于土地利用总体规划确定的城市建设用地范围内的城中村，原农村集体组织可以申请将城中村的集体建设用地征收为国有建设用地。其中确定为农村集体组织使用的土地，由城中村集体组织自行或合作改造开发，收益归改造的主体所有。可以看出，目前的制度环境对城镇自组织的模式实施提供了有利的条件。

基于上述城镇自组织方式的主要特点及其与制度环境之间的关系，我们提出了城镇自组织模式能够成功运作的几个粗略性的假设：第一，自治组织经验丰富，运作能力强；第二，出现了有利于城镇自组织模式的制度环境；第三，在实施过程中，解决了土地收益分配的共享问题。下面以深圳"整村统筹"城中村改造、成都棚户区自治改造为例，详细论述城镇自组织方式在土地再开发中的运作结构，总结案例实施成功的经验，以一一验证提出的假设。

三 深圳的"整村统筹":政府与社区居民共赢的机制

在高速城市化的深圳,城市发展已经出现了无地可用的尴尬境地①。地方政府亟待通过土地整备的方式,挖掘诸如城中村之类的存量用地,从而缓解城市建设用地的紧缺②。通过城中村的改造,不仅能够提升城市形象,提高土地利用的效率,还能通过权属调整,完成政府的土地整备。然而和其他城市相比,深圳的城中村违法建筑众多、征地拆迁困难、村内土地权属复杂,难以用政府强拆的方式进行改造。

为了破解城中村改造的困境,深圳市坪山新区在2011年8月颁布了《关于印发〈坪山新区"整村统筹"土地整备工作组织方案〉的通知》(深坪委〔2011〕78号),在实践探索的基础上发展出一种具有自组织特征的"整村统筹"土地整备模式。本节试图通过深圳南布社区的项目运作来深度剖析该组织模式的成效。

(一)南布社区的城中村改造:基于社区居民的自主决策

南布社区是位于深圳市坪山新区的城中村社区,北临出口加工区、东接大工业区,西靠坪山中心区,南面是坪山河。该社区现有居住总人口约12000万人,其中外来人员约11500人。目前,南布社区的集体工业厂房约8.3万平方米,通过对外出租可得到的每年物业租金收入约为600万元。在土地整备之前,经过前期的权属调查,考虑到社区用地与国有用地犬牙交错的现状以及部分土地的历史遗留问题,最终核实后的南布社区土地整备范围面积为29.49万平方米,其中包括23.38万平方米的核心建成区、1.69万平方米的未建设用地以及4.42万平方米的水域滩涂用地。为推进深圳市的土地整备和城市更新工作,南部社区在区政府的引导下开始自主启动"整村统筹"下的城中村改造(见专栏8-1)。

在整村统筹模式下,南布社区作为项目的行为主体,起到了与政府沟

---

① 孙娟、崔功豪:《深圳市国土空间规划研究》,《规划师》2004年第2期。
② 张宇、欧名豪:《高度城市化区域土地整备运作机制研究——以深圳市为例》,《广东土地科学》2011年第4期。

通协商、社区发展决策的作用。首先，政府将通过"土地 + 规划 + 资金"三位一体的方式统筹解决土地整备过程中的社区发展和居民补偿问题。简单来说，政府在此过程中根据政策规定会以协议方式将一定规模的留用地出让给南布社区，并对留用地以外的原有房屋建筑按重置价标准给予资金补偿。除一部分用于解决社区居民的安置外，剩余的留用地将作为社区发展用地由社区自主进行开发建设。要指出的是，这些留用地的产权性质将会从原来的集体建设用地全部转变为国有建设用地。而在规划方面，具有深圳地方特色的城市发展单元规划将安排南布社区留用地的未来发展（见专栏 8 - 2）。留用地的面积位置、补偿资金的标准以及留用地的规划标准，将由南布社区和地方政府通过沟通谈判来决定。

专栏 8 - 1

土地整备和深圳的整村统筹创新

土地整备，也称为土地储备，是指地方政府为缓解城市供地矛盾，提高政府控制城市土地资源的能力，通过各种方法将城市分散的土地集中整合起来，并对其储存或前期整理，从而在未来一定时期向建设单位提供建设用地的行为和机制。土地整备的主要工作是综合运用收回土地使用权、房屋征收、土地收购、征转地历史遗留问题处理、填海造地等方式，对零散用地进行整合，并进行土地清理及土地的前期开发后变成可出让的"熟地"，最后统一纳入政府的土地储备中心。

近年来，为破解土地的刚性约束，深圳以城市更新为基础，在实践中发展出一种具有自组织特征的"整村统筹"土地整备模式。这种新型的土地整备机制，提高了土地整备的效率和质量，在实现城市整体利益的基础上同时保护了利益主体的长远利益与发展权益。

所谓"整村统筹"的土地整备模式，是以遏制违法建筑为前提，以土地的权属调查为基础，通过政府"自上而下"和集体社区"自下而上"相结合的方式，充分发挥村集体自我组织起来的结构化力量，从而一揽子解决土地历史遗留问题，推动了城中村的社区转型和城市的土地整备。与过去的传统整备方式相比，"整村统筹"模式体现了社区居民与政府之间的良好互动和相互协商机制，充分发挥了社区居民自下而上的自组织力量，其带来的结果是政府、社区和居民的三方利益共享。

南布社区在与坪山新区政府协商后制订出总体改造方案后，由社区与居民进行内部沟通。主要的工作是充分发挥社区组织自主决策的积极性，根据社区居民的民主意见对社区中涉及房屋拆迁的房屋所有人进行安置补偿，自主解决社区在土地中的历史遗留问题，做好社区的房屋确权工作；自主开展房屋补偿、拆迁与安置事务，协助政府解决拟收回土地的清理和移交手续。经过这一系列事务的自主处理后，南布社区最后将在政府的帮助下，自主完成留用地的开发建设，从而实现社区经济的转型发展。

南布社区项目的具体开展过程如下：首先，开展权属调查并确定南布社区的留用地面积。在市规划国土委坪山管理局的组织下，新区规划监察大队、土地整备中心、坪山办事处等部门共同参与，对南布社区五类用地进行核查，最终核定南布社区五类用地面积[①]为 15.85 万平方米。

专栏 8 - 2

深圳的城市更新单元

深圳市在 2009 年颁布的《深圳市城市更新办法》中首次引入源于台湾的城市更新单元规划概念，并将其作为管理城市更新活动的基本空间单位（刘昕，2011）。在 2011 年，深圳的城市规划制度正式引入城市发展单元规划，作为推动土地整备模式的新工具。

所谓城市发展单元规划，是面对实施、协调发展改革、土地、城市和各类专项规划的协商式、过程式新型综合规划，由规划主管部门联合特定的主体共同制定（罗罡辉等，2013）。城市发展单元规划的特点主要体现在四个方面：一是综合统筹，即整合各类政策和资源，

---

① 具体包括：（1）非农建设用地（含征地返还地、社区以其他形式获得的合法用地）；（2）国有已出让给社区土地；（3）旧屋村用地；（4）房地产登记历史遗留问题用地；（5）经《深圳经济特区处理历史遗留违法私房若干规定》或《深圳经济特区处理历史遗留生产经营性违法建筑若干规定》（深府〔2002〕38 号，以下简称"两规"）处理用地；经《深圳市龙岗区私人建房用地及产权登记发证遗留问题处理办法》（深龙府〔1995〕27 号，以下简称"95—27 号文"）处理用地。

统筹各层次和各类规划，实现土地再开发的整体统一安排；二是过程规划，强调的是有弹性的动态规划；三是多方参与，即建立多方的协作机制，不同的利益主体参与并发挥各自的作用，实现收益和成本的合理分配；四是面向实施，因地制宜制定符合市场规律的规划。

在土地整备过程中，政府（包括市级和区级）、村集体社区、潜在开发商对城中村社区改造的期望和价值取向可能不尽相同。比如，政府和村集体社区均认为未来规划的总体目标是实现城市品质提升、土地盘活和社区发展，但是两者会在阶段性发展目标上存在一些差异。而凭借城市发展单元规划这一工具，村集体自治组织能够与政府等其他利益主体展开土地发展方案的协商互动，制订出令各方满意规划方案，进而推进整个村集体社区土地的改造再开发。

上述五类用地采用深圳城市更新的标准，按一定的比例进行政府收储后，剩余土地作为南布社区的留用地。参照《印发关于加强和改进城市更新实施工作的暂行措施的通知》（深府〔2012〕45 号）中"政府将处置土地的80%交由继受单位进行城市更新，其余20%纳入政府土地储备。在交由继受单位进行城市更新的土地中，应当按照《深圳市城市更新办法》和《深圳市城市更新办法实施细则》的要求将不少于15%的土地无偿移交给政府纳入土地储备"。因此，15.85 万平方米五类用地要贡献15%即2.38 万平方米给地方政府，剩下85%即13.47 万平方米给南布社区。另外，五类用地以外的7.53 万平方米土地由政府处置，其中80%即6.02 万平方米进行城市更新，剩下20%即1.51 万平方米直接纳入政府土地储备。6.02 万平方米的城市更新，需要将其中的15%即0.9 万平方米交给政府，剩下5.12 万平方米土地交给南布社区。通过南布社区和政府之间的谈判和测算，确定了社区的留用地规模为18.59 万平方米。考虑到南布社区在新区发展过程中做出的巨大贡献以及规划因地制宜的原则，南布社区和市规划国土委坪山管理局进行了充分的沟通和协商讨论，将部分零星国有用地共0.15 万平方米通过腾挪置换的方式留给社区，从而使得南布社区的留用地规模最终达到了18.74 万平方米（除去已建的豪方菁园楼盘后的社区留用地规模为17.68 万平方米）。

在最终确定的留用地规模基础上，南布社区经过内部讨论，在符合城市规划的前提下，选取2、3、4 号地块共计4.77 万平方米土地用于社区居民的安置还建（见图8-1），剩下的留用地将通过滚动式开发用于安置还建资金的筹措、社区的建设和长期发展。其中，安置房的建设由南布社区自主实施，包括立项、完善用地手续、方案设计、施工管理、验收、入户等工作，政府相关部门则给予审批和规划等方面的协助和支持。另外，南布社区还自主处理了项目实施中的一系列内部事务，包括制定具体的补偿标准、解决违法建设和土地历史遗留问题等。总之，在改造过程中，南布社区作为项目的行为主体，始终发挥着自主决策的作用。

图8-1 社区留用地发展规划图

（二）利益共享：皆大欢喜的收益分配机制

南布社区项目实施后产生的收益主要在政府、社区集体组织以及社区居民之间进行分配。由于在改造前各方就对利益分配进行了反复谈判和修改，达成了利益共享的共识，因而各方都对结果表示满意。

对于政府而言，最主要的收益是整备了10.75万平方米的土地（见表8-1）。其中，政府收回的0.37万平方米的工业研发用地和1.06万平方米的商业用地，对坪山新区政府来说可谓是雪中送炭。利用收回的城市存量用地，坪山新区政府不仅缓解了国有建设用地供应紧张的局面，而且能够利用经营性用地进行商服设施投资、工业招商引资，从而为新区提升城市竞争力提供了有力保障。而政府收回的4.9万平方米的社区公共配套设施用地，则能一揽子解决了社区以往存在的历史遗留问题，提高了社区的土地利用水平，实现了新区土地的可持续利用。另外，南布社区改造后产生的诸如地价上升、商业发展等经济效益，新区政府将从中获得可观的税收收益。

表8-1　　　　坪山区政府通过土地整备收回的用地类型及面积

序号	用地名称	面积（万平方米）	备注
1	工业研发用地	0.37	经营性用地面积合计1.43万平方米
3	商业用地	1.06	
4	道路用地	3.15	公共配套设施用地面积合计4.9万平方米
6	其他公共设施用地	1.75	
6	水域滩涂	4.42	
合　计		10.75	

对于南布社区的集体经济组织来说，其在开展土地整备前的总资产价值约6000余万元，而土地整备后可达到接近7亿的社区总资产价值。通过"整村统筹"土地整备项目，社区在社区开发过程中可获得不少于5万平方米的商业、办公物业用于经营，经初步测算，每年约可获得2880万元的经营性收入，是现在年经营性收入600万元的4.8倍。在长期的可持续经营管理理念下，社区可为商家企业提供保安、清洁等在内的物业管理增值服务。另外，社区集体经济组织还可以利用经营收入用于异地的房地产开发和企业投资，进一步增加集体经济组织的资产。可以预见，南布社区的集体经济发展将从原来单一的租赁经济模式向产业经济和商贸服务经济模式转变。

对于南布社区的居民来说，他们也将获得其个人的可观收益，主要包括拆迁补偿的收益以及土地整备后的土地产权变更带来的收益。根据南布社区自主制定的拆迁补偿方案，被拆迁的居民将按照安置房调换以及货币补偿相结合的方式进行补偿。换句话说，符合拆迁补偿条件的居民将按规定置换到新建小区内的住宅，而其拥有的非住宅房屋将采用货币进行补偿。至于社区原来一户一栋之外的违法建筑以及独居老人的补偿问题，统一由社区的议事会或长老会自主决策，解决了长期存在的违法建筑问题。而经过土地整备和城市更新之后，南布社区的留用地产权将由原来的集体建设用地转变为国有建设用地，从而使原来社区众多的小产权房统一置换成有大产权的安置房，为居民带来产权上的增值收益。最后，作为社区成员，社区居民可以从集体经济组织的资产收益中获得比改造前更多的分红。

（三）案例小结

南布社区的城中村改造项目采取了"整村统筹"土地整备的自组织模式，其结果是令人满意的。在整个过程中，坪山新区政府退出了项目运作的过程，其主要负责的事务是协助社区进行土地权属调查并确定社区的留用地规模。通过给予社区留用地的办法，解决了社区的发展问题，提高了社区居民参与改造和土地整备的积极性。这种激励方式，起到了壮大社区集体经济的作用，保障了社区的可持续发展，一定程度上缓解了政府在执行城中村改造中的压力。

从南布社区的案例实践来看，整村统筹的城中村改造模式，发挥了集体自组织的应有作用。社区集体经济组织自主开发留用地，不仅能抑制城市更新过程中房地产开发商"挑肥拣瘦"、"遍地开花"的现象，而且壮大了社区集体经济，促进了社区经济转型和今后的可持续发展。南布社区自主制订的拆迁补偿方案，显得比较公平合理，可以得到大多数社区居民的赞同。此举在消除居民违法抢建房屋的行为同时，也避免了政府主导拆迁可能产生的大量社会矛盾和产权纠纷，节省了不少交易费用，可谓一举两得。另外，由熟悉当地环境的社区自主实施留用地开发，自负盈亏，能避免政府开发带来的额外问题，比如政府不作为行为、侵害社区居民利益等。

我们看到，以社区集体组织为核心的整村统筹模式，在政府的引导协助下，优化了城市的空间，完成了政府土地整备的目标，也一揽子解决了社区土地历史遗留问题。更重要的是，地方政府、社区集体组织和社区居民个体在土地整备过程中的利益得到了合理分配，实现了利益共享的"多赢"结果。

四　成都棚户区自治改造模式：自治组织局部参与决策

城市的棚户区，一直是城市治理的顽疾。通过棚户区改造，不仅能提高原住居民的生活质量，还能释放城市的低效存量用地，促进城市健康有序发展①。但是这种一举多得的民生工程在实践过程中面临最大的困难在于如何顺利推动棚户区的拆迁。若改由棚户区居民自主推动拆迁，其产生的效果如何。本节就以成都曹家巷的自治改造为研究对象，探讨自组织实施棚户区改造这一模式的实效。

（一）曹家巷棚户区改造的背景

曹家巷是成都市金牛区的一个棚户区，位于成都市一环以内核心区域。曹家巷棚户区修建于 20 世纪 50 年代，占地约 198 亩，建筑面积达 19.4 万平方米，以华西集团、四川省建筑公司和成都市建筑公司的职工宿舍区为主，属于典型的企业工矿棚户区。目前该片区共有各类型房产 3756 套（间），居民 3364 户，约 14000 余人。作为棚户区，曹家巷的居住条件和生活环境十分简陋，超过 51% 的居民居住面积不足 20 平方米。房屋是年代久远的老式红砖房，已接近使用寿命，多数房屋存在墙体开裂、屋面漏雨、电线老化严重等问题。每层平均有 10 户家庭居住，而每户仅一个房间（极少数有两间），几栋楼才有一个公共厕所，每 3 户家庭共用一个几平方米左右的厨房，也没有相应的地下排水系统。除了房屋老化严重，居住空间狭小外，小区沿街为市、破墙开店、污水横流的问题也很突出，给小区的消防和道路安全带来了安全隐患。

实际上，成都市金牛区政府早在 2002 年就曾计划联合华西集团等建筑企业改造曹家巷区块，但众多因素导致改造项目始终无法实施。首先，改造大约需要 30 亿元的资金，如此大的资金使得政府和企业均感到力不从心。其次，棚户区的土地所有权和房屋的产权性质复杂。虽然区域内大约有 66% 的房屋属于国有企业事业单位的公房，但因年代久远造成房屋几易其主，公房使用人的身份变得极其复杂。最后是居民的利益诉求并不一致，内部存在一定的分歧。一些老住户希望政府尽快改造；而在外面居住但又拥有棚户区房屋的住户，有稳定的房租而并不急着改造；甚至还有一些居民因为政府不愿高价补偿沿街搭建的棚子而拒绝改造。正是由于巨额的改造资金和难度极大的拆迁问题，使得政府对拆不起又拆不动的曹家

---

① 楚德江：《我国城市棚户区改造的困境与出路——以徐州棚户区改造的经验为例》，《理论导刊》2011 年第 3 期。

巷望而却步。

随着成都于 2012 年启动"北改"工程（见专栏 8 – 3），曹家巷棚户区改造的资金问题得到了一定的保障。随着曹家巷大部分居民改造的呼声日渐强烈，成都市政府又一次启动了该区块的改造民生工程。在面对难度最大的拆迁问题，如果采取以往政府主导的拆迁方式，拆迁过程往往充斥纠纷而缺乏效率，钉子户的问题更是无法解决。应该采取什么方式解决拆迁问题？曹家巷片区在金牛区政府的引导下，开始在拆迁改造中探索居民自治改造的方式，最终取得了不错的效果。

专栏 8 – 3

成都的"北改"工程

由于成都市优先发展城南、城西的战略，城北作为成都的老城区，发展一直比较滞后。城北地区拥有大量房屋老旧的国企家属区，已经成了大片棚户区。加之城北交通堵塞、基础设施落后、城市形态老化，已经成了成都市"脏乱差"的典型地区。

为改变城北的城市面貌，促进城北的产业升级，成都市于 2012 年正式启动"北改"工程。工程的规划总面积达 195 平方公里，重点涉及成都的金牛、成华和新都三个区，其中集中实施改造的范围约 104 平方公里。初步统计，"北改"工程的项目总数达到了 360 个，总投资约 3300 亿元。"北改"工程实施的基本思路是鼓励社会资金参与，尊重居民改造意愿，高质高效推进城市改造。而曹家巷棚户区恰好被选为成都实施"北改"工程的第一个拆迁改造项目，被外界寄予厚望。

（二）居民参与的自治组织形式："自治改造委员会"

鉴于曹家巷的居民数量众多，为有序高效地推进自主改造，一种可行的方式是组建代表全体居民表达权利诉求的自治组织，而全体居民以委托的形式将公众参与的权利授予该自治组织。在曹家巷，该自治组织的名称叫作居民"自治改造委员会"（以下简称"自改委"）。

2012 年 3 月，在政府的引导和支持下，曹家巷的居民组织成立了

"自改委"，代表全体居民进行自主决策并参与到改造过程中来。这些"自改委"委员本身就是老街坊或老邻居，值得全体居民的信任。当然，代表的选举方式符合民主程序：首先，根据成都市《城乡居民自治管理条例》的规定，曹家巷居民以楼栋为单位分别进行初选，共推选出 65 个楼栋的楼栋长；接着楼栋长受各自楼栋居民委托，进行"自改委"委员的民主选举，从中产生得票数最高的 13 位楼栋长，担任"自改委"委员并组建"自改委"；最后逐户征求居民意见，以几乎全部居民签署《"自治改造委员会"成员确认授权委托书》的形式，确认选举结果的公正性和合法性。

在曹家巷的改造项目中，居民成立的居民"自治改造委员会"作为棚户区改造的行为主体，尤其在拆迁谈判环节发挥着关键性的作用。"自改委"拥有自主决定项目实施和补偿安置方案等权力，能在最大程度上保障棚区居民的整体利益。作为实施改造的主体，"自改委"组织和发动居民的拆迁补偿工作，形成居民的补偿和改造意见。在此基础上，"自改委"再与政府的拆迁机构进行协商和互动，进而制定出符合双方意愿的补偿和改造方案。

（三）曹家巷拆迁的执行过程：从"困难重重"到"水到渠成"

曹家巷棚户区改造项目，其具体的执行过程主要分为三个部分：一是"自改委"开展改造宣传和入户调查，摸清居民的实际诉求，从而为后面的拆迁谈判塑造良好的条件。二是在综合居民意见的基础上，"自改委"与政府双方经过协商讨论，制订出合理的拆迁补偿方案。三是公布拆迁补偿方案，在约定日期内开展正式签约。在拆迁过程中，"自改委"面对来自社区居民、地方政府以及个别钉子户的种种困难，通过协调、合作、互信等手段，有惊无险地达成了项目签约改造的预期成果。

1. "自改委"入户调查：摸清居民的实际诉求

在实际中，曹家巷的房屋权属分散，地少人多，每一户居民的利益诉求各不相同，显得异常复杂。为了获得准确而又全面的信息，"自改委"需要入户调查，挨家挨户了解居民的实际诉求。"自改委"成员熟悉社区内部的邻里关系，知道应该如何与社区的居民进行有效的沟通，最能理解社区居民的心声。

一般来说，按照成都市征收房屋补偿的有关规定，房屋面积在 48 平方米以下的，改造后可以免费置换到一套48平方米大的一室一厅的房子。对于曹家巷每户居民只有十几平方米的单间来说，看上去1:3的补偿比例已经是很优惠了，那么这样的补偿能不能得到曹家巷绝大多数居民的同意和支持呢？经过深入调查之后，"自改委"发现这样的补偿却遭到了棚户区多数人的反对。原因是棚户区的居民有不少是与其儿子儿媳住在一起，一室一厅的房子补偿并不能解决他们分房居住的实际需求（见专栏8-4）。也就是说，补偿的房屋必须从一室一厅改为两室一厅的格局，才能满足大多数居民的生活需求。

专栏8-4

"两室一厅"的诉求

让"自改委"感到疑惑的是，住了几十年十几个平方米房子的居民，为什么现在换个48平方米的却都说住不下了呢？"自改委"从一位名叫杜昌元的居民那里，明白了居民对改造后房屋补偿的实际诉求。

"自改委"委员来到一户叫杜昌元的人家，听说他家刚刚娶了儿媳妇。杜昌元现在住的这个地方其实是楼道里的公共露台，他自己就睡在这里。而楼道尽头的这个单间才是杜昌元真正的住房，现在拿给儿子儿媳当新房。

在交谈中，杜昌元就明确表示必须按两室一厅的补偿才行。老杜是退休工人，一个月工资只有一千多块，他在这里居住了57年，但凡有条件早就搬走了，更不会让儿子在这里结婚娶媳妇。虽然杜昌元现在住的是私自搭建的楼梯间，但的确解决了他和儿子儿媳妇"分得开、住得下"的实际问题。如果改造后补偿的是一套一室一厅的房子，那在杜昌元眼里倒不如不改，在曹家巷有杜昌元这样想法的人还不少。

2. 制订合理的拆迁补偿方案：相互协商的结果

"自改委"经过翔实的调查后，意识到居民"两室一厅"的正当利益诉求，是实现拆迁改造得到居民支持的关键所在。于是，"自改委"代表棚户区的居民向政府反映，希望再增加10平方米，将原先48平方米的

"一室一厅"房屋设计成 58 平方米的"两室一厅"房屋。金牛区政府虽然也想满足居民的补偿要求,从而推进拆迁工作的顺利进行,但是面临的资金和容积率问题使政府无法做出明确的答复。一方面,多补偿 10 平方米的房屋面积,不符合当前成都市征收房屋的补偿政策,将增加该棚户区改造项目的成本。另一方面,如果每户都要求增加 10 平方米,整个曹家巷区块就将增加近 3 万平方米的建筑面积,这将给政府原先制定的容积率限制政策带来较大的压力。

在这样的情况下,双方有必要进一步的协商和让步,才能打破互动的僵局。于是,"自改委"征得居民的同意后,提出超过的这 10 平方米面积居民愿意有偿购买。而政府经过部门之间的协调,也同意上调容积率,以满足多出来的 3 万平方米建筑面积。经过反复的商讨,双方在房屋补偿的总体方向上保持了一致的意见,接下来的细节磋商就变得相对容易了。最后,代表居民的"自改委"与金牛区政府明确的拆迁补偿方案是:曹家巷的棚户房将进行市场评估,拆迁后的居民将搬迁至安置小区,每户得到的补偿是一套 58 平方米大小,两室一厅的房屋。其中 48 平方米属于免费置换的面积,而超出标准部分的 10 平方米需要居民安置新房的评估价出资购买。自改委将委托房地产开发商开展安置小区的规划建造工程,并监督建筑工程的质量和进度。金牛区政府将和华西集团各自出资 500 万元人民币,注册成立项目投资公司,按照企业化的模式进行运作。根据上调后的容积率,曹家巷地块能够建造开发超过 40 万平方米建筑面积的房地产。除去居民安置房屋需要 31 万平方米以外,政府还有超过 10 万平方米的建筑面积用来开发商业地产,以缓解改造中的资金筹集压力。这样的拆迁补偿方案,使得改造后的收益在各个主体之间得到了合理的分配,提高了棚户区居民的整体福利。

3. 绕过钉子户的拆迁签约

2013 年 2 月 25 日,棚户区的"自改委"与金牛区政府正式出台双方满意的拆迁补偿方案。经过公示后,曹家巷棚户区拆迁改造将进入签约期。即棚户区自愿改造的居民签订改造合同,而只有当棚户区的居民 100% 同意并签订协议,金牛区政府才会委托项目公司实施棚户区改造工程。

"自改委"原本订立的签约期是 100 天。虽然 100 天里有 3337 户的居民自愿签订了合同,但还剩下 27 户没有签约。这些未签约的居民所在的楼栋房屋较新，其实并不属于棚户房，而是因为地理位置处于曹家巷片区而被划入了改造范围。他们大都认为拆迁补偿方案并没有满足其个人的利益，而拒绝签订拆迁协议。

经过激烈讨论，"自改委"向金牛区申请 30 天的延长签约期，希望以此维护大部分社区居民的利益。在这 30 天里，自改委对这 27 户居民进行了走访，对补偿方案进行了详细的解释。这样，又有 15 户居民签订了改造合同，签约率达到了 99.6%。而最后只剩下 12 户没有签约的居民恰好集中在马鞍南苑二栋这一栋楼里。是继续等待直至这 12 户居民全部签约，还是在保留这一栋房子的情况下展开实施改造？"自改委"和区政府通过紧急协商后，决定保留这一栋楼，而尽快启动其余栋楼的改造实施。这样的决策，既是对这 12 户居民的尊重，也符合绝大多数居民的利益。至此，马鞍南苑二栋划出改造范围后，曹家巷棚户区的签约率已达到 100%，改造项目于 2013 年 7 月 16 日正式启动。

（四）案例小结：公众参与和政府职能转变

我们看到，成都出现的棚户区自治改造，在拆迁环节采用了"自治改造委员会"的方式来替代传统的政府拆迁模式。虽然政府在棚户区改造的其他环节仍然处于主导地位，但基本上退出了拆迁谈判这一实施环节。在实践中，这种局部参与的集体自组织模式，合理分配了改造后的收益，提高了棚户区居民的整体福利，取得了不错的效果。

首先，社区自治组织推动居民拆迁改造，大大降低了拆迁的谈判成本和时间成本。自治组织熟悉社区环境和居民的实际需求，能够通过内部协商机制，不断缩小个体之间的利益诉求差距，形成了统一的集体利益诉求。在和政府的协商过程中，自治组织代表居民发挥了其应有的作用，制订出双方满意的统一改造方案，加快了改造实施的进度。这种自组织模式降低了拆迁过程中的交易费用，不仅避免了效率低下、进展缓慢的政府挨家挨户谈判，还减少了居民因补偿引发的各种纠纷。

其次，案例中的自治组织成功阻止了钉子户的搭便车行为。尽管"自治改造委员会"能够与政府谈判达成绝大多数居民同意的合理补偿方案，但是仍然会有极个别居民充当了钉子户的角色，希望绑架集体而获得超额补偿。这种性质的钉子户显然站在了棚户区居民的对立面，实际上也违反了居民内部的集体规范和约定。对于少数这样的钉子户，"自改委"

并没有要求政府强拆，而是采用了更加明智的行为，通过修改原定方案将他们排除在改造项目之外，从而保证了改造项目的顺利进行。这种做法，不仅确保了"一把尺子量到底"的改造原则，营造了公平公正的自主改造氛围，还避免了社区与钉子户的直接冲突。而按照过去传统的拆迁做法，地方政府会灵活地适当提高补偿标准，来吸引犹豫不决的钉子户同意拆迁。对于不满意补偿标准而强烈反对的强硬钉子户，政府则会动用公权力进行暴力强拆。由此带来改造拆迁冲突加剧了钉子户和政府之间的紧张关系，效果反而不佳。

总的来说，出现在曹家巷棚户区的自主拆迁改造，反映了公众参与和政府职能转变的治理创新。通过"自改委"这一自治组织，激发了曹家巷社区居民参与到拆迁改造中的积极性。尽管这样的公众参与并不是全部的，而是局部的，而这已经是一种明显的进步。对于金牛区政府来说，其职能主要转变为引导、调控、服务、监管。比如积极为"自改委"提供办公场所，定期与"自改委"召开沟通会，在政策规划提供协助和服务。这意味着地方政府基本上退出了拆迁谈判的实施主体地位，改变了过去政府拆迁下居民与政府之间相互对立的矛盾局面，推动居民达成了拆迁改造的集体行动。在实践中，这种作为局部参与主体的集体自组织模式已经在成都的棚户区改造项目中起到了好的效果，产生了强烈的示范效应。

五　自组织实施城镇存量建设用地再开发：案例比较的视角

从东部高度城市化的地区，社区集体、社区个人和地方政府之间的利益共享的城中村改造，到西部大城市发展中，社区组织局部参与改造决策，达成棚户区改造的集体行动。我们均观察到社区自主改造城镇存量建设用地再开发的积极效果。在这些自组织案例的背后，隐藏着城镇自组织模式运行的逻辑。即自组织模式实施城镇存量建设用地再开发出现并顺利实施的原因是什么？有哪些影响因素决定了这一模式的选择？另外，有必要对城镇自组织模式的绩效和可能的缺陷进行总结归纳，发现其中蕴含的模式创新。因此，可以通过对成都和深圳案例进一步的比较分析，最终找到城镇自组织模式在什么条件下适用的答案。

（一）城镇自组织模式出现并得以顺利实施的原因

仔细比较我们选择的两个具有地方特色的城镇自组织案例，我们可以发现城镇自组织模式在特定地区出现并顺利实施的原因，从而总结出城镇自组织模式被选择的影响因素。

1. 出现的原因分析

通过比较，可以直观地发现，城镇自组织模式在特定地区出现，不外乎下面两方面的原因。

首先，城中村和棚户区特有的改造再开发属性是自组织模式出现的内因。不论是集体土地上的城中村，还是国有土地上的棚户区，它们在改造再开发中都具有的属性是：（1）土地及地上房屋的产权界定相对清晰；（2）土地权利人众多且个体利益偏好不同；（3）土地增值空间巨大，容易出现利益分配不均。基于这些属性特征，政府主导和市场主导的模式并不能适应城中村和棚户区的改造，存在天生的缺陷。比如，政府在面对众多权利人的不同补偿条件时往往感到力不从心，需要耗费大量的人力物力，最后还要对钉子户采取暴力拆迁的手段。而市场主体更多考虑的是自身改造的利益，也难以进行土地增值收益的公平分配。总之，地方政府在意识到其他模式在城中村和棚户区改造的过程中，容易出现拆迁补偿的纠纷和钉子户困境，才将解决的方式转向了自组织模式。在深圳和成都的案例中，通过自组织模式，土地权利人的利益诉求得到统一，土地增值分配得到公平分配，因而较易达成土地整合开发的集体行动。这就是为什么自组织模式在城中村和棚户区改造中更加容易被观察到的原因。

其次，外部环境的变化是促进城镇自组织模式出现的外因。地方出台的一系列鼓励自组织实施城镇存量建设用地再开发的政策，往往会诱发社区自组织模式的出现。在深圳的南部社区改造中，深圳出台的《关于印发〈坪山新区"整村统筹"土地整备工作组织方案〉的通知》，在政策层面界定了社区在实施"整村统筹"中的主导作用，降低了社区自主实施城中村改造的不确定性。而在成都的曹家巷改造中，成都市政府启动的"北改"工程作为棚户区改造的契机，激发了社区居民公众参与的意愿。也就是说，城镇自组织模式并不是自发产生的，需要有政策、法律等外部环境的推力。

2. 顺利实施的原因

我们发现，深圳和成都两地出现的城镇自组织案例能够顺利实施，其主要原因在于：（1）具有成熟的自治组织体系；（2）制订了合理的利益共享方案；（3）政府角色发生了转变。

实施的案例均观察到相对成熟的社区自治组织在达成集体行动中的作用。比如，南布社区原有的社区基层组织作为城中村改造的自治组织，在"整村统筹"代表社区居民自主进行决策。又比如，曹家巷的居民通过公开透明的民主选举，组建了"自治改造委员会"，搭建起棚户区居民与地方政府之间沟通的通道，自主完成棚户区改造的拆迁环节。相比较，前者的自治组织在之前的社区服务过程中积累了较多的经验，社区服务能力更强；而后者的自治组织的成员多是知根知底的老邻居、老街坊，虽然组织经验不多，但是为居民排忧解难的积极性和热情更高。最重要的是，这些社区自治组织，熟悉当地的社会经济特征，能够制订出更加符合社区利益的土地再开发方案，从而降低了社区内部的沟通成本和执行成本。

合理的利益分配方案是社区居民达成集体行动的关键所在。深圳的城中村改造中，南布社区通过与坪山新区政府制定总体改造方案，与社区居民制定拆迁补偿方案，解决了不同利益主体之间的利益分配问题。同样地，成都曹家巷的"自改委"代表社区居民与金牛区政府进行了反复协商，最终确定了双方都满意认可的拆迁补偿方案。而自组织制订相对合理的利益分配方案，是基于利益主体之间的合作博弈。即在城镇自组织模式中，自治组织通过最大城镇存量用地再开发这一块"蛋糕"，实现利益主体的合作共赢。

此外，政府的角色转变也是促成城镇自组织模式顺利实施的一个重要原因。我们看到，案例中的地方政府并不是"强硬型"的政府，而是一种"协商型"的政府。换句话说，作为平等主体的地方政府愿意与社区自治组织协商，共同推进城镇用地的再开发。比如成都市的金牛区政府会与"自改委"进行协商之后，愿意通过提高容积率接受居民提出的拆迁补偿方案。除此之外，地方政府还会承担其引导、指导、监督自治组织的自主改造，当然前提是不干预和取代自治组织的主体地位。这些服务性事务包括协助社区进行房屋和土地的确权工作，为社区的改造提供便捷的政府审批手续，为自治组织提供有关法律和政策的咨询等。地方政府在城镇自组织模式中的角色定位，有利于解决自治组织能力范围外的事务，从而使自组织改造的工作更加顺利。

3. 总结：原因背后的影响因素

根据上文的分析，我们识别出选择城镇自组织模式的影响因素有：

（1）特定类型的城镇存量建设用地（比如城中村和棚户区）；（2）外部环境的有利情况；（3）自治组织的成熟度；（4）主体之间利益共享的程度；（5）地方政府和自治组织的关系情况。当然，这些因素仅仅是从案例的比较中识别出来的，并没有穷尽所有可能的影响因素。

在被识别的五个影响因素中，前两个因素影响了城镇自组织模式的出现，而后三个因素则影响了城镇自组织模式实施顺利与否（见图8－2）。其中，当外部环境有利于城镇自组织模式，城镇存量建设用地再开发发生在特定类型上时，城镇自组织的模式出现的可能性就越大。而当自治组织的运作越成熟，利益主体之间的利益分配更加合理，自治组织与地方政府之间的关系显得更加合作、协商、友好，那么城镇自组织模式成功的可能性就越大。

（二）城镇自组织模式的总体绩效及可能的缺陷

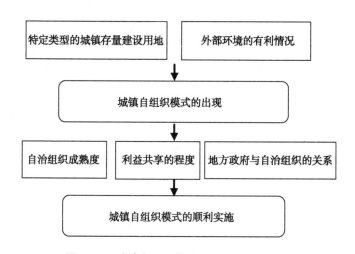

图8－2　城镇自组织模式的影响因素示意图

从收益成本分析的视角，成都和深圳两地出现的社区自组织开展城镇存量建设用地再开发的实践，取得了明显的绩效。首先，南布社区和曹家巷的"自改委"分别以全程或局部参与的方式实施了城中村和棚户区的自主改造，提高了土地利用的效率，实现了城镇土地集约节约利用的目标。其次，城镇自组织的模式排除了地方政府以及开发商共同攫取城镇土地再开发的巨大增值收益情况，最大程度上保障了社区土地权利人的土地权益，从而激发了他们自愿参与的积极性。最后，城镇自组织的模式成功破解了改造过程中出现的钉子户困境。自治组织通过集体的压力将钉子户排除在集体行动之外（不可否认的是，顺利排除出现的情况还与所有钉子户地块的集中程度和地理位置有较大的关系），从而避免了钉子户搭便车的行为。

如果把城镇存量建设用地再开发看作一项交易，则其中存在的主要交易费用有信息收集成本、决策成本、谈判成本、实施成本、风险成本等。与传统的政府拆迁方式相比较，城镇自组织模式明显降低了以下的交易成本。第一，熟悉社区自然经济社会属性的自治组织，在城镇用地的再开发中拥有更多的信息优势，降低了信息的搜集成本。在缓解了信息不对称的情况下，自治组织有利于做出符合社区利益的土地改造方案，从而降低了决策的成本。第二，在改造的实施环节，由社区的自治组织代表社区成员制定实施方案，包括拆迁补偿方案、内部利益分配方案、社区发展方案等，减少了实施过程中可能出现的纠纷和冲突。其效果不仅降低了利益主体之间的谈判成本，还降低了实际实施的执行成本。第三，地方政府在自主改造中的引导和监督作用，控制了社区在城镇自组织再开发中的风险和不确定性，有效降低了风险成本。不可否认的是，城镇自组织的模式会产生其他额外的成本，比如自治组织的运行成本。对于这些额外的交易成本，自主改造中的自治组织可以通过积累经验，提升组织能力等方式将其控制在容忍的成本范围内。

尽管城镇自组织的模式拥有自身的优势，但是我们也不可忽视该模式下存在的固有缺陷。资金筹集困难是社区自主实施城镇存量用地再开发所不得不面对的一个难题。可以想象的是，如果一个集体和个人经济实力并不强的社区想要积极开展建设用地再开发的自主尝试，根本无法单独承受巨额的前期投入资金。在我们看到的案例中，深圳和成都的城市存量用地再开发的资金都是由地方政府来承担的。在经济发达的深圳，因为地方政府的财政颇为充裕，为了挖掘城市用地潜力，促进城市经济的进一步发展，自然愿意投入巨额资金，推动城中村的改造。而在欠发达地区的成都市，地方政府的财政并不雄厚，必须通过中央财政的专项补助、社会资金的参与等统筹方式来安排棚户区的改造。这也是十年前就提上议程的曹家巷棚户区改造直到在2012年资金问题得到解决的情况下才得以顺利实施的原因。也正是由于资金筹集以及其他的制约性因素，导致目前城镇自组织实施的模式仅仅是零星出现，并没有推广实施，无法形成可观的实施规模。可以说，改造资金的筹集是开展城镇自组织模式的必要前提。

（三）小结：自组织实施城镇存量用地再开发模式的选择逻辑

顺着上文对成都和深圳两个案例的比较和分析，我们最后可以总结出城镇自组织实施城镇存量建设用地再开发模式的选择逻辑。即选择城镇自组织模式背后的逻辑和标准究竟是什么？而要采用自组织实施城镇存量建设用地再开发的模式，又到底需要符合哪些条件？这些问题的解答有利于拓展城镇自组织模式的应用和实践。

假设一个城市里存在某个特定的城市建设用地需要改造再开发，政府主导、市场主导和自组织是组织再开发活动的几个备选方案。要知道，不同的组织模式将承担不同的交易费用。而从备选方案中选择城镇自组织这一模式，其选择的逻辑是交易费用优化。也就是说，交易费用最小化是城镇自组织模式被选择的主要标准。

最后，我们发现实施城镇自组织的模式必须符合以下基本条件：

（1）地方政府的引导和支持。地方政府对自治组织的认可和鼓励保证了自治组织的权威性。

（2）制度环境的诱发。中央和地方出台的一系列鼓励性政策降低了自组织实施的门槛。

（3）相对容易的资金筹集手段。获取足够多的资金支持，是实施城镇自组织模式的前提。

（4）成熟的社区自治组织体系。如何获取民众的信任，如何处理集体行动内部的纠纷和搭便车行为，如何掌握和地方政府协商的技巧，这些都是一个成熟的社区自治组织必备的能力。

（5）合理的利益分享机制。土地再开发的增值收益有必要在地方政府、社区集体和社区个人等利益主体之间进行公平合理的分配。

（6）特定的城镇用地类型。比如城中村和棚户区这种类型。

上述基本条件，能够影响城镇自组织模式实施的成本和收益情况，从而影响城镇自组织模式产生的交易费用大小。一个粗略的结论是：如果某个社区能基本符合上述条件，那么该社区就越容易出现城镇自组织实施的模式并取得良好的绩效。

六　利益相关方自组织实施城镇存量用地再开发的结论及其政策建议

本章关注的是利益相关方自组织实施城镇存量建设用地再开发的模式。主要分析了来自深圳和成都的自治组织自主改造城镇存量建设用地的案例：一个是深圳市南布社区通过"整村统筹"改造城中村的方式，实现了地方政府与社区居民的共赢；另一个是成都市曹家巷的居民通过组建"自治改造委员会"，自主实施棚户区改造的拆迁补偿过程，达成了社区居民共同拆迁改造的集体行动。不同案例的具体运作方式，展现出城镇自组织模式是如何提供公共物品，消除钉子户的反公地悲剧行为的。

通过案例的比较分析，我们解释了城镇自组织模式出现并得以顺利实施的主要原因，总结出原因背后自然、制度等方面的影响因素。总的来说，城镇自组织的模式取得良好的绩效，节约了交易费用，但依旧可能存在资金筹集困难的缺陷。最后，我们认为交易费用的最小化是城镇自组织模式被选择的逻辑，并制定了自治组织实施城镇存量建设用地再开发的必要条件。只有符合这些原则性条件，城镇自组织模式才有可能出现并取得成功。在此基础上，我们得出了关于城镇自组织模式的结论及其政策启示。

（一）研究的主要结论

第一，城镇存量建设用地的再开发类似于公共物品的提供，除了政府和市场的方式外，社区自治组织也能以自己的运作方式顺利完成公共物品的提供和维持。在面对城中村或棚户区这种产权复杂、土地分割细碎的城镇存量建设用地时，政府和市场的方式无法很好的解决拆迁改造中的居民补偿和钉子户漫天要价的问题，反而会引发集体上访等社会事件。既然如此，采用社区自组织来提供公共物品是一个可以尝试的方式。来自深圳和成都的案例表明，社区自治能够达成社区居民改造的集体行动，取得良好的绩效。代表社区居民的自治组织通过与地方政府的谈判协商，制订出一个双方都满意接受的改造方案，从而推动了社区居民拆迁改造的意愿。同时，自治组织通过制定内部规则，形成集体压力，可以有效地将钉子户从集体行动中排除出去，避免了钉子户的反公地悲剧行为。因此，城镇自组织模式作为一种提供公共物品的手段和途径，在提高土地利用的效率，改善社区居民的生活条件方面，更加高效。

第二，现阶段自组织实施城镇存量建设用地再开发的模式具有分权化的特征，体现了公众参与、政府职能转变和利益共享三大模式创新。在城镇自组织的模式中，地方政府将拆迁改造的大部分权力下放到社区自治组织，仅保留政府的监督、规划等权力。另外，社区自治组织被赋予了参与城镇用地再开发的决策、实施、收益分配等权力，从而确保了主导地位。这种分权的组织模式，改变了过去社区居民不愿意或被动参与社区改造的现状，极大地激发了社区居民自主参与、高效改造的积极性。在已有的实践中，城镇自组织模式在治理机制上体现了一定程度的创新，即：社区居民通过民主选举出自治组织成员，深度参与棚户区拆迁改造；政府定位从全能型变为服务型，职能则转变为社会管理，更加注重以协商、互动的方式引导自治组织的实施；通过社区自治组织、社区个人和地方政府间的合作博弈，做大城镇土地再开发的"蛋糕"，实现土地增值收益的利益共享。

第三，鉴于资金短缺等固有缺陷，城镇社区的自主实施改造无法进行大规模的推广实施，且离不开地方政府的支持和引导。尽管城中村和棚户区的改造能够产生巨大的土地增值收益，但是在改造初期需要大量的资金投入才能维持整个实施过程的运作。很明显，自治组织根本无力承担资金费用，而需要依靠地方政府的资金支持。因此，在财力富裕的城市更容易解决城镇自组织模式的融资难问题。另外，由于受自治组织成员的知识水平、组织能力等因素影响，自治组织可能在某些方面并不擅长，比如对集体留用地未来的发展、对整个棚户区改造后的规划方向等。为防止自组织模式的失控，地方政府有必要通过政策和规划的手段进行引导和监督。比如深圳的城市更新单元规划就是引导城中村社区可持续发展的一个很好的例子。

第四，城镇自组织模式出现并取得顺利实施，是制度环境、自治组织的成熟度等一系列因素共同作用的结果。也就是说，城镇自组织模式并不是开展城镇存量建设用地再开发的万能药。根据案例的对比总结，社区自治组织之所以出现并运转良好，是受到政府引导、制度环境的诱发、资金筹集能力、成熟的自治组织、合理的利益共享方案、特定的城镇用地类型这六个主要因素的影响。总体来说，地方实践中采用或允许城镇自组织的实施方式，是因为这符合交易成本最小化的选择逻辑。这些影响因素除了降低自组织模式在实施过程中的信息和决策成本、谈判和协商成本、监督成本等交易成本之外，还决定了改造过程中的增值收益的公平分配，并控制了自组织模式存在的风险和不确定性。

（二）主要的政策启示

上文案例的具体运作过程及对比分析的结论，为现实中自组织实施城镇存量建设用地再开发提供了一定的政策启示。

第一，地方政府应转变固有的政府主导思路，积极推动城镇存量建设用地的社区自治改造模式，明确建立利益共享协调机制。在有条件开展城镇自组织模式的城市，地方政府应该因势利导，主动退出城镇存量建设用地的实施过程，让社区的自治组织来运作棚户区或城中村的拆迁改造。而其中最关键的问题是，地方政府与原土地权利人之间对土地增值收益的分享如何达成一致。一个有效的解决方案是建立公平合理的利益共享协调机制，明确地方政府、社区集体、社区个人及其他利益相关者各自应该占有的收益比例。这种共享协调机制，具体包括城中村改造的留用地安置（产权属于国有产权），在棚户区改造中的提高房屋置换的补偿标准等。而地方政府应该将属于它的土地增值收益用于该地块改造中的公共设施建设。这种共享机制，能够有效消除当前地方政府和原土地权利人在拆迁改造中的紧张关系。

第二，应该建立社区居民的民主参与机制，构建成熟且独立于政府的自治组织体系，这是自治改造城镇存量用地的基石。在城镇自组织模式中，自治组织的构建和社区居民的民主参与直接决定了改造项目是否是真正的自治改造。为此，社区居民应该自身提高民主决策、民主参与的意识和素质，积极参与自治组织的各种民意调研会、讨论会。而地方政府应当允许和鼓励社区自治组织的发展和运作，包括邀请自治组织的成员参加社区治理的培训课程，与自治组织建立公开透明的协商机制等。最重要的是，地方政府应当坚持不干涉城镇自治组织运作的原则，这样才能让自治组织自主决策，自行制定城镇存量用地再开发的规则。

第三，中央和地方政府应提供更多鼓励自组织实施城镇存量建设用地再开发的制度环境，包括出台一系列鼓励自治改造的优惠政策，简化自治改造项目的行政审批程序、做好保障自治改造的专项规划等。通过制度环境的改变，可以明显降低自治组织自主改造的风险和不确定性，节省更多的交易费用。当前应在中央和地方层面出台鼓励社区自治改造城镇存量用地的相关规定和政策。中央政府应通过扩大试点范围的方式鼓励地方政府探索自组织模式的实践，积累更多的经验。而地方政府应该为社区自治改造项目开辟"绿色通道"，减少审批环节，提高审批效率。另外，通过相关的规划来约束和引导自治组织实施的留用地再开发方案、拆迁补偿方案等改造方案是十分必要的。

第四，为彻底缓解城镇自组织模式面临的资金问题，地方政府应该拓展融资渠道，建立完善的资金保障机制。社区自治改造城镇存量建设用地，需要大量的资金投入。如何有效地为自治组织筹集到改造资金，是地方政府不得不承担的压力，这对地方财政紧张的政府来说尤甚。为此，地方政府可以采取下面三个工具来完善资金的保障机制。地方政府可以通过统筹涉及城市改造的各类专项资金（比如旧城改造专项资金、棚户区改造专项资金等），通过捆绑整合后用于自治改造项目的前期投资。除了财政专项资金的支持外，地方政府可以采取一定的措施鼓励社会资本、民间资本的参与。当然，自治组织必须在拆迁改造前就资金的本息问题与民间资本达成协议，以免产生不必要的纠纷。另外，地方政府可以凭政府信用，与银行进行协商谈判，加大对社区自治改造项目的资金贷款的倾斜力度。

第九章

利益相关方自组织实施存量
集体建设用地再开发

通过旧村复垦、空心村改造和集体建设用地流转等一系列手段,广大农村内部存在的大量低效闲置用地可以得到更好的配置,从而提高了农村土地利用的效率。对存量集体建设用地的再开发,不仅优化了农村居民点的空间布局及土地利用结构,盘活了村庄闲置的集体建设用地,还能促进城乡统筹发展,提高农村居民的生活环境和生产条件。然而在实践中,农村集体建设用地的再开发常常面临着农民权益无法得到有效保障的困境。如何有效破解这样的困境,涉及由谁来提供集体建设用地再开发这一公共物品的问题。本章尝试通过不同地区集体自组织实施农村存量集体建设用地的案例,揭示自组织模式选择背后的逻辑。基于本章的讨论,有利于进一步厘清当前农村存量集体建设用地再开发的问题和症结。

一 自组织实施的背景:来自农民的诉求

我国的集体建设用地主要分为三大类,分别是宅基地、公益性公共设施用地和经营性建设用地。由于缺乏有效规划和监管,我国的集体建设用地长期处于持续扩张且低效利用的状态。为促进集体建设用地的集约节约利用,我国不少地区已经启动集体建设用地的再开发,具体包括集体建设用地流转和宅基地使用权流转两方面。但是,目前我国的集体建设用地再开发在实施过程中面临着农民权益受损等问题,直接影响了再开发的效果。为此,我们有必要转变当前实施集体建设用地再开发的思路,寻找一个能够提升管理效率的组织模式。

（一）现阶段我国实施存量集体建设用地再开发的现状及其问题

在已有的实践中，集体建设用地再开发一般包括两个层次的内涵：第一层含义是沿着集体建设用地入市的路径，农村集体经济组织通过出让、出租、转让、转租等方式，将集体的闲置土地的使用权（主要是集体经营性建设用地）有偿流转给其他经济主体的行为①；第二层含义是以土地综合整治、城乡增减挂钩政策等平台，开展旧村复垦、空心村改造、增减挂钩项目，推动宅基地退出②。简单地说，集体建设用地再开发可以分为集体建设用地流转和宅基地退出两种类型。

近年来，地方政府在实施集体建设用地再开发中进行了有益的探索，形成了宝贵的改革经验。有较大影响力的改革是：广东省在 2005 年出台《广东省集体建设用地流转管理办法》，规定农村集体建设用地将视为国有土地，正式允许省内集体建设用地直接进入市场交易③；成都市锦江区通过组建新型集体经济组织，开展了以"同地同权"为基础的集体建设用地流转④；嘉兴市以增减挂钩和土地整治为平台，开展的宅基地和承包地分开、搬迁与土地流转分开，以宅基地置换城镇房产、以土地承包经营权置换社会保障的"两分两换"试点⑤。

到目前为止，这些地区的试点取得了初步的成效，对盘活存量集体建设用地，优化土地资源配置，推进农村经济社会发展起到了积极的作用。但是我们也不能否认实施过程中显现的诸多问题和不足：首先，在集体建设用地流转中，由于集体土地所有权权属模糊，产权主体虚置缺位，农民

---

①　黄庆杰、王新：《农村集体建设用地流转的现状，问题与对策——以北京市为例》，《中国农村经济》2007 年第 1 期。

②　卢艳霞、胡银根、林继红等：《浙江农民宅基地退出模式调研与思考》，《中国土地科学》2011 年第 1 期。

③　杨子蛟：《集体建设用地使用权流转的法律思考——兼评〈广东省集体建设用地使用权流转管理办法〉》，《甘肃社会科学》2006 年第 1 期。

④　张建军、程诗惠：《成都锦江农村集体土地流转的主要做法及启示》，《中国国土资源经济》2010 年第 6 期。

⑤　徐保根、杨雪锋、陈佳骊：《浙江嘉兴市"两分两换"农村土地整治模式探讨》，《中国土地科学》2011 年第 1 期。

的主体性地位基本丧失①。在集体土地产权不明晰的情况下，土地流转的支配权集中在基层政府和村集体，而作为土地权利人的农民却很难有话语权。在这样的情况下，村干部和政府官员决定了土地流转收益的分配方案，常常出现侵吞农民个体利益的现象。其次，在宅基地退出的过程中，地方政府为片面追求城乡增减挂钩指标，违背农民意愿进行"大拆大建"、"强拆强建"，出现了农民强制"被上楼"的现象②。这些农民被迫改变原来的生活生产方式，陷入失土地、难就业和低社保的困境，带来了社会稳定的问题。上述的问题和不足可以归结为一点，即农民利益无法得到有效保障，阻碍了集体建设用地再开发的成效。

　　既然农民的基本权益常常在集体建设用地再开发中受到侵害，那么需要设计什么样的治理机制才能反映农民的诉求，真正赋予农民基本权利，保障农民在再开发中的基本利益。这已经成为当前学者研究的焦点。

（二）三种典型模式的理论初判：公共物品的视角

　　对于农民个体、农民集体等利益相关主体来说，集体建设用地的再开发具有很强的外部性，类似于一种公共物品。由政府、市场或农民集体组织来提供这一公共物品，分别形成了政府主导、市场主导和集体自组织这三种典型的组织模式。理论上，这三种典型模式在合理分配集体土地再开发的收益和保障农民权益上，却具有不同的效果。

　　在许多情况下，政府主导在农村存量建设用地再开发中更为常见和占决定性的优势，尤其是在诸如空心村改造、整村搬迁等。尽管政府能够提供集体建设用地再开发这一公共物品，但是这种模式存在着一定的缺陷。对于政府主导的模式来说，政府在农居点整理中无法确定其制定的补偿标准是否符合市场价格，也无法知晓其整理的宅基地规模是否符合市场规律。在宅基地退出中，政府需要挨家挨户与农户谈判达成拆迁补偿的协议，从而花费大量的成本，但取得的成效却并不佳。由政府主导实施的项目，常常因补偿标准过低而引起农民的强烈反对，从而引发冲突纠纷。甚至在有一些地方出现了政府强制拆迁，造成农民被上楼的情况。而对于市

---

　　① 刘双良、孙钰、马安胜：《论农村集体建设用地流转与农民权益保护》，《甘肃社会科学》2009 年第 4 期。

　　② 谭静：《城乡建设用地增减挂钩中的集体土地权益保护》，《中国土地科学》2012 年第 2 期。

场主导的模式来说，参与集体土地再开发的企业为了自身利益最大化也常常不顾农民的利益是否受到损害。在实施过程中，企业主作为强势的一方，决定了集体建设用地再开发的实施方案以及后面的收益分配。而作为被动和弱势一方的农民，则在土地的增值收益分配中仅获得一小部分的收益。也就是说，政府或市场主体实施农村集体建设用地再开发的模式并没有做到土地增值收益的公平合理分配。

而在集体自组织模式中，农民可以达成一致的集体行动，自主实施集体建设用地流转、宅基地退出等集体建设用地再开发。根据实施前制定的集体内部规则，农民可以共同分享集体土地增值带来的收益，再通过内部协商的方式解决农民个体之间的利益分配。在理想状态下，农民集体自组织的模式完全可以做到土地再开发收益在不同利益主体之间的公平合理分配，实现农民利益的最大化。可以这么说，集体自组织模式成为政府和市场主体之外的第三种可能的组织形式，将在未来的存量集体建设用地再开发中发挥巨大的作用。

（三）本章关注的问题和结构安排

根据上文的初步判断，集体自组织模式作为一种新的治理结构，能够有效保障农民的权益，弥补了政府主导和市场主导在收益合理分配上的固有缺陷。在实践中，我们观察到一些地区，比如江西的赣州、四川的成都等地已经出现了农民自主实施集体存量建设用地再开发的零星案例，并且都取得了预期的效果。为此，为了进一步理解集体建设用地再开发的自组织模式，本章关注的问题主要是：（1）不同地区出现的集体自组织实施存量集体建设用地的实践中，农民集体组织是如何顺利完成土地再开发的，其实施的效果及存在的风险又是什么；（2）影响集体自组织实施集体建设用地冉开发的主要因素有哪些，而选择集体自组织模式背后的逻辑又是什么。

本章内容的结构安排如下：首先是介绍利益相关方自组织实施存量集体建设用地再开发的模式内涵，包括模式的特征及其与制度环境之间的关系。然后以成都和赣州的案例展现集体自组织模式的内部运行机制，重点考察案例中的治理结构及收益分配的情况。接着我们将根据前面的案例进行对比分析，总结集体自组织模式的效果和缺陷，分析集体自组织模式出现并顺利实施的原因，识别影响集体自组织模式实施的因素，发现集体自组织模式选择背后的逻辑。最后是本章的结论和对应的政策建议。

二　利益相关方自组织实施的存量集体
建设用地再开发的模式内涵

在进入下一节的案例分析前，我们首先需要对集体自组织模式这一新型管理方式进行一个简单的论述，刻画出该模式自身的内涵，以加深读者的理解。在这一节里，我们将重点阐述集体自组织模式的界定、特征、一般运行结构、与制度环境之间的关系等内容。

（一）什么是集体建设用地再开发自组织模式

所谓集体建设用地再开发的自组织模式，是指农民构成的集体自治组织，作为存量集体建设用地再开发中的实施主体，拥有自主开发集体存量建设用地的权力，主导了土地再开发的实施过程或关键环节，包括决策环节、收益分配环节、拆迁补偿环节等。简单地说，农民集体自治组织可以自我决定是否参与集体建设用地再开发，自我决定如何分配再开发过程中获得的土地收益，自我解决实施过程中的内部协调和内部利益分配问题。

集体自组织模式具有的主要特征是：第一，权力下放到集体自治组织。农民集体自治组织被赋予了实施集体存量建设用地再开发的权力，在自组织模式中扮演了核心的角色。农民集体作为项目实施的组织者和决策者，从原来弱势的被动角色转变为积极参与的主导者。社区成员可以通过内部的协商讨论，达成一致的再开发方案，进而决定地块再开发后的利益分配方案。社区成员也可以组织起来与政府进行谈判，达成公平合理的土地增值收益分配，实现社区成员的利益诉求。第二，地方政府退出实施的具体过程。地方政府的角色则是以引导和保障自组织顺利实施为主，比如协助社区指定符合相关规划的再开发方案，筹集开发资金等。

对于集体自组织模式，其一般的运作结构是：首先，涉及农村集体建设用地再开发的农民会通过民主的方式形成一个集体自治组织。而在实践中，有些地区的农民自治组织是在村民小组或村委会形式的基础上发展而成的。其次，农民集体自治组织根据全体组织成员的意愿，自我决策是否实施农居点整理或建设用地流转这样的集体存量土地再开发项目，并拟订一个可行的再开发方案。最后，在经过全体组员的一致同意后，集体自治组织就会在政府的引导下进行项目的实施工作。当然实施的过程可能会包括拆迁补偿、资金筹集、收益分配、拆旧建新等。而集体自治组织则在这些环节中进行决策、组织和协调，比如与政府或流转的企业进行谈判和协商，委托专业的机构进行项目的设计和规划，组织农民讨论补偿和收益分配的方案。通过以上的步骤，农民集体可以自主实现集体建设用地的再开发，获得实施过程中的大部分土地增值收益。

（二）集体自组织模式与制度环境之间的关系

究其优势而言，集体自组织实施的模式主要体现在以下方面：第一，真正实现了农民的参与和决策。在自组织模式中，农民通过自治组织，拥有明显的自主权，使他们能够真正参与到再开发项目的规划、拆迁补偿、收益分配等实施的全过程。第二，发挥了农民集体内部自我协商的方式，解决了可能出现的钉子户问题。因为在拆迁谈判和收益分配的过程中体现了公平民主，所以农民一般都会满意自己讨论后制定的拆迁补偿方案与收益分配方案。第三，增加了农民的收入。农民自主实施集体建设用地，获得的土地增值收益的大部分由集体成员共享，实现了农民分享城镇化过程中的土地收益的目的。获得的土地增值收益在农民成员之间进行合理分配，最终提高了农民参与集体建设用地再开发的积极性。当然，农民集体自组织的模式也存在一些缺陷。比如，农民集体组织不太会过多考虑村庄的未来发展，在实施过程中可能出现太多的风险。

集体存量建设用地再开发的制度环境可以分为非正式的制度环境和正式的制度环境，非正式主要指村庄内部的行为规范和社会传统，正式主要是与集体土地有关的产权制度以及中央和地方政府出台相关法律政策。制度环境和治理结构之间的关系是：制度环境会影响治理结构的运行，而治理结构运行的结果会反馈给制度环境，以便调整和修改制度环境。总的来说，近年来的制度环境是有利于集体自组织模式这一治理结构运行的。首先，中国的大部分村庄，尤其是中东部的农村地区，还保留着根深蒂固的村规民约等传统规范。这些村规民约，为集体自治组织的构建和顺利运行提供了良好的基础。其次，在全国范围内启动的农村土地确权工作，为农民自主实施集体土地再开发扫除了产权模糊这一障碍。最后，中央和地方政府出台的一系列政策文件，对农民自主开发集体土地的行为予以了肯定和鼓励。比如十七届三中全会明确指出：在土地利用规划确定的城镇建设用地范围外，经批准占用农村集体土地建设非公益性项目，允许农民依法通过多种方式参与开发经营并保障农民合法权益。

根据集体自组织模式的模式内涵，我们尝试提出以下三个假说：假说一，由于集体自治组织无法承认某些事务，地方政府的作用仍然在集体自组织模式中不可或缺。假说二，集体自治组织被选择的主要因素是良好的制度环境、集体自治组织自主开发经营的能力、集体自治组织的组织成熟度等。假说三，基于资金、规划、土地制度方面的缺陷，集体自组织模式在实施过程中将面对巨大的风险挑战。

（三）不同地方出现的自组织实践简述

近年来，全国各地开始重视发挥农民集体组织的作用，并积极探索农民自主开发集体建设用地的有效途径。其中在四川成都和江西赣州出现的集体自组织模式，各有特色，引起了学界广泛的关注。其中，成都的村庄集体组织凭借农村产权交易平台，成功地将闲置的集体建设用地（宅基地）挂牌流转给当地的企业，获得了可观的流转收益。而在江西的赣州，当地农村在空心村改造和农居点整理过程中，创造性的发展出一种称作农村理事会的自治组织，大大降低了宅基地退出过程出现的各种纠纷，取得了很好的效果。下面我们以这两个地方的案例来详细展示集体自组织的运行模式，并验证上文提出的三个假说。

三　赣州农村理事会推动宅基地退出

作为传统的农业地区，赣州市的农村长期以来形成了"依田而住、逐水而居、沿路而建"零乱分散的农村居民点布局，导致了其农村集体建设用地比较粗放的现状，开发潜力巨大。以农村居民点的宅基地面积为例，2011 年全市农村的宅基地面积为 118209 公顷，人均宅基地面积达到了 167.6 平方米，远远超过了江西省规定的人均宅基地标准。充分利用本市数量巨大的宅基地，盘活闲置的集体建设用地，是当前赣州市鼓励农民宅基地退出的初衷。但是赣州市在推动农民退出多余的宅基地过程中，面临着中央、地方政府难以操作，农民不愿意参与宅基地退出等诸多现实问题（见专栏 9 - 1）。

《国务院关于支持赣南等原中央苏区振兴发展的若干意见》（以下简称

《若干意见》）在 2012 年正式出台，标志着赣州的社会经济步入了快速发展期，全面推进了新农村建设和新型农村社区建设。在这样的背景下，开展农居点整理、空心村改造等宅基地退出工作，在提高农村集体建设用地的利用水平同时，改善农村居民的生活和生产环境，已经成为赣州市城乡统筹发展的客观要求。也就是说，《若干意见》的实施，给予了赣州市探索宅基地退出的政策空间，意味着赣州市至少解决了政策层面的问题。

那么剩下的问题就是采用何种方式改变农民的参与意愿，提高农民主动退出多余宅基地的积极性。赣州市在最近几年在宅基地退出实践中，进行了积极的探索，特别是在发挥"农村理事会"的作用方面取得很好的成功经验。下面以赣州市下属两个县各自的村庄案例来详细观察农村理事会的运行机制。

专栏 9 - 1

赣州宅基地退出的现实问题

在实地调研后发现，该市在宅基地退出中，面临着政策操作和农民意愿两个方面的障碍。

一方面，在宅基地退出上，国家和地方层面缺乏可供实际操作的政策指导。虽然国家规定了"一户一宅"的政策，但对于如何实现"一户一宅"却没有配套措施。有些农户因继承等原因拥有了不只一处的宅基地，当前的政策却没有给出退出的相应机制。这种状况导致了一户多宅的现象普遍出现，存量宅基地面积越来越大。而且，现行的法律规定宅基地不能买卖，农户如果自愿放弃，就得不到补偿，不如保留（至少目前这种保留是无成本的）。因此，就形成了宅基地"宁愿闲置，也不给别人利用"的低效状态。

另一方面，实践中的宅基地退出面临着复杂的问题，开展难度大。在赣州农村地区，农户不愿意退出宅基地的原因呈现出如下多样性的特点：（1）农村宅基地私有的观点比较强烈，农民普遍认为宅基地是一种私有财产，可以祖祖辈辈继承下来，特别是祖房、族房、祠堂拆除阻力很大；（2）农村不少是连体排屋，邻居之间共享一堵墙，必须同时撤除，但邻居之间意见很难统一，经济条件好的有能力建新房，同意拆旧建新，但经济条件差的邻居不能同步，这样，经济条件好的农户就另起炉灶建新房，新的"一户多宅"自然就形成了；
（3）一栋房屋由多个使用者同享，如几个兄弟共同拥有一栋祖屋，
常常会因为兄弟之间的财产分配意见不一而难以拆除；（4）农村房
屋拆除的原因不一，给予的补偿标准不一样，造成补偿低的农户拒绝
拆迁，宁愿做钉子户的现象。

（一）上犹县上湾村的"内部协商，自我平衡"

根据测算，上犹县上湾村有 3 亩多的宅基地需要整理，涉及 40 多户
的房屋，产权错综复杂，改造难度很大。农户之间因为利益偏好和自然禀
赋的差异，出现了想改造和不想改造、有能力建新房和暂无能力建新房、
原有的宅基地多和原有的宅基地少等情况，影响了空心村改造的进程。为
此，由农户推选产生的村理事会先后召开了十多次协商会，最后形成了大
家一致赞同的方案：建房农户按面积收取土地置换费，对不建房的农户和
多余面积的农户进行补偿。原属公共所有的宗祠和活动场所则实行统一集
资建设，以解决农村举行重大红白喜事场地问题。结果有 26 户农户需要
建房，按户均 120 平方米计，需要土地 4.68 亩，加上公共用地，总共需
要土地 6 亩多，反而比原有宅基地面积多了一倍。

如何解决用地需求，真正实现存量用地的集约利用，成为摆在理事会
面前的又一个难题。为此，理事会的成员在咨询建筑方面的技术人员后，
提出了二户合建一栋的设想，并先后召开了 6 次由所有户主参与的讨论
会，终于形成大家认可的设计方案：每栋占地 114 平方米，第一层为二间
正厅（每户一间 52 平方米）；第二、三层为住房（每户一套），第四层为
二间杂物间，每户一间，在正厅中间的后侧建公用楼梯。如此的设计既继
承了农村建房要有厅堂和多层楼房的传统习惯，又解决了农户建房面积不
足的问题。结果 26 户的建房用地面积仅为 2.22 亩，通过拆旧建新后的节
余土地将复垦为耕地。

在具体的新房建设中，村民理事会又为村民出谋划策，承担了一系列
事务，保障整个实施过程能够顺利进行。首先，理事会在征求村民意见的
情况下，邀请地方政府的规划和土管部门到实地踏勘，并多次召开听证
会，结合村庄实际的自然经济条件制定新建农居点的规划总体布局。接
着，理事会采取了每户农民先预缴 8 万元建房款，聘请专业的施工队以

"包工不包料"的方式统一施工建设新房。当然,村民理事会负责对整个工程质量和进度的监督。待新房如期建成后,为避免不必要的村民纠纷,村民理事会采用了抓阄的方式来分配新房。为建立彼此信任的关系,村民理事会对建房款的使用情况做到了公开透明。除了每月公布外,对于常年不在家的农户,理事会还会将账目清单寄到农户手中。经过一年多的建设,在村民理事会的主导下,新建农居点的 13 栋新建房全部做到了统一户型、统一立面、统一工程进度。总之,上湾村的农居点整理的实施过程相对顺利,既保证了工程进度,又进一步融洽了邻里关系,村民们皆大欢喜。

(二)瑞金市桔源村樟树下的"六统一分"

桔源村樟树下是一个拥有四个村民小组的自然村,农户的房屋大多是土坯房,居住条件恶劣,亟待建新改造。整个改造总共涉及农户 58 户293 人,危旧土坯房 195 间,总面积达 10.70 亩。

我们了解到,村民选举成立的村"五老"理事会在拆旧建新的实施过程中起到了关键性的主导作用。首先,经村民同意协商后,理事会决定实行当地政府支持的"六统一分"的方式进行土坯房改造。在改造实施之前,需要建房的农户必须向村"五老"理事会交纳 1 万元保证金。该保证金主要用于调剂农村宅基地使用权流转,在对村民原有宅基地面积进行造册登记的基础上,采取"奖多补少"和"一户一宅"原则统一流转。通过反复讨论,理事会形成了村民一致认同的方案:每个农户可以重新分配到 90 平方米的宅基地用于建新房,原宅基地面积超过 90 平方米的农户,超过部分由理事会统一出资补偿,原宅基地面积小于 90 平方米的农户,不足部分由农户自行出资购买。

随后,在具体的建新过程中,理事会按照统一规划、统一拆除、统一平整土地、统一放线施工、统一完善配套设施,按时间要求分户建设的方法指导农户有序、统筹进行房屋建新。比如在统一规划中,理事会邀请了省市相关专家制定新居的规划建设,统一新居的户型风格;在统一完善配套设施中,理事会利用村民筹集的资金兴建村民休闲场所,硬化庭院、村道,绿化村内空地,新建垃圾无害化处理池等。在理事会的积极组织下,村民的建新工程如期竣工。

整个过程,通过村"五老"理事会的运作,农民宅基地得到有效盘活，确保了宅基地流转使用最大化，既推进了土坯房改造，提升了农民居住条件，又促进了乡村邻里和谐，避免了不必要的纠纷。目前樟树下的土坯房改造已全部完成，整个村庄规划有序、基础设施齐全、村庄环境优美、农房美观实用，展现了美丽新农村的面貌（见图9–1）。

图9–1　樟树下新盖的楼房

（三）案例小结

在赣州市，农村理事会是由村民自愿推选德高望重、公道正派的村"五老"（家族长老、老党员、老教师、老退休干部、老退休工人）组成的民间自治组织。农村理事会能够得到几乎所有村民的拥戴，并对他们讨论后制订的方案表示同意的原因主要有：一是赣州长期民风淳朴，村民都有"尊老敬老"的传统，更愿意同意由"五老"组成的理事会意见；二是理事会制定的村规民约尊重了村民的意愿，显得公平合理，能够减少村民内部的利益矛盾，避免不必要的冲突纠纷；三是理事会的成员长期生活在当地村庄，对村庄的自然社会环境相当熟悉，由他们讨论制定的方案更能因地制宜，符合村民的习惯。

实践证明，赣州市出现的农村理事会确实在新农村建设，推进宅基地集约利用的过程中发挥了重要的决策、协调和激励作用。理事会为推动村民宅基地退出这一集体行动，负责了许多地方政府难以承担的公共事务，包括政策宣传、组织拆迁、安置善后、讨论拆旧建新方案、完善基础设施、协调各方关系、"钉子户"处理等。而农村理事会尊重农民意愿，为农户争取最大化利益的行为，也赢得了农民个体的信任，激发了农民个体主动参与宅基地退出的积极性。但不可否认的是，村民理事会的运作也离不开地方政府的协助和引导。在上湾村和桔源村这两个案例中，我们均观察到地方政府被邀请承担新建居民点的规划布局建设任务。因为诸如用地规划、房屋设计等专业性较强的事务，村民理事会这一自治组织还没有能力负责。从总的效果来看，农村理事会这样的自治组织形式，协调了村民的各自利益，保障了宅基地退出的顺利实施，取得了明显的绩效。

四　成都集体自主整理并流转集体建设用地

为提高农村集体建设用地的利用效率，成都市近年来开展了大规模的农村土地综合整治。通过土地综合整治后的农村集体建设用地，其宅基地面积的比例降低，而集体经营性用地面积的比例则相应地上升。根据成都市的有关规定，整理出来的集体建设用地可以在乡镇范围内规划为政府允许的经营性项目用地，并以公开出让的方式通过成都市农村产权交易所①进行流转，让农民集体和农民直接获得流转收益。虽然地方已经形成了农民集体自主开展集体建设用地整理的有利条件，但是具体如何操作才能顺利实施集体自组织这一模式。在成都柿子树村的实践中，我们发现该村农民利用现有的集体建设用地自主引起投资者，通过建设乡村酒店在发展乡村旅游业方面进行了有益的探索，并取得了较好的效果，值得重点关注。

（一）柿子树村自主整理建设用地：寻找合适的合作开发方

官仓镇柿子树村位于金堂县城东北 10 公里处，紧邻金堂大道，地理位置优越，但是农民的居住环境较差。全村土地面积 4.59 平方公里，总人口 304 人，主导的产业是蔬菜生产及加工，2011 年人均纯收入 6855元。村庄境内有爪龙溪河和绵远河，水资源较为丰富。村庄建立了相对完善的村民自治组织体系，比如村民委员会、村民议事会和村民监事会。这些村民自治机构的组建，是柿子树村的农户自主发起集体建设用地流转的前提。为改善农民的生活环境，柿子树村 12 组 37 户村民经过村民自主决

①　成都市农村产权交易所作为全国首个综合性农村产权交易市场，成立于 2008 年 10 月。通过该产权交易平台，农民的土地承包经营权、林权、集体建设用地使用权等农村资产可以实现市场化流转。

策，决定自主整理并流转集体建设用地。

为解决资金匮乏的问题，柿子树村 12 组村民希望通过成都的农村产权交易所，引进合适的投资者，来共同合作开发该组的集体建设用地，实现双赢的目的。而成都市全面启动的农村土地确权颁证工作，为柿子树村的集体建设用地挂牌流转起到了铺垫作用（见专栏 9 - 2）。最后，在当地政府协助下进行土地确权颁证的基础上，12 组的村民将其拥有的 23.26 亩集体建设用地通过产权交易所进行流转（见表 9 - 1）。

由地方政府牵线搭桥，经过多方比较选择，村民初步同意与成都市爪龙溪现代农业开发有限公司进行合作开发。实际上，这家农业开发公司的所有者巫登健以前就是本村村民。为充分保障农民利益和体现农民自愿、自主原则，在整个协商过程中，该公司与村民小组作为两个平等主体直接进行谈判，官仓镇当地政府只负责指导和监督。谈判协商的过程相当顺利，双方主体达成了整理开发的共识，确定了总体的规划方案。即由巫登健的现代农业开发公司作为土地整理方负责对该宗集体建设用地进行整理拆旧及建新，其中 10 亩用于就地新建农民集中居住区，剩下节约出来的集体建设用地用于修建乡村酒店发展乡村旅游业。

专栏 9 - 2

成都市开展农村产权确权颁证工作

成都作为全国首批统筹城乡综合配套改革试验区，于 2008 年 3 月开始了农村土地产权制度改革工作，希望通过"还权赋能"推动农村土地从资源变成资本。农村土地制度改革的第一步是开展农村产权确权颁证工作，全面推动农村土地的流转。主要内容是通过对农户土地、房屋、林权的调查、测量及公示等一系列环节，明确农村集体建设用地、农用地、房屋所有权，颁发《土地承包经营权证》、《集体建设用地使用权证》、《房屋所有权证》、《集体林地使用权证》。

为夯实集体土地流转基础工作，金堂县根据成都市农村土地产权制度改革的统筹安排，也于 2008 年正式在全县启动开展了农村产权制度改革确权颁证工作，共颁发农村集体土地所有权证（到村民小组）4859 本、农村集体建设用地使用权证（到农户，含宅基地）20.5 万本、农村房屋产权证 20.5 万本、农村土地承包经营权证 22.9

万本、农村集体林权证 14.98 万本。采取民主方式引导 4557 个集体经济组织形成土地承包经营权、宅基地使用权、农村集体林权"三合一"长久不变决议。柿子树村也与全县一样，开始了农村土地确权登记办证工作，尽管还存在一些遗留问题，但集体土地的所有权证、农民宅基地使用权证、农民房屋所有权证、农用地承包经营权证，以及耕地保护基金卡等都发放到农民手中，为进行集体建设用地流转，确保农民的权益奠定了基础。

表 9 - 1　　　　　　　柿子树村 12 组建设用地挂牌流转交易信息

标的名称	标的区位	面积（亩）	流转期限	出让方	受让方	成交方式	成交单价	交易金额（万元）	交易服务费（万元）	成交时间	用途
金堂县官仓镇柿子树村 12 组集体建设用地使用权	金堂县官仓镇柿子树村 12 组	23.2623	40 年	金堂县官仓镇柿子树村 12 组村民集体	巫登建	挂牌	18 万元/亩	418.7214	2.093607	2013 年 1 月 7 日	商服用地

（二）进一步协商和讨论：发挥村民自主决策机制

在确定总体性的开发规划后，双方就农户拆迁补偿和新建小区方案以及乡村酒店建设等方面展开了进一步的讨论和协商，整个过程充分发挥了村民集体的自主决策机制。

首先，村民小组自行与公司进行谈判，制定出一个合乎民意的拆旧补偿标准。在旧房的拆旧补偿中，12 组的涉及集体土地流转的每一户村民将原来的房屋及宅基地、地上附属物、其他集体建设用地等相关资产进行"打捆"作价。然后，村民推选出谈判代表，并根据房屋类型和结构、面积大小、其他建设用地面积、土地附着物以及所处的地理位置等情况与投资方进行平等协商以及讨价还价。作为开发公司的负责人，巫登建心怀报答家乡之情，希望公司在开发投资的同时，尽可能地改善和提升家乡人民的生活和生产环境，因此在补偿上给予了很大的让步。而另一方面，12 组的村民本身也有较强的改善自身生活环境的欲望。这样一来，双方的谈判补偿过程一直比较顺利，最后达成并签订了拆迁及补偿协议。

根据协议，拆旧补偿标准是以当时金堂县征地补偿方法为参考，充分考虑了农民的利益并进行较大幅度的上浮。具体补偿主要包括宅基地及房屋补偿、附属设施补偿、安置过渡费及额外奖励。第一，对于宅基地及房屋的补偿标准是：砖混结构约 450 元/平方米，砖木结构稍低约为 350 元/平方米，土坯房最低为 200 元/平方米。第二，除了房屋补偿外，公司对农户的水泥地坝、水井及其他所有附属设施也进行了逐一清查核实，并单独给予补偿，确保农民所有资产得到补偿。第三，只要同意搬迁并及时签订拆迁补偿协议的，给予 3000 元/人的定额补助。此外，自协议签订日起至建新区工程实施完成前约半年的周期内，对拆旧和建新区内 37 户农民全部给予每月每人 160 元的过渡费补偿。

在达成拆迁补偿协议后，村民还自主就建新小区的实施方案进行了讨论。按照成都市的规定，建新小区一般有两种形式：一种是统规统建，另外一种是统规自建。经过村民集体讨论后，柿子树村 12 组决定采取统规自建的方式，在预定的建新地块上就地进行农户新区建设。而当地政府的主要任务是制定土地利用规划，统一放线，设定房屋建设的总体布局。农户之间会先以抽签的方式确定自己的宅基地位置，再按照事先划定好的宅基地自行建房，宅基地划分标准按每人 35 平方米计算，根据每户的人口数计算出总的宅基地面积，平均约为 105 平方米/户。经过规划和测算，建新小区总共需要占地面积 10 亩。除了建新小区的房屋建设外，集中居住区内需要建设相应配套的基础设施，还需要投资 100 多万元。经过协商讨论，包括平地、通水、通电、通路等基础设施的建造工程全部由整理实施方成都市爪龙溪现代农业开发有限公司自行直接投资建设。

而成都市爪龙溪现代农业开发有限公司则利用剩下的 13.26 亩土地，修建乡村酒店，名为爪龙溪花园大酒店（见图 9-2）。该酒店总投资 2600 万元，于 2011 年 3 月 2 日开工，当年 7 月底完成主体工程，10 月 1 日正式形成接待能力，能够解决当地 120 余人的工作就业问题。酒店设有会议室，大型宴会厅，餐饮包厢，茶坊，露天休闲茶亭，运动休闲区，羽毛球场，乒乓球场，儿童游乐场等；拥有 7 栋单体别墅，每栋二层，可同时满足百余人住宿；另外还设有特设自行车专线骑游观光，配套项目齐全。2013 年 12 月，这座乡村酒店被正式评为五星级乡村酒店。

（三）满意的流转利益分配：双方共赢的结果

柿子树村 12 组的建设用地流转后的收益主要是在农业开发公司和村民之间进行分配。由于双方在流转前就已对流转后的利益分配进行了具体

图9－2　柿子树村爪龙溪花园大酒店

的讨论和谈判，达成了双方满意的分配方案，因而并没有出现事后的纠纷和不满。

对于12组的村民来说，集体建设用地流转过程中的拆旧补偿可以为他们带来可观的收益。从产权交易所的流转信息，我们可以看到流转这23.26亩土地能够带来418.7214万元收益，这些收益在分配的过程中就以拆迁补偿的方式全部分给了被拆迁的村民①。因为柿子树村原宅基地和房屋面积较大，因此大多数农户可以获得超过10万块钱的补偿，除了用于集中居住区的自建新房外，还有一定的剩余。少数几户村民的房屋面积较小，但也能获得几万元的补偿，基本能够自建新居。可以看到，村民们失去了原来的旧房和水泥堤坝，但换来了建新小区的新房以及整洁美观的小区环境，基础设施条件也有所改善。另外，乡村酒店项目的开发建设，也为村民带来了就业机会，提高了村民的收入。据统计，目前爪龙溪花园大酒店能够吸引当地村民90余人就业，平均月工资在1200元以上。

对于巫登健所有的爪龙溪现代农业开发有限公司来说，流转的最大收益则是获得了13.26亩集体土地，用于投资建造乡村酒店。目前，该乡村酒店已经投入使用，日均接待量超过150人次，正在形成良好的运营盈利能力。接下来，该酒店将继续完善配套设施和酒店条件，比如修建能承担大型会议的会议厅、举办草坪婚礼的草坪。而且，该开发公司在酒店经营的基础上，计划培育特色采摘水果、开发生态农业或者开展特色"花卉节"等，从而形成区域特色，扩大酒店的影响力，推动当地的乡村旅游

---

① 由于历史原因以及宅基地外的集体土地尚未确权，原本属于村组集体的那部分建设用地收益就没有留在村民小组，而是直接分给了农户。

发展。但是，为得到流转后的集体建设用地开发使用权，该公司承担了418.7214 万元流转费用（全部用于村民的拆迁补偿）以及 100 多万元的建新小区的基础设施建造费用。

可以看到，经过集体建设用地的自主流转，村民换来了建新小区的新房以及整洁美观的小区环境，基础设施条件也有所改善。另外，引进的乡村酒店项目，则推动了乡村旅游业的发展，为村民带来了就业机会，提高了村民的经济收入。而爪龙溪现代农业开发有限公司虽然承担了整理集体建设用地的所有成本，但获得了 40 年的集体建设用地使用权。这种利益双赢的结果，自然得到了所有村民和企业主的满意。

（四）案例小结

总体看来，柿子树村 12 组的村民通过自主决策，引入爪龙溪现代农业开发有限公司，成功流转了 23.26 亩集体建设用地。在流转过程中，双方进行了深入的谈判和协商，解决了流转价格及土地再开发等问题。利用流转得到的收益，37 户村民在规划引导下自行修建了新房，大幅改善了农民的生活和居住条件。此外，流转的另外一个明显的效果就是集体建设用地最终得到了有效的利用。引入的乡村酒店项目，将带来当地乡村旅游的发展，从而促进村庄的经济发展。

我们发现，农民自主流转集体建设用地在柿子树村得以出现并取得成功，其背后深层的原因在于：一是农民自主参与协商谈判的流转过程，避免了政府干预带来的冲突纠纷。而村庄建立起来的完善的自治组织体系，比如村民委员会、村民议事会和村民监事会，尊重了民意，降低了集体内部产生的谈判成本和决策成本，为农民自主达成集体行动起到了推动作用。二是制度环境的改变诱发了农民自组织的实施。成都获批"全国统筹城乡综合配套改革试验区"、成立农村产权交易所、开展农村产权制度改革确权颁证工作等一系列事件，一定程度上降低了农民自组织模式的实施门槛。三是开发公司的所有人本着造福乡里的本意，较大幅度提高了拆迁补偿标准，给村民带来可观的流转收益，进而提高了村民主动参加的积极性。

但是我们也不否认案例中农民自主流转存在的一些缺陷。首先，因为土地确权存在一定的缺陷，使得集体经济组织未能享受到本应该获得的收益，从而间接影响了村庄集体维护公共基础设施、壮大集体经济的能力。

从实际情况来看，柿子树村虽然对集体土地进行了确权颁证登记，但是土地确权还不够完整和精细。对于农民的宅基地，柿子树村只对其房屋所占宅基地及其房屋面积进行了确权登记办证，而农民的院坝、林盘等其他土地并没有进行详细的核查确权。并且，属于村集体的土地也没有精确确权到位，比如流转涉及的原来 12 组共用的晒坝、道路、沟渠等均未得到合理的确权。村集体土地没有完整确权的结果是村集体经济组织的收益受到损害。如前面所述，柿子树村 12 组的村民流转得到的 418.7214 万元流转收益，是以拆迁补偿的方式全部分配给了被拆迁的 37 户村民。但实际上属于集体共有的道路、沟渠、晒坝等土地的整理，其获得的流转收益应归村集体或村民小组所有，而不应直接补偿给农民个体。

其次，12 组村民在集体建设用地流转中并没有过多考虑村民小组或者村集体未来的健康发展。村民获得的全部流转收益相当于农业开发公司一次性付给村民的 40 年土地租金。未来的 40 年里，村民都不能向该农业开发公司收取额外的租金或费用。由于没有充裕的集体经济资金，村民小组并没有入股参与乡村酒店的投资建设和运营，因而也无法享受到酒店盈利带来的股份收益。如此一来，不仅村民无法向村集体获得分红收益，村集体也会因为没有足够的集体资金而无力进行基础设施的新建和维持，将间接影响村民的生活条件。

五　成都集体自主流转闲置的集体经营性建设用地

农村集体建设用地，尤其是集体经营性建设用地的无序、分散利用，造成的土地粗放利用、使用效率低已经成为农村经济发展的瓶颈①。通过集体经营性建设用地的流转，农村土地的配置效率将得到明显提升，从而实现土地的集约节约利用。目前，广东、四川等地已经开展了集体建设用地的流转试点。实施集体建设用地流转，关键在于盘活存量集体建设用地的同时，做好城乡发展统筹，给农民带来收益。为解决成都市闲置集体经营性建设用地再开发的问题，成都市大龙村农民在地方政府的鼓励下进行了自主开发的探索，取得了较好的效果。

---

① 张怡然、邱道持、李艳:《农村集体建设用地集约利用面临的挑战与对策——以渝东北 11 区县为例》,《中国农学通报》2010 年第 15 期。

（一）大龙村流转闲置集体经营性建设用地的背景

大龙村位于成都市龙泉驿区西河镇东南部，土地面积 3.19 平方公里，北与牛角堰、石泉府村相邻，西与肖家坝村、坛罐窑村接壤，南与廖家大院毗邻，东面是贯穿南北方向的车城大道。全村共 11 个村民小组，拥有户籍人口 2757 人。2009 年，大龙村对全村的土地进行了确权颁证，其中承包地确权颁证 2857 亩，农村宅基地确权颁证 354 亩。在明晰产权的基础上，大龙村还于 2011 年进行了股权量化改革，将集体资产折股量化确权给了村民，方便公开、透明地分配集体资产产生的收益。

在大龙村的集体建设用地流转案例中，我们首先要厘清的是这块集体建设用地的复杂来源和产权属性。这块总面积 57.68 亩大小的集体建设用地最初是由组集体共有地（比如堰塘、沟渠等）和部分农户的承包经营地共同组成，其中第 5 组农户承包地 4.13 亩，组集体共有土地 12.53 亩；第 6 组农户承包地 27.22 亩，组集体共有地 11.8 亩；第 4 组的组集体共有地 2 亩。该集体建设用地曾于 20 世纪 80 年代出租给砖厂用于生产黏土砖，砖厂每年需支付给村集体和承包户 850 斤大米/亩的租金收入。2005 年，砖厂因国家政策的缘故倒闭后，这块地就一直处于闲置状态。但为了保持这块地的集体建设用地类型，村集体从 2005 年起就代替砖厂每年给承包户支付一定的租金。2009 年，随着土地确权在农村的普遍开展，这块地在符合土地利用规划的情况下，经确权登记，被正式确权为集体建设用地。但这块集体建设用地的权属关系因涉及村民、村集体等多方主体，为后来的"虚权"的方式提供了可能。

（二）大龙村自主流转集体经营性建设用地：创新收益分配方式

如上文所述，因当时土地管理制度不规范，大龙村未经办理农转用手续就把包括农民承包地在内的土地一起转为了集体建设用地。这样的结果造成 40 年的流转期限过后，该地的承包经营权仍然应该属于村民。这种错综复杂的权属关系调整，是大龙村集体自主实施这宗集体建设用地首先面临的难题。为此，在经村委会反映后，龙泉驿区政府决定通过以确"虚权"的方式解决流转到期后的土地权属关系，即政府给村民颁发承包地的"虚权"，确定其依然拥有该块土地上的承包经营权，但在流转 40 年到期之后才能作为权利关系体现，在流转 40 年期限内并不以实体存在。

在解决权属问题后，通过地方政府的招商引资平台，大龙村通过民主协商的方式，确定将这块原砖厂的闲置土地流转给远大博雅公司。在流转过程中，大龙村充分发挥了集体组织的自主性，尊重了农民的意愿。首先，村集体与远大博雅公司双方协商进行谈判，共同确定流转的收益等相关细节，达成初步的合作意向。随后，村集体将流转公告公示一个月，经全体村民无异议之后宣布通过，从而决定进行原砖厂的集体建设用地挂牌流转，并于远大博雅公司签订流转协议。按照协议，流转后的土地将用于建立远大博雅的一个木艺术会展中心。远大博雅公司承诺，该木艺术会展中心建立后，会在大龙村招用约一百多人，在木艺术制品的粗加工环节提供免费培训，为村民提供就业发展的条件。2012 年，双方在成都农村产权交易所挂牌以商服用地类型流转，流转年限 40 年，流转收益是1753. 22 万元，达到了每亩 30. 4 万元的价格。

根据相关政策和村民的意见，流转的收益主要在政府、村集体、村组以及农户个体之间进行分配。按照《龙泉驿区集体建设用地使用权初次流转收（提）取公共基础设施和共用事业建设配套费，耕地保护金和城乡统筹配套建设资金管理办法（试行）的通知》（龙财发〔2011〕40 号）规定，区政府需要提取交易总额的 10% 作为城乡统筹配套设施专项资金。这样，区政府可以提取 175. 3 万元作为城乡统筹配套设施的专项资金。

除去政府根据政策收取的流转费用外，村集体对于剩下的流转收益，自主制定了分配方案。通过以户为单位的村民代表大会（户长会）进行表决，最后决定原具有土地承包经营权的农民或村组可以获得 12 万元/亩的经济补偿。在扣除区政府提取的城乡统筹配套设施专项资金、农户和组集体的经济补偿及运作费用后，最后剩余的部分按村集体和村民小组3∶7进行分配。其中，分配到村民小组上的收益再由组集体经过内部讨论，全部平均分配给本组农民，而村集体的那部分收益只能用于村内的公益事业。

颇具创新的是，村集体在确定了流转收益的分配方案的基础上，大胆引入了投资理财的具体方案。大龙村流转后的土地收益，实际上是未来40 年的土地收益。从可持续的观点看，这种有期限的收益并不完全属于当代的土地承包者，还有一部分应属在 40 年之内的子孙后代，所以，应该考虑整个 40 年期限内的合理分配。其次，如果将出让集体建设用地带来的一次性收益全部分配给农民。农民除了一些必要的开支，比如建新房，儿女上学外，剩余的部分就可能拿去投资。但是由于农民个体的投资风险意识较差，容易投资失败，给家庭带来损失。因此，大龙村通过户长会的讨论，决定打破传统的农民一次性获得收益的模式，而是用投资收益的方式让农民每年获得固定的分红收益。投资理财的具体形式是：在区国土部门的协助下，大龙村将流转的全部收益以本金的方式投入区国投公司，以此获得每年15%的投资回报率，公司将每半年支付一次利息。其中3年之后，农户根据自己的意愿决定是否继续投资或者收回自己的流转收益，而组集体与村集体的流转收益仍然将用于投资理财。因为大龙村在2011年已经进行了集体资产的股权量化，这样一来，村集体和组集体的投资收益就可以方便合理地分配了。大龙村集体经济组织的这种流转收益分配模式，具有对流转收益进行当代人和后代人之间的合理分配思想，农民可以获得固定的投资回报，同时也避免了农民个体投资风险损失，使得子孙后代的收益得到了保障，值得借鉴。

（三）案例小结

我们看到，大龙村集体经济组织通过政府的招商引资平台，自主将原来砖厂的集体建设用地进行了流转，盘活了闲置的农村集体建设用地。流转后的收益大部分归村集体或村民所有，大大提高了村集体流转集体建设用地的积极性。尽管目前国家和地方层面还没有出台集体建设用地流转收益分配的相关政策或细则，但在实践中的大龙村集体经济组织通过民主的方式，讨论决定流转的收益分配方案，避免了村民之间因分配不公带来的利益争议问题。在流转收益的发放形式上，大龙村考虑到村民的长远利益和村民的理财能力，大胆引入了投资理财的设想。通过对流转收益的合理投资，使村民每年获得一定的分红，不仅可以避免出现农民一次性获得大量用于保障以后生存的资金，用于不当的投资或者消费的状况，也可以壮大村集体的经济实力，进而促进村庄社会的健康发展。总而言之，大龙村的集体建设用地流转案例表明，村集体作为主要的执行主体和产权主体，起到了自我组织和内部协调的作用。

但是我们也应看到大龙村自主流转集体建设用地过程中的几点不足。首先，这块集体建设用地的来源和权属关系存在一定的问题。虽然，区政府根据村里的实际情况，通过将集体建设用地中的承包地部分以"虚权"的方式暂时解决，但是，这种承包经营权虚权证并不符合目前土地法律的规定，即不能产生法律效力。更令人奇怪的是，40年流转期限过后集体建设用地是否有必要再复垦为耕地后归还给具有承包经营权的村民？这是一个目前难以回答的问题。其次，村集体自行将流转的收益用作投资可能带来的风险和责任问题。村集体经过村民大多同意后自行决定将流转收益用作投资，从而获得每年的投资收益。大龙村的想法和方向是对的，但是一个不得不考虑的问题是，万一出现投资失败、投资回报率大幅下降或者出现不确定的风险，这个责任应该由谁来承担。

六　自组织实施集体存量建设用地再开发：基于案例比较的视角

从江西赣州上湾村和桔源村的农村理事会各自推动农民退出多余的宅基地，到四川成都的柿子树村村民引进合作开发方，自主整理并流转多余的集体建设用地，再到四川成都大龙村村民通过产权交易平台自主流转闲置的集体经营性建设用地，以上案例表明集体自组织模式在这些地区都得到了相对顺利的实施。通过这些典型的实施案例，我们需要对集体自组织模式的绩效进行一个全局性、客观性和总结性的评价。除了评价，我们还想从案例比较中识别影响集体自组织模式实施集体存量建设用地再开发选择的因素。从中总结出集体自组织模式背后的选择逻辑，找到集体自组织模式出现并顺利实施的根本原因。

（一）集体自组织模式取得的总体绩效评价

对赣州、成都两地出现的集体自组织模式开展集体建设用地再开发的零星案例进行总体的绩效评价。主要分为集体自组织模式产生的效果和可能的缺陷、集体自组织模式中的交易成本问题以及集体自组织模式中出现的创新机制三个部分。

1. 集体自组织模式取得的主要效果和可能的缺陷

从现有的实践来看，我国不同地区出现的集体自组织模式取得了以下几个方面的效果：第一，完成了集体建设用地再开发这一公共物品的提供。通过农村理事会等农民集体自治组织，农民集体最终实现了集体建设用地再开发的集体行动。其结果是在优化农村土地资源配置，提高集体土地利用效率的同时，还实现了农民生活生产条件改善、农村经济发展和农民收入增加等一系列促进城乡统筹发展的目标。第二，避免了农户在参与集体建设用地再开发过程中产生的各种纠纷和可能的钉子户行为。在其他组织模式下，往往会因村庄内部利益分配不均、地方政府或市场主体补偿过低等原因，引发农户与政府、农户与农户之间的纠纷。而我们观察到成都和赣州的案例实践，基本上都没有出现农民的纠纷以及钉子户现象。这是因为由农民集体自治组织主导实施集体建设用地再开发，制订的拆迁补偿方案、建新方案以及利益分配方案，协调了不同主体的利益，最大程度上保障了农民的利益。第三，农户权益得到充分保障，激发了农户主动参与的积极性。在集体自组织模式下，农民个体通过农民集体自治组织的方式，进行自主决策和实施，从而真正参与到了集体建设用地的再开发。比如在成都农村的实践，在各方主体利益合理分配的情况下，土地流转的大部分可观收益由拥有地块的农户和集体共同分享。而正是因为农民分享到了集体土地再开发带来的土地增值收益，为农民自主开发低效闲置的集体建设用地产生了强大的激励作用。

然而，我们也必须从集体自组织模式的案例实施中正视该模式可能或已经出现的缺陷和不足。首先，在某些地区，集体自组织的模式存在着资金短缺、缺乏规划等方面的不足。集体建设用地的再开发，涉及农居点的整理，需要有大量的资金支持。而对于大部分的农村来说，村庄的集体资产相对薄弱，加上农民的自有资金也十分有限，原则上根本无力独自承担巨额的资金。如何筹集到足够的资金，是集体自治组织首先需要解决的难题。在案例中，我们看到赣州的宅基地整理资金是通过农民自筹和政府专项资金支持的方式得以妥善解决的；而成都的柿子树村村民自主整理集体建设用地的资金则来源于社会资本。另外，由于专业知识的缺乏，农民集体组织自行制订的集体建设用地整理或流转的方案，很有可能不符合村庄规划和土地利用规划。其造成的后果是投入了大量的人力物力，方案却因规划原因而无法实施。在实践中，地方政府的协助基本避免了集体自组织模式面临的规划缺陷。其次，农民自主开发集体建设用地缺乏长期发展的观念。如柿子树村的案例所述，农民个体虽然享受到了集体建设用地流转带来的土地收益，但却是以40年的土地使用权为代价的。由于农民自身的观念，不愿意承担投资的风险，他们并没有考虑将一部分资金或土地以入股的形式参与农村观光酒店的建设运营，从而无法获得酒店带来的利润分红。进一步讲，当前集体自组织模式下的集体自治组织还没有对土地收益的可持续发展引起足够的重视，可能会限制和阻碍村庄未来的社会经济发展。

2. 集体自组织模式的交易成本分析

如何做大集体建设用地再开发的"蛋糕"，其中涉及的过程效率属于交易成本的问题。简单地说，交易费用的节约意味着过程效率的提高。与其他治理结构相比，结合实践中的自组织案例，集体自组织模式能够降低以下的交易费用：首先，信息成本和决策成本在农民集体自主开发中得到了明显的降低。因为集体自治组织熟悉村庄的自然、经济、社会属性特征，拥有更多的信息优势，更能因地制宜做出符合效率和公平的决策。比如村民理事会自主决策修建的房屋构造更符合农民的生活习惯。其次，集体自组织模式大大减少了实施过程中的谈判、协调等执行成本。代表农民的集体自治组织在保障农民权益的同时，协调了不同利益主体间（比如政府、合作开发方）的利益分配，从而降低了实施过程中出现的纠纷和钉子户行为。

但是我们也应该注意到集体自组织模式会产生其他额外的交易成本，主要是指集体自治组织运行的组织成本以及集体自组织模式缺陷带来的风险成本。不过随着集体自治组织的成熟和能力的提升，与政府或市场模式下实施主体的组织成本相比，集体自组织模式的组织成本并不会显著增加。而对于集体自组织模式面临的资金、规划等风险成本，地方政府的监督和引导则会将此成本降低在可控范围内。因此，依据上面的分析，我们得出的粗略结论是：在特定的条件和适用范围内，集体自组织模式节省了更多的交易费用，而没有额外产生更多的交易费用，能够改善集体建设用地再开发这一交易的过程效率。

（二）集体自组织模式实施存量集体建设用地再开发的影响因素

虽然在不同的地方出现了具有地方特色的集体自组织模式，但是仔细比较我们选择的三个案例，可以从中识别影响和制约集体自组织模式实施集体建设用地再开发的因素。我们认为，这些影响和制约主要因素分为影响模式的不确定性和制约一致的集体行动两个方面，每个方面又可进一步细分（如表9-2所示）。

表 9 – 2   影响和制约集体自组织模式实施的主要因素

影响和制约集体自组织模式实施的因素	影响模式实施的不确定性	外部环境
		政府的引导和监督
	制约一致的集体行动	农民的组织化程度
		资金和规划的限制程度
		农民自主开发的能力

1. 影响模式实施的不确定性

影响集体自组织模式实施不确定性的因素具体有外部环境和政府的引导监督。外部环境，也叫作制度环境，可以简单理解成与政治、经济、文化有关的一系列法律法规、国家和地方的政策、社会习俗等规范社会运行的规则。外部环境的变化将在宏观层面影响农民自主实施集体存量建设用地再开发的不确定性。在实践中，我们看到良好的外部环境（比如国家和地方层面的鼓励性政策、新的制度安排）能降低集体自治组织"摸着石头过河"的不确定性。一个典型的例子是成都的外部环境变化：成都最近出台的全国统筹城乡综合配套改革试验区、农村产权交易所成立、农村土地的确权颁证等一系列事件，降低了农民集体自主实施的门槛，在一定程度上激发了农民自主实施的尝试。

除外部环境外，政府的引导和监督是影响模式实施不确定性的又一个主要因素。从已有实践来看，集体自组织模式的出现都离不开地方政府的鼓励和支持。在实施的具体过程中，地方政府改变了以往主导实施决策的方式，仅负责起社区自组织无法独立承担的公共事务，比如出面筹集土地再开发的资金、协助集体自治组织寻找合作开发方、承担新农村社区的规划设计。这种引导和监督的作用，一定程度上降低了集体自组织模式下的资金匮乏、规划不符等风险不确定性。当地方政府引导和监督集体自组织实施的主动性越强，集体自治组织就越能有效规避集体建设用地再开发的风险。

2. 制约一致的集体行动

集体自组织模式之所以出现并运作顺利，归因于农民为实现集体和个人的利益诉求，达成了一致的集体行动。而我们根据已有的案例发现，农民的组织化程度、资金和规划的制约程度、农民自主开发的能力三个因素会限制农村集体自治组织达成集体行动的可能性及其产生的效益。

首先，在成都和赣州的实践中，可以观察到组织化程度相对较高的集体自治组织在达成农民集体行动中的关键性作用。比如赣州宅基地退出案例中的村"五老"理事会。这些由民主推选出来的自治组织代表，要么是德高望重的长辈，要么是知根知底的街坊邻居，能制定出符合村民共同利益的村规民约。我们看到，农民的组织化程度，并不是说集体自治组织的结构是否正式，而是说集体自治组织是否体现了农民的主体地位。

其次，假设在没有地方政府的协助下，资金和规划的限制程度也会影响农民的集体行动。若开发整理集体建设用地的资金无法落实，农民的集体行动则根本无从谈起。而当农民的开发意愿和政府制定的相关规划起冲突时，则会降低农民形成一致集体行动的积极性。因此，资金和规划的限制程度变低，能一定程度促进农民自主开展集体建设用地再开发。

最后，农民自主开发的能力是影响集体行动的另一个重要因素。农民自主开发的能力越强，则达成集体行动产生的效益就越高。然而在现实中，由于自身经济实力薄弱，管理开发的水平有限，专业技术支撑不足等原因，常常导致农民集体自治组织在开发集体建设用地项目中感到力不从心。比如在柿子树村的流转案例中，农民集体自治组织缺乏可持续发展的理念，没有选择以土地或资金入股乡村酒店的形式进行集体投资。可以说，正是农民自主开发的能力不足，使柿子树村村民失去了更好的经济发展机会。

（三）小结：集体自组织实施存量集体建设用地再开发模式选择的逻辑

根据上文识别的影响集体自组织模式实施的因素，我们可以总结集体自组织模式背后的选择逻辑。一个简单的思路或逻辑是：影响和制约集体自组织模式实施的因素，实际上影响的是集体建设用地再开发的交易费用。而这些影响因素导致交易费用的最小化，进而出现了集体自组织模式被选择的事实。而现在需要做的就是从这些影响和限制因素中推出集体自组织模式的适用条件。

明显地，尽管可能还存在其他条件，以下是一个集体自组织实施集体建设用地再开发模式出现并成功实施的基本条件或原则：

（1）有利于集体自组织实施的外部环境。国家和地方层面出台的一系列政策和制度安排提供了农民自主实施集体建设用地再开发的激励。

（2）地方政府有引导和监督的积极性。地方政府对集体自治组织的协助和监督，可以有效规避集体建设用地再开发的风险。

（3）具有相对成熟的集体自治组织。如何协调农民内部的利益纠纷、如何与合作开发方以及地方政府打交道、如何最大程度保障农民的权益，这些都是一个成熟的集体自治组织所必备的。

（4）消除资金匮乏和规划不足的限制。寻找合作开发方或其他形式筹集足够多的资金，以及再开发方案符合相关规划是实施集体自组织模式的前提。

（5）较强的农民自主开发能力。一个拥有强大自主开发能力的集体自治组织，能够改善集体建设用地再开发的效益，带领村民走上可持续发展的"致富"道路。

七　利益相关方自组织实施存量集体建设用地再开发的政策建议

本章关注的治理结构是利益相关方自组织实施存量集体建设用地再开发的模式。深入剖析了来自赣州和成都两地农民自组织实施集体建设用地再开发的三个典型案例，分别是：赣州市上湾村和桔源村的村民通过农村理事会的方式，自主实施农村宅基地的整理和退出；成都柿子树村村民引入合作开发方，自主开展集体建设用地的整理和流转，实现了双方共赢的结果；而成都市大龙村村民则利用农村产权交易平台，成功自主流转了村里闲置的集体经营性建设用地，并创新了收益分配方式。案例的具体运作过程及实施的绩效，生动展示了集体自组织模式究竟是如何提供集体建设用地再开发这一公共物品的。

从案例比较的视角出发，本章从集体自组织模式取得的效果和可能的缺陷、节约和产生的交易费用两个方面对集体自组织模式进行了客观的绩效评价。进一步，我们从已有的实践中总结出影响集体自组织模式实施存量集体建设用地再开发的因素。这些影响因素包括影响模式实施的不确定性和制约一致的集体行动，直接决定了集体自组织模式的交易费用大小。在此基础上，我们推出了集体自组织模式的适用条件或原则。符合这些原则性条件，对一个集体自组织模式的出现和成功是必要的。最后，我们得出了关于集体自组织模式的主要结论和政策启示。

（一）研究的主要结论

第一，集体存量建设用地再开发类似于公共物品，除了政府和市场两种治理结构外，在特定的条件下，集体自组织模式也能够顺利实现这一公共物品的提供和维持。在其他模式下，集体存量建设用地再开发往往因利益分配不均，侵害农民权益而受到农民的消极对待或强烈抵制。为此，有必要尝试由集体自组织来提供和维持集体建设用地再开发这一公共物品的模式。从现有的零星案例看，农民通过农村理事会等农民集体自治组织，能够顺利达成集体土地再开发的集体行动。在集体自组织模式下，农民、合作开发方和地方政府等主体间的利益得到公平的分配，有效地保障了农民的合法权益，起到了对土地权利人的激励效果。总之，由农民集体自主开发集体建设用地，不仅高效，还提高农民主动参与的积极性。

第二，在集体自组织存在资金、规划等方面限制的情况下，地方政府的作用仍然不可或缺。在集体自组织模式中，地方政府虽然退出了主导地位，但是其仍然在监督、引导农民自主实施的过程中发挥着重要的作用。资金问题是农民自主开发集体建设用地不得不面临的一个挑战。在农民集体无力承担巨额资金投入的情况下，地方政府可以通过专项资金的方式给予资金支持。另外，地方政府还被邀请承担某些集体自治组织难以承担的事务，比如规划布局、社区设计。可以说，地方政府负责引导、监督等协助性事务，而集体自治组织负责决策、实施等主导性事务。这种双方各司其职，权责明晰的方式，大大降低了集体自组织模式实施的不确定性和失控风险。

第三，现阶段农民集体自组织实施集体存量建设用地再开发的模式仍处于前期摸索阶段，现有的实践体现了一定的制度创新。作为一种新型的管理组织模式，集体自组织实施集体建设用地再开发仅在少数地区零星出现。而对于如何有效运作开发集体建设用地，最大程度显化土地的价值，集体自治组织由于开发能力有限、组织欠成熟等原因，仍然处于初步开发的阶段。但是，我们也不可否认，已有的实践出现了自下而上的制度创新。比如，赣州出现的农村理事会，是一种相对成熟的组织结构，可以为其他地区的愿意自主开展宅基地退出的村庄提供很好的借鉴。成都大龙村进行股权量化、流转收益投资理财等一系列大胆的尝试为农村集体建设用地再开发的可持续发展提供了一个思路。

第四，外部环境、农民的组织化程度等是影响集体自组织模式被选项的主要因素，共同决定了集体自组织模式的出现和实施结果。基于有限的案例，我们得出外部环境、政府引导和监督的积极性、农民的组织化程度、资金和规划的限制程度、农民自主开发的能力这五个影响集体自组织模式实施的因素。其中前两者的因素影响的是集体自组织模式实施的不确定性，而后三者的因素制约的是农民一致集体行动的可能性和产生的效益。总的来说，以上因素最终影响了集体自组织模式开发集体存量建设用地的交易成本，包括谈判成本、决策成本、监督成本和协商成本。而集体自组织模式在特定地区出现且顺利实施，其最主要的原因就在于交易成本的最小化。

（二）主要的政策启示

在已有案例的经验基础上，结合案例对比得出的粗略结论，可以为现实中集体自组织模式实施集体存量建设用地再开发提供一定的政策启示。

第一，中央和地方政府应该共同营造一个有利于集体自组织模式实施存量集体建设用地再开发的外部环境，具体包括出台鼓励集体自主开发经营集体建设用地的政策、加快农村地区的土地确权颁证工作、建立区域性的土地产权交易平台等。外部环境的改善，可以明显降低农民自主实施建设用地再开发的不确定性，从而诱发集体自组织模式的出现。为此，中央应该给予地方政府更大的政策操作空间，鼓励地方政府大胆进行集体自组织模式的试验探索，积累经验和教训。另外，地方政府还应该完善税收、财政等配套性政策，通过政策倾斜来促进集体自组织模式的实施，比如减免集体自治组织开发集体土地所需的各种税费，减少集体自治组织开发集体土地所需的各种审批手续。

第二，为有效缓解集体自组织模式面临的资金和规划缺陷，地方政府有必要建立资金保障机制和完善农村产业发展规划。一个良好的资金保障机制包括设立专项资金和拓展融资渠道两方面。地方政府要从地方财政中提取一定比例的资金，专项用于农民自主开发集体建设用地的项目。并鼓励银行金融机构以及地方农业发展投资公司优先考虑来自农民自治组织的融资意愿。通过规划来引导和约束集体自治组织开发经营农村集体建设用地，可以避免杂乱无序、粗放低效的再开发状态。因此，地方政府应该进一步完善农村产业发展的规划体系，尤其是做好对农村集体建设用地的专项规划。

第三，应该采取一定的措施，转变农民的保守思路，提高农民自主开发集体建设用地的能力。为提高农民的自主开发能力，必须加强对农村集体自治组织成员的培养。政府可以通过组织培训、开办农村发展讲座等一系列手段，培养农民的技术能力和经验管理能力，不断提高农村集体组织带领农民走上可持续发展道路的本领。另外，农民集体自治组织也可以主动邀请技术骨干来指导农民的开发经营，弥补农民开发能力的不足。

第四，提倡大力发展农村新型集体自治组织，加强农民的组织化程度。在集体自组织模式下，集体自治组织能否真正代表农民行使自主开发的权力，将对农民的集体行动产生重要的影响。因而集体自治组织的建立必须在农民自愿、民主的基础上，以产权、村规民约为组织纽带，遵循公开、透明的组织运行方式。

第十章

理论的反思:存量用地再开发模式的选择

存量土地再开发本质上是因经济社会发展变化而对土地用途或者土地利用结构进行调整的行为。作为解决城市和农村发展的一种工具,已经引起了世界范围学者与实践管理者的关注①。如何组织或治理存量土地再开发,即土地再开发实施过程的规则,也成为广泛关注的话题。本书前面的章节通过案例的形式介绍了当前中国快速城市化发展过程中各种截然不同的土地再开发的组织模式,即政府主导、市场参与和自组织三种模式,也讨论了利益主体在选择这些模式时的影响因素,讨论了这些模式造成的成本的共担和收益的共享。

本章作为理论角度的反思,希望能够从实践中多样化的再开发模式中寻找到模式选择的一些规律。当然,这些更多的还停留在理论推导上,未来还需要更多的案例或者数据来提供更为可信的证据。

一 问题的提出

城市化和经济社会的发展会产生对土地利用现状改变的诉求。存量土地再开发作为解决土地利用改变诉求的一种重要途径,自20世纪70年代以来在世界范围不断涌现,出现了很多引人注目的经验和制度设计。比如,英国和美国的存量土地再开发已经成为一种城市发展资金筹集的新方式②、

---

① Larsson G., "Land readjustment: A tool for urban development", *Habitat International*, 1997, 21 (2): 141—152.

② Doebele W. A., *Land Readjustment: A Different Approach to Finance Urbanization*, Lexington, MA: Lexington Books, 1982.

日本的市地重划①、德国的整理置换②、荷兰的公私合作的经验③等也为城镇或农村发展过程中的土地再利用提供了有特色的利益共享机制。

土地再开发隶属于自然资源配置调整的范畴。它不仅仅涉及土地资源的利用效率的提高，其背后的制度的效率问题，也吸引了很多人的关注。无论是在直接以存量土地再开发为研究对象的领域，还是在制度理论或行政理论的研究领域，都在关注着一个本质上类似的问题——人类社会究竟需要何种自我约束，才能够实现自然资源利用与人类社会之间的协调发展④。

人类自我约束的规则，可以分为两种：一种是正式制度，即社会中的人用来约束人与人之间关系的正式的"游戏规则"⑤；另一种是这些行为人在正式"游戏规则"的约束下而形成的具有操作性、有时甚至是非明文规定的规则——即正式的游戏规则需要转换为实际中起作用的组织形式及过程。我们把这些用于实现正式制度约束的操作性的组织形式及过程称为治理结构⑥。

对于存量土地再开发这样目的的资源利用，不同国家、不同地区并没有采用统一的制度。不仅仅是产权或者收益分配的制度不同，即使在一个国家之内（即具有统一的正式制度），也出现了政府垄断、公私合作、私人治理等治理结构上的差异。而这些差异一直是理论和实践领域关注的重点。比如，政府能否从一些具有社会属性的（比如外部性）的自然资源管理中脱身而只承担市场的"守夜人"的角色？什么样的治理结构能够实现交易费用的最小化？

在中国，因为土地产权的公有性质，土地利用和管理一直是政府主导

---

①　Sorensen A.，"Land readjustment and metropolitan growth：an examination of suburban land development and urban sprawl in the Tokyo metropolitan area"，*Progress in Planning*，2000，53（4）：217—330.

②　Davy B.，"Mandatory happiness? Land readjustment and property in Germany"，In：Hong Y.，Needham B.（eds.），*Analyzing Land Readjustment：Economics，Law，and Collective Action*，Cambridge，Massachusetts：Lincoln Institute of Land Policy，2007.

③　Louw E.，"Land assembly for urban transformation—the case of 's – Hertogenbosch in The Netherlands"，*Land Use Policy*，2008，25（4）：69—80.

④　Ostrom E.，*Understanding Institutional Diversity*. Princeton：Princeton University Press，2005.

⑤　North D. C.，"Institutions"，*Journal of Economic Perspectives*，1991，5：97—112.

⑥　Williamson O. E.，*The Economic Institutions of Capitalism*，New York：The Free Press，1985.

的。但是，当政府必须提供足够的公共基础设施而自己的财力又捉襟见肘时，或者政府早期的规划面临新的发展目标而需要调整但又遭到既得利益者的反对时，如何找出一种合适的治理结构以实现土地的再开发逐渐引起了理论与实践的关注。

就中国的存量土地再开发而言，既有政府主导的管理模式（比如收购储备模式），也有一些地方经过自发的探索形成了以市场或者社区自组织为主的模式（比如前面章节中介绍的成都等地区出现的模式）。这些不同的模式，为我们提供了很好的比较的对象，通过比较我们可以回答很多理论问题，比如，为什么同样的土地再开发目的，会出现多样性的政策设计？这种多样性设计的规律是什么？是否存在某种政策设计是"最佳"的？所以，本章的目的就是在前面各章节的基础上，通过对一些典型的存量土地再开发的治理模式进行描述、比较，揭示前面提出的问题的可能的答案，也试图为政策制定者提供一些经验借鉴。

二　存量用地再开发的治理模式

虽然治理模式可以归纳为理论上的市场制或者层级制，但现实中的治理模式会随着治理对象的变化而出现具体组织过程上的多样化。因此，为了讨论存量用地再开发的治理模式，我们不妨以城乡之间的建设用地再开发为例，即以农村存量建设用地复垦为前提的新增城市建设用地使用，来刻画三种典型的治理模式。

经济增长和城市扩张对耕地的需求与保护耕地红线之间的矛盾，随着经济快速增长而日益显现出来，尤其在东部沿海发达城市土地复垦潜力非常有限，而经济增长又需要投入更多的土地。如何既满足经济增长的需要，又能够满足耕地保护的需要，同时又不引起社会公平和生态安全过度的损失，成为当前土地管理实践中的一个主要矛盾。

如果城市化和经济增长不能再依赖新增建设用地投入模式，那么存量土地再开发以提高现有建设用地的使用效率则是必然的选择。正如本书第一章中所介绍的，中国目前城市建设用地单位面积的收益远远高于农村的建设用地单位面积收益，同时，农村建设用地的利用率也低于城市。比如，农村人均用地达214平方米，远超150平方米国家标准的上限，而同期的城镇人均用地仅为133平方米。

所以,如果能将低效使用的农村建设用地"转移"到城市使用,不仅能够满足城市化和经济增长的需要,同时也能够避免耕地总量的降低。实际上,这种"转移"就是指符合土地利用总体规划的前提下先复垦农村的建设用地为耕地,然后才允许城市多扩张和占用一定的耕地。这样,通过建新拆旧实现了存量土地的再开发和空间上的"腾挪"——既增加了一定面积的土地用于城镇建设用地,又保证项目区内耕地有效面积的增加和耕地质量的提高,实现了节约集约利用建设用地,城乡用地布局更合理的目标。我们以这种类型的建设用地再开发为例,来讨论存量用地再开发的几种典型的模式。

(一) 城乡间建设用地再开发的一般过程

理论上,上述城乡间建设用地进行互换的存量土地再开发模式类似于在一定的区域内进行的配额交易,有利于实现土地利用效率的提升。因为它可能既实现了建设用地的农村和城市两个部门间的优化配置,还因为这种项目只允许在一定的行政范围内开展,也就是不允许将这种指标卖到超出既定区域之外,这有效地缓解了土地开发的空间异质性的影响,避免了市场交易可能造成的开发集聚(hot-spot)问题,即生态破坏或者社会发展机会的丧失不会过度集聚到一定的区域。

从2006年起中央政府提出了一种被称为城乡建设用地增减挂钩的政策,到2009年在全国范围试推行这种政策,虽然经历了2011年的暂停整顿,但到2012年又再次在全国进行推广——中央政府正在尝试一种政府主导的形式执行着这种城乡一体的存量土地再开发。而与此同时,一些地方政府也在探索一些新的实施模式,比如成都市创新设计出一种由农民集体和城市用地者自发组织实施的城乡一体的建设用地整理,我们暂且可以将其称作"自组织的实施模式"。

有必要讨论的是,无论是政府主导的增减挂钩模式还是成都的自组织模式,其物理状态上的活动都是一致的,即将农村范围的低效用地"转移"到城市使用,而从社会活动上看,这个过程一般需要经历四个环节:立项的协调、资金的筹集、实施的监管、利益的分配。

(1) 立项的协调

这个环节是城乡存量土地再开发可能面临社会冲突的首个环节。项目的立项是否是在受土地复垦整理影响的相关利益者一致同意的基础上进行的，决定了初始阶段是否顺利。如果农民没有足够的意愿而是政府通过强制手段推进，至少会在实施过程面临补偿上的意见分歧或者钉子户等问题。即使强制实施了，也会不断面临农民的上访、社会舆论谴责等，即所谓的事后成本。因此，如果不满足利益相关者的一致同意，对于存量土地再开发来说，虽然表面上土地收益提高了，但实际却产生了额外的成本。

（2）资金的筹集

这个环节是城乡存量土地再开发面临制约的第二个可能的环节。如果没有足够的初始资金来进行土地复垦、农民住宅重建，以及基础设施的提供，即使预期项目结束时是盈利的，但也可能因为启动资金不足而实施不下去。比如，若完全由政府投资，那么可能出现因为很多地方同时都有整理的意愿，但政府不可能同时开展所有的项目，进而出现整体上效率的降低。更重要的是，资金的筹集渠道决定了项目后期收益的分配格局。土地本身属于公有财产，那么增值收益分配也应该体现了社会财产的公平性。可是如果再开发项目因资金的约束或者投资主体的约束而在空间分布上出现不公，那么也就决定了后续收益分配的不公，进而可能会加剧贫富之间的差距。

（3）实施的监管

这个环节是城乡存量土地再开发面临社会冲突的第三个可能的环节。在实施的过程中是否按照事先的规划和计划行事，是否存在因个人或少数人的利益而侵占集体利益等问题，使得是否存在良好的、有效的监督和惩罚机制成为关键。否则，不仅可能造成存量土地再开发总体收益的降低和分配上的不公，也可能造成更多的社会冲突。

（4）利益的分配

这个环节是城乡存量土地再开发面临社会冲突的最后一个可能的环节。利益的分配是否符合最初的利益相关者的意愿，公共产权是否避免沦为决策者或者利益集团的工具，公共利益是否得到实现，不仅仅停留在土地收益的效率的提高上，还体现在相应利益的分配上。

综上所述，无论采用什么样的治理结构，对于城乡存量土地再开发来说，上述这四个环节都是存在的。也就意味着当采用不同的治理结构来组织再开发的过程后，再开发的结果往往是不同的。下面我们就来看看几种典型的实施模式，即政府主导、市场参与和利益主体的自组织模式在这四个环节上绩效的异同。

(二) 政府主导模式

政府主导的模式就是目前实践中的"城乡建设用地增减挂钩"的实施模式,即由政府主导的方式完成城乡土地整理的几个重要的阶段。前面第五章中嘉兴或者深圳等地的案例就属于这种模式。

第一,在立项协调阶段,一般多是以地方的土地利用总体规划为统领,有地方政府制定城乡建设用地增减挂钩专项规划和项目区规划。当然,政府在立项时也声明要充分考虑农民需要,广泛征求农民意愿,维护集体和农户合法土地权益。

具体的过程是:地方政府一般是项目的发起者(或意向者)。在初步征求意见后,地方政府会要求项目区涉及的各村民委员会、乡镇人民政府逐级向县国土资源局提报项目。县国土资源局依据提报的项目区规模和范围进行实地踏勘,编制项目区规划,经县政府研究同意后逐级报市、省政府审查批准,未经批准不得擅自实施。

第二,在资金的筹集阶段,都是以政府统筹为主,当然也不排除社会资金的介入,但这种社会资金的介入只是类似于借款还款的关系,一般不涉及项目实施后的土地收益共享。对于增减挂钩项目,政府的资金来源一般包括:

(1) 使用挂钩周转指标的用地单位缴纳的新增建设用地有偿使用费、耕地开垦费、耕地占用税。

(2) 使用挂钩周转指标的项目用地招拍挂实现的政府纯收益部分。

(3) 单位缴纳的周转指标有偿使用费。

(4) 凡使用挂钩周转指标的单位按相关规定缴纳有偿使用费。

(5) 其他各类政策扶持资金。

一般来说,项目筹集的资金会存入县增减挂钩资金专户。专项用于项目区内拆迁、安置、补偿、土地复垦等工作。

第三,在项目的实施和监管阶段,由项目区所在乡镇人民政府负责组织实施。主要过程包括:

(1) 制订拆迁补偿安置方案。一般由项目区所在乡镇及村委会制订。

(2) 组织拆迁、建设、回迁安置。一般由乡镇人民政府聘请有资质的评估单位对村民房屋进行评估,与群众签订拆迁补偿协议;新村建设实行统一规划，统一建设；组织群众回迁安置。

（3）土地权属调整。充分征求农民个人、集体经济组织及有关单位的意见，经村民会议同意，由乡镇人民政府批准。涉及集体土地所有权调整的应报县政府审批。

（4）项目区土地复垦。县国土资源局、县财政局、县住房和城乡建设局、项目区所在乡镇，结合"腾空地"整理复垦项目，对项目区腾出的土地进行复垦。自行组织或委托招标代理机构对挂钩项目腾出土地复垦实施招投标，确定工程施工单位，签订工程承包合同，复垦出的集体土地由村集体统一收回作为农业用地使用。

（5）挂钩项目实施完成后的验收。县政府主管部门首先对项目进行自查，自查合格后报市政府主管部门进行检查验收。

（6）奖惩机制。县城乡建设用地增减挂钩工作领导小组办公室建立督导调度、巡回检查、评比通报、情况报告制度，加大监督检查力度。

第四，在利益分配阶段，土地整理后多余的建设用地指标（即城市可新增的建设用地面积）有偿使用，由县政府在全县范围进行统筹使用，优先考虑向大项目、好项目倾斜。建新地块必须按照国家产业政策和集约利用控制标准依法供地，工业用地和经营性用地应当按照规定进行国有土地使用权招标拍卖挂牌出让。需要征收集体土地的，应当依法办理土地征收手续。可以看出，挂钩指标带来的土地收益大多数由政府获得。政府在卖出指标之前，向农村支付了相应的整理的成本，包括拆迁补偿安置费用、乡镇工作费用、项目管理经费等。

（三）市场参与模式

市场参与的模式在现实中可以理解为"城乡建设用地增减挂钩"项目在实施过程中，因为资金等原因而引入企业参与实施的模式。企业参与的目的是盈利或者为了独断性获得整理后的建设用地使用权。前面第七章中成都市锦江区的案例，或者唐健等①所著书中湖北省荆门市沙洋县的案例等，都属于这类模式。

第一，在立项阶段，项目的具体规划仍然需要在符合土地利用总体规

---

① 唐健、王庆日、谭荣：《新型城镇化战略下农村土地政策改革试验》，中国社会科学出版社2014年版。

划的前提下由政府设计。该步骤与政府主导的增减挂钩模式没有太大的区别。

第二,在资金筹集阶段,地方政府要么是因为地方财政预算的限制,要么是在具体项目上的成本投入有限,多向市场寻求合作。有些情况下,市场主体会全部承担项目实施的成本。比如,在唐健等[1]所著书中所提供的湖北省荆门市沙洋县纪山镇的增减挂钩案例中,上海飞和实业集团作为项目的实施者,需要负担挂钩项目的所有成本,主要包括复垦成本和安置成本,此外还包括项目运行中产生的其他费用,如规划设计费用、谈判费用等。上海飞和集团参与筹资的目的是为了获得后期的建设用地使用权。飞和集团的一批建设工程项目需要 1000 亩建设用地,而地方政府又无法为其提供所需用地指标,因而该公司通过主动投资挂钩项目的方式,在政府的允许下取得建设用地指标。同时,当地政府承诺在公司自主获得指标并落地后,减免相应的供地费用和提供一定的政策优惠条件。

第三,项目的实施和监管,按照资金筹集阶段的协议,由政府和企业合作进行实施和监管。

第四,在利益分配阶段,政府不再独占增减挂钩带来的土地指标和土地增值收益,一般需要与企业进行利益分享。当然,因为企业的参与,在补偿农民和推动项目实施上也会增加投入,大多数情况下农民的利益分享比例也提高了。

(四) 自组织模式

在政府或市场之外,实际上现实中还出现了一种新的模式,即所谓的自组织的模式,而在土地再开发领域这种自组织的模式逐渐引起了很多管理者的关注。国际上将这种自组织的模式称为土地置换(land readjustment)或主动的产权交换(instigated property exchange)。前面第九章中成都市金堂县官仓镇柿子树村的案例,或者在唐健等所著书中[2]郫县花牌村、战旗村等地的案例,都是属于自组织实施城乡之间存量建设用地再开发的案例。

---

[1]　唐健、王庆日、谭荣:《新型城镇化战略下农村土地政策改革试验》,中国社会科学出版社 2014 年版。

[2]　同上。

这种模式最基本的特征是利益相关者通过自主实施土地再开发，在提前支付前期的项目成本后获得后期再开发项目的土地增值。而大多数情况下，个体的利益相关者以贡献土地的形式作为前期的成本投入。当然后期获得再开发后的土地面积一般小于前期贡献的土地面积。原则一般是市场价值至少保持不变。而前后面积上的差额，主要是用于整个再开发项目的成本，算作是一种公共物品的投资。

Hong 曾经给出过一个简化的土地置换的组织模式的概述①：

第一，利益相关者，包括原土地的所有者、地方政府和外来的开发商等共同组建一个机构（公司）。

第二，这个机构编制土地利用的计划，尤其是对土地整理后新的边界和新的用途进行设计，然后向利益相关者征求意见和取得支持。

第三，计划中一般明确支付原土地所有者的补偿是以整理且增值后的土地为主要形式，当然补偿的土地面积一般小于原拥有的土地面积，但是在经济价值上会有所升高。而且，补偿后剩下的土地拥有整个项目区基础设施建设或者销售给其他用途以获得经济上的补偿来弥补整个项目的投资。

第四，计划设计好后要经过公众论证，不仅包括原土地所有者，还有其他的利益相关者。

第五，当计划通过后，相应的土地所有者或者使用者需要把各自的土地"转让"给上述组建的机构或公司，作为参与项目的投入。

第六，项目的立项一般采用少数服从多数的原则，一般超过 50% 或者 66% 的原土地所有者愿意实施该项目，则项目就通过立项。

第七，如果遇到钉子户或者搭便车的现象，可以通过少数服从多数的原则来强制实施。

第八，补偿是事先通过公共听证或类似的形式协商好的，不存在事后讨价还价的可能。

第九，在土地整理的过程中，原土地所有者会临时搬迁到其他地方以满足项目建设需要。

对于上述这种自组织的治理模式，有着一些显而易见的优点。首先，

---

① Hong Y., Needham B. (eds.), Analyzing Land Readjustment: Economics, Law, and Collective Action, Cambridge, Massachusetts: Lincoln Institute of Land Policy, 2007.

多数人原则能够保障项目的实施拥有占多数的利益相关者的支持，这可以缓解使用强制权利的压力，自然也在一定程度上避免了行使强制权带来的弊端。其次，这种自组织的模式降低了初始资金的需求，因为不再需要支付土地补偿。再次，因为允许原土地所有者在原址或者相近的地方获得整理后的土地，这样项目实施以后政府与土地所有者之间冲突的可能性也相应降低了。最后，因为原土地所有者获得了整理后的增值的土地，意味着他们分享了土地再开发的增值收益。而且，相比较冲突解决机制，这种自组织的形式意味着存在一种内部的协商机制来应对可能的冲突，这比通过外界的干预手段可能更有利于解决钉子户等问题。

当然，这种自组织的模式也面临一些因素的制约。比如，自组织内部的协商成本可能也很高。这取决于协商是如何组织的，成员之间是如何交流的，以及他们的目标和利益是否一致。正如 Ostrom 所揭示的，组织规模的大小、相互信任程度、成员以往的声誉、互惠的意愿和传统等因素往往影响着自组织的效果[1]。

三　模式选择的分析框架

为了进行存量土地再开发模式的比较及其选择规律的探索，需要首先建立一个治理结构比较的分析框架。框架主要分为两个主要环节，第一环节是构建治理结构比较的"抓手"；第二环节是针对存量土地再开发的四个主要步骤分别进行具体比较。交易费用经济学给治理结构比较的选择提供了很好的视角，即所谓的"有差别的匹配假说（discriminating alignment hypothesis）"[2]。在此遵循交易费用经济学的分析范式来进行治理结构多样性的解释和相应绩效的比较。

（一）交易及其属性的影响

存量土地再开发包含着土地利用及其管理的过程，可以看作是若干具体的"交易"的综合。此处的"交易"是交易费用经济学中的理论内涵，而不必然与日常生活中的交易相联系。正如 Williamson 给出的定义，交易

---

① Ostrom, E., "Analysing collective action", *Agricultural Economics*, 2010, 41: 155—166.

② Williamson O. E., *The Mechanisms of Governance*. New York: Oxford University Press, 1996.

是指一个有形的物品或者无形的服务在一个技术上能够辨析的界面上发生了转移，一个活动状态终止而另一个活动状态开始①。

存量土地再开发也可以由很多具体的信息的交换、服务的提供、金钱的转移、产权的变化等构成。而每一步具体的交易，都具有特定的属性（特征）。根据前面的分析，虽然还可以继续进一步细分，本章将只关注存量土地再开发的四个环节中的主要的交易，即立项的协调、资金的筹集、实施和监管、利益的分配。

1. 立项的协调

这一环节主要的交易是为了达成一致同意而需要的信息的交换，比如不同农民之间的信息交换、农民和政府之间的信息交换、农民和企业之间的信息交换等。一般情况下，这类信息交换的一些属性决定了达成交换而产生的交易费用。

第一，信息交换的频率影响显著，也即利益相关者之间协调的次数。如果次数多，很显然整体的交易费用会上升。这个时候由谁来协调就比较重要，政府的集权的协调无论从人力投入、谈判能力、双方的接受程度都不如分权的方式。比如，由村集体来协调。一个地区的经济发展速度的快慢，也可能影响这个频率的大小。经济发展快，对存量建设用地再开发的需求就增加，进而造成频率的增加。

第二，因为项目必须符合大多数人的利益（或者公众利益），这是一个基本要求，这里面就涉及立项的另一个重要的属性，即需要协调的群体的规模如何。如果众说不一，自发的协调就不容易实现。相反，一个强权的外部力量更容易促成某种集体行动②；而如果相关的利益主体规模不大，自发的协调就可能是更优的选择。

第三，对于信息的交换，其内容的复杂程度，作为一种属性也引致不同的交易费用，进而对治理结构产生不同的需求。如果复杂程度高，分权的自发行为一般能够节省更多的成本；如果复杂程度不高，政府主导的方式更能够体现其优势。就一般情况看，前者的情形更贴近实际。而且，因为存量土地再开发的立项协调阶段的各类信息传递是可以可分解的（比

---

① Williamson O. E., *The Economic Institutions of Capitalism*, New York：The Free Press，1985.

② Olson M., *The Logic of Collective Action*：*Public Goods and the Theory of Groups*，Cambridge. MA：Harvard University Press，1965.

如两两之间的协商而不必要统一开会），不同利益主体的意见可以在不同的阶段由不同的人来搜集、汇总和传递。所以，当协调规模对象比较大时，越适宜用分权的方式管理。

第四，存量土地再开发立项以后可能发生的后果，包含土地再开发的结果、引致的城镇建设用地的扩张、是否符合公众利益，是否对生态环境产生破坏，是否符合社会的公平正义等，这些都是不确定的。不确定性的程度实际上也是一种属性。如果不确定性很高，则需要政府主导的方式来管理，因为集权式的控制能够更好地避免自发管理的各种不确定性。

第五，再开发立项协调中利益相关者还会对土地利用和资本投入专用性进行考虑，因为专用性的程度决定了各类资产的价值是否得到有效的利用或稳妥的保障。专用性作为交易的一种属性，包含以下四个方面：物质资本专用性、时间专用性、空间专用性和人力资本专用性。

物质资本的专用性是指将物质资本投入到存量土地再开发后能够再利用于其他用途的可能性或者难易程度。如果不能再利用，则专用性高；否则，专用性低。比如，为了土地再开发而购买了运输用的汽车，汽车可以用于其他目的，那么这种在汽车上投入的资本专用性较低；相反，如果购买了再开发工程中的一种定做的地下管线，那么这种定做的地下管线自然不适宜用到别的用途，此时资本专用性较高。当资产专用性较高时，交易费用会增加。因为交易双方为了保障资产投入的安全，而必然增加在保障措施上的投入。

同理，再开发在时间决策上也具有专用性，比如不同项目的时序选择也可能决定该再开发项目的价值。项目的价值对时序依赖越明显，越需要集权式地统筹来保障整体的价值和项目投入的安全。类似的，这个"投资"涉及原来住宅的复垦和新的集中住宅的建设，选址不佳可能会降低"投资"的价值，这就是立项协调中的位置的专用性，也就是空间专用性，位置专用性越高，越需要集权式地统筹。

正因如此，项目的立项多需要一个前期的规划才能够获得政府的认可和批准。而设计这种规划，需要专业化的技术人员，也依赖于设计规划的人对当地信息的了解和掌握。对于从事该规划设计的人来说，自己"投资"在该专业技能和当地信息上的劳动价值能否实现，与是否有稳定的、足够的报酬有关。这揭示了人力资本专用性越高，则需要更加安全的雇佣关系，比如长期稳定的合同来满足从业者的要求。

2. 资金的筹集

这一环节主要的交易是为了实现存量土地再开发而把相应的金钱或者土地资产等投入到这个集体行动中。对于这个交易，类似于传统市场中的交易行为。任何一种投资者，都要考虑的是所谓资本的专用性、交易的不确定性和交易的频率，然后来选择相应的治理结构。

根据上面的解释，资金筹集的专用性表示的是资本投入后其价值对该项目的依赖程度，如果未来的价值可以很好地变现，那么资本专用性就较低，否则就较高。当资本专用性较高时，有一个强权式的机构或者政府保障资金的安全可能是利益相关者期望的保障方式；否则市场分权式就可以完成资金的筹集。

对于资金筹集的不确定性，主要是存量土地再开发资本投入后是否有不确定性的风险，比如项目实施意外终止、项目收益为负（指标卖不出去）等，当不确定性越高，越需要强权式的机构或者政府保障的方式才能完成资金的筹集。

而对于资金筹集的频率，指的是既定时期内需要筹集的资金的项目的次数，所以当频率越高，分权式的方式筹集资金才可能满足要求，集权式的方式很可能面临资金或预算上的约束。

3. 实施和监督

这一环节中交易主要是提供对土地拆旧和建新的工程服务，以及该工程服务是否符合立项规划中的各类要求。对于服务的提供，从实际中看无论是政府实施的项目还是自发实施的，基本上都是通过项目招标的方式让第三方的建设公司来完成拆旧建新，所以虽然这个交易理论上也有相应的专用性、频率和不确定性，但基本上因为建设公司市场化程度非常高，所以基本上选择的治理结构都是外包给第三方的建筑公司，所以这里就不再详细分析这个交易的属性。

而对于监督这个交易来说，其内容主要是指项目实施的相关信息的转移。如果监督所需的信息很复杂，这样对于监督的目的来说存在很多不确定性，那么分权的方式，更适宜获取相应的信息，集权总是受制于信息的不对称；如果需要定期进行监督，而且这个频率很高，那么集权的方式也不是合适的方式，自我监督可能更是一种合适的选择。

4. 利益的分配

这一环节主要是土地再开发后的收益的分配，因此其主要交易是将相应的收益把集体的总收益分配给具体的利益相关者。这种交易更多的是一种物质利益上的转移，所以不确定性和频率是两个主要的属性。

不确定包括两个方面，第一个方面是指每个人所应该分配到的利益是否容易分辨。如果容易，那么自发的协调可以完成；否则通过外部强权来分配可能是更好的选择。但是，利益分配可能也会有争议性，也就是不确定性的第二个方面。如果能够建立在充分讨论的基础上，后期的争议可能会少，但这又会造成前期成本的增加。

另外，收益分配的频率如果很高，也就是在既定时间内需要进行很多次的分配的决策，那么一种公开的、统一的、集权的形式更有利于交易的进行，也有利于争议的解决。

（二）行为人及其属性的影响

在城乡间存量土地再开发过程中，利益相关者一般包括农民、农民集体、项目区的决策者、上级政府、社会企业等。他们的属性特征也影响交易费用的大小和治理结构的选择。

对于这些利益相关者来说，他们是否具有相同的目标取向（比如看待再开发的价值观），将影响到他们对存量土地再开发的态度、相互信任程度，进而影响到存量土地再开发过程中的交易费用大小。一般来说，越有共同的价值观越容易达成一致，越相互信任越有利于存量土地再开发项目的立项、实施、监督和利益分配等集体行动，进而减少该过程中的交易费用。当然，一致的价值观也给自组织等非政府主导的组织形式提供可能。在一些条件下，如果被管理的资源范围小，自组织等分权管理的形式可能比集权制的交易费用更低。

特别对于决策者来说，如果决策能力强，能够较好地处理信息、知识以及与外界交流，将有利于号召、推进和监管存量土地再开发，并降低过程中的交易费用。当然，决策者的能力强，不一定意味着集权制或者政府主导模式的绩效是最佳的选择，因为敏锐的决策者根据外部条件能够观察到在一些情况下同意、支持市场力量参与或者村民的自组织实施存量土地再开发，将有利于项目的绩效。

另外，行为人的行为选择偏好，比如总是选择最大化个人经济利益、或者总是服从上级或者经常选择体现自己创造力的决策等，也将影响到集体行动的过程和结果。最大化个人利益的偏好，将不利于存量土地再开发集体行动的实施，容易出现个人理性与集体非理性的困境。比如钉子户现象，或者基层的决策者最大化自己的政治利益，虽然也可能有利于地方政策创新，但为了个人的政绩的导向也可能损害整体的利益。如果基层的决策者总是服从上级，将始终以上级的政策为准则来行动，可能集权式的管理有利于降低交易费用；反之，如果基层决策者倾向于体现自己创造力，分权式的管理可能更有利于降低交易费用。

（三）正式制度及其特征

对于城乡间存量土地再开发治理结构来说，一般情况下其制度环境（即各种正式制度的约束）都是一致的且视为是给定不变的。比如土地产权、土地利用总体规划、城市规划和土地交易的市场机制等。

很显然，正式制度约束着治理结构，从而也决定着治理结构的选择。比如，对于在物理层面上相同的存量土地再开发，土地是私人所有还是国家所有，决定了治理结构的选择以及实施过程的交易费用；是否允许非公有制经济的介入，也影响着治理结构选择的可能性。因此，目前文献中经常出现的对中国土地管理市场化比例低，政府过度干预市场的批评或者质疑，实际上忽略了制度环境的影响。在不存在必要的制度环境的条件下，或者忽略了制度环境变迁的成本时，讨论治理结构的变化都是有偏的。

对于实际中的城乡间土地再开发来说，正式制度的不同已经显示了对治理结构选择的影响。比如，在上文提到的成都地区出现的自组织模式的案例中，之所以自组织的治理结构能够得到采用且绩效良好，与国家将成都确立为城乡统筹的综合改革试验区有很大关系。在这个试验区，不仅农民的土地使用权可以抵押，还允许增减挂钩指标的跨县区交易等，这些都体现了再开发不同的正式制度的影响。

（四）将"四要素"联系在一起

分析上述再开发不同环节的交易属性、行为人的属性、正式制度的特征等，目的就是为了能够通过这些属性来解释为什么特定的治理结构需要被选择或者揭示为什么实际中这些治理结构的绩效良好。

表 10 - 1　　　　　两种理论上的治理结构的绩效变化及其影响因素

	治理结构的绩效	
	完全分权管理	完全集权管理
I. 交易属性的变化		
1. 项目立项		
1.1 频率（0→+）	0→+	+→0
1.2 复杂度/协调对象的规模（0→+）	+→0	0→+
1.3 可分解性（0→+）	0→+	+→0
1.4 不确定性（0→+）	+→0	0→+
1.5 资本专用性（0→+）	+→0	0→+
1.6 空间专用性（0→+）	+→0	0→+
1.7 时间专用性（0→+）	+→0	0→+
1.8 人力资本专用性（0→+）	+→0	0→+
2. 资金筹措		
2.1 资本专用性（0→+）	+→0	0→+
2.2 不确定性（0→+）	+→0	0→+
2.3 频率（0→+）	0→+	+→0
3. 实施和监管		
3.1 不确定性（0→+）	+→0	0→+
3.2 频率（0→+）	0→+	+→0
4. 收益分配		
4.1 界定的复杂性（0→+）	+→0	0→+
4.2 潜在的争议性（0→+）	0→+	+→0
4.2 频率（0→+）	0→+	+→0
II. 行为人属性的变化		
5.1 价值观和信仰的统一性（0→+）	0→+	+→+ +
5.2 个人利益最大化偏好（0→+）	+→0	0→+
5.3 决策者的个人能力（0→+）	+→+ +	0→+
5.4 基层决策者对上级的依赖度（0→+）	+→0	0→+
5.5 基层决策者自我的创造性（0→+）	0→+	+→0

　　注：+代表显著；0代表不显著；+ +代表更加显著；0代表变化的方向。

　　在前面分析的基础上，表10 - 1给出了不同交易属性的变化及行为人
属性的变化下，两种理论上极端的治理结构（即完全集权化管理和完全

分权化管理）的绩效的变化。当然，现实中不存在完全集权或者完全分权的管理结构。上述政府主导的模式偏向完全集权化的治理结构一端，而市场参与、自组织等靠近完全分权化治理结构的一端。

以立项阶段的频率属性为例，当频率从弱到强，市场参与或自组织的模式绩效将由弱变强，而政府主导模式的绩效将有相反的结果。但究竟在频率升高的过程中什么时候选择市场更好（放弃政府主导），则需要根据具体条件进行比较后判断。其他属性的分析类似。

在行为人的属性中，有的属性总是利于管理绩效的（比如价值观的统一性和决策者的个人能力），也就是无论是市场参与还是政府主导，这类属性的提高都有利绩效的改进。只是对于这些属性来说，不同治理结构的初始绩效不同。比如，假设一个村庄农民的个人价值取向完全异化，则政府主导模式的绩效明显比市场参与或者自组织好，即初始绩效政府主导比市场参与或者自组织模式更优。

给定上述属性变化及其与不同治理结构选择的关系，最终的问题就是不同属性变化下治理结构选择的权衡问题。也就是考虑单一属性的变化可以分析出治理结构选择的变化趋势，但是如果综合考虑所有的属性变化，选择的结果如何呢？这需要在辨析逐个属性的基础上，结合现实中各种属性的重要程度来进行判断。

四　模式选择的判断：一个简单的实证

为了验证上述框架的可行性，我们这里用两个实际的案例来进行对比分析。两个案例分别是浙江省嘉兴市嘉善县的城乡建设用地增减挂钩（一种政府主导的模式）和四川省成都市郫县的城乡建设用地增减挂钩（一种村民自组织的模式）。在上述框架的基础上对两个案例进行比较（见表 10 - 2），可以分析为什么同样的城乡间存量土地再开发的目标，两个地方会有不同的模式选择，以及这种选择背后的规律是什么。

（一）不同环节交易属性的比较

1. 项目立项阶段

频率的大小与当地的经济发展水平有关系。经济发展较快，意味着需要更多的土地开发，当传统的计划配额有限时，城乡存量土地再开发的频率就会增加。所以,对于频率来说,虽然中国中西部都面临建设用地短缺的压力,但东部会更明显一些,所以嘉善县的增减挂钩频率更高一些。

对于存量土地再开发本身的复杂程度,可以与土地利用变化、权利重置、成本收益分配等方面相联系。所以,两个地方的存量土地再开发复杂度都比较明显,当然具体两个地方在复杂程度上的区别不明显。

类似的,无论是在郫县还是嘉善县,存量土地再开发的可分解性、不确定性、资本专用性、空间专用性、时间专用性和人力资本专用性都比较明显,但两地之间的差异不是十分明显。

表 10 – 2　　　　嘉善与郫县两地城乡间存量用地再开发模式比较

	郫县	嘉善县
I. 交易属性		
1. 项目立项		
1.1 频率	+	+ +
1.2 复杂度/协调对象的规模	+	+
1.3 可分解性	+	+
1.4 不确定性	+	+
1.5 资本专用性	+	+
1.6 空间专用性	+	+
1.7 时间专用性	+	+
1.8 人力资本专用性	+	+
2. 资金筹措		
2.1 资本专用性	+ +	+
2.2 不确定性	0	0
2.3 频率	+	+ +
3. 实施和监管		
3.1 不确定性	+	+
3.2 频率	+	+ +
4. 收益分配		
4.1 界定的复杂性	0	0
4.2 潜在的争议性	+	+ +
4.2 频率	+	+ +
II. 行为人属性		
5.1 目标的统一性	+	0
5.2 个人利益最大化偏好	0	+
5.3 基层决策者自我的创造性	+	0

注: +代表显著;0 代表不显著; + +代表更加显著;0 代表变化的方向。

2. 资金筹措阶段

资本专用性在郫县相对于嘉善会更高一些。因为如果站在政府投资的角度看，嘉善的财政收入比郫县相对充裕一些，嘉善县政府投入某个具体存量土地再开发项目的资金的机会成本相对较低，政府还有余钱去投资其他的项目。相反，郫县的财政相对紧缺，投入某个具体项目资金的机会成本相对较高，政府需要考虑投资是否值得。这样对于具体的投资来说，郫县的资金的专用性更为明显。也预示着郫县的投资决策引致的交易费用会更高一些，政府要花费更多的成本来保障投资的效益和安全。

资金筹措后是否能够有利润，现阶段来看不确定性不是很大，基本上在城市建设用地需求旺盛的阶段，指标不担心收益。所以，不确定性在这个环节不是非常明显。

资金筹措的频率与项目立项的频率是一致的，两个地方的频率都高，相比较而言，东部的嘉善县会更高一些，因为用地需求会更旺盛一些。

3. 实施和监管阶段

项目实施阶段存在明显的资产专用性，包括购买施工设备，聘请专业技工等，对于具体项目的利益相关方而言，投资用于这些有形和无形资本的专用性很明显。相反，如果向市场购买这些服务，能够较好地解决专用性的问题。同时，市场上专业化的施工公司因市场上存在足够的需求，其专用性的资本投入能够得到持续的利用。对于双方而言，都缓解了资产专用性的困境。这从嘉善和郫县的案例中都采用委托专业化公司解决实际施工问题可以证明上述分析。

而在项目监管阶段，不确定性主要是指施工方与委托方之间的信息不对称，这种情况在两个地区都存在。

另外，对于政府来说，监管频率与项目立项的频率相关，所以两地的频率都高，而嘉善县的频率比郫县更高些。当频率升高，政府主导的模式会给政府的工作带来更多的责任和负担。

4. 收益分配阶段

存量土地再开发立项后，成本如何共担一般是立项的前提。同样，收益分配自然也会相应进行明确。但明确的分配规则在现实中可能会面临违规的可能。因为所在社区人文社会背景的不同，私营经济相对发达的嘉善地区，个人对私人收益最大化的偏好更明显，对集体行动的不信任可能也更明显。这样可能造成项目后期个人对集体利益分配的矛盾及冲突也会多一些,从一定意义上看,嘉善县的不确定性较成都的郫县地区更高一些。

5. 行为人的特征

如果集体内部的行为人目标一致,则容易服从集体领导的管理。对于郫县来讲,有一个特殊的背景。郫县距离 2008 年汶川大地震的震中比较近,郫县郊区的很多农民的住房都受到了损毁。尽快从灾害中恢复,把受损的房屋修缮好,是郫县人民共同的期望。这意味着在城乡土地再开发这种有利于农村居民点重新规划、建设或者修缮的集体行动,更容易得到行为人的认可。

另一方面,因为成都被国务院批准为统筹城乡发展的改革试验区,允许地方政府的改革创新,事实上成都确实出台了一些创新政策,比如允许集体建设用地使用权抵押、允许增减挂钩的跨县交易乃至地票交易体系等。

另外,在民风淳朴、相互信赖以及在决策者的个人能力上,郫县和嘉善县可能存在相异的地方。但因为没有直接的数据或者证据,暂时无法进行对比评价。我们在后面的分析中把这些属性就忽略掉了,但前面的理论分析应仍有效。

(二)　治理结构选择理论分析和现实对比

郫县和嘉善县两个地方的属性的分析和对比,可以在一定程度上解释各自治理结构选择的原因。另外,郫县的模式是一种创新,所以它与嘉善的比较实际上是对全国城乡增减挂钩上的启示。

1. 项目立项阶段

两个地方的频率都比较高,前面的理论分析揭示频率高需要分权的方式可以缓解集权制下决策者精力有限和处理能力的影响。很显然,郫县模式中政府不再完全垄断存量土地再开发的过程,而是让存量土地再开发的直接利益主体农民和村集体自发组织实施,是一种分权的体现。这与嘉善县的政府主导的高度集权的增减挂钩形成了鲜明的对比。更何况嘉善的频率更高,更应该以分权的方式来应对。

若协调对象的规模和任务的复杂程度比较高,则需要分权的形式来管理。郫县模式是由村集体组织,村民自愿参与,符合分权管理或者理论上所谓的自组织的形式①，能够有效降低交易费用。而嘉善县的政府主导模式是一种集权形式，不利于协调过程中的交易费用降低。

任务的可分解性在两地没有太大区别，都具有明显的可分解性。此时分权是理论上较优的选择。郫县模式符合分权的要求，而嘉善县的增减挂钩则是一种集权形式的信息沟通，基本上不征求地方的意见，由政府规划和整村推进。

不确定性、空间专用性、时间专用性这三个属性都与可能造成的外部性有关，所以需要政府的集权式的规划来管制。虽然郫县模式更偏向分权的逻辑，但是在项目审批上仍然需要遵循相应的土地利用总体规划和城市规划，因此郫县模式在这些属性上选择的依然集权的方式。相应地，嘉善县采取了更明确的集权式的治理。

2. 资金筹措阶段

两个地方都面临因为政府预算的短缺而体现较高的资产专用性的问题。资产专用性，理论上与交易费用成正相关关系，进而需要集权的方式来管理，比如企业通过纵向一体化来避免投资风险。除了纵向一体化，如果为了降低项目投资价值受损的风险，分散投资也是降低风险的有效手段。因此多渠道筹集资金，相对于政府一家投资，将有利于分散风险。郫县模式选择的就是这种分散融资的模式，由农民和市场企业来投资。相反，嘉善县采取的是传统的政府投资。

对于现阶段土地再开发来说，无论是在郫县还是在嘉善，潜在的价值是很明显的——即收益的不确定性都比较低。因此，分权更能节省交易费用。郫县模式满足这个要求，而嘉善不满足。同时，两地的筹资频率都比较高，理论上需要分权管理的方式。因此，郫县模式满足要求，而嘉善相反。

3. 实施和监管阶段

如果信息复杂、不对称程度显著，相对分权的监管方式有利于缓解信息不对称的影响。让公众或者利益相关者参与监管，是一种较好地解决监管困境的办法。另外，频率较高意味着政府主导的模式会给政府的工作带来更多的负担，因此需要"外包"的方式来降低交易费用。这两个方面都揭示郫县模式的合理性。

①　Ostrom E. , *Understanding Institutional Diversity*, Princeton: Princeton University Press, 2005.

4. 收益分配阶段

利益界定的复杂性不高,给分权制提供了机会,也就是郫县模式出现的前提。嘉善县的传统模式存在过度控制的可能。利益分配都会有潜在的争议,为了有效避免事后的争议,可以考虑事前的分权制的管理方式,把争议消除在争议发生之前。所以郫县模式符合这个要求。同理,过高的频率降低了集权管理在界定利益分配和消除争议上的绩效,郫县模式则可以避免这种困境。

5. 行为人的属性

郫县的农民因为初始财富禀赋相对落后,更有一致的愿望通过集体行动来走出困境,这给郫县模式的实施提供了良好的基础,即给自组织提供了可能性。而对于嘉善县来说,因为民营经济发达,个体的价值观分异比较明显,只适合于集权的推动。相对应的就是个人利益最大化的偏好,或者说抵触为集体牺牲的意愿,嘉善更明显一些。因此,嘉善适合集权管理而郫县适合分权管理。

成都因为是政策改革实验区,在土地相关的正式制度上略微不同。同时,基层工作者在试验区内也有不断创新的激励机制,这有利于分权制管理模式的采用。相反,嘉善的案例体现出的是传统行政中的绝对服从是目前政绩考核中更重要的一面,所以集权对于嘉善是更合适的管理方式。

综上所述,郫县和嘉善两个案例中治理结构绩效及其影响因素的比较分析,如表10-3所示。

表10-3 郫县和嘉善城乡之间建设用地再开发治理结构的选择比较

	郫县			嘉善		
I. 交易属性	属性特征	建议的模式	实际的模式	属性特征	建议的模式	实际的模式
1. 项目立项						
1.1 频率	+	D	D	+ +	D	C
1.2 复杂度/协调对象的规模	+ +	D	D	+ +	D	C
1.3 可分解性	+	D	D	+	D	C
1.4 不确定性	+	C	C	+	C	C
1.5 资本专用性	+	D	D	+	D	C
1.6 空间专用性	+	C	C	+	C	C
1.7 时间专用性	+	C	C	+	C	C

续表

I. 交易属性	郫县			嘉善		
	属性特征	建议的模式	实际的模式	属性特征	建议的模式	实际的模式
1.8 人力资本专用性	+	D	D	+	D	C
2. 资金筹措						
2.1 资本专用性	+ +	D	D	+	D	C
2.2 不确定性	0	D	D	0	D	C
2.3 频率	+	D	D	+ +	D	C
3. 实施和监管						
3.1 不确定性	+	D	D	+	D	C
3.2 频率	+	D	D	+ +	D	C
4. 收益分配						
4.1 界定的复杂性	0	D	D	0	D	C
4.2 潜在的争议性	+	D	D	+	D	C
4.3 频率	+	D	D	+ +	D	C
II. 行为人属性						
5.1 目标的统一性	+	D	D	0	C	C
5.2 个人利益偏好	0	D	D	+	C	C
5.3 对上级完全服从	0	D	D	÷	C	C
5.4 自我创造性	+	D	D	0	C	C

注：＋代表显著；0代表不显著；＋＋代表更加显著；0代表变化的方向；

D代表分权的治理结构；C代表集权的治理结构。

　　可见，郫县的实际模式全部符合根据属性判断的理论上更优的模式。相反，嘉善的以政府主导为特征的模式，也就是现阶段城乡建设用地增减挂钩的正式模式，实际上并没有完全符合嘉善当地的一些特征。这实际上能够引起我们对传统全国统一的增减挂钩模式的适宜性的思考。

五　案例比较分析的启示

　　上述的比较可以有两个主要启示。第一个是解释为什么郫县会选择自组织的模式；第二个是从郫县模式反观现有的增减挂钩政策可能需要改进之处。

(一) 为什么自组织模式能够出现

很明显,郫县模式出现的原因是相应交易属性发生了变化。其中最主要的是整理项目频率的增加、复杂度的增加、立项的可分解性明晰、资金筹集的资本专用性变大、监管的不确定增加、收益分配潜在的争议的增加。另外,一些行为人的属性也进一步促成了郫县模式的出现。比如,价值观和目标的统一性、基层决策者的创造性和意愿。对应到现实中,具体包含以下四个方面:

第一,就是随着中国经济快速发展,城市化和工业化都对占用更多的土地提出了要求,这种以农村土地换取城市发展空间的做法越来越受到决策者的重视和利益主体的欢迎,所以存量土地再开发频率会增加。这为制度创新提供了最根本的驱动力。

第二,增减挂钩随着政策越来越被普通民众所熟悉,每个步骤的内容以及相应成本收益的分配也被普通民众所熟悉,当大家对集体行动的前因后果非常熟悉时,自组织的形式也就具备了前提条件。

第三,更重要的是,政府主导的存量土地再开发总是面临着财政上的困难,不可能同时推动所有农村地区建设用地的再开发以促进使用效率的提高。而存量土地再开发项目后期收益显著,且中国社会资金相对充裕,这些都为郫县模式的产生提供了必要条件。

第四,西部地区的集体贫困,也激发了一种众志成城,希望通过集体行动的改革,来改变自身的生活条件。而更关键的是中央赋予成都的在城乡统筹政策上的优势,刺激了基层决策者的创造性和主动促进改革的意愿,这些都进一步增加了成都模式出现的概率。

当然,郫县模式的出现,也有一些反面的推动力。随着城市土地价格的高涨,政府发现当新的项目需要农民退出土地时,协商的过程越来越难,时间越来越长,农民的"胃口"越来越大。如果处理不好,过于专断,很可能出现后续的上访,如果再引发舆论的关注 (比如 2011 年前后的"被上楼"事件),事后成本的付出可能更多。此时,如果是由农民自发组织的存量土地再开发,将有利于缓解政府与农民之间协商的矛盾和成本。

另外,项目的实施如果是政府集权管理的话,信息的不对称和个人利益的影响,将影响存量土地再开发的绩效,传统的集权管理很显然不能适应监管上日益增加的困难。而且这种集权式的利益分配，是传统计划经济的后遗症，越来越受到民众的抵触，尤其是这个过程忽视了农民的利益。以嘉善县为例，传统的方式对农民补偿只占存量土地再开发总收益的很低的比例。这是郫县模式创新的倒逼机制。

所以，在这些正面的激励机制和反面的倒逼机制的共同作用下，郫县模式的出现是一种"交易费用最小化"的选择，符合理论的预期和现实的要求。

（二）对传统的政府主导模式的启示

增减挂钩在当前还是城乡存量土地再开发的主要模式，但是随着郫县模式出现的原因的逐渐显化，全国范围的存量土地再开发模式改进也势在必行。上述的比较对传统的政府主导模式的启示有：

第一，城乡统筹中土地制度改革可以有大作为。城乡统筹是一个系统性的经济和社会活动。收入、产业、生活、医疗、教育等，都构成这个系统活动的一个部分。实现城乡统筹发展，各地区面临的共性问题是资金的问题，这是城市化发展导致城乡差距的必然结果。然而，土地的资产和资本效益，使得城乡统筹过程中土地制度改革可以大有作为。从郫县模式中盘活集体建设用地存量和流量所带来的集体经济增长、农民增收乃至城市用地矛盾缓解的绩效看，农村的土地制度改革是这个绩效的源泉。所以全国其他地区在考虑城乡统筹发展过程中，土地制度改革是一个很重要的手段。

第二，政府是否应该放弃垄断土地收益？长期以来，中国形成了通过二元土地市场，用土地收益的"剪刀差"来促进城市化和基础设施建设。政府在土地交易过程中具有垄断的地位，比如垄断征地"市场"需求、垄断一级市场供应。垄断在带来增值收益的同时，也付出了很多成本，包括直接成本（经济社会变化带来的制度成本）和间接成本。后者包括未来城市反哺农村、工业反哺农业阶段为了重新把更多的土地收益"还给"农村而付出的成本。郫县模式实际上是一种还权赋能的做法，牺牲的是部分当期政府的收益，实际上换来了未来政府乃至全部成都人民的共同发展。而且成都市政府已经明确表示，当期政府已经有经济实力来让农村享有更多的集体建设用地资产价值，同时也有能力让农村的耕地资源的相应非市场价值得到体现（比如，耕地保护基金制度的实施）。所以，政府可以也应该随着经济社会发展的变化而放弃土地的直接收益。

第三,以农民集体推动为主,可以更好地保护农民利益。农民和农村集体经济组织为主,推动集体建设用地流转,是在释放农村土地价值的同时更好地保护了农民的利益。靠农民及其集体直接参与市场竞争,不仅促进了总体收益的提高,也防止了不同制度下可能出现的政府寻租和损害农民利益的行为。从郫县模式看,集体直接组建企业参与增减挂钩,能够很好地提高和保护农民的收益。政府此时作为一个旁观者和守夜人,理清了利益主体之间的关系。

第四,政府与市场合理分工可以做得更好。现阶段城乡统筹发展、村庄环境整治等也面临着农民没有钱的困境。能否借鉴城市土地出让制度,通过集体建设用地出让制度来解决类似的问题?郫县模式也给出了一些答案。成都作为一个西部发展中地区,财政资金不是非常充裕。如何加快城乡统筹发展的进度,探索农村集体主导、政府和社会资本共同参与的方式,很好地解决了这个问题。可以设想,如果进一步放开集体经济发展模式,允许市场力量的充分参与,必然也能进一步提高全国的城乡统筹发展的效果。

第五,郫县模式是"授人以渔"的方式。让农民集体主导、让社会力量参与、政府引导和监管,这种模式的集体土地流转,乃至城乡统筹发展,是一种"授人以渔"而不是"授人以鱼"的方式。很长一段时间内,落后地区发展、农村地区发展都依靠政府的财政拨款和社会支付转移,但从多年的经验看来,政府直接的给予并不能有效帮助落后地区的发展,相反,可能引起对政府的依赖。而郫县模式,通过政府角色的转变,赋予了农村和农民自己的权能和发展基础,这是一种合理的长期发展模式。

六 结论

本章主要论述了三个内容。第一,介绍了存量土地再开发的三种基本的管理模式,即政府主导、市场参与和自组织,尤其是以城乡之间建设用地再开发为例,给出了三种模式的一般含义。第二,建立了一个以交易费用经济学为理论视角的存量土地再开发比较分析框架。第三,分别以郫县和嘉善县为例对政府主导模式和自组织模式进行了比较分析,用于验证分析框架的适用性,同时解释了郫县模式出现的原因及其对政府主导模式的启示。

　　城乡存量土地再开发在当前中国的土地利用中地位越来越重要，主要是因为日益激烈的土地供需矛盾。中国政府遵循传统政府主导的土地管理方式，设计了城乡增减挂钩的政策。但是，为了更好地管理存量土地再开发，城乡增减挂钩并不是一个"万能"的解决方案。本章的分析框架揭示了存量土地再开发的治理结构应该随着存量土地再开发中各类"交易"属性的变化而变化。郫县模式的出现，正是适应相应属性变化的结果。同时，这个过程中人的因素和政府正式制度的因素，也起到了相应的促进作用。而更一般的启示，政府需要灵活改变自己的策略，营造一种更能够发挥存量土地再开发利益主体自组织效果的制度环境和提供必要的支持，将能够最大化存量土地再开发的社会收益，这个收益不仅是存量土地再开发的直接收益，还包括一些间接收益，比如城乡统筹发展的收益等。

第十一章

存量用地再开发的国际地区经验与启示

本章主要为国际和地区存量用地再开发的基本经验的比较研究，涉及中国台湾、日本的土地重划，新加坡、韩国、中国香港的市区重建，英、美、法、意等国家的城市更新，美、加、德、英的棕地开发等。分析这些国家和地区开展存量用地再开发的政治经济背景，所采用的综合开发整治或治理手段、开发效果、对社会经济发展的影响及开发中存在的问题，提炼出存量用地再开发普遍遵循的客观规律、原则及科学合理方法，最后提出了对我国有借鉴意义的经验和启示。

一　日本、中国台湾土地重划

土地重划（Land Readjustment）是指在一定范围内（日本是在城市规划决定的实施土地区划整理的地区内、中国台湾是在都市规划区域内或都市城市边缘城乡接合部中），按照法律（中国台湾地区）或对应原则（日本，即对应土地区划整理之前的宅地的位置、面积、环境条件等因素，决定土地区划整理后的宅地），将杂乱不规则的地形地界和畸零细碎不能经济使用的土地，进行有规划的重新区划，以此达到完善公共设施和提高宅地利用率的目的。

（一）主要做法

日本

1. 基本情况

（1）土地献出。土地重划中，每一个地权和租赁者都得按照不同的比例贡献一部分土地，用于基础设施或公用基础设施或保留地。

（2）地块重整。即通过设计、评估与计算的过程，将重整前的杂乱地块置换成符合道路及其他设施的形状，并在地块减步计算的基础上合理确定各地块的实际大小、形状与区位关系，确定资金地的大小与布局。

（3）预留地。预留地指通过土地献出而产生的换地与公共设施用地以外的宅地，它的位置由换地规划决定。预留地用于两部分用途：一部分作为道路及公园、停车场等设施的建设用地，另一部分称为"资金地"用于平衡基础设施建设费用，在整理之后出售，以取得资金作为工程费和补偿费的一部分。

2. 实施程序

区划整理分为如下步骤：①政府的总体规划；②现状地块权属研究，准备实施地区的控制性规划；③编制该地区的控制性规划；④勘测、准备具体的实施规划，召开地产主和承租人见面会；⑤批准实施计划方案；⑥成立土地区划整理社区委员会；⑦地块重整设计；⑧提交新地块方案；⑨基础设施建设，批准地块重整方案；⑩实施新划定的地块；⑪将基础设施移交给管理部门，进行产权重新登记。

3. 实施主体

（1）实施组织。①行政管理机构的任务是指导和监督实施单位实施其所承担项目；②实施单位可以是各级政府部门、社会公共机构，也可由社区居民代表组成的新区协作社来承担。

（2）实施中各方利益关系。①中央政府的主要角色是制定和发布关于土地重调的基本政策，并在法律、规划、技术和资金方面对地方政府提出建议；修改土地重调法、技术标准和有关税收体系；协调负责城市建设的建设省与其他有关省厅的法律关系；提供财政支持，促进土地重调项目。②地方政府的主要角色是为具体的土地重调项目提供技术指导和财政支持，保证项目顺利实施；批准项目实施；管理地权者自己实施的土地重调项目。③实施单位的主要角色是实施和管理土地重调项目；与地权者和租赁者协商。

4. 资金筹措

日本的土地区划整理项目一般都是自筹资金，即项目实施单位通过处置保留地而获得项目资金。除此之外，还有补贴、贷款、税收。

5. 法律政策

为了保证土地区划整理工作顺利进行，制定的《土地区划整理法》

还附有《土地区划整理法实施细则》，该细则规定了区划整理技术的标准，即《土地区划整理实施规则》和《土地区划整理注册细则》。

中国台湾

1. 基本情况

台湾地区市地重划目的是改善公共设施建设和增进宅地（或其他用地）利用效率。参与市地重划原土地所有权人需要负担公共设施用地和抵费地：①公共设施用地是由重划地区的所有人按受益程度比例分摊，一般20%—30%土地用于基础设施建设；②抵费地是指参与市地重划的土地所有权人需保留20%—30%的土地，由政府进行公开拍卖，其所得金额用于补充实施重划所需费用。

2. 实施程序

市地重划分为如下步骤：①选定重划地区；②拟订重划计划书；③公告市地重划计划；④调查测量、规划设计；⑤查估地价与分配土地；⑥基础设施建设；⑦地籍整理；⑧土地分配及清偿；⑨财务结算。

3. 实施主体

台湾地区市地重划分公办和自办两种。公办市地重划主体为省市县政府、企业法人、学术团体、公营事业机构、民间团体。自办市地重划主体主要由7人以上土地所有权人组成，如果土地所有权人不及7人的，由过半数土地所有权人组成。主持施工主体都是公办的市地重划机构。

4. 资金筹措

台湾地区进行市地重划资金筹措采取自给自足的方式，其建设费用，由重划后保留的未建土地折价抵付；重划区内的公共设施用地，除利用原都市计划公共设施用地外，不足部分由区内土地所有权人，按土地受益比例分摊。

5. 法律政策

自1987年起，台湾相继开展了各项土地重划，并颁发了《平均地权条例》、《市地重划实施办法》、《奖励都市土地所有权人办理重划办法》等规定，对市地重划的各项程序规定得非常详细而具体，涉及土地测量、地价查估和地价收益的分配和使用是市地重划的关键技术环节，便于市地重划的政府、公众和其他当事人执行和操作。

（二）异同点比较

1. 组织实施保障

日本和我国台湾地区资金筹集有不同的渠道，日本主要资金来源为补贴、贷款和税收三种形式，而台湾主要资金源于民间自办组织，不足部分由区内土地所有权人，按土地受益比例分摊。

2. 开发成本与收益分配

日本和中国台湾地区土地重调制度开发成本主要来源于出让地权者按比例分摊的预留地（抵费地）所得出让金，在日本预留地比例最高可达15%，台湾地区（抵费地）一般为20%—30%。

3. 土地权益的保护

土地重整是一种民主的方法。项目进行程序由地权者组成的咨询机构决定，以保证所有项目的公正性和透明性。

4. 土地重调法制保障

日本和中国台湾地区的土地重整工作均以立法为基础，逐步形成了系列化、完整化的土地管理法律制度，保障了土地重整工作顺利进行。

（三）取得成效

截至2000年，日本共完成区划整理项目9207个（约占所有城市开发项目的一半），提供建设用地面积达306120公顷。至2008年底，台湾地区政府公办与民间自办地区共741区13838公顷，取得公共设施用地4872公顷，节省政府公共建设经费支出约5639余亿元。此外，土地重划主要提高了城市土地的利用率和利用价值，规范和健全了地籍管理业务，政府节省了巨额市政改造资金，稳定税源和增加税收，带动相关产业，创造就业机会。

（四）存在问题

1. 土地重调与城市规划脱节

土地重调必须与土地开发同时进行，而土地开发要依据城市规划，因此土地重调与城市规划的关系非常密切。在台湾地区，市地重划是由地政机关主办，而城市规划是由工务或建设单位负责，两单位之间并不能密切联系，常有脱节现象发生。

2. 预留地（抵费地）分散

根据土地重调的有关规定，在办理重划时，将预留地（抵费地）分别留在各个街坊内，造成抵费地分散，这有碍抵费地的统筹运用，尤其难以用抵费地来规划兴建居民住宅或其他公共设施。

3. 重划负担不合理

重划区内的公共设施用地（包括道路、学校等）并非全是重划区居民在使用，政府也有义务建设公共设施，其用地及建设费用由重划区居民负担显然不合理；此外，由于政府财力有限，有些公共设施用地未被征收，而是仍然分配给原所有人，变成公共设施保留地，造成业主参加重划后土地却不能建筑使用的不公平现象。

4. 土地资源浪费

重划后大部分土地分配给原土地所有人，政府所能掌握的土地较少，使得政府难以从事有规划的城市建设；另外，土地所有人对所有的土地不尽快或有效利用，不仅浪费重划资金，也浪费土地资源。此外，重划后土地所有人从事建筑利用时，也有不少人缺乏整体景观意识，形成的街景显得零乱庸俗。

二　新加坡、中国香港、韩国市区重建

市区重建（Urban Redevelopment）是指在城市范围内，根据当地发展规划及实际发展情况，为早期欠缺规划或是建筑物日久失修而做出全面或部分地区性的重建，达到改善城市面貌，促进社会、经济协调发展的目标。

（一）主要做法

新加坡

1. 实施主体

成立于 1974 年的城市重建局（URA）是监管居民住宅及市区重建事务的具体职能部门。从 1989 年 11 月 1 日开始，原来的规划局并入城市重建局，形成了统一负责发展规划、开发控制、旧区改造和遗迹保护的规划管理机构。

2. 主要做法

（1）集体出售。政府通过整合各种土地（熟地、生地等）形成更具吸引力的重建规划，使房地产开发商通过集体出售策略获得土地的"成熟价值"。通过平衡各种不同类型土地的收益，加之各种各样的激励措施，来吸引私人资金注入旧城改造项目。

（2）豁免征收土地补价和楼宇补价。2008年，新加坡政府在续签租约时，对包括住宅楼宇在内的各类建筑物均豁免缴付征收土地补价和楼宇补价，激励业主在租约临近届满前主动维修、改善或重建陈旧的物业。

（3）规划引导。新加坡政府通过长期战略性的概念规划，针对每一块土地详细开发指导计划（DGPS），以及严格的开发控制管理机制，指导旧城改造的有序开展。

（4）文物保育。为鼓励或促进城市重建过程中的文物保育，目前URA采取以下措施：①豁免发展费：保育区内的任何土地发展是为保育有关土地上的楼宇，URA将豁免发展费；②豁免税务：修复及维持古迹的资金捐款者可就捐款获得双倍税务的豁免；③保育项目可豁免泊车位不足的征费；④建筑楼面面积奖励计划（2004年），对于受地积比率限制的地块，可将祖传平房建筑面积不计入总体规划所允许的楼面面积中；⑤URA从1995年1月设立"市区重建局建筑遗产奖"，以嘉奖城市重建过程中的文物保育。

3. 法律政策

新加坡颁布了《规划法》及从属法规，主要包括规划机构设置、总体规划的编制和报批程序、开发控制、开发费的核定和征收等内容。1999年修订的《土地业权（分层）法案》规定：集体出售楼龄不足10年的楼宇，必须经持有其份数价值、土地份额或土地名义份额不少于90%及持有全部地块（不包括任何附属地块之面积）或单位总面积不少于90%的业主的书面同意，方可出售全部单位及分权共有物业或土地。楼龄为10年或以上的楼宇，规定比例为80%。该方案规定当对利益分配存在分歧时，向委员会申请的程序、委员会处理进程以及向高级法院申诉等事项。此外，还颁布了《土地征用法》，主要授权政府及其代理机构为了确保公共建设、居民住宅、商业和工业用地，可以按照固定价格征用私人土地；《租金限制法》主要用于限制1947年以前建造的私人建筑价格，以免政府在翻新、扩建时无度增加建设成本。

中国香港

1. 实施主体

（1）管理机构。香港于2001年成立市区重建局（以下简称"市建局"），专责城市更新工作。

（2）参与者。政府有关的政策局及部门通过地区规划立法、执法、支援及公众教育等措施，协调市区更新项目。相关区议会，就地区活化项目、更新规划和执行提供意见，并通过各项小型工程和社区建设活动，配合地区活化及更新工作。公营机构（市建局）执行及促进市区更新项目，提供技术和财务支持。私营机构（业主、开发商），统一分散业权进行重建发展。个别业主，承担物业的管理和维修责任，专业人士及非政府机构，为有需要的业主提供支援和专业服务。

2. 主要做法

城市更新主要包括重建、复修、保育、活化。具体做法：

（1）土地征集和住户安置。在采取现行收购方法的同时，一旦90%的业主同意接受收购条件，开发商有权进行强制征购。征集土地补偿方案：①补偿区分自住、出租和空置；②对于非住宅补偿采用市价加营业损失补偿；③对租住房屋的群体运用公屋安置或给予津贴补偿；④试行了楼换楼的补偿政策。安置由房屋协会专门负责，政府按照市价的1/3批给其土地，兴建住宅用以安置住户。

（2）"连系地盘"供地方式。政府采用私人协约方式，将商业价值低的土地和商业价值高的土地打包卖给开发商。

（3）市区楼宇修复。政府提供楼宇修复的专业意见，提供修复贷款、物料款项的资助、费用发还计划。

（4）发展转移权制度。以土地使用权限制的方法，限定该物业不得用于重建，土地发展开发权可转移至指定规划区域内，以相同功能用途进行开发。

（5）历史建筑保护。香港通过完善一系列制度政策，例如规划政策、财政资助、贷款和专业服务制度等，以保护保育历史建筑。

（6）利益分配。如无开发单位参与改造，则由政府获得收益，如有开发单位参与改造，在利益分配上有两种选择：其一是保障开发商收益率为15%，超过15%的部分由重建局收为重建基金，如不足15%由重建局予以补足；其二是亏空由开发商自负，但是赢利却由重建局和开发商平均分配。

（7）资金运作。香港市建局资金筹集途径覆盖了财政、银行、机构、居民等多种方式，不仅可申请财政支持，列入财政预算，而且可引入银行低息贷款、合作建设融资，运用金融机构和机构投资者资金参与规模宏大的重建项目。设立类似"市区美化基金"，通过专门资金来保证小规模修缮性改造。

3. 法律政策

香港于 2007 年 7 月制定了《市区重建局条例》，该条例为推行市区更新提供了一个新架构。2011 年 2 月，修订发布《市区重建策略》，作为香港市区重建的重要依据。

韩国

1. 实施主体

韩国市区重建采取公私合伙，是由区内居民、建筑公司及当地政府组建一个公司，开展重建工作。政府作为规管机构参与其中，业主及重建公司等私营机构是重建的主导者。

2. 主要做法

（1）对老城区的生活基础设施进行重新规划、调整、布设，提高老城区基础设施配套水平和基本保障能力。基于改善居住环境的初衷，对老城区的住宅采取保护修复为主、重建开发为辅的方式，进行改造。结合老城区重建改造进行特色开发，合理发展旅游、商业、酒店等第三产业和小型博物馆、画廊等创意产业，活化老城区整体功能。

（2）文物保育。即坚持保护特色民风，修复和重建的住宅尽量保持原有韩屋特色，并与周边环境相匹配。

（3）资金。每幢房屋政府授予 2000 万至 3000 万韩元的贷款，项目实施机构（韩国国家住房公司）帮助业主改善或改建旧房。

3. 法律政策

1965 年出台首部《城市规划法》，将"城市功能现代化"及"城市商业区重建"定为政府工作的核心要务。1976 年颁布的《城市重建法》确立了公共及私人责任的基本架构，即市区重建部门负责制定重建政策及审批重建项目，私营机构承担工程特殊情况除外。1979 年首次采用城市重建总体规划，经修订的 1981 年《城市重建法》规定，重建必须征得三分之二业主的同意，并举行公开聆讯。

（二）异同点比较

这三个国家及地区市区重建模式基本一致，但实施组织、采取的重建政策各异，其中新加坡的概念规划，香港的补偿原则、容积置换，及韩国的合伙重建等各具特色。

1. 重建模式

均包括四个方面策略：重建、复修、保育、活化。但新加坡政府在概念规划、文物保育方面显然走在前面，这要归功于 URA 身兼规划及文物保育机构双职的机制。韩国主要集中在重建上，而复修及保育工作则相对滞后。香港政府提供多种途径的补助，以激发私有部门参与市区重建，提供资金、维修计划等。

2. 组织实施

均成立了专门的部门进行市区重建的工作。新加坡国家发展部下设的市区重建局，隶属于国家政府机构，负责对市区重建进行统筹协调，职责仅限于审批项目是否遵守现行总体规划，并不担当主导角色。韩国具体项目由地方政府实施，负责制定政策、评估、审批以及监控相关项目的实施情况，同时联合重建公司（由业主及建筑公司组建的一个协会）进行合伙实施。香港成立市区重建局，被确定为一个独立于政府的法人团体，由董事会负责决策和监督，制定市区重建策略。

3. 补偿及安置政策

新加坡主要根据《拆迁法》及《土地征用法》的有关规定进行补偿安置。法律规定，政府如果要征用土地拆迁房屋，被征收人不能反对。同时规定，给被拆迁户的补偿要按照征用之前某年的市价来补偿。韩国《城市开发法》和《土地补偿法》等，对土地征用补偿有着非常详尽的规定。在重建中，韩国业主可获领优先购房证，重新在重建地盘购房，且优先购房证可在市场上转让；在改建时，业主占用人及租户会获得搬迁的现金补偿；在指定重建区，还会在划定区域内建设出租房，以供租户回迁。香港主要采取 7 年楼龄补偿原则和楼换楼补偿手段，同时对符合条件的租户也进行相应的补偿。

4. 社区参与程序

新加坡并无明文规定要求受影响及邻近社区参与重建项目。韩国合伙模式中，须征得三分之二的业主同意并举行公开听证会。香港市区重建方案需先行争得公众同意才能实施，在项目立项和规划阶段，市民可以积极参与。

（三）取得成效

市区重建通过加快老旧失修区的重新规划推动旧区改造、修复楼宇、改善建筑景观以及保留有历史文化或建筑学价值的建筑，以改善住屋水平及建设环境，改善市容，改善街道狭窄情况，改善居住环境等，有助于楼价升值，发展成景点，吸引游客，为区域带来经济效益的同时，可增加就业机会。韩国首尔"恩平新市镇"项目可视为公营部门卷土重来参与重建的标志，从规划到完工历时9年。项目竣工后，整个区域旧貌换新颜，成为一个崭新市镇。在此期间，原有的住宅楼宇全部被拆除，新楼拔地而起，塑造了一个环境友好、多元社区、街区共享的环境，一个犯罪预防（闭路电视系统）、能源节约（小区供暖）和ICT设施齐备的区域。香港从2001—2009年，共完成了41个重建项目，协助377幢楼宇进行修复，保育了超过25幢具历史价值的建筑，并加以活化再利用。

（四）存在问题

虽然市区重建取得了一定成效，但是在实施过程中存在的隐患也不容忽视，例如城市空间重建日趋单一化，缺乏特色，纯商业性质的开发必然导致城市更新重"重建"、轻"保护"，市区重建策略还不够完善，阻碍重建进程等。

三　英国、美国、法国、意大利、荷兰国家城市更新

城市更新（Urban Renewal）是针对城市发展的过程中的城市退化现象而采取有意识的干预措施，解决城市中影响甚至阻碍城市发展的各方面的城市问题，使城市新陈代谢再次发生的行为。核心是对存量土地的资源整合和存量挖掘，转变现有的粗放模式为集约发展模式，为城市经济的发展寻找新的空间。主要包括：重建（Redevelopment）是对城市中严重衰退地区进行清除并作合理的使用；重整（Rehabilitation）是对城市中整体功能仍能适应需求，但出现衰退迹象的地区进行环境改善或局部拆除重建；维护（Conservation）是针对城市中环境状况良好的地区予以保护和维修，并适当补充和扩充必要设施以防止衰退现象发生的一种方式。

（一）主要做法

英国

1. 主要做法

（1）建立城市开发公司。城市开发公司（例如伦敦道克兰区发展公司）隶属政府环境部，由国家政府直接控制且由国家派官员担任，不受地方管制。主要负责土地开发的前期准备工作，如强制收购、土地整理等，将土地出售给合适的开发商；培育资本市场、土地市场和住宅市场等，利用国家公共资金的投入和一些优惠政策，刺激更多的私人资金注入到指定区。

（2）建立企业区。政府和城市开发公司设立企业区通过优惠政策鼓励私人投资，并且把投资从富裕地区引入旧城区的开发与建设中来。

（3）重视公共参与和社区规划。让公众参与到城市更新过程中，变被动为主动，调动公众的积极性，以更快更好更完善地进行城市更新。

（4）注重文物保护。采用整旧如旧的方法，把对历史建筑物的破坏程度降到最低。同时，配合这些建筑物的风格、特色，建造与其相适应的配套建筑，使其自然和谐地融入周围环境中。

2. 资金筹措

起初是政府主导，政府及公共部门的拨款补助为主要资金来源。逐步发展为以市场为主导、以引导私人投资为目的，最后公、私、社区三方合作。此外，中央政府设立基金，各地方政府与其他公共部门、私有部门、当地社区及志愿组织等联合组成的地方伙伴团体进行竞争，获胜者可用所得基金发展他们通过伙伴关系共同策划的城市更新项目。

3. 法律政策

1930 年格林伍德住宅法促进了采用最低标准住房的法规，要求地方政府提出消除贫民窟的五年计划。1980 年，颁布了《地方政府、规划和土地法案》，在立法上确定了城市开发公司的目的是"通过有效地使用土地和建筑，鼓励现有的和新的工商业发展，创造优美宜人的城市环境，提供住宅和社会设施以鼓励人们生活、工作在这些地区"。

美国

1. 主要做法

美国的城市更新运动是自上而下开展的，它先通过国会立法，制定全国统一的规划、政策及标准，确定更新运动的重点及联邦拨款额度，而且由联邦统一指导和审核更新规划，并资助地方政府的具体实施。更新项目的实施更加强调地方性，充分考虑到不同城市的更新需求，由地方政府来提出和确定具体的更新项目。做法如下：

（1）授权区（EZS），分别在联邦、州和地方层面上运作，将税收奖励措施作为城市更新的政策工具。

（2）纽约"社区企业家"模式。纽约市旧城改造过程中，依靠和鼓励贫困社区所在的中小企业参与旧城改造。其目的不只是解决废弃旧房的维修与重建问题，更重要的是对贫民区进行综合治理。

（3）新城镇内部计划。1977年的《住房和社区开发法》（卡特政府）实行了城市开发活动津贴来资助私人和公私合营的开发计划。新城镇内部计划即为其中一种，使私人开发商和投资者获得至少等于投资在其他地方的一定水平的回报。根据该法案，还提供抵押担保，鼓励金融机构利用抵押贷款资金来资助城市开发项目。

2. 资金筹措

（1）税收增值筹资（TIF），是州和地方政府使用的一种融资方式，为在特定地区吸引私人投资，促进地区的再开发。税收增值筹资通过发售城市债券，筹得的资金可以用于改善公共设施，也可用于像私人开发商贷款进行划定区域的建设。城市债券通过20—30年期的地产税收入来偿还。

（2）商业改良区（BID），一种基于商业利益自愿联合的地方机制，征收地方税为特定地区发展提供资金来源。

3. 法律政策

1949年美国住房法规定，清除和防止贫民窟，城市用地合理化和社会正常发展，城市重建采用将清除贫民窟得到的土地投放市场出售的办法。

1954年对城市更新政策进行修正，提出要加强私人企业的作用，地方政府的责任和居民参与。一方面联邦政府为做搬迁用的公共住房增加拨款；另一方面还允许将10%的政府资助用于非居住用地的重建，或者是开发后不用作居住用地，建设商贸设施、办公楼或豪华高层公寓。

法国

1. 主要做法

（1）重建。"二战"后，为了解决住房危机，法国推出了首先以促进住宅建设的量为首要目的的住宅政策，经历了 1950—1980 年这一辉煌的时期，法国城市建设开始注意更新这些已被认为过时的大型居住区。城市更新运动主要表现为对城市衰败地区的大规模"推倒重建"，即重新组织和调整居住区空间结构，使其重新焕发活力。这一时期重建模式主要由政府主导，国家设立国家住宅改善基金，专门用于改善居民居住条件。

（2）保护性更新。对旧城区的活化和再利用，特别是对于历史文化悠久的城市，即保护好历史文化遗产，对建筑进行维修，改造现有城市街区。这种模式抛弃了旧式的政策干预，以市场机制为主导，政府还会提供辅助融资的便利，如设立"促进房屋产权贷款"，专门用于鼓励房产主对自己传统建筑进行改造的低息贷款。

（3）城市土地储备。协议发展区（ZAC）和延期发展区（ZAD）是实施规划的两种手段，是处理法国土地空置问题的两个主要工具，它们创建于 20 世纪 60 年代。ZAC 由城市制定，开发已规划开发的区域，为公共和私人开发商提供合同安排，包括土地整合、基础设施投资和其他与已定综合计划相一致的安排，并将规划和发展批准权下放到已有获批准的土地利用计划的城市。ZAD 将土地征收权赋予国家或其他政府，用于开发或者储备土地。

2. 资金筹措

（1）公共部门完全或者部分的投资城市建设、基础设施、居住、活动场所或者公共空间；例如巴黎市政府的做法是，市政府出资 51% 的股份，与私营公司合资成立一个旧城改造的专业化投资公司，政府为该公司提供信用担保，该公司从银行贷款取得主要改造资金。

（2）私人投资者在市场条件下投资大部分的城市建设活动，但是依附于公共部门的决策。

3. 法律政策

法国在城市更新方面的政策最早可追溯到 19 世纪末英国《工人阶级住宅法》（1890 年），要求地方政府对不符合卫生条件的旧住区的房屋进行改造；1953 年颁布《地产法》，对特定地域范围内的土地的征收获取、设施配套、销售等方面提出了一系列规定，方便了公共机构对新建建筑群体的选址与布局的直接干预；1958 年又颁布法令，提出了"优先城市化地区"（ZUP）和"城市更新"的修建性城市规划制度。1967 年颁布《土地指导法》，提出城市基础设施的建设和有计划开发的建设过程是这一时期城市更新的重点，该法颁布成为国家政府尝试与地方集体合作的转折点。1982年颁布《权力下放法》，结束了大规模建设时期。1991年颁布《城市指导法》。1995年颁布《规划整治与国土开发指导法》。1999年颁布《可持续的规划整治与国土开发指导法》。2000年颁布《社会团结与城市更新法》（SRU），标志着法国城市规划法建设步入了一个新的阶段。

意大利

1. 主要做法

意大利旧城改造较晚，指导思想是最大限度地维持历史旧城建筑的现状，保护其不受损坏，展现原来的风貌，因此所有的城市建设必须以不破坏旧城原有建筑为前提。意大利旧城改造一般由政府进行控制和引导。

2. 资金筹措

政府财政资金在旧城保护与更新中起主导作用，每年约有20亿欧元财政预算用于旧城保护与更新。

3. 法律政策

意大利从20世纪70年代以城市单体工程项目的规划发展为90年代建筑群项目规划，并通过市政府与土地所有者进行谈判获得土地所有权，其新颖性主要体现在规划发挥作用的方式，及参与者和地区资源的整体性，即土地所有者、开发商和城市互相合作。

荷兰

1. 主要做法

（1）住房改造。由政府购买改造区域的大部分私有产权，进行差异化住房改造，专家和居民可参与项目改造方案的制订。①对于质量和状况相对较好的地区，采取以技术改造和硬件改造为主的更新改造方式。目的在于节约成本、降低造价、避免因高价改造而产生高租金；②对于质量和状况相对较差的地区，则采取替换重建的方式。最终起到了改善城市衰败境况的作用。

（2）工业区改造。20世纪90年代末，主要围绕旧城中心区或边缘区大量废弃和退化的工业用地更新，旨在重新利用这些地块在城市中的重要位置，重组和整合这些区域的功能，注重城市功能的多元化和综合开发，并且利用建筑师的参与和设计积极激发城市活力。

2. 资金筹措

起初，改造资金主要来源于政府投资。20世纪90年代后期，因经济环境的变化，开始利用私人资金与公共资金的结合、成立更新基金等，填补复杂问题与有限资金之间的差距。

3. 法律政策

1901 年的《住房法》和 1993 年颁布的《社会租赁房管理法令》是主要的法律框架。它们明确了让社会每个群体，尤其是低收入群体获得舒适和价格合理的住房的目标。同时，荷兰在改造中采取建立紧凑型城市的政策进行土地再开发。

（二）异同点比较

（1）城市更新发展历程方面，欧美都经历了从大规模的清除贫民窟运动到中心区商业的复兴，再到注重整体社会经济效果。在更新方式上从大规模的以开发商为主导的剧烈的推倒式重建，转向小规模的、分阶段的、主要由社区自己组织的循序渐进式的更新。

（2）在实施主体方面，欧美国家基本都经历了从中央政府和地方政府为主到政府与私人投资者合作，再到政府、私人部门和地方团体三方共同进行和控制城市更新开发的过程。

（3）在资金筹措方面，欧美国家提供大量的财政补贴（如英国的城市发展基金，美国开发活动津贴等），利用资金的杠杆效应力图以较小的公共资金带动私人资金投入到城市更新。

（4）在实施组织方面，欧美国家成立类似的组织对城市更新授权管理，执行政府的财政措施，对授权区的土地、基础设施进行经营开发，实现更新改造的目标。

（5）在开发策略方面，美国城市更新是将影响城市整体功能发挥的破旧房屋予以拆除，代之以崭新的建筑和街区；而英国城市更新是在原有城市的基础上进行改造和修缮，使之达到可接受的水平。法国和意大利城市更新更强调对于历史文化建筑的保护。

（三）取得成效

欧美国家城市更新的实施不仅美化城市形象，也为城市发展拓展空间，同时有效防止了城市退化现象，增强了城市中心的吸引力，也带来了一定的经济和社会效益。

（四）存在问题

在欧美国家实施城市更新过程中，也遇到了多种多样的问题，例如城市更新破坏了原有社会关系，加大基础设施建设压力，原有建筑结构的改造和修缮，无法解决影响城市整体功能发挥的制约因素，城市建设单一化，缺乏多样性，损害社会公平，加剧城市与郊区、社会不同阶层的隔离与不平等。

四 美国、加拿大、德国、英国棕地开发

棕地开发（Brownfield Redevelopment）是指遭受过污染的棕地经过治理以后，可以被开发成各种用途的用地，这一治理与开发的综合过程，其主要目标是土地再利用，将土地重新纳入到产权市场的经济循环中。

（一）主要做法

美国

1. 实施主体

美国棕地开发由联邦政府、州政府、地方政府、社区以及非政府组织负责实施，形成了自上而下共同参与的管理机制。美国环保局是治理的主导机构，研究和执行国会颁布的有关法律条令，提供资金资助，并提供相应的咨询与服务，指导调研及污染的定性、定量分析工作。

2. 主要做法

美国棕地开发是从规划、清理到建设、入住的过程。由污染场地的初步评估、地块调查、各污染地块优先整治排序开始后，进行整治调查和可行性研究、选择方案、撰写计划书、社区公众参与、决定最佳方案、完成决策记录、执行整治和长期修复维护等程序。

3. 资金筹措

美国建立了一种有效的资金筹集和管理方式——"超级基金"。它指出受污染土壤的治理费用由发生危险物泄漏的设施所有者或营运人或设施所处土地的所有者或营运人承担。在无法使上述主体支付费用的情况下，治理费用由超级基金承担。美国还积极采用补助金、税收优惠和其他的手段来推动社会团体参与棕地修复和再开发活动。

4. 法律政策

为了促进美国棕地治理和再开发，联邦政府制定了专门的计划与一系列政策法规，如《综合环境反应、补偿和责任法》（又称《超级基金法》）、《棕色土地行动议程》、《棕色土地全国合作行动议程》、《棕色土地经济振兴计划》等。

加拿大

1. 实施主体

加拿大联邦政府负责"棕地"再开发战略层面的工作，具体包括如何做好战略性投资、如何建立一个公共政策部门，有效管理环境保护的责任与风险及如何提高公众的意识。

2. 主要做法

加拿大环境委员会于 1993 年批准了"污染土地责任报告——加拿大统一行动建议原则"，为各级政府被污染土地管理提供了一个指导框架。同时，各省区分别制定了棕地治理的政策和指导方针。主要步骤包括立项—法律程序—实施。

3. 资金筹措

加拿大政府对"棕地"没有任何的资金支持和财政鼓励。仅安大略省和大不列颠哥伦比亚省 2008 年实施了财税刺激计划，魁北克省则提供一定的资金支持。除此，部分市级政府有一些适当激励措施。

4. 法律政策

加拿大制定了一系列开发政策、方针，加强了立法力度，促进棕地开发。安大略省《棕地法 2001 修正案》通过法律支持政府参与和协调棕地再开发，同时通过修改《环境法》、《规划法》、《教育法》等 7 部法律来解决环境污染治理的标准、技术难题，财政支持和规划方法等障碍。

德国

1. 实施主体

棕地再开发参与者包括地方政府、城市规划和经济发展部门、鲁尔集团及其分公司（MGG）以及开发项目的受益人。

2. 主要做法

（1）国际建筑博览会的宏伟计划（IBA 计划），主要针对鲁尔区存在的问题，借助大型国际展览的轰动效应来推动旧工业区更新。

（2）现状调查并进行分级。对转变使用性质的工业用地，在按照新用途使用前，对土壤环境进行分析调查，摸清状况，并根据危害程度进行分级，清理污染后，再实施一些创新项目。

（3）闲置用地处理。主要采取有效的土地回购方式，发挥市场的调节作用，通过各部门和各组织机构之间的协作，建立完善闲置土地利用体系，进行开发利用。

3. 资金筹措

由州政府发起，进行最初的公共投资，之后随着项目的推进，逐步吸引当地政府和社会私人资本的进入棕地开发。

4. 法律政策

1960 年编制《鲁尔区区域发展计划》，1980 年"鲁尔区城镇联盟（KVR）"提出《鲁尔区开敞空间体系》，1999 年生效的《联邦土壤保持法》、《区域规划法》和《建筑法》等，前者制定了全国通用的风险评估和清理标准的法律规定，并为清理计划和治理合同提出了一些指导原则，后两者涉及地表开挖和限制新地开发等方面的规定，并对土壤处理问题提供了基本指南。

英国

1. 主要做法

英国棕地再开发包括项目启动、现场资料采集组合、现场评估、风险分析、细节设计、可行性研究、规划与监管部门的批准、土地与开发金融、招标、施工、销售与市场。

2. 规划体系

英国主要是通过土地利用规划政策体系，而非强制性法律。1990 年《城乡规划法》中，棕地的再开发规划许可包含地块调查和评估，及污染治理的要求。对超过一定规模的项目，要求评估环境影响，作为规划审批的一部分。

3. 资金筹措

为鼓励开发商利用"棕地"投资开发，政府给予减免税收的优惠，如直接审批制度；给予津贴和低息贷款，并通过各类税收调节土地资源配置，同时增加闲置土地的压力。英国还设立了遗弃土地基金（DLG），提供补贴，并建立企业区，为企业提供税收减免，从而促进废弃土地的再利用。

4. 法律政策

英国的环保法律对棕地的清理责任做了限定，减少了条框的约束与过

多强制性清理义务，以免对房地产市场产生负面影响。英国政府积极推进
"棕地再利用计划"，即对原有未充分利用和低效用地进行再次开发利用。

（二）异同点比较

1. 关于棕地开发组织实施主体

大多数西方国家棕地再开发工作是由中央政府推动，由地方当局来具
体实施。

2. 关于棕地开发中的利益关系

开发中的利益关系基本一致。①政府、开发商、土地所有者、污染企
业等为棕地开发提供政策、经济、技术上的支持，其作用始终贯彻于开发
的每一个环节，与开发成败有着直接利益关系。②社区、人民等有监督、
促进的作用。

3. 关于棕地开发规划

规划体系包括城市土地利用规划及城市生态环境保护规划等。在规划
中，将土地的污染状况作为确定用地功能的一个重要因素，对已经确认受
到污染以及那些不存在污染的工业用地的开发利用进行限制。

4. 关于棕地开发基本程序

具有基本一致的程序。首先是调查登记，建立环境污染状况档案，作
为重要历史依据。其次是风险评估。

（三）取得成效

（1）减轻绿地开发压力。如能充分利用棕地，即可减少或延缓对绿
地的开发利用。从而间接地使绿地得以保持现状，减轻绿地的开发压力，
及减少城市边缘的无序蔓延。

（2）提升自然环境质量。棕地再开发项目的成功一般均能较大改善
环境质量，提升土壤、地下水及空气质量，改善居住条件，增加视觉美
感，提高生物多样性，从而带来各种环境收益。

（3）使城市衰落地区获得再生和发展的机会。棕地一般处于城市相
对衰落区，棕地再开发有利于社区复兴，能够增加政府税收收入，并提供
就业机会，减少犯罪率。

（4）提升棕地所在地及相邻地区不动产的价值。棕地再开发将降低
风险，提升环境质量，则有利于提升不动产价值，吸引更多投资及旅游

价值。

(5) 棕地再开发能够一定程度利用现存资源。现有资源包括人力、物力、交通、供水、供电等。其直接利用能够减少一部分棕地再开发的投入成本。

(四) 存在问题

由于政策的不确定性、信息不对称、资金不充裕、监管的延迟等，棕地再开发同时将面临环境、财务 (负债、产权纠纷、额外的成本)、政策不完善，审批烦琐等风险，造成开发者高估棕地再开发成本或低估再开发的收益，导致棕地再开发数量减少，开发成本较高的棕地可能遭遇二次遗弃。

五　基本经验与启示

(一) 满足多元需求是存量用地再开发的动力

分析英国、美国、法国、意大利等不同国家的城市更新的历程与实践，存量用地再开发应遵循城市发展的客观规律，秉承有机更新的原则，从不同城市、不同地区发展的实际问题出发，采用保护、整治、重建、开发利用等不同途径实施。并将可持续发展理念贯穿于整个开发过程，实现城市由传统的物质更新向融合社会、文化、经济和物质空间为一体的全面复兴，强调更新规划的连续性及城市的继承和保护，而不仅仅是旧建筑、旧设施的翻新或重建，也不是单纯以房地产开发为主导的经济活动。

(二) 严格的法律制度是存量用地再开发的基础

不同国家不同模式的存量用地再开发，都建立了一套严格的法律政策体系，详细规定了实施的内容、目标、程序、各方的责任义务等相关内容，以法制约束和指导管理工作，确保在有各方参与和资金保障的前提下，顺利推进存量用地再开发。如日本和台湾的重调以立法为基础明确规定了土地重划的内容、目标、程序、规划设计、资金来源以及处罚措施等；新加坡、中国香港及韩国市区重建也借助完善的法律体系，解决了多种所有制下土地配置及社会分配利益等问题。因此，我国有关部门也需根据发展形势、政策实施的效果适时做出政策的调整，并对相关法律法规及时修订，以满足存量用地管理的需要。

（三）明晰的权属关系是存量用地再开发的必要条件

存量用地再开发中涉及多方利益关系，如处理不好，会造成冲突，影响存量用地的在开发进程。一般来说，对土地私有制的国家，产权明晰，增值收益主要归土地所有者，政府有小部分收益；而对国有和私有共存的国家，因政府公权力，可利用法律征购土地，增值收益由政府支配。如日本和中国台湾实行土地私有制，土地产权和房屋产权明晰，产权主体相对单一。在土地重整过程中，比较容易进行土地产权的调整、计算公共用地分摊比例、评估不动产价值和分配土地增值收益。香港集体出售及统一补偿标准的做法对开发商的收益予以了保证和限制，同时设立的申诉机制，解决了改造中的纠纷，值得我国解决土地产权征收问题借鉴。

（四）科学的规划控制与引导是存量用地再开发的前提

通过系统科学的规划引导再开发项目，既能解决近期发展需要，又能为长远发展留足空间。如新加坡从战略规划（概念规划）到本地规划（开发指导计划和城市设计规划）再到调整职能（开发控制），建立了一整套涉及规划编制、规划执行、规划管理的体系，为市区重建提供了方向。同时，良好的规划体系也是控制与管理污染土地置换开发的手段，包括城市土地利用规划及城市生态环境保护规划等。这些规划将土地的污染状况作为确定用地功能的一个重要因素，对已经确认受到污染以及那些不存在污染的工业用地的开发和利用进行了特别的限制。

（五）政府或专门机构在存量用地再开发中发挥重要作用

要建立一个有效的存量用地再开发机制，政府的积极作用不可替代。英美等国家联邦政府在城市更新中，既要运用一些激励性政策吸引私有部门对城市更新进行投入，又要维护公众利益，为社区创造条件，在三方伙伴关系中起到协调、引导、监察和调解的作用，确保社区利益不为商业利益所吞没。此外，许多国家还设有权威的部门开展重建更新等工作，包括政府专管部门、隶属于政府部门的机构（如新加坡的城市重建局）、独立于政府的机构（如英国城市开发公司、香港市区重建局），同时还有政府、私人及居民共同组成的机构。不同部门各司其职，协同配合，对需要改造的工程制定详细的调查、规划与管理策略，从而形成了良好的实施管理机制体制。

（六）多样化的资金筹集及改造模式是存量用地再开发的保证

各国各地资金运作方式多样，有通过政府财政支持运作的，有通过地方机构和联邦政府的补贴来筹集改造资金的，也有利用私人和社区资金包括超级基金、政府部门的资助以及各社会经济团体的投资。借鉴日本和中国台湾的经验，建立多种融资渠道，可降低融资风险，从而在资金上保证重建工作顺利开展。在运作模式上，借鉴中国香港、新加坡等的经验，可建立多元化的重建模式，对于不同的改造对象、改造方向，在符合规划的前提下，可以采取灵活的改造模式。如鼓励私营机构参与改造、也可以采取重建局与开发商合作改造的方式、或由重建局自行改造，给市场提供较大的选择余地，从而缓解政府在市区重建中因人力、物力和财力压力而影响改造进程。

六　对我国存量用地再开发的建议

（一）因地制宜、适时适需逐步开展存量用地再开发

我国已经进入了经济发展新常态阶段，转变经济发展方式、促进新型城镇化发展迫切需要转变土地利用方式，推进存量用地再开发工作。全国各地应结合本地实际，遵循客观规律，按照因城制宜、量力而行、量力而为的原则循序渐进地开展存量用地再开发，采用保护、整治、重建、开发利用等不同途径推动城市更新，避免出现城市空间重构单一化。

（二）树立城市理性增长、节约集约用地、可持续发展的理念

城市土地二次开发是城市理性增长的必要手段，是城市经济发展的必然选择。美国的精明增长、荷兰的紧凑型更新、中国台湾和日本的土地重划、欧美的棕地开发等都是城市理性增长的体现。中国与其他国家相比，土地资源供需矛盾更加紧张，因此需对城市土地资源进行再分配，改变以往主要依靠新增用地的扩张方式，挖潜存量建设用地，树立节约集约用地

的理念，建设"紧凑型城市"，变以经济利益为主导的发展模式为以环境、经济、社会的可持续发展模式，为存量用地再开发的顺利推进提供良好的思想基础。

（三）完善相关法律法规，为存量用地再开发提供政策保障

存量用地再开发涉及政策面广，包括城市规划、税费、社保、城建等各个方面。而我国总体上法律制度相对比较薄弱，出台的政策文件缺乏系统性或高层面的指引，或存在时间限制及与现行法律、法规有冲突的地方等问题。虽然近年在各地实践中，陆续出台了一些地方性规章制度，但由于层级相对较低，无上位法的规定，特别是关于农村集体建设用地流转以及农村土地所有权归属和保障方面缺乏完善的法律制度。因此，在完善相关法律基础上探索一条让集体土地和国有土地在城市化过程中真正实现平等的路径，才能长期推动存量建设用地再开发的实施。

（四）明晰土地产权，注重保护各方权益

明晰土地产权，便于协调各方利益关系，合理分配土地增值收益，对调动各方参与存量土地再开发起到积极的作用。我国现行实施城乡二元体制，权属复杂，改造过程中所进行的土地置换和权属变更，必然会影响到土地产权人的利益。建议明晰存量用地再开发过程中的土地产权调整及土地收益分配关系，将整理后的利益分配与整理工作相互联系起来，才能充分调动各方利益主体的参与积极性，推动土地开发向着更加公正、平等的方向发展。

（五）强化规划的控制和引导作用

城市存量用地再开发是在土地利用总体规划、城市规划、产业规划等多种规划体系共同结合的基础下开展的。目前我国多数地区规划编制缺乏统一标准，相关规划衔接不够。主要体现在一方面改造地块数量多、布局散，为规划编制过程中的整体统筹，城市空间布局的协调引导带来一定的难度；另一方面目前的规划中多为一些宏观定性的内容，规划标准方面的内容较为缺失，对地块重新规划建设的成本、地块内土地权属状况等再开发层面的因素往往考虑得少，与其他相关规划衔接也还不够。因此，建议进一步强化规划的控制和引导作用，合理安排用地功能，优化土地用途配

置，才能真正达到城市转型，实现城市结构优化。

（六）转换政府角色，积极发挥政府统筹引导作用

在我国存量用地再开发工作常存在市场失灵的现象，如市场的逐利行为和投资者的趋利性，造成开发主体往往关注区域位置优越、基础设施配套较为完善的地区，也更愿意投资一些收益多、见效快的项目，对于一些亟须改造的地区和涉及民生的项目，一般缺乏积极性。以房地产主导的存量用地再开发存在实体经济发展后劲不足，资金运作不良，容易造成地区产业结构的空洞化等问题在地方实践中也普遍存在。因此需要政府统筹引导，积极发挥政府在存量用地再开发中监管、服务等作用。

（七）拓宽改造的融资渠道，建立多元化运作模式

有充足的、多种形式的资金支持和多元化的运作模式，可减轻存量用地再开发的压力。在我国，运作模式尽管多样，但资金渠道单一已成为存量用地再开发顺利进行的一大瓶颈。因此，可尝试借鉴国外融资经验，通过发行发展权债券或者设立发展权银行、基金等形式来吸引社会资金，设立如城市开发公司、市区重建局之类的权威机构，采取多样化的运作模式，以保证存量用地再开发顺利进行。

第十二章

新型城镇化战略下存量建设用地
再开发的权衡与管理

存量建设用地再开发的背后是财富的积累和重新分配。本书前面所讨论的在全国不同地区的案例无不印证了这个论断。对于政策的制定者和实施者来说，如何设计和执行相应的存量建设用地再开发政策改革事关新型城镇化的效果。而对于理论研究者来说，也十分关心如果能够给予适宜的政策评价并提供恰当的政策建议。本章作为整本书的结论章节，试图对当前的存量建设用地再开发相关政策及案例的评价进行归纳和总结，以期为当前和未来一段时期存量建设用地再开发政策改革给出建议和启示。

一 存量建设用地再开发难题：如何找到
背后的"社会规律"

存量建设用地的再开发本质上是为了适应经济社会发展的要求而进行的土地用途上的调整。外部条件变化了，资源配置进行相应调整理所当然。似乎这是一个再清晰不过的命题。然而，现实中的存量建设用地再开发，重来不是理论上将土地资源重新配置以追求资源配置效率的简单的过程。虽然现实的目标可能仍然是效率导向，但效率的内涵明显发生了变化。效率不仅仅是土地资源配置效率，还要考虑土地资源重新配置所付出的额外的代价，比如利益主体的"讨价还价"、"钉子户"或"搭便车"。而这些现象的成本在传统的资源配置效率理论中被忽略。即，虽然存量建设用地再开发很可能是"皆大欢喜"的结果，但并不一定得到"皆大欢喜"的认可，人和人之间的利益冲突往往制约着现实中存量建设用地再开发的实现。

336 新型城镇化战略下建设用地再开发政策的理论与实践

因此，我们需要重新审视建设用地再开发这个资源利用的过程。从物理层面上看，它意味着土地资源在使用的用途和利用的强度上的变化。这是"不以人的意志而转移"、"放之四海皆准"的土地物理状态和质地上的变化。但是，当把存量建设用地再开发放到不同的经济社会背景下，其引起的社会变化以及反过来造成的土地再开发在财富积累、收益分配和外部效应上的变化则千差万别。这意味着在社会层面上，存量建设用地再开发的内涵和结果更为复杂——它不再仅仅遵循物理规律的引导，还受到人类社会不同要素的影响而必须遵循着某种"社会规律"。

这种"社会规律"实际上就是土地再开发初始状态下不同的经济社会背景、法律规章等制度上的约束、相应行为人的偏好和特征，以及土地本身的自然特征等，这些因素的相互作用就形成了一种"社会规律"决定着不同国家和地区存量建设用地再开发的结果。如果不能把握这种"社会规律"的引致作用，就无法理解土地再开发的过程和预测再开发的结果，进而无法对特定条件下土地再开发进行"合理"的管理。然而，对这种"社会规律"进行理解和把握是个不小的难题。

全书实际上就是在致力于理解土地再开发的这种"社会规律"，并在其基础上探索人类是否可以找到合理的管理规则来约束自身的行为，进而实现土地资源在遵循"物理规律"的同时又实现更好的"社会规律"结果。

二 难题的核心：财富增长与分配

存量建设用地意味着已经存在着相应的利益主体在利用着这些土地。再开发不再是将"荒芜的"或者"未曾利用的"土地资源进行配置以实现土地收益和人类财富的增长，而是对已经利用的土地进行再配置的过程。该过程势必影响到现有的利益主体及其相邻或相关主体的利益，这造成了再开发过程中（潜在）的冲突。

因此在现实中，存量建设用地再开发的核心除了是能够满足配置效率提升以实现财富增长之外，还必须包括如何分配这些增长的财富。只有同时满足这两个条件，再开发才有可能顺利实施。然而因为土地再开发本身的特征，比如区位异质性和土地利用的溢出效应等，造成了相关的利益主体并不总是按照"集体利益最大化"的原则进行决策。

　　比如，通过再开发改变存量用地低效和粗放利用的局面对改善整个区域的土地市场价值有着促进作用，同时也会引致周边土地资产的升值。未参与再开发或没有为再开发投资的相关利益主体也能够不费成本地从再开发过程中获益。这是因为技术或制度上的成本过高，参与再开发的利益主体基本无法制止其他利益相关者无偿分享再开发的增值收益。如果面临个别不愿意参与再开发，但其所在的土地又决定再开发实施的情况下，"钉子户"的问题将进一步影响到再开发的效果。

　　另外，即使在主动承担再开发成本的利益主体之间，也会出现前期成本分担和后期收益分配上的"讨价还价"。公平合理的分担和分配规则是一种普世价值，然而现实中可能因为初始资源禀赋、社会地位的异同、法律法规的限制等因素的影响而出现非公平合理的局面，这也决定着理论上的财富增长是否能够得以实现。

　　可以看出，存量用地再开发从本质上看是一个公共物品的供给与利用问题。它在实践过程中常常遭遇困境。简而言之，就是只要存在潜在"搭便车"的可能，大多数人都不愿意积极主动地承担自己应支付的成本，最终导致存量用地的价值增值这种公共物品供给不足甚至是零供给。同时，由于诸多分散的土地产权人之间拒不合作或互设障碍产生了大量交易成本，再开发所实现的增值收益这种公共物品只能被低效利用甚至处于闲置状态。无论是哪种情况下的困境，存量建设用地再开发的"人为规则"决定着再开发的最终结果和绩效。因此，我们可以从人为规则（即不同类型和不同级别的制度）的角度出发来寻找解决再开发难题的答案。

三　存量建设用地再开发的管理方式

　　在"社会规律"中，能够被人类主动利用来改变资源利用结果的因素是所谓的制度。然而，无论是土地的产权还是收益分配，现实中土地再开发并没有统一的管理制度。甚至即使在一个国家范围之内，也同时存在不同的再开发模式。这种现象引起了全书在分析管理方式上的思考。

　　根据福利经济学第一原理，在一定的前提下市场能够有效地实现资源（或者商品）的配置效率。这些前提包括产权被清晰界定、所有的生产和消费者面临完美的竞争条件、交易费用为零，以及没有外部性。该原理为市场的有效性提供了理论支撑——只要看不见的手能够有效运转，"帕累托最优"就能够实现。

当然，福利经济学第一原理所需要的前提假设在现实中几乎不存在，土地的再开发也不例外。任何一块土地都具有在区位上的特殊性和固定性，土地的价值很大程度上也依赖于地块本身以及周边地块的用途和特征。相邻地块上的权利主体的行为往往影响着某个地块的市场价值，然而市场本身并不会对这种影响进行奖励或惩罚，即土地的市场体现着显著的外部性。而土地本身的位置固定性也引起了市场的另一个失灵：即市场力量的不均衡（market power）。土地再开发往往需要若干块地块的整合，而自然地引致利益主体的市场力量不均衡，即买卖双方面临着"钉子户"问题和"锁定效应"，进而导致买卖双方市场谈判的能力也发生变化。问题是，当再开发的决策主体认为谈判的过程难度较大，往往会"望而却步"，即降低投资甚至退出这个市场，这最终造成再开发本身的低效率。

在这种情况下，市场就不再是存量建设用地再开发最优的管理方式。理论上的解决办法就是通过法定的强制力来征收相应主体的土地以满足公共利益为目的的土地再开发。当然，强制征收的前提是给予相关主体利益上的补偿（比如以市场价值为参照的补偿）。但是，因为市场本身不存在（或者失灵），征收补偿往往由决策者、专家或法院裁决。这种人为确定的补偿往往也存在问题，并不能很好地体现土地的市场价值，更难以体现土地所有者自身的权利。

所以，虽然这种强制征收的权利能够有效解决"钉子户"和"锁定效应"这些问题带来的成本，但在确定补偿标准上的争议以及在界定是否可以行使强制征收上又面临额外的成本。更严重的是，如果利益主体不具有公平的政治或法律权利，有可能面临利益受损的境地。而这反过来有可能刺激公权力的实施者在征收土地上的动机，导致土地再开发在资源配置效率上的低下。

当然，在利益分配上，公权力的实施也有着与市场机制不同的绩效。在市场机制中，土地再开发后的增值收益一般是通过供需双方在市场交易过程中的谈判确定分配的比例，不过这个过程中无法实现对未参与再开发的相邻地块的权利主体"搭便车"的收益的再分配。而政府的公权力在对参与再开发主体间的利益分配上可能面临低效或有偏决策的情况，但在对相邻地块权利主体的"搭便车"的行为却可能有着更为有效的管理，比如通过税收的方式进行增值收益的再分配和管理。

很显然，市场和政府两种"常规"的手段在建设用地再开发上有着各自的优势和劣势。本书前面的内容也揭示了相应的优劣势在现实中的具体的体现。除此之外，我们也讨论了第三种管理的方式，基于产权自发调整的存量土地再开发模式，即所谓的自组织模式。

为了规避市场中的"钉子户"等问题，同时也避免外部强权干预的劣势，利益主体通过自发组织的方式，解决了市场和政府手段的难题。产权主体将各自的土地自愿投入一个集体化的产权主体，由这个新的产权主体开展再开发项目，既解决了（市场机制）可能的钉子户问题，又降低了购买整合土地的前期投入，还解决了（相对应政府强制的）分配过程中的信息不对称和部分权益人无法协商自己权益的难题。自组织下的产权交换，保证了单个主体的利益不受损（实际上一定是增加了），同时分配的规则又是按照项目初期相关利益主体贡献的土地投入的比例进行，这也意味着利益主体能够很好地分享再开发的收益。

当然，我们也不能忽视自组织本身的成本或者劣势。首先，自组织的集体行动存在明显的协商成本。协商成本的大小取决于这些权利主体是如何组织的，如何相互沟通以及他们之间的利益目标是否一致。其次，相关的因素，比如集体规模的大小、相互信赖的程度、声誉和互惠的意愿等都影响着自组织的协商成本。合作的历史、次数等也影响着合作的意愿和效果。另外，在收益或成本的分配上，自组织的协商成本一般也是由利益主体自己承担，而在市场或政府手段下，这些成本是由市场个体（比如开发商）或者政府承担。同时，在增值收益分配上，未参与再开发的利益主体的"搭便车"行为在自组织模式下一般也无法得到有效的应对。

综上所述，存量建设用地再开发的管理方式，理论上存在市场、政府和自组织三种典型的理论模式。在前面的各章中我们通过现实中不同的案例也进一步描述了这些模式的表征和具体的治理结构。面对着三种手段都存在各自的优势和劣势，自然而然我们想到的问题就是现实中我们该如何选择这些模式？

四　管理方式的权衡：过程效率的视角

三种管理模式不存在绝对的优势和劣势，那么就意味着模式的选择是不同目标上的权衡。权衡的标准可以包含很多，比如资源配置效率、收益分配偏好等。本书在对三种管理方式进行权衡评价时，主要采用了一种过程效率的权衡思路，即给定具体的再开发项目，评价再开发在实施和管理过程中的交易费用在何种模式下最小。最小的交易费用，意味着过程中的额外损失（即经济学上的租值耗散）被尽可能地降低了。

　　从交易费用经济学的视角看，治理结构的选择是一种匹配的结果。把具有特定特征的"交易"和具有不同绩效的治理结构进行匹配，以达到节约交易费用的目的。对存量用地再开发而言，理论上以下因素将影响再开发过程的交易费用，进而影响到治理结构的选择。

　　第一，存量用地再开发本身的特征，包括再开发投资的专用性、潜在的风险或不确定性、再开发的频率和规模等。这些特征都与再开发过程中的交易费用有关。以投资专用性为例，若专用性程度较高，投资者势必需要耗费额外的成本来保障投资的安全以及再开发目标的实现。此时，采用具有层级制特征的治理结构（比如政府主导模式）来避免再开发过程中的各类机会主义行为，从而起到降低交易费用的目的。

　　第二，利益主体的特征对再开发过程的交易费用也有影响。比如，个人的资金实力和个人的能力及品格等；政府的执行力、公务人员的廉洁和正直程度，以及不同级别公务人员的目标是否保持一致等也是重要影响因素；存量土地所在社区或者集体的成员数量、目标和利益的可协调性、合作的意愿、协商机制是否存在等也将影响再开发的实际效果。

　　第三，存量用地再开发的外部环境，包括再开发地块所涉及的自然、经济、社会、文化等。这些要素会影响到再开发过程中的交易费用、潜在风险以及再开发主体的具体行动，进而影响治理结构的选择。譬如，一个对以集权方式管理有依赖的地区可能会倾向于选择层级制的治理结构。而一个成员间相互信任程度高的社群可能更倾向于选择自组织来管理存量用地再开发。

　　值得强调的是，在第十章我们把存量建设用地再开发按照四个步骤进行分解，并对每个步骤中影响治理结构选择的因素进行了系统的描述，该章的分析实际上给出了理论分析的一个系统的框架。对应到现实中，因治理结构的表现形式具有多样性，系统的分析框架只是提供了一种分析思路，为了验证理论逻辑的可靠性以及指导实践，需要根据具体的案例来分析。这也是为什么本书大部分的章节都尝试用具体的案例比较来阐释各地存量用地再开发管理模式的选择逻辑和绩效。

五　存量建设用地再开发管理方式选择的逻辑

目前，无论是城市还是农村的存量建设用地再开发，都是以政府主导为主要管理模式。市场作为配置资源的主要手段之一，虽然逐渐引起了地方政府的重视，但总体上只是一种补充性质的手段。全书在对不同地区的案例进行比较分析的基础上，初步对不同管理方式选择的原因、制度绩效和当前实施过程中面临的一些难题进行了归纳总结。这些结论对于存量建设用地再开发的政策设计和改进还远远不足，本书的结论只是提供了后续研究的一些基础。

另外，我们必须认识到当前存量建设用地再开发的模式还没有进入一个可以让决策者自由选择的状态。理论上所谓的政府、市场或者其他的方式，对于具体的地方政府来讲并不是"工具箱"中的工具，这是因为现有的制度环境的影响。我们国家的土地管理一直是以计划配置和集权式规划管理为主的体制和机制，这对讨论影响模式选择的具体的因素带来了很大的限制。因此，实践中所选择的管理方式，有可能与相应影响因素的理论分析推论不一致。我们不能草率地认为一些地方政府的实际选择能够证明相应的影响因素的理论推论，有可能是现有的体制和机制不允许做出额外的选择。

（一）城镇存量建设用地再开发

1. 影响模式选择的主要因素

在政府主导城镇存量建设用地再开发的大背景下，虽然我们不能推论出决定政府主导、市场参与或者自组织等不同模式选择的影响因素，但是我们至少可以通过案例分析得出什么因素需要政府主导，什么因素引致市场和自组织的出现。而这些因素的总结，实际上为我们思考不同模式选择提供了基础。

总体来看，如果待开发的土地的零散程度比较高、土地权属的复杂程度比较明显、土地规划等制度环境的约束等都显示政府主导是一种合适的管理方式。

比如第四章中南昌的万寿宫街区，由于项目所处区域为旧城历史文化旅游街区，为了维护城市传统风貌特色，保护历史文化街区、历史建筑以及不可移动文物，土地规划用途的外部性程度较高，此时市场模式难以将这些外部性内在化，而政府主导模式能够体现其作用。而在邛崃西街再开发项目中由于土地形态零散破碎的程度非常高，单一破碎的地块难以开发利用，并且面积最大的两宗土地——西街小学地块和真丝厂地块也由政府所有，所以政府主导的方式仍然是最合适的管理方式。类似的，深圳沙湖社区再开发项目被规划为营利性较大的产业发展和生活居住用途（虽然没有明显的外部性），但土地的零散破碎化程度大、产权复杂程度较高的原因（比如仅41.8%的建设用地权属无争议），这些都揭示政府主导模式可能是最佳的管理方式。

当然，现实中的案例也揭示了政府主导并不总是具有绝对优势。很多地方案例已经引入了市场的手段来补充政府主导的模式。第六章中平湖、襄阳和成都三地的市场参与城镇存量用地再开发案例一方面揭示了市场手段相对传统政府主导方式的绩效，另一方面也揭示了四类因素能够显化市场的手段的绩效。第一，再开发土地增值收益的空间应相对较大，否则失去了私人提供"公共物品"的前提。第二，市场行为主体间的利益具有一致性，存在互利互惠的可能。第三，存量用地及地上房屋权属状况相对简单，利益主体的数量和规模有限。第四，政府有"放权"的意愿并能够更好地发挥作用，比如不仅体现在为市场主体参与城镇存量用地再开发提供必要信息，促成利益主体的互惠合作，还体现在为市场参与模式的建立提供原动力。

类似的，在地方政府的引导下，社区居民可以通过自组织，协调社区集体、居民个人、地方政府之间的利益分配关系，从而推动改造地块的土地整合再开发。这种自组织的模式作为政府和市场手段之外的第三种方式，也在一些条件下可以发挥更显著的绩效。正如在第八章中深圳和成都的案例中所揭示的，有两大类因素为自组织模式体现绩效提供了条件。

第一类因素是再开发土地本身的属性，包括土地及地上房屋的产权界定相对清晰；土地权利人众多且个体利益偏好不同；土地增值空间巨大，容易出现利益分配不均。前两种特征决定了政府主导和基于私人利益取向的市场主导的模式并不能适应城中村和棚户区的改造，存在天生的缺陷。比如，政府在面对众多权利人的不同补偿条件时往往感到力不从心，需要耗费大量的人力物力，最后还要对钉子户采取暴力拆迁的手段。而市场主体更多考虑的是自身改造的利益，也难以进行土地增值收益的公平分配。

总之，地方政府在意识到其他模式在城中村和棚户区改造的过程中，容易出现拆迁补偿的纠纷和钉子户困境，才将解决的方式转向了自组织模式。

第二类因素就是外部环境的变化。地方出台的一系列鼓励自组织实施城镇存量建设用地再开发的政策，往往会诱发社区自组织模式的出现。也就是说，城镇自组织模式并不是自发产生的，需要有政策、法律等外部环境的推力。另外，能够有效实施自组织开发的地区，多满足三个条件，即当地具有成熟的自治组织体系；集体已经或者能够制定了合理的利益共享方案；同时，当地政府角色发生了转变，对个人以及社区集体分享增值收益持鼓励的态度。比如，深圳的南布社区原有的社区基层组织作为城中村改造的自治组织，在"整村统筹"代表社区居民自主进行决策。南布社区通过与坪山新区政府制订总体改造方案，与社区居民制订拆迁补偿方案，解决了不同利益主体之间的利益分配问题。又比如，成都的曹家巷的居民通过公开透明的民主选举，组建了"自治改造委员会"（以下简称"自改委"）。"自改委"代表社区居民与金牛区政府进行了反复协商，最终确定了双方都满意认可的拆迁补偿方案。

2. 实践模式面临的挑战

虽然实践中不同的管理模式都在发挥着一定的绩效，都有存在的理由，但是不同的模式同样都面临着一些条件的制约。

政府主导模式在实际再开发过程中主要面临征地补偿标准的合理性、政府本身的债务以及政府决策低效等方面的影响。比如，在第四章中的南昌万寿宫街区、成都邛崃西街、深圳沙湖社区三个再开发项目中，产权人都获得了高于当前价值的补偿。不可否认补偿标准的提高最终实现了土地利用效率的提高，实施成本也在可控的范围之内，短期来看绩效是明显的。然而，补偿标准过高则可能会降低公共财政的使用效率，损害社会公平和公共利益，同时形成不良的补偿惯例使得后续项目越来越难以开展。而深圳和襄阳的事例表明（参见第四章），由于对于市场信息掌握不充分，并且往往偏好大手笔的政绩工程和面子工程，政府主导的土地开发往往会出现规模过大的情况，造成土地闲置和浪费。这一方面造成了政府财政压力和债务风险加大，另一方面可能造成经济的虚假繁荣，土地和新建楼宇的大面积闲置本质上是对社会不利的资源浪费。

与政府主导相比，基于自发、自愿行动的市场参与模式能够节约一定的执行和监督的成本。然而，如果出现了不合作的"钉子户"，协商谈判和后续执行阶段的成本将不可避免地增大。以襄阳的中原路改造为例,拆迁过程中因为"钉子户"的阻挠,使交付净地的时间由原定的 3 个月拖至 5 个月,增大了开发成本。而且,利益相关者的异质性和多样性会加大协商谈判的成本。例如,很多行为主体的价值观、感情等因素造成特定存量用地的价值与直接的市场价值不一致,导致"钉子户"的出现。襄阳中原路棚户区改造案例中的一部分业主或许就是因为在主观估价时加入了个人的居住体验和生活情感而不愿接受开发商提供的补偿安置方案而成为"钉子户"的。而且襄阳案例中因土地和房屋产权细碎化程度高,通过开发商和业主的协商来推进城镇存量用地再开发也面临很大的成本。相反地,在平湖的案例中,存量用地的权属较为简单,协商谈判仅在两家企业间展开,双方更易于找到利益的契合点,因此成本也就相对低廉。最后,市场参与模式的竞争机制其实并不能完全保证土地增值收益的均衡分配。因为各市场主体的资源禀赋和博弈能力影响他们分享存量用地再开发带来的土地增值收益的比例。实力雄厚的开发商拥有比普通的拆迁户更为丰富和广阔的经济资源和社会资源。故而,此类开发商在与拆迁户的协商谈判中占据了优势地位,可能分享过多的增值收益。这实际上给市场参与模式带来了绩效隐患。

对于自组织模式而言,尽管城镇自组织的模式在降低信息不对称、实施过程中的监督成本以及再开发收益分配潜在的冲突等方面拥有自身的优势,但是该模式也存在一些明显的缺陷。资金筹集困难是社区自主实施城镇存量用地再开发所不得不面对的一个难题。在第八章的案例中,深圳和成都的城市存量用地再开发的资金实际上都是由地方政府来承担的,社区的居民只是提供了土地本身的成本而无法筹集再开发除了土地以外的全部成本。在深圳,因为地方财政充裕,城中村的改造得以顺利实施,而在成都,必须通过中央财政的专项补助、社会资金的参与等统筹方式来安排棚户区的改造,比如十年前就提上议程的曹家巷棚户区改造直到在 2012 年资金问题得到解决的情况下才得以顺利实施。资金筹集的制约性因素,可能是导致目前城镇自组织实施的模式依然很少存在的重要原因。

(二) 农村存量建设用地再开发

1. 影响模式选择的主要因素

与城镇土地类似,集体土地的管理受集权管理的影响也非常明显,尤其是当前的二元管理体制下，地方政府在集体土地再开发上的政策创新设计往往受到限制。政府主导的管理方式依然是目前农村存量建设用地再开发的主要形式。结合现实中的案例，有三类引致交易费用的因素体现了政府主导的模式能够尽可能地降低集体建设用地再开发的过程成本，分别是土地的规模、涉及的产权主体规模、再开发的不确定性。

首先，是集体建设用地再开发的规模一般较大。比如第五章中嘉兴案例中涉及的集体建设用地约为200亩，成都案例中为290亩，深圳案例中约为1100亩。大面积的建设用地再开发，不仅涉及利益上的增值和分配，还涉及土地利用空间的优化，同时节约更多的指标来满足经济发展对于建设用地的需求。这些特征增大了产权主体间利益诉求的异质性和多样性，增加了主体之间自我协商的难度和成本，此时政府以外部强权的形式介入有利于降低成本。

其次，是集体建设用地再开发涉及的产权主体较多。三个案例中的集体存量建设用地以宅基地为主，单户面积较小，且较为分散。嘉兴案例中，土地整治项目涉及农户279户；成都案例中，增减挂钩分别涉及拆旧区和建新区两个村庄的农民；深圳案例中，土地整备涉及众多居民和小业主。这些特征使得再开发过程中可能发生的冲突比较多，产权主体很难控制这个过程中的成本，而政府介入能产生较好的控制效果，有利于强制性地推进集体行动（当然也可能出现更多的成本）。

最后，是集体建设用地再开发的投资和收益存在时差，造成投资的不确定性的增加。嘉兴案例和成都案例中，集体建设用地再开发的收益来源于结余建设用地指标的出让及以后的税收收入；深圳案例中，再开发的收益来自土地整备后相关地块的出让及以后的税收收入。而一般来说，这些收益只有在再开发的工作基本完成后才能产生，因此与投资之间存在时差。存在成本和收益之间的时差，意味着投资不确定性的增加，个人或者市场在抗风险能力以及在此类公共物品投资上的意愿，引致了政府主导模式的适宜性。

而对于市场模式参与农村存量建设用地再开发，在我国现有的管理体制和机制下，只是体现着对政府主导模式的补充作用。这说明市场手段是否被地方决策者采用，影响因素主要还是现阶段的制度环境。在农村存量建设用地再开发过程中，只有制定和完善规章制度，才能显化集体土地价值，为市场机制提供配套保障措施。成都的锦江区的"农锦公司"的案例就说明了这一点。假如市场机制得以建立，相关的配套措施可以进一步提升市场手段的绩效。比如，土地交易和流转利用等多种平台是市场机制得以发挥的前提条件。成都在城乡统筹的各类土地政策试验中，相对完善的产权登记制度、公共资源的交易中心及相关的交易制度、国有的土地投融资平台等，为该地区较好的市场参与模式的绩效奠定了基础。还有，农村的存量建设用地再开发的市场化模式得以顺利开展，与当地的"三农"配套政策也紧密相关。完善的农民就业保障体系，农村新型社区建设配套措施，以及完善的基层治理机制等为市场机制的绩效发挥提供了基础。

对于农村土地来说，村集体内部的自组织模式往往有着很大的吸引力。在第九章自组织案例中，自组织的制度环境、政府的引导监督力度，以及集体内部行动一致性程度三方面因素影响着自组织的绩效。实践中，我们看到良好的外部环境（比如国家和地方层面的鼓励性政策、新的制度安排）能降低集体自治组织"摸着石头过河"的不确定性。政府的引导和监督包括帮助筹集土地再开发的资金、协助集体自治组织寻找合作开发方、承担新农村社区的规划设计，这种支持一定程度上降低了集体自组织模式下的资金匮乏、规划不符等风险不确定性。当地方政府引导和监督集体自组织实施的主动性越强，集体自治组织就越能有效规避集体建设用地再开发的风险。另外，集体行动一致性上受制于农民的组织化程度、资金和规划的制约程度、农民自主开发的能力三个因素会限制农村集体自治组织达成集体行动的可能性及其产生的效益。从成都和赣州的案例来看，组织化程度相对较高的集体自治组织在达成农民集体行动中的关键性作用。资金和规划的限制程度变低，能一定程度促进农民自主开展集体建设用地再开发。农民自主开发的能力越强，则达成集体行动产生的效益就越高。

2. 实践模式面临的挑战

集体建设用地再开发需要充裕的资金保障，反过来也意味着是一种压力。而在又因为再开发的收益与成本投入之间存在一定的时间差，无论是政府、市场还是村民集体此时都面临着巨大的资金压力。

虽然政府主导的模式有利于降低农民的成本投入，但是反过来也影响了农民分享增值收益。第七章的三个案例中农民分享土地增值收益的比例不同，但总体上分享的比例都不高。这与政府主导的集体建设用地再开发的方式以及政府的补偿方案相关。在新型城镇化以及城乡统筹发展的背景下，如何促进农民在土地上的财产权利，以及以土地为手段"还权赋能"推进农村发展，是现阶段中央政策的主导方向，而政府主导的模式并不能很好地体现这种政策相应。这根本上与当前政府管制下的城乡二元土地市场有密切的关系。

为了弥补政府的主导模式，市场参与模式逐渐在不同地方出现。然而，政府管理的一些根本性制度的缺位，使得市场参与的存量建设用地再开发面临着一些隐患。比如在第八章的成都市白鸽村的案例中，因为再开发收益分配正式规则缺失，容易引发收益分配冲突。宅基地作为农村存量建设用地再开发后农民能否再次申请宅基地，农户把自己的宅基地让集体再开发后能否在自己的承包地上进行房屋重建等，这些法律上未明确允许甚至禁止的行为，因为市场参与的存量建设用地再开发过程中很可能出现这些行为，造成市场参与模式与现有法律法规上的相抵触。

农村存量建设用地再开发的自组织模式在现实中也隐藏着一些缺陷。首先，集体自组织的模式受制于农民集体资金短缺、村庄缺乏规划等方面的不足。在案例中，我们看到赣州的宅基地整理资金是通过农民自筹和政府专项资金支持的方式得以妥善解决的；而成都的柿子树村村民自主整理集体建设用地的资金则来源于社会资本。其次，农民自主开发集体建设用地缺乏长期发展的观念。如柿子树村的案例所述，农民个体仅享受到了集体建设用地流转带来的直接的土地收益，但却不愿意主动参与再开发后的生产经营投资，这揭示了自组织模式下的集体自治组织还没有对土地收益的可持续发展引起足够的重视，可能会限制和阻碍村庄未来的社会经济发展。

（三）土地再开发中的政府、市场与社会

可以看出，存量建设用地再开发管理方式的选择有着一定的理论逻辑。政府、市场和社会实际上构成了不同管理方式在管理土地再开发上的一般性逻辑。在本书案例分析的基础上，我们可以给出一些总结性的表述。

第一，政府应当着眼于公共利益上发力，当进则进，当退则退。政府主导城市土地再开发，在划定再开发区域和确定数量规模时主要取决于对自身需要和偏好的考虑，补偿标准的确定则依赖于实施机构与原使用权人的博弈。尽管现行规则较为模糊，但地方实践仍然取得了明显的短期绩

效。然而，现行规则可能导致的长期隐患也不能忽略：一方面，由于信息失灵，当土地涉及居住、商业等经营性用途时，政府对项目空间区位和数量规模的选择往往是有偏差，再加上偏好大手笔的政绩工程和面子工程，政府主导的土地开发往往会出现规模过大的情况，从而造成政府财政压力加大、负债加重、土地和建筑闲置等状况。另一方面，补偿标准过高，部分项目中原使用权人可以得到远高于当前财产价值（含一定比例增值收益后）的补偿，从而造成了包括有损公共利益、不利社会公平、影响未来工作可持续性在内的诸多潜在隐患。

第二，政府的优势是可以因势利导实现各方利益共享。我国东部经济发达地区农村存量建设用地再开发的动力较大，将工作重点放在农房集聚改造上也有迹可循。一方面，东部地区，尤其是经济发达地区，农村人均宅基地面积大，再开发潜力大。另一方面，随着近年来新增建设用地指标的紧缩，政府已经很难拿出足够的指标供农民建新房。此外，随着当地农村经济的发展，越来越多的劳动力转移出农业生产。况且，在东部地区农村存量建设用地再开发产生的土地增值潜力很大。这些因素为政府推动项目奠定了经济基础。中部地区用地压力相对较小，地方财政较为薄弱，开展农村存量建设用地再开发的收益有限，一定程度上降低了政府开展这类项目的积极性。这项工作在中部需要特别关注对农民生存方式的影响。西部地区，成都作为全国统筹城乡综合配套改革试验区，重点着眼于统筹城乡发展。该模式的特别之处在于它的溢出效应，有力地引导了农村向第二产业和第三产业转移。总体而言，由于农村存量建设用地分布零散，面积较小，涉及农户多，需要投入大量资金，所以目前其再开发工作仍以政府主导的模式为主。

第三，市场不是万用万灵，政府还应补其不足。市场参与模式的经济激励机制能够调动企业等社会资本参与城镇存量用地再开发，实现土地资源的优化配置。但是，在不确定的市场环境下，这种激励机制同样会导致自利的市场主体再开发行为的无序和混乱，反而制约了土地利用效率的提升。就利益分配而言，由于资源禀赋和博弈能力的差异，市场参与模式也未必都能实现再开发的增值收益在利益主体间的公平分配。因此，市场参与作为城镇存量用地再开发的一种模式不一定必然是最佳的。换而言之，市场参与模式有其适用条件：

首先，行为主体间的利益具有一致性，存在互利互惠的可能。正如平湖的案例所显示的，优势企业有先进的技术和充足的资金，经营困难的企业有着存量用地资源，两家企业的资源互补性强，有着潜在的共同利益。其次，存量用地及地上房屋权属状况相对简单，利益主体的数量和规模有限。襄阳的棚户区改造涉及过多的利益主体，权属复杂分散。在市场参与模式的激励作用下，追求各自利益最大化的社会资本和诸多原业主相互讨价还价，大大增加了协商谈判和执行的成本。最后，政府能够转变职能，更好地发挥作用。在市场参与模式下，政府应为市场主体参与城镇存量用地再开发提供必要信息，促成利益主体的互惠合作；还应为市场参与模式的建立提供原动力。在不同的社会经济条件下，面对特征各异的存量用地和行为主体，市场参与模式所显示出的成本和效能有所不同。因此，当地政府应根据现实情况，想方设法发挥市场参与模式的优势，同时又要回避或弥补其不足之处。

　　第四，市场的运转需要立规建制，才能进一步显化集体土地价值。一个强的、好的市场经济背后一定有个强的、好的政府，只有制定和完善规章制度，才能显化集体土地价值，为市场机制提供配套保障措施。市场主导农村存量建设用地再开发，需要有为的政府来立规。明确界定农村存量建设用地使用权再开发的对象。总体上，农村存量建设用地进行再开发应该符合以下条件：一是土地利用总体规划、产业发展规划或者村庄、乡规划及镇总体规划确定的农村存量建设用地；二是依法取得的并经过确权登记颁证的农村存量建设用地；三是农村集体经济组织经过合法程序同意再开发的农村存量建设用地；四是社会需求主体，如企业、个人投资者等通过公开交易市场取得的，用于经营性用途的农村存量建设用地。明确农村存量建设用地再开发的形式。从目前成都市的实际情况来看，国土资源管理部门对农村存量建设用地再开发中的分割办证依然感觉到法律依据不足，大多数地方一直拖延分割办证，这直接影响到社会投资企业开发利用农村存量建设用地的信心。

　　第五，除了政府和市场的方式外，社区自治组织也能以自己的运作方式顺利完成公共物品的提供和维持。社区自治能够达成社区居民改造的集体行动，取得良好的绩效。代表社区居民的自治组织通过与地方政府的谈判协商，制订出一个双方都满意接受的改造方案，从而推动了社区居民拆迁改造的意愿。同时，自治组织通过制定内部规则，形成集体压力，可以有效地将钉子户从集体行动中排除出去，避免了钉子户的反公地悲剧行为。因此，城镇自组织模式作为一种提供公共物品的手段和途径，在提高土地利用的效率，改善社区居民的生活条件方面，更加高效。

第六，城镇自组织模式出现并取得顺利实施，是制度环境、自治组织的成熟度等一系列因素共同作用的结果。根据案例的对比总结，社区自治组织之所以出现并运转良好，是受到政府引导、制度环境的诱发、资金筹集能力、成熟的自治组织、合理的利益共享方案、特定的城镇用地类型这六个主要因素的影响。总体来说，地方实践中采用或允许城镇自组织的实施方式，是因为这符合交易成本最小化的选择逻辑。这些影响因素除了降低自组织模式在实施过程中的信息和决策成本、谈判和协商成本、监督成本等交易成本之外，还决定了改造过程中的增值收益的公平分配，并控制了自组织模式存在的风险和不确定性。

六 新型城镇化战略下存量建设用地再开发的政策建议

在传统的"保护耕地与保护经济增长矛盾"依旧严峻的同时，新型城镇化战略给我们提出了新要求。存量建设用地再开发的管理方式可以考虑从传统的政府主导的大框架下跳出去，寻找市场和社会力量的共同参与，是应对不断变化的经济社会要求的必然选择。我们的研究只是在这个方向上的初步尝试，虽然还有很多问题没有讨论，从管理方式的选择上我们似乎可以对当前的再开发政策设计和创新提出一些有意义的建议。

（一）让市场发挥基础性作用，理清政府与市场的关系

完全由政府主导的项目应当聚焦在公共服务和基础设施建设需要的城市土地再开发上，当土地用途主要是经营性用途时，政府应当局部退让，让市场发挥其自身优势进行项目选择，政府应主要起到监管者的作用，在规划编制、规划实施监督和争议解决等方面发挥作用。在市场参与的城市土地再开发中，政府可以将收储一定面积的土地，配建公共服务、基础设施和保障性住房等作为条件，加入与市场机构签订的土地出让协议中。此时，签订协议进行一二级联动开发的市场主体将主导整个项目，但政府不仅实现了完全主导模式下储备土地、改善基础设施的目标，还降低了政府的行政成本、财政压力和债务风险。而这就还需要进行一系列配套措施的完善。具体包括：

第一，规范补偿标准的确定规则，形成良好的补偿惯例。我国当前普遍采取的按建筑面积1∶1产权置换的补偿标准已经较高。各地方政府要在尊重已有补偿惯例的基础上，尽快制定更加规范和统一的补偿标准确定规则，将补偿预期控制在合理范围内，尽早形成良好的补偿惯例。

第二，明确争议解决规则，出台司法强制措施以保障公共利益。应制定规则以解决政府和原使用权人对于补偿标准的争议，建议借鉴香港强制售卖条例的经验并在此基础上改进，规定取得数量和拥有相应面积均超过90%的使用权人同意时，可以认定补偿标准为公正补偿，此时90%使用权人可以代表集体利益。另外，在行政强制拆迁取消之后，还应在全国层面尽快出台司法强制的细则。

第三，政府应根据现实情况，想方设法发挥市场参与模式的优势，同时又要回避或弥补其不足之处。这是因为在不同的社会经济条件下，面对特征各异的存量用地和行为主体，市场参与模式所显示出的成本和效能有所不同。所以需要统筹规划，加强引导，确保市场主体和谐有序参与城镇存量用地再开发。市场主体的自利本性在一定程度上会导致再开发行为决策的盲目性，忽视了同一地区再开发项目的整体情况。例如，许多改造项目不断地被导向房地产行业，产生了一定的问题和隐忧。此时，就要加强对市场主体再开发行为的规划引导，从而提高市场参与模式的质量和效益。

（二）关于城镇存量建设用地再开发的政策改进

城镇存量建设用地再开发的本质是土地利用收益分配格局的重新界定。不仅仅包括土地不同用途及其收益分配的调整，还包括不同权益主体之间的分配。在现阶段政府已经认识到收益共享的必要性和重要性的基础上，对于城镇存量建设用地再开发的具体政策应当在以下几个方面进行改进。

第一，科学界定城镇低效用地的标准。全面调查摸底城镇低效用地的基本情况，并及时向社会公布相关信息。城镇低效用地信息的系统化和透明化，有利于降低有意参与再开发的市场主体进行信息搜寻的成本，减少信息不对称，为市场参与城镇存量用地再开发提供便利。

第二，针对再开发过程中遇到的突出问题及时制定配套政策和措施。比如，及时出台标准，研究制定历史用地遗留问题、补偿安置、出让金收益分配、"钉子户"问题等方面配套政策。让利益主体在协商谈判时有法有规可依，避免不必要的讨价还价成本，确保市场参与的城镇存量用地再开发项目顺畅进行。

第三，完善市场参与城镇存量用地再开发的激励机制，实现再开发的利益共享。城镇存量用地再开发的实质是利益格局的调整过程。同时，它也是一项费时、费力的工程。一般社会资本不敢轻易涉足。因此，只有政府"因势利导"，推动再开发的增值收益共享，利用优惠政策调动市场主体的积极性，支持它们参与城镇存量用地再开发，才能使得更多的低效用地焕发新的生机。

（三）关于农村存量建设用地再开发的政策改进

由于农村存量建设用地分布零散，面积较小，涉及农户多，需要投入大量资金，所以目前其再开发工作仍以政府主导的模式为主。为保障政府主导的存量建设用地再开发顺利推进，需要从以下几方面着手加强工作。

第一，从国家层面清晰界定农村集体经营性建设用地。经营性建设用地是针对该宗土地在取得后的用途而言的，或者说，是指该宗土地的规划用途，并不是根据该宗土地在规划之前和开发利用之前的用途来进行区分的。我们认为，所有的农村存量建设用地（含宅基地），应以再开发后是否作为经营性的用途来进行划分，即用作经营性的用途的，就采取再开发的方式处置，如果不是以经营性用途开发的，则应根据国家的相关规定来处置。

第二，明确界定农村存量建设用地使用权再开发的对象。总体上，农村存量建设用地进行再开发应该符合以下条件：一是土地利用总体规划、产业发展规划或者村庄、乡规划及镇总体规划确定的农村存量建设用地；二是依法取得的并经过确权登记颁证的农村存量建设用地；三是农村集体经济组织经过合法程序同意再开发的农村存量建设用地；四是社会需求主体，如企业、个人投资者等通过公开交易市场取得的，用于经营性用途的农村存量建设用地。

第三，明确农村存量建设用地再开发的形式。从目前实际情况来看，国土资源管理部门对农村存量建设用地再开发中的分割办证依然感觉到法律依据不足，大多数地方一直拖延分割办证，这直接影响到社会投资企业开发利用农村存量建设用地的信心。

第四，因地制宜，合理制订存量建设用地盘活的方案。在不同的经济社会背景及政策环境下，地方政府在盘活农村存量建设用地的实践中采取了不同的策略，包括以增减挂钩的方式开展、以整合增减挂钩与农房集聚改造工作的方式开展，通过增减挂钩转移集体建设用地地块等方式。存量建设用地盘活方案的选择应符合项目地区的实际情况，利用地区的优势，因势利导的盘活方案更具生命力。

第五，创新融资渠道，满足项目资金需求。农村存量建设用地盘活是一项投资较大的工作，资金能否落实是工作能否达到预期目的的关键因素之一。现状仍是以政府投入为主，地方政府普遍遭遇了巨大的资金周转压力。所以一种发展趋势是充分利用社会资本，引入多种融资渠道，形成政府主导下的多元化投资格局。因此需要明确界定政府以及投资方各自的责任、权利和义务，对盘活的建设用地收入按投资比例进行分配，形成投资与收益的良性循环。

第六，合理制定补偿标准，实现利益共享。农村存量建设用地属于集体所有，大部分是农民的宅基地。农民最关心的是补偿标准是否能够接受，补偿的资金能否到位，相关的收益如何分配。所以地方政府在实施盘活项目之前，必须根据当地的实际情况，制定切实可行的补偿标准和利益分配机制。近年来，农村建设用地和农民宅基地的资产属性和经济价值日益显现。但是各地在盘活建设用地的过程中，普遍存在拆旧建新补偿标准偏低的情况，部分地区，尤其是在中部地区的农民反映拆旧建新的负担较重。这表明目前开展的盘活工作中，集体建设用地的资产价值没有得到合理体现。各地应制定合理的补偿标准和利益分配机制，充分考虑集体建设用地的价值以及置换成城市建设用地后增值收益中包含着的农民利益。此外，简单的经济补偿并不能完全弥补盘活工作给农民带来的影响。地方政府开展盘活工作的最终目的，不仅是为了解决城镇的用地需求，更是为了让农民能够分享城镇化带来的成果。单一的货币或者房屋补偿方式，无法满足农民后期发展的需求。所以有必要探索针对农民建立长效的保障机制，切实提高农民的生活水平。

（四）完善存量建设用地再开发的制度环境

第一，健全建设用地的用益物权。尤其是赋予乡镇企业用地直接流转的收益权，前提是要符合规划和用途管制，而不需要征收为国有才能进入城镇土地市场。城镇建设既可以使用国有建设土地，也可以使用符合规划和用途管制的集体建设用地。赋予乡镇企业用地和宅基地抵押权。要实现集体经营性建设用地不因所有权性质的不同与国有土地同地同权同价，必须赋予其与国有建设用地一致的抵押权，应当允许乡镇企业用地使用权作为抵押物与其上建筑物一起抵押并计算抵押价值。

第二，调整城镇土地出让制度，鼓励更多的不同类型的利益主体参与土地开发。尤其是，在满足条件的情况下实现一二级联动开发。要提高市场参与城乡土地再开发的积极程度，就必须打破当前政府进行一级开发，再在公开市场中出让二级开发权的制约。应当允许在城乡建设用地再开发中，在给定控制性详细规划的前提下，将拆迁、补偿、重建、安置等工作打包，通过公开竞争市场选择开发主体，实现一二级联动开发。

第三，改进控制性详细规划制度。考虑到规划制定者的客观信息和主观理性有限，以及市场需要和被征收人偏好的不确定性，我们有必要构建一个基本刚性、适度弹性的控制性详细规划制度，将基础设施和公共服务设施、政府收回土地的具体区位，以及各类用地的最大建筑面积等作为强制性内容。不管是政府主导，还是市场参与，抑或自行实施的城乡土地再开发项目，在启动之前应当明确告知实施主体控制性详细规划的强制性内容，强制性内容不允许事后变更，除非重启再开发程序和重新设定再开发条件。而允许实施主体在协商谈判过程中去划分地块、确定各地块的土地性质和容积率等规划条件。

第四，构建建设用地再开发的法律仲裁制度。继续保障国有和集体土地上房屋被征收人对市、县级人民政府做出的房屋征收决定不服时依法申请行政复议或提起行政诉讼的权利。探索对征收补偿标准的争端解决制度。应当继续保障国有和集体土地上房屋被征收人对评估价值有异议时提出复核评估和申请专家鉴定的权利，应当允许集体建设用地被征收人对评估价格提出异议，在补偿标准争端未解决之前，土地征收方案应当暂停实施，不管是复核评估还是专家鉴定，都应该是由独立的第三方机构和个人完成，而不能由政府做出判断。若被征收人对评估价格无异议，对补偿标准有异议，可以借鉴香港强制售卖条例的经验并在此基础上改进，规定取得数量和拥有相应面积均超过一定比例的被征收人同意时，可以认定补偿标准为公正补偿，此时大多数被征收人可以代表集体利益。同时，完善对强制执行的"裁执分离"制度。如果征收人和被征收人无法就征收决定和征收补偿标准达成共识，可以由征收人向人民法院申请强制执行令。法院裁定准予执行的，考虑到法院组织拆迁能力有限、维护社会稳定能力有限，因此一般由做出征收补偿决定的市、县级人民政府组织实施，当法院更具有执行条件或更便于执行时也可以由法院执行。